『資料で考える憲法』お詫びと訂正

14頁掲載の資料【1】マグナ・カルタにつきまして、出典表示に誤りがございましたので、左記のように訂正いたします。読者の皆様はじめ、関係各位に対し謹んでお詫び申し上げます。

法律文化社

【1】マグナ・カルタ

一二一五年	出典不明のため削除
一二九七年	（初宿正典・辻村みよ子編『新解説世界憲法集〔第四版〕』**〔江島晶子訳〕二七頁、**三省堂、二〇一七年）※太字挿入

【1】マグナ・カルタ

（一二一五年）

第一二条〔一般評議会の同意による課税〕　いかなる兵役免除金も上納金も、朕の王国においては、朕の王国の一般評議会によるのでなければ、課されないものとする。……

（一二九七年）

統治二五年目に、エドワード王によって確認されたイングランドの自由および御猟林の自由に関する大憲章〔以下、省略〕

第一条〔自由の確認〕

朕は、第一に、イングランド教会が自由であり、その権利および自由全体が不可侵であることを神に認め、朕および朕の相続人のために本憲章によって永久に確認する。朕は、朕および朕の相続人のために、以下に列挙された自由が、朕の王国のすべての自由市民およびその相続人に対して彼らおよびその相続人が永久に所有保持しつづけるものとして認め、与える。

第二条～第八条　（廃止）

第九条〔ロンドン等の自由〕

ロンドン市は、過去に有していたすべての古来からの自由と慣習を有する。さらに、朕は、他のすべての都市、バラ、町およびバロンの五港、その他の港もすべての自由および慣習を有することを望み、認める。

第一〇条～第二八条　（廃止）

第二九条〔人身の自由と司法の適正〕

いかなる自由人も、同輩の合法的裁判、または国の法によらないかぎり、逮捕または監禁されたり、自由保有権、自由、自由な慣習を奪われたり、または法の保護を奪われたり、追放されたり、またはその他の方法で害されたりすることもなければ、朕が当人のもとに出向いていったり、糾弾したりすることはない。朕は誰にも司法または正義を売らず、何人に対してもこれを拒否したりまたは遅延させたりしない。

第三〇条～第三七条　（廃止）

（初宿正典・辻村みよ子編『新解説世界憲法集〔第四版〕』三省堂、二〇一七年）

資料で考える憲法

谷口真由美 編著
谷口洋幸・清末愛砂・松村歌子
藤本晃嗣・里見佳香・小野博司

法律文化社

はしがき

大学の法学部以外で憲法を教えているが、学生たちと接していて驚くことがある。大学に入学するまでの教育課程のなかで、憲法を学ぶ機会はあったというのだが、前文を読んだことと、第九条平和主義くらいしか知らないという学生は少なくない。それでも、日本国憲法の基本原理は、国民主権、基本的人権の尊重、平和主義であることは言える。また、三権分立や議院内閣制、最高裁裁判官の国民審査の統治機構の制度などは知っているが、それが憲法の条文とは結び付いていないことがある。憲法を尊重し、擁護する義務があるのは誰かとたずねると、「わたしたち」と答える。この数年、憲法改正について話題になることもあるが、その是非をたずねると、「古いし時代にあわないから、やってもいいんじゃない？」と言う。

日本国憲法を支える基本原理の基礎には、次のような立憲主義思想が存在している。日本国が人権と平和の保障を目的として社会契約によって成立したものとされ（前文第一段等）、日本国憲法はその契約内容を憲法規範化したものと解される。したがって、日本国憲法は、何よりもまず基本的人権の保障を目的とするものとなっており（九七条、第三章）、その人権は不可侵・永久のものである（九七条・一一条）。また、同時に、国際社会のなかでの平和の保障をも目的としている。そして、人権と平和を保障すべきものとして成立した国家は、それに適合した統治機構をもたなくてはならない。それは、権力の濫用を防止する機構でなければならない。そのために、その機構は、権力分立原理によって支えられたものとなっている。少なくとも、これらのことは憲法を学ぶ機会があったならば、知っていておかねばならないことであるが、残念ながらそうではない学生と日々接している。それは学生が悪いというよりは、むしろ高等学校までの教育システムの問題といえるのかもしれない。

法学部以外の学生に憲法を教えるということは、その学生の人生にとってもう二度と憲法を体系的に学ぶ機会が無いということ、もう少し踏み込んでいうならば、法学を学ぶ機会が無いかもしれないということを意味している。だからこそ、主権者として生きていくということの意味、「解釈改憲の政治」のもと、日本が事実上、世界有数の軍事力を持ち、安保関連法が成立してしまっている状況での平和主義、人権はそもそも権力に対抗する概念であるのに、国家や権力に抗う人々を蔑む昨今の風潮、憲法の根底にある権力を濫用させないために憲法による政治を行うという立憲主義思想などは、憲法を学ぶ機会がこれから先に無いであろう若者であるからこそ、教える責務が私たちに課せられていると深く感じる。

一九四六年公布、一九四七年施行の日本国憲法をめぐる国内外の情況は、七〇年以上の歳月を経て、目まぐるしく変化を遂げている。それでも、なぜここまで憲法改正をせずにきたのか、そして憲法改正の議論が主権者のものとしておこったときに、きちんとした知識のもとで、自分の軸で責任をもって意見表明ができる人を育てるという、そんな教育の一助に本書がなることを願ってやまない。そして、本書のより良い充実のために、今後も努力を続けていきたいと願っている。本書に対する忌憚のないご意見を賜れれば幸いである。

末筆で恐縮ではあるが、改めて旧版を執筆された諸先生に最大の敬意と感謝を申し上げる。そして、『新・資料で考える憲法』から引き続き、編集会議をはじめすべてのお世話をお願いし、大変なご尽力を頂いた法律文化社の野田三納子さんに深甚の謝意を、そして疋田麻里さん、徳田真紀さん、林大雅さんにもお礼を申し上げる。

『資料で考える憲法』の刊行に際して

一九九七年五月に出版された『資料で考える憲法』(初版本)、二〇一二年四月に出版された『新・資料で考える憲法』(新版)を刊行することとなった。これを汲み(後掲「新版はしがき」「はしがき」参照)、このたび編著者も新たに『資料で考える憲法』の流れを汲み…

同書は、大阪大学名誉教授山中永之佑先生、大阪大学名誉教授高田敏先生、大阪国際大学名誉教授奥正嗣先生、和歌山大学名誉教授三吉修先生、元神戸市看護大学准教授白石玲子先生、高岡法科大学法学部教授高倉史人先生、そして私も途中から末席に加えていただくこととなり、一九九七年からの累計部数は刊行から二〇年の間に、数万部にものぼった。長く教科書として愛され、版を重ねるたびに、新たな資料や判例を加えるといった努力を重ねてきたものである。それでも、この二〇年の時代の流れはあまりに激しく、現場で教えるにはマイナーチェンジでの対応では、やや厳しくなってきたという背景があった。

そうとはいえ、諸先生方が叡智を結集されて作成された初版本を、すべて捨ててしまうなどという愚行は頭になく、山中先生・高田先生にご相談したところ、初版本の流れを汲み、平和憲法の意思を汲むことができる執筆者がそろうのであれば、資料や判例も使用して良いというお許しをいただいた。ここに、山中先生・高田先生をはじめ、初版本の執筆をされた先生方に心よりの感謝を申し上げたい。

そこから、本書にも掲載してある後掲のはしがきを何度も読み直し、新たな執筆者をお願いし、このたび『資料で考える憲法』を刊行することとなった。新たな執筆者は、谷口真由美、谷口洋幸、清末愛砂、松村歌子、藤本晃嗣、里見佳香、小野博司の七名で、章立て、編別、資料の選定は全員で協議して行い、解説も全員が執筆し協議した。執筆者のほぼ全員が、各大学でとりわけ法学部以外での日本国憲法や法学の授業を担当し、日々学生と接しているからこそ、何を教えるべきなのか、またどのように教えるべきなのか、議論を重ねてきた。また、われわれ自身も、お互いがどのように憲法を教えているのかということを学ぶ機会にもなったため、研究者というよりはむしろ、教育者目線からの構成となっている。また、この情報過多の社会にあって、真に意味のある情報にアクセスができること、それらを見抜く力を養うことは、大学時代に学ばねばならない大切な教養の一つであると考える。本書は、その意味でも教養書として使える一冊である。諸氏のご尽力に、厚くお礼を申し上げたい。

二〇一八年三月

谷口真由美

新版はしがき

一九九七年五月に旧版を出版して以来、一五年に及ぶ歳月が流れた。その間、憲法をめぐる諸情況は、ますます複雑化してきている。しかし、戦後日本は、安保体制の枠内とは言え、平和憲法を護持してきた。安保体制は、国際社会、なかでもアジアに不安をもたらす要素を内包してはいたが、この平和憲法によって日本は、戦後、六十数年間に、他国に対して、決して戦争行為を行わない国家という信頼を獲得した。このことを、私たちは誇りとすべきである。戦争放棄を規定した憲法九条こそ、非戦・平和の日本を象徴するものである。

昨年三月の東日本大震災に際して、世界各国の政府や人々から、日本が多大の支援や激励を受けたことは、記憶に新しい。このように多大の支援や激励を日本が受けることができた理由は、戦後日本が各国に対して対外援助や災害救援を行ってきたことにもあることはもちろんであるが、その最も大きな理由は、戦後日本が、平和憲法を護持して世界各国の信頼を得てきたことにある、と言っても過言ではない。昨年五月三日、憲法記念日に合わせて朝日新聞が実施した全国世論調査（電話）においても憲法九条改正反対が五九パーセントにも達している（二〇一一年五月三日『朝日新聞』、資料【100】－1）。改憲の潮流の中で、私たちは、この事実を重く受け止めなければならない。

このような共通認識のもとに、本書（新版）においては、旧版のはしがきで述べた本旨は維持しつつも、基調を国際化時代の日本に置き、新たに編著者として国際人権問題を専攻される研究者、谷口真由美さんに加わっていただいた。また本書、第一部第二章「大日本帝国憲法」の成立と運用に収録した、告文と憲法発布勅語（資料【13】）の読み方は、関西大学名誉教授奥村郁三氏からご教示をいただいた。心から深謝の意を表したい。

私たちは、本書のより良い充実のために今後も努力を続けていきたいと願っている。本書に対する忌憚のないご意見を賜れば幸いである。今回の編集作業を行うに際しても法律文化社の田靡純子社長、野田三納子さんに編集会議など、万般のお世話をお願いし、ご足労をおかけした。両氏に対し、深甚の謝意を表したい。

二〇一二年四月一日

編著者を代表して　山中永之佑

はしがき

日本国憲法が施行されて半世紀を経た。その間に憲法をめぐる情況もめまぐるしく変わった。平和主義、人権尊重、民主主義という人類社会の普遍的価値を基本原理として制定された日本国憲法は、一九五〇年（昭和二五）に勃発した朝鮮戦争を契機におしすすめられてきたいわゆる「解釈改憲の政治」のもと、実態的には憲法から離れた政治の度合も強まってきた。このような情況下にあって、主権者たる国民不在の政治の進行に対する国民の失望・挫折感が、憲法政治に対する国民の関心を弱めてきたこともまた否めない。

本書の編著者たちは、大学において法学部以外の学生に対して憲法あるいは憲法を含む法学を教えている。右に述べたような風潮の中で、私たちは学生諸君にどのように憲法を教えて行くべきかを常々話し合ってきた。憲法を教えるにあたっては、法解釈学的な教育だけではなく、憲法や憲法政治が私たち日本国民の生活にどのような意義をもっているのかを教育し、学習してもらうことが大切である。また、日本が、事実上、世界有数の軍事力を持ち、経済的にも国際社会において、重要な位置を占めるに至った今日においては、日本の憲法や憲法政治のあり方は、国際社会に与える影響もきわめて大きい。このようなことを考えると、世界の憲法や日本の憲法の歴史のほか、現代の社会的要請に応えて憲法から導き出される新しい人権（自己決定権、知る権利やプライバシー権、環境権など）の問題なども教育しなければならない。本書は、このような私たちの共通認識と共同作業によって編まれたものである。しかし、紙幅の制約もあって私たちがはじめ本書収録を意図した資料の三分の一は残念ながら割愛せざるをえなかったことをおことわりしておきたい。

章だて、編別は、私たち五人が協議して行い、解説は高田敏、三吉修、白石玲子の三氏と山中が担当した。また、判例の整序は三吉氏にお願いした。資料の収集、整理などを含め、手数のかかる仕事のほとんど全部は高倉史人氏が担当された。諸氏のご労苦に対し厚く御礼を申し上げたい。

末筆で恐縮ではあるが、本書に収録させて頂いた業績・資料等について、快く掲載を許可して下さった、井口文男氏、大阪弁護士会、北野弘久氏、高槻市役所（大阪府）、中野区役所（東京都）、日本評論社、「納税者の権利憲章」を作る会、吉川弘文館（五十音順）の各位に対し、深甚の謝意を表するしだいである。また、編著者たちを激励し、編集会議の準備など、本書の刊行について万般のお世話を下さった法律文化社編集部の岡村勉・浅野弥三仁の両氏に心から深謝の意を表したい。

一九九七年四月一日

山中永之佑

目次

第二部　資料で考える日本国憲法

凡　例

(1) 判例について

判例は以下のように表記した。

最判平成元年一一月二〇日民集四三巻一〇号一一六〇頁

＝最高裁判所平成元年一一月二〇日判決、最高裁判所民事判例集四三巻一〇号一一六〇頁所収

〈略　語〉

最大判（決）	最高裁判所大法廷判決（決定）
最　判（決）	最高裁判所小法廷判決（決定）
高　判	高等裁判所判決
地　判	地方裁判所判決
刑　集	大審院刑事判例集／最高裁判所刑事判例集
民　集	大審院民事判例集／最高裁判所民事判例集
判　時	判例時報
判　タ	判例タイムズ

(2) 法令について

・資料について、条文の条・項・号は必要な部分のみを抜粋した。条名の次の①、②は項数を示す。見出しのあるものについては、（　）を用いて条名の下に収めた。

・本文括弧内での参照条文について、憲法は条名（項・号数）のみ掲げ、その他の法令については、通例慣用されている方法により略記した。

(3) その他

・目次および本文中の【1】・❶については、資料と基本判例の番号をそれぞれ表す。

・出典のURLは二〇一八年三月一日現在のものである。

・原則として西暦で表記したが、法令の公布年・判例は和暦で示した。以下に西暦・和暦一覧表を付す。

西暦・和暦一覧表

一八七〇年	明治三年※一一月	一九五〇年	昭和二五年
一八八〇年	明治一三年	一九六〇年	昭和三五年
一八九〇年	明治二三年	一九七〇年	昭和四五年
一九〇〇年	明治三三年	一九八〇年	昭和五五年
一九一〇年	明治四三年	一九八九年	平成元年
一九一二年	大正元年	一九九〇年	平成二年
一九二〇年	大正九年	二〇〇〇年	平成一二年
一九二六年	昭和元年	二〇一〇年	平成二二年
一九三〇年	昭和五年	二〇一八年	平成三〇年
一九四〇年	昭和一五年		

※一八七二年一二月三日の改暦までは陰暦

序章　法の中の憲法

谷口真由美

解説

本書は憲法の本であるが、まず憲法を学ぶ前に序章において「法とは何か」、そして「法における憲法の位置づけ」についてみておこう。どんな学問でも同じだが、最初の抽象概念の理解はとても難しい。しかし、抽象概念の輪郭が少しでも理解できてから具体的な話に入っていくと、すんなりわかることがある。逆もまた真なりで、具体的な話から抽象概念に戻ると、すんなりわかることがある。いずれにしても、はじめの一歩は少し難しいかもしれないが、ここでつまずいたとしても、先に進んでまた戻ってきてもらえればよい。

❶ 法とは何か

人間は、社会のなかで他者と共同生活を営み、生きていく動物である。そのため、その社会においては守られるべきルールが必要となり、これを社会規範という。どのような社会もルールなしには存在し得ないことから、「社会あるところ法あり」といわれる。「そうあるべし」とされる法則を規範というが、社会においてはそのような法則は不可欠なものなのである。この社会規範には、習俗、法、道徳、宗教などがあり、社会規範と事実との距離（守られるべしとするレベルの高さ）は、習俗、法、道徳、宗教規範の順で大きくなる（高くなる）といえる。

これら社会規範の中で最も重要なものは法と道徳であるが、右でみた道徳のレベルの高さから、法は倫理の最小限であるともいわれる。また、他の社会規範に対する法の特質として、法の強制力があげられる。とくに国家権力が強制する規範として、刑罰を加えたり、強制執行を行ったり、裁判などによって紛争の解決を行ったりできる規範として、社会秩序を維持しようとすることを意味している。

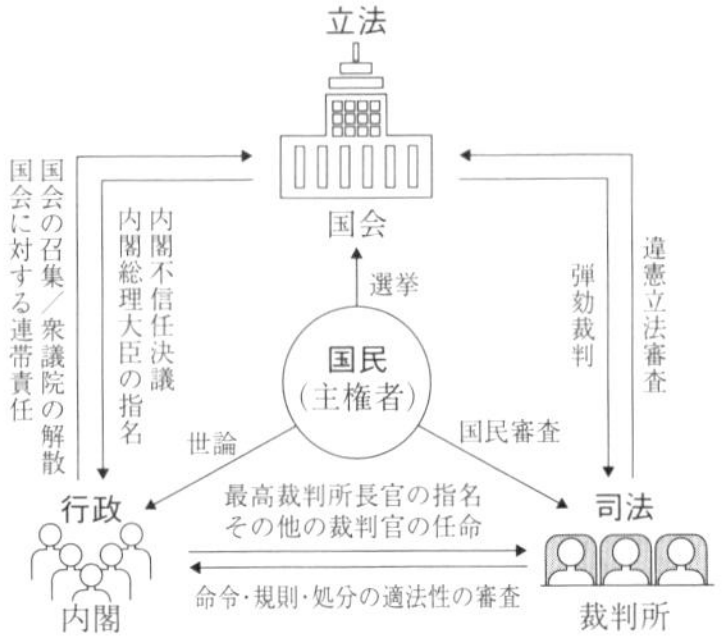

（衆議院 HP　http://www.shugiin.go.jp/internet/itdb_annai.nsf/html/statics/kokkai/kokkai_sankenbunritsu.htm）

以上のことから、法とは国家などの組織的な強制力によって担保されている社会規範である、ということができよう。そして憲法は、この法に属するとともに、この法の中の根本法として位置づけられているのである。

1　法の目的

法の目的という場合、二種類のものに区別される。第一は、個別的な法の目的である。各法は各目的をもっていて、それぞれの法の第一条に掲げられていたり、また前文が付されている場合にはそこにも掲げられていることが多い。それゆえ、条文の多い法にであって意味がわからなくなっても、条文の冒頭に戻って読めば趣旨がわかることがある。また、一定領域の法（例えば社会保障法）の目的（例えば健康で文化的な生活の保障）等があるが、近代的・立憲的意味における憲法の目的は、本来、人権の保障におかれる。

第二は、法一般の目的であって、法によって実現されるべき基本的価値は通常、正義であるといわれる。正義とは、人がふみ行うべき正しい道を意味するが、平均的正義（形式的平等原則といってもよい）と、配分的正義（実質的平等原則といってもよい）はギリシャ哲学以来の歴史をもっている。この正義原則は憲法に採用されることもみられ、また、正義に反する法が無効とされる例もある。

2　法の目的を実現するための手段

法の目的を実現するための手段として、憲法は権力分立を採用している。これは、人権保障という目的を実現するために、権力の行使を制限しようとするものであって、議会の立法による法律を行政権（第二部第五章解説参照）および独立した裁判所（第二部第六章解説参照）を通して執行する制度である。その他の社会規範に対する手段面での特質は、命令・強制といった権力的手段が要素をなすことがあるが、もちろん非権力的手段も広く存在している。

3　法の内容

法は、権利・義務を定めるものであり、したがって法の内容は、権利・義務である。

そもそも、法と権利は不可分の関係にある。権利とは何かといえば、法的権利と道徳的権利の区別がある。法的権利は、法的に承認された、あるいは法的に保護されている権利をさす。道徳的権利は、法的な規範に先立って、何らかの道徳理論ないし政治理論を前提にして正当化される権利のことである。道徳的権利と法的権利は実際には重なりあうことが多い。例えば、日本国憲法に定められた基本的人権は、道徳理論や道徳的原理に基づく道徳的権利を具体化したものともいわれる。法律によってその内容が明らかにされることを通じて、具体的な法的裏付けをもってくる。公法上の権利である公権と、私法上の権利である私権があるとされ、公権の核をなす憲法上の権利としては、平等権、自由権、社会権、国務請求権（受益権）、参政権等があげられ（第二部第三章参照）、私権としては財産権、身分権等がある。義務とは、あることをなし、またはしないように法で拘束されている状態をいう。これには、いわゆる公法上の義務（例えば納税の義務、憲法三〇条）および私法上の義務（例えば夫婦同居・協力・扶助義務、民法七五二条）がある。法は生活関係を規律するが、これを法律関係という。法律関係は、人と人との間の権利・義務関係である。

4　法の分類

(1)　成文法と不文法　　成文法とは、条文の形で表現されている法のことである。成文法には、**憲法**、**法律**、**命令**、**規則**、地方公共団体の自主法（**条例**、規則）、国際法としての**条約**等がある（憲法を頂点とする国内法体系については、【129】）。不文法とは、条文の形で表現されない法のことであり、慣習法（人の行動様式でくり返し継続されるもののうち、法的効力を認められるもの）、判例法（裁判のくり返しによって法的効力を認められたもの）、条理法（物事の道理・筋道のことで、社会生活をつらぬく根本理念）等がある。

(2)　公法と私法と社会法　　公法と私法の分類は伝統的なもので、一般的には国家と個人の関係を規律するもので、憲法、行政法、刑法、訴訟法等が公法に、また、個人と個人（私人間《しじんかん》）の関係を規律する法律が私法に属するとされる。この公法と私法の二分論は、国家と市民社会の分離・二元論を特徴とする近代においてはよりよく妥当した。しかし、現代ではこの二元論では妥当しない領域が出現し、それが労働法、社会保障法、経済法その他を生み出した。この領域を社会法と呼び、近年は法の三分類をとることが多い。

(3)　実体法と手続法　　実体法とは、権利・義務の内容、その発生・消滅を定め、裁判をする際の基準となる法律であり、民法・商法・刑法等がこれに属する。手続法とは、権利実現の手続を定め、裁判手続を定めた法律であり、民事訴訟法（私人相互間の紛争の解決を目的としてなされる裁判法）・刑事訴訟法（私人に対する国家の刑罰権の実現を目的とする裁判法）・行政事件訴訟法（行政権が少なくとも一方の当事者となる行政上の法律関係に関する裁判法）等がこれに属する。

〔裁判の種類に対応する法領域〕		〔実体法〕	〔手続法〕
憲法	民事法	民法、商法等	民事訴訟法
	刑事法	刑法	刑事訴訟法
	行政法	（行政法）	行政事件訴訟法

(4)　一般法と特別法　　一般法とは、一般の人、事柄、行為などについて効力を及ぼす法をいう。これに対して、特別法とは、一般法を適用するのが適切でなく、特定の人、事柄、行為などについて効力を及ぼす法をいう。「特別法は一般法に優先する」という原則がある。また、「後法は前法に優先する」や、「後法の一般法は前法の特別法に劣る」という原則もある。

(5)　国内法と国際法　　一国内で妥当する国内法と、国際社会で妥当する国際法がある。国内法は、国家法（憲法五九条・七三条六号・七七条等）と、地方公共団体の自主法（条例・規則、憲法九四条）等に分けられる。国際法は、国際化の進展とともに大きな進歩をみせており、日本国憲法もその誠実な遵守を求めている（憲法九八条二項・前文二段・

三段参照）。国際法は原則として、主権国家間の関係を規律する法である、といわれてきたが、現代の国際社会ではそれでは説明のつかない事態が急増している。いまや、人間（ヒト）、商品（モノ）、資本（カネ）、そして情報（IT）は、すさまじい速度と自由さで移動するようになった。これがグローバリゼーションと呼ばれる状況であるが、この時代にあっては、国家以外の行為体（例えば、個人・国際機構・NGO〔非政府組織〕等）が国際法の行為体として参画するようになっている。

(6)　民事と刑事　これまでの分類とは若干異なるが、よく間違われる点として、民事と刑事の違いがある。民事は、私人間の権利義務関係の問題であり、刑事は国が犯罪者に対して刑罰を科すという問題である。例えば、Aが交通事故を起こしてBにケガをさせたとする。Aは場合によっては、過失運転致死傷罪（自動車運転死傷行為処罰法五条）により、「七年以下の懲役若しくは禁錮又は百万円以下の罰金」に処せられる。これが刑事で、Aが罰金五〇万円を科されたとして、罰金は国庫に帰属する。BがAから賠償金を受けようとするときは、民事として、民法七〇九条に基づいてAに請求しないといけない。また、民事で損害賠償義務を負わされたからといって、「有罪」ではないという点に気を付けなければいけない。民事と刑事は一致するわけではなく、区別して考えなければならない。

5　補足として――法を学ぶにあたり、知っておいたほうが良いこと

(1)　六法とは　「主な法令を一冊にまとめた本」のことで、普通はこの意味で六法という言葉を使う。それ以外で使うこともあるので、多義的な意味を持つ。本来の意味は、憲法・民法・刑法・商法・民事訴訟法・刑事訴訟法の六つの法律を意味しており、法学を学ぶうえで、最も基本的な法律と考えられている。

(2)　公布・施行の期日　公布とは、ある法律が作られ、その法律の具体的な内容をすべて公表して、一般の人々に知らせること。ただし、特殊な省令などは、公布が省略されることもある。公布の方法については明確な定めはないが、慣例によって「官報」に掲載されると公布したことになるとされる。官報は、政府が発行するもので、法令の

公布日は官報に掲載された年月日を表している。公布の時期については、国会で法律が成立した後、天皇に奏上され、奏上された日から三〇日以内に公布されることとなっている（国会法六五条・六六条）。

施行（せこう・しこう）とは、法律が効力（強制力）を持つこと。施行の期日は、法の適用に関する通則法の二条に規定があり、これによると、法律は公布の日から起算して二〇日を経過すると、自動的に施行されることとなっているが、実際にはこれとは異なる扱いをすることがほとんどである。施行の方法・時期は、あらかじめ法律（条文または附則）に施行日を書いておく方法（憲法一〇〇条一項）と、政令などで施行日を決めるように委ねる方法（民事訴訟法附則一条）の二種類がある。

(3) 改　正　法律の文言・内容を改めることで、たとえ一文字であっても法律の原文を変えるためには、必ず法律改正しなければならない。

(4) 条文・条項の呼び方　まずは①〜⑤までの用語を覚えておくとよい。

① 条　法令の条文が一つの段落から成り立っている場合は、条文の番号だけを表記。（例えば、憲法一一条）。

② 項　条の中で段落を分ける場合に用いられる。（例えば、憲法四条一項）。

③ 号　条または項のなかで、箇条書きにする場合に用いられる。（例えば、憲法七条一号）。

④ 柱書《はしらがき》　号の前にある文のこと。（例えば、憲法七条柱書）。

⑤ 但書《ただしがき》　条、項または号のなかで、本文の後に続いて、「但し」という字句ではじまっている文のこと。（例えば、憲法五四条二項但書）。

(5) 法令用語　次は条文中の表現についてである。

① 推定する、みなす　「推定する」とは、ある事実または法律関係において、反証があがらない場合に、法令が一応こうであろうという判断を下すこと。「みなす」とは、本来異なるものを、法令上、一定の法律関係につ

いて同一のものとして扱うことをいう。

② 科する、課する　「科する」は、刑罰、過料（行政罰）、または団体規律のための懲罰を一般的なかたちで規定する場合に用いる。「課する」は、国または地方公共団体、その他の公的団体が、国民、住民、構成員に対し、公権をもって租税その他の金銭などを賦課（割当て）し、徴取する場合に用いる。

③ 及び、並びに　「及び」は小さなくくりに使い、「並びに」は大きなくくりに使う。〝A and B〟のときには「A及びB」、〝(A and B) and C〟のときには「(A及びB) 並びにC」、〝A and (B and C)〟のときには「A並びに (B及びC)」となる。

④ 又は、若しくは　「又は」は大きなくくりに使い、「若しくは」は小さなくくりに使う。〝A or B〟のときには「A又はB」、〝(A or B) or C〟のときには「(A若しくはB) 又はC」、〝A or (B or C)〟のときには「A又は (B若しくはC)」となる。

❷ 法における憲法の位置づけ

「法とは何か」について少し理解いただけただろうか。それでは次に、憲法が法の中においてどのような位置にあるのかをみていこう。

1　最高法規としての憲法

憲法は「国の最高法規」（憲法九八条一項）である（第二部第一〇章解説参照）。それは、歴史的に憲法が国の根本法を意味してきたことに基づく。したがって、第一に、憲法が根本法である以上、その理解の前提として法そのものの理解が必要であり、第二に、憲法が法の種類および体系の中で、どのような位置にあるのかについての理解が、憲法の理解にとって大切だと考えられる。

2 憲法具体化法としての諸法

憲法は最高法規であるが、その下位にある法によって具体化され、多くの下位法は憲法の具体化法という性格を有している(例えば、民法の家族法は憲法二四条の、社会福祉・社会保障法は二五条の、労働法は二七条・二八条の、刑事訴訟法は三一条・三三条以下の、そして行政法は憲法全般の具体化法である)。したがって、憲法を具体的に理解するためには、憲法具体化法としての下位法の理解が必要であり、また逆に、下位法の理解のために憲法の理解が必要である。

用語解説

国　家　主権国家の構成要件は、①一定の領域(領土・領海・領空)、②永続的住民、③政府、④他の国と関係を結ぶ能力が必要であるとされる。ただし、近年、欧州連合(EU)加盟国のように、国際機構に主権の一部を委譲する国があらわれている。

憲　法　国家の統治・組織および基本的人権に関する構成で、すべての法律の中で最高法規性を有する。日本国憲法は、前文と一〇三条の条文からなり、一九四六(昭二一)年一一月三日に制定され、一九四七(昭二二)年五月三日に施行され現在に至っている。

法　律　国権の最高機関である国会の議決を経て制定された成文法のこと。日本における法体系の中心的な存在。

命　令　国会の議決を経ることなく制定された成文法のこと。命令には、内閣が定める政令、内閣総理大臣が定める内閣府令、各省大臣が定める省令がある。政令は、法律には劣るが、内閣府令・省令などには優越する。

規　則　衆議院規則・参議院規則・最高裁判所規則・会計検査院規則・人事院規則等のほか、地方公共団体の長の定める規則等がある。規則は法律に違反することができない。

条　例　法律の範囲内で、地方公共団体がその議会において制定する住民の権利、義務に関する法規で、都道府県条例、市町村条例などがある。地方自治法では、条例は「法令に違反しない限りにおいて」(地方自治法一四条一項)と規定している。

条　約　国家間の約束(国際法)の中で成文法のもの。条約には、協定、協約、議定書等の名称のものもある。なお、国際法には不文法である慣習法もある。

第一部　憲法のあゆみ

第一章　近代憲法の誕生から現代憲法へ

立憲主義、「市民革命」の光と影、男性市民権

谷口真由美

「憲法とは何か?」と問われると、どの側面から考えるかによって答え方が変わってくる。まずは、歴史的な意味から考えてみよう。

解説

1　近代的意味における憲法

憲法は、もともとは国家の統治の基本を定めた法、根本法を意味する。この意味における憲法は、いずれの時代の、どの国家にも存在しているものである。しかし、これから学んでいく「憲法」とは、一七・一八世紀のヨーロッパの近代市民革命において、絶対君主との闘いのなかから生み出されたもので、「近代的(立憲的)意味の憲法」という。この近代的意味の憲法は、特に濫用されやすい性質をもつ国家権力に対して、その権力の源泉を明らかにし、また個人の権利・自由を確保するために権力行使のあり方に縛りをかけるという立憲主義思想のもとで、人権宣言と権力分立に基づく統治機構を定めたものでなければならない(フランス人権宣言一六条【7】)。

2　近代的意味における憲法の成立

(1)　このような憲法のさきがけとして、一般に、マグナ・カルタ【1】があげられる。ただしこれは、本来は中世的文書(国王がその受報者達の封建的既得権を確認したroyal grantsの一つ)であるが、権利請願【2】によってイギリス人一般の権利を保障したものへと変質する。そして、名誉革命の結果、議会制定法としての権利章典【3】が、伝統的な権利と自由を宣言し、国民の権利、議会の地位・権能、裁判のあり方等々について定める。これらの法は、まとまった成文の憲法典をもたないイギリス(不文憲法の国)では、いずれも現在も憲法を構成するものとされている。権利章典はまた、基本的人権の歴史のうえで大きな役割を果たすが、特にアメリカの独立に及ぼした影響は大きい。

(2)　一八世紀になると、自然権保障のために社会契約によって国家を成立させ、そこにおいて基本的人権を保障し、それにふさわしい統治機構を設けるという近世の自然法思想の影響のもとに、人権宣言と権力分立原理を採用した近代的意味における成文憲法が成立する。すなわち、アメリカ諸州の憲法（その最初のものがヴァージニアの権利章典【4】）、世界最古の現行成文憲法であるアメリカ合衆国憲法【6】、フランス人権宣言【7】、フランス第一共和制憲法（一七九一年）などがそれに属する。こうして近代的意味における人権が「すべての人」の権利として普遍的な性格をもつものとして成立した。しかし、これを成立せしめた近代市民革命の担い手たちは、おもにブルジョア（市民）階級の白人男性であったことから、女性や少数者男性、有色の自由人、植民地の奴隷などは「人権」の対象から排除された（例えばアメリカでは、選挙権において、人種差別が撤廃されたのは一八七〇年、性差別が禁止されたのは一九二〇年のことである【6】）。

(3)　このフランスの影響のもとに、一九世紀のヨーロッパでは、近代的意味における憲法の成立が一般化する。これらの憲法は、一八世紀には形式上独立していた人権宣言を、成文憲法の中に組み入れている。ただ、そこでは、君主がそれまでの絶対主義権力を自己制限して近代化をはかるために、欽定憲法を制定する例がみられた。そのような憲法においては、基本的人権ではなく、国民ないし臣民の権利が保障され、権力分立も不徹底なものとなったりしている（君主が行政権を有し、立法権も分有する等の代表例としてプロイセン憲法）。

そして、一九世紀末には、ヨーロッパ外の日本において、近代的意味における憲法（「大日本帝国憲法」（一八八九年））をもつにいたった。ただそれは、国王によって強権的に改正された一八五〇年のプロイセン憲法の影響をうけるとともに、それをさらに「万世一系ノ天皇」の統治（同憲法一条）という性格を核とし、日本化したものであったといえよう。プロイセン憲法や大日本帝国憲法は、表面的には近代憲法の諸制度が備わっていたが、君主が統治権の主体であり、議会の地位も低く、国民の権利の保障も弱かったことから、「外見的立憲主義」と呼ばれている。

(4)　法の支配　近代立憲主義憲法は、個人の権利・自由を確保するために国家権力を制限することを目的とするが、この立憲主義思想は法の支配（rule of law）の原理と密接に関連する。法の支配の原理は、中世に誕生し、権力を法で拘束し、ルールに従って権力が行使されるようにして恣意的な権力行使をおさえ、人権を守ろうとする考え方であり、英米法の根幹として発展してきた基本原理である。立法過程が民主的であること、法の内容が合理的でなくてはならないことも含まれる。法の支配と類似するものに、ドイツの法治主義（法治国家）がある。かつては、国家の行為が法に従って行われることを形式的に求めるものであったが、今では法治主義も、法律の内容に正当性が求められ、法の支配とほぼ同じ意味をもつと考えられている。

3　近代憲法から現代憲法へ

(1)　二〇世紀にはいると、近代憲法の諸原理（人権保障、権力分立、法の支配など）は、現代憲法のなかで発展し変容を遂げた。資本主義経済が自由競争から独占資本主義、さらに帝国主義へと進んだことで貧富の格差の拡大、失業、不況など資本主義の矛盾が明らかになり、労働者（プロレタリア）階級の運動も起こった。代表的なものが、一九一七年のロシア革命によって、世界で初めて社会主義国が誕生し、ロシア・ソビエト連邦社会主義共和国憲法（レーニン憲法）が制定されたことである。労働者や病者・貧者など社会的弱者に対して、人間に値する生活を国家が積極的に保障していこうとする社会権が、ドイツのヴァイマール憲法【8】に初めて規定された。

(2)　第二次世界大戦は、全体主義（ファシズム）への民主主義の勝利で終わった。悲惨な戦争による人権侵害の反省から、人権の国際的な基準ができ、また、平和への価値を憲法に位置付けるようになった。敗戦国である日本、ドイツ、イタリアは、民主主義と人権を保障したうえで、「戦争と軍隊の絶対的否定」を特徴とする日本国憲法、「戦う民主主義」を基本とするドイツ連邦共和国基本法【9】、「社会連帯と勤労の権利」を特徴とするイタリア共和国憲法（一九四八年）を制定した。

(3)　人権の国際的基準として、世界人権宣言【48】をはじめとし、加盟国に法的な拘束力をもち、多数の国家が締結している国際人権規約（社会権規約・自由権規約）（一九六六年）や個別の人権条約は、重要な国際的人権保障のルールとなっている（第二部第三章Ⅳ参照）。また、ヨーロッパ人権条約（一九五三年）や、米州人権条約（一九七八年）など、地域的な人権条約もある。憲法の人権保障を考える場合にも、これらの国際的基準は無視できないものとなっている。二一世紀は、グローバリゼーションの潮流のなかで、地球的規模で人、商品、資本、そして情報が移動し、国民国家の在り方が変容した。それが、国家主権の制限や人権の国際的保障などを促進したが、ひとたび戦争や紛争が起こると、大規模な人権侵害がそれにともなって起こり、経済活動は大打撃を受ける。そうなれば、どんなによい国制がしかれ、りっぱな人権規定が置かれたとしても、人びとがよりよく生きることは困難になる。国際情勢は刻々と変化し、戦争や紛争が絶えないが、自国のことのみに専念するのではなく、平和や人権という価値を国際的な枠組みで考えることが現代社会では求められている。

用語解説

マグナ・カルタ　国王ジョンとバロン（貴族）との間で、バロンの国王からの自由を確認する契約として一二一五年に締結されたのが最初のもので、すぐに廃棄されたが、ヘンリー三世および四世の治下において三〇年以上確認され続ける。その後、エドワード一世の治下において確認された一九二七年のマグナ・カルタの一部は、現在でも効力がある。

自然権　人間は生まれながらにして自由かつ平等であり、生来の権利／天賦の権利（自然権）をもっているとされる思想で、ロックやルソーなどが説いた。

社会契約　国家の権力は王様が神から付託されたものとする思想（王権神授説）を排除し、社会を構成する人びとが共同生活を円滑に行うために、相互に契約して存在しているとする考え方。自然権を確実なものとするために、社会契約を結び、政府の権力は人びとの同意に基づいて行使され、政府が権力を恣意的に行使して人びとの権利を不当に制限する場合には人びとは政府に抵抗の権利を有する。

【1】マグナ・カルタ

（一二一五年）

第一二条〔一般評議会の同意による課税〕　いかなる兵役免除金も上納金も、朕の王国においては、朕の王国の一般評議会によるのでなければ、課されないものとする。……

（一二九七年）

統治二五年目に、エドワード王によって確認されたイングランドの自由および御猟林の自由に関する大憲章〔以下、省略〕

第一条〔自由の確認〕

朕は、第一に、イングランド教会が自由であり、その権利および自由全体が不可侵であることを神に認め、朕および朕の相続人のために本憲章によって永久に確認する。朕は、朕および朕の相続人のために、以下に列挙された自由が、朕の王国のすべての自由市民およびその相続人に対して彼らおよびその相続人が永久に所有保持しつづけるものとして認め、与える。

第二条〜第八条　（廃止）

第九条〔ロンドン等の自由〕

ロンドン市は、過去に有していたすべての古来からの自由と慣習を有する。さらに、朕は、他のすべての都市、バラ、町およびバロンの五港、その他の港もすべての自由および慣習を有することを望み、認める。

第一〇条〜第二八条　（廃止）

第二九条〔人身の自由と司法の適正〕

いかなる自由人も、同輩の合法的裁判、または国の法によらないかぎり、逮捕または監禁されたり、自由保有権、自由、自由な慣習を奪われたり、または法の保護を奪われたり、追放されたり、またはその他の方法で害されたりすることもなければ、朕が当人のもとに出向いていったり、糾弾したりすることはない。朕は誰にも司法または正義を売らず、何人に対してもこれを拒否したりまたは遅延させたりしない。

第三〇条〜第三七条　（廃止）

（初宿正典・辻村みよ子編『新解説世界憲法集〔第四版〕』三省堂、二〇一七年）

【2】イギリス・権利請願（一六二八年）

「本国会に召集された僧俗の貴族および庶民により、国王陛下に捧呈され、これに対して陛下が国会全体に勅答を給うた請願」

至尊なる国王陛下に

（一）　われらの至高の主たる国王陛下に対し、国会に召集された僧俗の貴族および庶民は、謹んでつぎのように奏上したてまつる。エドワード一世の治世に作られた通称「承諾なき賦課金に関する法律」（*Statutum de Tallagio non Concedendo*）と呼ばれる法律によって、大司教、司教、伯、バロン、騎士、市民、その他わが王国の庶民中の自由人、の快諾と同意がなければ、国王またはその相続人は、賦課金（tallage）または援助金（aid）を課してはならない、と宣言され、規定されている。またエドワード三世治世第二五年に開かれた国会によって、今後何人も、国王に対する貸付をその意に反して強制されることはない、何となれば、このような貸付〔の強制〕は、理性とこの国〔でみとめられている〕特権に反するからである、と宣言され、規定されている。……

〔三〕　また「イングランドの自由の大憲章」と呼ばれる法律〔＝マグナ・カルタ〕によって、自由人は、その同輩の合法的裁判によるか、国法によるのでなければ、逮捕、監禁され、その自由保有地、自由、もしくはその自由な慣習を奪われ、法外放置もしくは追放をうけ、またはその他いかなる方法によっても侵害されることはない、と定めている。

〔一〇〕　したがって、国会に召集された僧俗の貴族および庶民は、謹んで至尊なる陛下につぎのことを嘆願したてまつる。すなわち、今後何人も、国会制定法による一般的同意なしには、いかなる贈与、貸付、上納金、税金、その他同種の負担をなし、またはそれに応ずるよう強制されないこと。何人も、このことに関し、またはこれを拒否したことに関して、答弁、前記のような宣誓、もしくは出頭を求められること、勾留されること、その他いろいろな方法で、苦痛を加えられ、心の平静を奪われること、はないこと。……

（高木八尺・末延三次・宮沢俊義編『人権宣言集』岩波書店、一九五七年・第六七刷）

【3】イギリス・権利章典（一六八九年）

「臣民の権利および自由を宣言し、王位継承を定める法律」

……

その結果、前記の僧俗の貴族および庶民は、それぞれの書簡および選挙により、わが国民の完全なかつ自由な代表としてここに召集され、前記の諸目的達成のための最良の手段〔は何かということ〕についてきわめて真剣に考慮し、〔その結果〕まず第一に、〔かれらの祖先が同様な場合に行なったように〕かれらの古来の自由と権利を擁護し、主張するため、つぎのように宣言した。すなわち、

〔1〕　国王は、王権により、国会の承認なしに法律〔の効力〕を停止し、または法律の執行を停止し得る権限があると称しているが、そのようなことは違法である。

〔2〕　〔国王は〕王権により、法律を無視し、または法律の執行をしない権限があると称し、最近このような権限を僭取し行使したが、そのようなことは違法である。

〔3〕 教会関係の事件を処理させるためにかつて存在した宗務官裁判所を設立する授権状、その他同様の性質をもつ授権状および裁判所は、すべて違法であり、有害である。
〔4〕 大権に名を借り、国会の承認なしに、〔国会が〕みとめ、もしくはみとむべき期間よりも長い期間、または〔国会が〕みとめ、またはみとむべき態様と異なった態様で、王の使用に供するために金銭を徴収することは、違法である。
〔5〕 国王に請願することは臣民の権利であり、このような請願をしたことを理由とする収監または訴追は、違法である。
〔6〕 平時において、国会の承認なくして国内で常備軍を徴集してこれを維持することは、法に反する。
〔7〕 新教徒である臣民は、その状況に応じ、法の許す〔範囲内で〕自衛のための武器をもつことができる。

（高木八尺・末延三次・宮沢俊義編『人権宣言集』岩波書店、一九五七年・第六七刷）

【4】ヴァージニアの権利章典（一七七六年）

ヴァジニア人民の代表が、完全にして自由なる会議において制定した権利の宣言。その諸権利は、政治組織の基礎として、人民およびその子孫に属するものである。

（一） すべて人は生来ひとしく自由かつ独立しており、一定の生来の権利を有するものである。これらの権利は人民が社会を組織するに当り、いかなる契約によっても、人民の子孫からこれを〔あらかじめ〕奪うことのできないものである。かかる権利とは、すなわち財産を取得所有し、幸福と安寧とを追求獲得する手段を伴って、生命と自由とを享受する権利である。
（二） すべて権力は人民に存し、したがって人民に由来するものである。行政官は人民の受託者でありかつ公僕であって、常に人民に対して責任を負うものである。
（三） 政府というものは、人民、国家もしくは社会の利益、保護および安全のために樹立されている。あるいは、そう樹立されるべきものである。政府の形体は各様であるが、最大限の幸福と安寧とをもたらし得、また失政の危険に対する保障が最も効果的なものが、その最善のものである。いかなる政府でも、それがこれらの目的に反するか、あるいは不じゅうぶんであることがみとめられた場合には、社会の多数のものは、その政府を改良し、変改し、あるいは廃止する権利を有する。この権利は疑う余地のない、人に譲ることのできない、また棄てることのできないものである。ただし、この〔権利の行使〕方法は公共の福祉に最もよく貢献し得ると判断されるものでなければならない。

（高木八尺・末延三次・宮沢俊義編『人権宣言集』岩波書店、一九五七年・第六七刷）

【5】アメリカの独立宣言（一七七六年七月四日）

一七七六年七月四日、コングレスにおける一三のアメリカ連合諸邦の全員一致の宣言

人類の歴史において、ある人民が、それまで自分たちを他の人民と結びつけていた政治的紐帯を解消し、自然の法と自然の神の法とにより賦与される自立かつ平等の地位を、地上の列強間において占めることが必要になる際に、その人民が自立を余儀なくせられた大義を宣言することは、人類の意見に対して抱く当然の尊重の帰結である。

われらは次の事がらを自明の真理であると信ずる。すべての人は平等に造られ、造物主によって一定の不可譲の権利を付与され、そのなかには生命、自由および幸福の追求が含まれる。また、これらの権利を確保するために、人々の間に政府が組織され、その権力の正当性は被治者の同意に由来する。そして、いかなる政治形態といえども、これらの目的を損うものとなるときには、それを改廃し、自らの安全と幸福をもたらすものと認められる主義を基礎とし、かかる形態の権力組織を伴う新たな政府を樹立することは人民の権利である。長期にわたって存続した政府は、軽微かつ一時的な理由により変革されるべきでないことは、実に慎慮の命ずるところである。したがって、一切の経験の示すとおり、人類は、害悪の受忍しうる限り、自ら慣れ親しんできた形態を廃止するよりも、むしろそれを耐え忍ぼうとする傾向にある。しかし、長きにわたる暴虐と簒奪が一貫して同一の目的を追求することにより、人民を絶対的な暴政の下に服従せしめようとする企図を明らかにするに至るとき、かかる政府を廃棄し、自らの将来の安全のために新たな保障の組織を整えることは、人民の権利であり、義務である。

（Guitteau & Webster, The Constitution of the United States, 1926 より井口文男訳—高田敏一部改訳）

【6】アメリカ合衆国憲法（一七八八年）

われら合衆国人民は、より完全な連合を形成し、正義を樹立し、国内の平穏を保障し、共同の防衛に備え、一般的福祉を増進し、そしてわれらとわれらの子孫のために自由の恵沢を確保する目的をもって、ここにこの憲法をアメリカ合衆国のために制定し、これを確立する。

第一条〔合衆国議会〕

第一節〔立法権、二院制〕　この憲法によって付与される立法権は、すべて合衆国議会に属する。合衆国議会は、上院及び下院でこれを構成する。

第二節〔下院の組織及び権限、下院議員の選出〕　①　下院は、二年ごとに各州の人民により選出される議員でこれを組織する。各州における下院議員の選挙権者は、当該州の議会を構成する議院のうち、最も議員数の多い議院の選挙権者た

るに必要な資格を備えていなければならない。

② 年齢満二五年に達しない者、合衆国市民となって七年に満たない者及び選挙の時にその選出された州の住民でない者は、何人も下院議員となることができない。

第三節〔上院の組織及び権限、上院議員の選出〕 ① 合衆国上院は、各州から二人ずつ選出される上院議員でこれを組織する。上院議員は、《各州の議会で選出され、》任期は六年とする。上院議員は、各々一票の投票権を有する。

③ 年齢満三〇年に達しない者、合衆国市民となって九年に満たない者及び選挙の時にその選出された州の住民でない者は、何人も上院議員となることができない。

④ 合衆国副大統領は、上院の議長となる。ただし、可否同数のときを除き、投票に加わらない。

第七節〔合衆国議会の議事手続〕 ① 歳入の徴収に関する法律案は、すべて下院において先に審議されなければならない。ただし、上院は、その他の法律案の場合と同様に、これに対する修正を提案し、または修正を付して同意することができる。

② 下院及び上院で可決された法律案は、法律として成立する前に、すべて合衆国大統領に送付されなければならない。大統領は、法律案を承認するときは、これに署名する。承認しないときは、異議を付して、これを先に審議した議院に返付する。返付された議院は、異議のすべてを議事録に記載し、その法律案を再議に付す。再議の結果、その議院の三分の二の多数により当該法律案を可決したときは、大統領の異議を付して、これを他の議院に送付する。他の議院により、同様に再議され、その三分の二の多数により可決されたときは、その法律案は法律として成立する。ただし、この場合にはすべて、両議院における表決は、点呼による賛否の表明によりなされ、法律案に賛成した者及び反対した者の名前を、各議院の議事録に記載しなければならない。法律案が大統領に送付されてから一〇日以内に（日曜日を除く）返付されないときは、大統領がこれに署名したときと同様に法律として成立する。ただし、合衆国議会が閉会のために返付できない場合には、法律案は法律として成立しない。

第二条〔合衆国大統領〕

第一節〔執行権、大統領及び副大統領〕 ① 執行権は、アメリカ合衆国大統領に属する。大統領の任期は四年とし、同一の任期で選出される副大統領と共に、次の方法により選挙される。

② 各州は、その議会が定めるところにより、各州が合衆国議会に送ることができる上院議員及び下院議員の総数と同数の大統領選挙人を選任する。……

⑧ 大統領は、その職務の遂行を開始する前に、次の宣誓または確約を行わなければならない。――

「私は、合衆国大統領の職務を誠実に遂行し、全力を尽くして、合衆国憲法を維持し、保護し、擁護することを厳粛に誓う（または確約する）。」

第二節〔大統領の権限〕①　大統領は、合衆国の陸海軍及び現に召集を受けて合衆国の軍務に服している各州の民兵の最高司令官である。……

②　大統領は、上院の助言と承認を得て、条約を締結する権限を有する。ただし、この場合には、出席する上院議員の三分の二の同意を要する。……

第三条〔合衆国の司法権〕

第一節〔司法権、最高裁判所及び下級裁判所〕　合衆国の司法権は、一つの最高裁判所及び合衆国議会が随時に定め設置する下級裁判所に属する。……

第四条〔連邦制〕

第一節〔州相互間での信頼〕　各州は、他のすべての州の法令、記録及び司法手続に対して、十分な信頼と信用を与えなければならない。合衆国議会は、これらの法令、記録及び手続を証明する方法並びにその効力について、一般的な法律を定めることができる。

第五条〔憲法修正〕

合衆国議会は、両議院の三分の二が必要と認めるときには、この憲法の修正を発議する。また、全州の三分の二の州の議会から要請があるときには、合衆国議会は、憲法修正を発議する憲法会議を招集しなければならない。いずれの場合においても、全州の四分の三の州の議会または四分の三の州の憲法会議が承認したときに、憲法修正は、いかなる意味においても、この憲法と一体を成すものとして効力を生じる。承認について上記のいずれの方法をとるかは、合衆国議会の発議するところによる。ただし、一八〇八年より前に行われる修正により、第一条第九節第一項及び第四項について、いかなる方法であれ、変更を及ぼすことはできない。また、いずれの州も、その同意なしに、上院における平等な投票権を奪われない。

第六条〔最高法規〕

②　この憲法、この憲法に従って制定される合衆国の法律、及び合衆国の権限に基づいて既に締結され、または将来締結されるすべての条約は、国の最高法規であって、すべての州の裁判官は、各州の憲法または法律にこれに反する定めがある場合にも、これに拘束される。

修正第一条〔政教分離、信教及び表現の自由、請願の権利〕〔一七九一年成立〕

合衆国議会は、国教を樹立する法律もしくは自由な宗教活動を禁止する法律、または言論もしくは出版の自由または人民が平穏に集会し、不平の解消を求めて政府に請願する権利を奪う法律を制定してはならない。

修正第五条〔大陪審による審理、二重の危険の禁止、自己負罪拒否権、適正手続、財産権〕〔一七九一年成立〕

何人も、大陪審による告発または起訴によらなければ、死刑に当たる罪またはその他不名誉な重罪について、その責を負わない。ただし、陸海軍において生じた事件、または戦争もしくは公共の危険に際して、現に軍務に就いている民兵において生じた事件は、この限りではない。何人も、同一の犯罪のために、重ねてその生命または身体を危険に曝されない。何人も、刑事事件において、自己に不利な証人になることを強制されない。何人も、法の適正な手続によらずに、生命、自由または財産を奪われない。何人も、正当な補償なく、私有する財産を公共の用のために徴収されない。

修正第一三条〔奴隷制度の廃止〕〔一八六五年成立〕

第一節〔奴隷制度の廃止〕　奴隷制度及びその意に反する苦役は、合衆国またはその管轄に属するいかなる場所においても存在してはならない。ただし、適正な手続により有罪の宣告を受けた犯罪に対する刑罰として科される苦役については、この限りではない。

修正第一五条〔選挙権における人種差別の禁止〕〔一八七〇年成立〕

第一節〔選挙権における人種差別の禁止〕　合衆国市民の選挙権は、合衆国またはいかなる州も、人種、皮膚の色または以前において強制により苦役に服していたことを理由として、これを否定し、または制約してはならない。

修正第一九条〔選挙権における性差別の禁止〕〔一九二〇年成立〕

①　合衆国市民の選挙権は、合衆国またはいかなる州も、性別を理由として、これを否定し、または制約してはならない。

修正第二六条〔一八歳以上の市民による選挙権〕〔一九七一年成立〕

第一節〔一八歳以上の市民による選挙権〕　年齢満一八年以上の合衆国市民の選挙権は、合衆国またはいかなる州も、年齢を理由として、これを否定し、または制約してはならない。

（高橋和之編『新版世界憲法集〔第二版〕』岩波書店、二〇一二年）

【7】フランス・一七八九年人権宣言（一七八九年八月二六日）

人および市民の権利の宣言

国民議会として組織されたフランス人民の代表者は、人の権利の不知、忘却または軽視が公の不幸および政府の腐敗の唯一の原因であることにかんがみ、人の神聖不可譲な自然の権利を厳粛な宣言において提示することを決意した。この宣言を社会体のすべての構成員に絶えず示してその権利および義務を不断に想起されるように、立法権および執行権の行為が、すべての政治制度の目的と随時照合されることができることによって、よりよく尊重されるように、市民の要求が、以後、簡潔で争いの余地のない原理に基づくことによって、つねに憲法の維持および万人の幸福に向うように。

その結果として、国民議会は、至高の存在（神）の面前で、かつその庇護のもとに人および市民の以下の権利を承認し、かつ宣言する。

第一条　人は、自由かつ権利において平等なものとして出生し、存在する。社会的区別は、共同の利益に基づくのでなければ、設けられることができない。

第二条　すべての政治的結合の目的は、人の時効によって消滅することがない自然の権利の保全にある。これらの権利は、自由、所有、安全および圧制への抵抗である。

第三条　すべての主権の淵源は、本質的に国民に存する。いかなる団体も、いかなる個人も、国民から明示的に発しない権威を行使することができない。

第四条　自由は、他人を害しないすべてのことをなしうることに存する。したがって、各人の自然の権利の行使は、社会の他の構成員にこれらの同一の権利の享受を確保する以外に限界を有しない。これらの限界は、法律によってでなければ定められない。

第七条　何人も、法律によって定められた場合で、かつ法律が定めた形式によるのでなければ、訴追され、逮捕され、または拘禁されない。……

第八条　法律は、厳格かつ明白に必要な刑罰でなければ、定めてはならない。いかなる者も犯罪にさきだって定められ、公布され、かつ適法に適用された法律によるので、処罰されない。

第九条　何人も、有罪と宣告されるまでは、無罪と推定されるから、逮捕することが不可欠とされる場合でも、身柄を確保するために必要でないすべての強制は、法律によりきびしく抑止されなければならない。

第一〇条　何人も、その意見について、それが宗教的なものであっても、その表明が法律の定める公の秩序を乱さない限り、不安を持たないようにされなければならない。

第一一条　思想および意見の自由な伝達は、人のもっとも貴重な権利の一つである。したがって、すべての市民は、自由に話し、書き、印刷することができる。ただし、法律の定める場合には、その自由の濫用について責任を負う。

第一二条　人および市民の権利の保障は、公の武力を必要とする。したがって、この武力は、すべての者の利益のために設けられるのであり、それが委託される者の個別的利益のために設けられるものではない。

第一六条　権利の保障が確保されず、権力の分立が定められていないすべての社会は、憲法をもつものではない。

第一七条　所有は、神聖不可侵な権利であるから、何人も、適法に確認された公の必要が明白にそれを要求する場合で、かつ、事前の正当な補償の条件のもとでなければ、これを奪われることがない。

（Dalloz, Les Constitutions de la France, 1983 より井口文男訳）

【8】ドイツ・ヴァイマール憲法（一九一九年）

第二編　ドイツ人の基本権と基本義務

第五章　経済生活

第一五一条〔経済生活の秩序、経済的自由〕　経済生活の秩序は、すべての人に、人たるに値する生存を保障することを目指す正義の諸原則に適合するものでなければならない。各人の経済的自由は、この限界内においてこれを確保するものとする。

法律的強制は、脅かされている権利を実現するため、又は、公共の福祉の優越的な要請に応ずるためにのみ、許される。

通商及び営業の自由は、ライヒ法律の定める基準に従って保障される。

……

第一五三条〔所有権、公用収用〕　所有権〔財産権〕は、憲法によって保障される。その内容及び限界は、諸法律に基づいてこれを明らかにする。

……

所有権〔財産権〕は、義務を伴う。その行使は、同時に公共の善（Gemeine Beste）に役立つものであるべきである。

第一五五条〔土地の分配及び利用〕　土地の分配及び利用は、国のために何らかの方法でこれを監督し、もって、その濫用を防止し、かつ、各ドイツ人に健康な住居を確保し、すべてのドイツの家族、とくに子どもの多い家族に対して、その必要に応じた宅地及び家産地を確保するという目的を達成するよう努力される。……

第一五六条〔社会化〕　ライヒは、法律により、補償を与えたうえで、公用収用に適用される諸規定を準用して、社会化（Vergesellschaftung）に適した私的・経済的企業を共同所有に移すことができる。……

第一五七条〔労働力〕　労働力は、ライヒの特別の保護を受ける。

ライヒは、統一的な労働法を制定する。

第一五九条〔団結の自由〕　労働条件及び経済的条件を維持し促進するための団結の自由は、何人にも、そしてすべての職業に対して、保障されている。この自由を制限し、又は妨害することを企図するすべての合意及び措置は、違法である。

第一六一条〔社会保険〕　健康と労働能力を維持するため、母性を保護するため、並びに老齢、病弱及び生活の変化のもたらす経済的帰結に備えるために、ライヒは、被保険者の決定的な協力の下に、包括的な保健制度を創設する。

第一六三条〔労働の義務及び権利〕　各ドイツ人は、その人身の自由を損なうことなく、その精神的及び肉体的な力を、全体の福祉が要求するように、活用する道徳的義務を負う。

……

各ドイツ人には、経済的労働によってその生活の糧を得る可能性が与えられなければならない。適当な労働の機会〔が与えられていたのに労働しなかったのだということをライヒ〕が証明しえない者に対しては、その限度において、その者に必要な生計のための配慮がなされる。詳細は、特別のライヒ法律によってこれを定める。

第一六五条〔共同決定権、労働者評議会、経済評議会〕　労働者及び被用者は、企業者と共同して、対等に、賃金及び労働条件の規律、並びに生産力の全体的・経済的発展に参与する資格を有する。双方の組織及びその協定は、これを承認する。……

（高田敏・初宿正典編訳『ドイツ憲法集〔第六版〕』信山社、二〇一〇年）

【9】ドイツ連邦共和国基本法（一九四九年）

第一条　人間の尊厳は不可侵である。これを尊重し保護することは、すべての国家権力の義務である。

ドイツ国民は、それゆえに、不可侵かつ不可譲の人権を、世界における各人間共同体、平和および正義の基礎として、信奉する。

以下の基本権は、直接に効力を有する法として、立法、執行権および裁判を拘束する。

第二条　各人は、他人の権利を侵害せず、かつ憲法的秩序または道徳律に反しない限りにおいて、自らの人格を自由に発展させる権利を有する。

各人は、生命（Leben）に対する権利および身体を害されない権利を有する。人身の自由は、不可侵である。これらの権利への介入は、法律の根拠に基づいてのみ行うことが出来る。

第五条　各人は、言語、文書及び図画によって自らの意見を自由に表明し広める権利、ならびに一般に近づくことのできる情報源から妨げられることなく知る権利を有する。出版の自由および放送とフィルムによる報道の自由は保障される。検閲は行われない。

これらの権利は、一般的法律の規定、少年保護のための法律上の規定、および個人的名誉権によって制限を受ける。

芸術ならびに学問、研究および教授は自由である。教授の自由は、憲法に対する忠誠を免除するものではない。

第一九条　……

いかなる場合においても、基本権は、その本質的内容を侵されてはならない。

……

何人も、公権力によって自らの権利を侵害されたときは、裁判的救済を受けることができる。他の機関にその権限が与えられていない場合は、通常裁判所に出訴することができる。

第二〇条　ドイツ連邦共和国は、民主的かつ社会的連邦国家である。

すべての国家権力は、国民に由来する。国家権力は、選挙および投票において国民により、ならびに立法・執行権および裁判についての特別の諸機関を通じて行使される。

立法は憲法的秩序に、執行権および裁判は、法律および法に拘束されている。

この秩序を排除しようと企てる何人に対しても、すべてのドイツ人は、他の手段がないときには、抵抗する権利を有する。

（本項は一九六八年六月二四日の第一七回改正法律で追加）

第二〇条のａ　国は、将来世代に対する責任を果たすためにも、憲法適合的秩序の範囲内において立法を通じて、また法律と法の基準に従って執行権と裁判を通じて、自然的生活基盤を保護する。

第二三条　統一された欧州の実現のために、ドイツ連邦共和国は、欧州連合の発展に協力するが、その欧州連合は、民主的・法治国家的・社会的および連邦的諸原則ならびに補充性の原則に義務づけられており、この基本法に本質的な点で比し得る基本権保護を保障しているものとする。……

第七九条　基本法は、その文言を明示的に変更しまたは補充する法律によってのみ、これを改正することができる。……

基本法を改正する法律は、連邦議会の三分の二および連邦参議院の表決数の三分の二の賛成を要する。

この基本法の改正によって、連邦の諸ラントへの編成、立法における諸ラントの原則的協力、または第一条および第二〇条に定められている基本原則に抵触することは、認められない。……

（Grundgesetz, Beck'sche Textausgaben, 59. Aufl. 2009 より高田敏訳）

第二章　大日本帝国憲法の制定と運用

小野博司

解説

1　大日本帝国憲法の意義

徳川幕府を打倒した人びとは、明治政府を組織し、新国家（大日本帝国）の建設に乗り出した。その特徴と政治体制を定めたのが、一八九〇（明二三）年一一月二九日の帝国議会開設と同時に施行された明治憲法である。明治憲法は、大日本帝国が天皇を唯一の君主とする国民（臣民）からなる国民国家であることを宣言し、同時に立憲制導入（帝国議会設置）後も、従来通り政府や軍が議会から干渉されずに活動することができるよう、各統治機関に強い独立性を与える割拠的政治体制を採用した。

2　封建制の解体

一八六七年一一月（慶應三年一〇月）、第一五代将軍の徳川慶喜が朝廷に政権を返還し（大政奉還）、公家と雄藩（薩摩・長州・土佐・肥前）出身者を中心とする明治政府が成立した。西洋諸国の海外進出に直面し、国家的独立の維持に危機感を募らせていた政府首脳は、この危機を乗り越えるため、約二七〇の大名が領地（藩）を治める幕藩体制の解体を決意した。まず一八六八年一月（慶應三年一二月）に王政復古の大号令【10】を発し、幕府を廃止（「自今摂関幕府等廃絶」）し「王政復古」を宣言した。その後、一八六九年七月（明治二年六月）以降に版籍奉還を実施し、一八七一年八月（明治四年七月）に廃藩置県を行って封建制（藩）の解体を実現した。

一八七三（明六）年一〇月、西郷隆盛の朝鮮派遣の是非をめぐり政府は分裂した（明治六年の政変）。その後政府（藩閥）が、大久保利通と彼が率いた内務省（一八七三年一一月設置）を中心に新国家建設に邁進する一方、下野した政治家は民撰議院設立建白書（一八七四（明七）年一月）を提出し、政府の現状を「有司専制」と批判して「公議ヲ張ル」ための民選議院の設立を求めた。政府は、一八七五（明八）年四月に「漸次ニ国家立憲ノ政体ヲ立」てることを宣言した漸次立憲政体樹立の詔を発し、一八八一（明一四）年一〇月には、一〇年後の国会開設（「明治二十三年ヲ期シ、議員ヲ召シ、国会ヲ開キ」）を約束した【11】。

3　大日本帝国の正統化

一八八九（明二二）年二月一一日、明治憲法が発布された。憲法は天皇主権を定めたが、その意図するところは国民主権への対抗ではなく、封建国家であった幕藩体制に対し、大日本帝国は唯一の君主（天皇）が統治する国家であることを明らかにすることであった。同時に憲法は、人びとが出身地や身分により区別されない「臣」民（＝「国」民）であることを示した。大日本帝国は、「日本」を単位とした国民国家として成立したが、最も重要な国民統合の「機軸」の役割を期待されたのが天皇（皇室）であった。憲法起草の責任者である伊藤博文は、明治天皇も臨席する枢密院での憲法審議において、ヨーロッパとは異なり「宗教ナル者其力微弱ニシテ一モ国家ノ機軸タルヘキモノナシ」「我国ニ在テ機軸トスヘキハ独リ皇室アルノミ」と主張した【12】。

大日本帝国は、明治政府が建設した新国家であるが、憲法告文・発布勅語【13】では、有史以来天皇（家）がこの「国」の統治者であったという「歴史」（「我カ祖我カ宗ハ我カ臣民祖先ノ協力輔翼ニ倚リ我カ帝国ヲ肇造シ以テ無窮ニ垂レタリ」）が描かれた。そして、一八九〇（明二三）年一〇月に下賜された教育勅語【14】により、教育機関を通じて「明治国家の起源」は広められ、「歴史」の共有による「国」民の形成が図られた。ただし、単一民族説を前提とする国体論【15】は、大日本帝国が「日本」以外に領土を有するようになると再考を迫られ、「一視同仁」の名の下で混合民族説が広く流布し説得力をもった。

4　大日本帝国憲法下の政治

明治憲法は、帝国議会の権限を定める一方（「臣民ノ権利」には法律の留保が付されているが、これは「臣民ノ権利」を制約するためには、政府の命令である勅令ではなく帝国議会の協賛を得て成立する法律を必要とするということを意味する)、政府や軍にも、帝国議会から干渉されない権限を与えた(割拠的政治体制)。憲法は、これら統治機関を統合する制度を有さず、実際には、各時期に最も大きな政治力をもった勢力(藩閥→政党→軍)が統合主体の役割を果たした。

帝国議会(政党)が政治力を強めるきっかけとなったのは、予算確保のために、政府(藩閥)が協力を求めたことである。一八九八(明三一)年六月には、政党との連携がうまくいかず内閣(第三次)を総辞職した伊藤博文の推薦により、憲政党を率いる大隈重信が内閣(隈板内閣)を組織した。藩閥を代表する山県有朋は、隈板内閣の成立を明治政府の「落城」と評した。

政治参加の機会増加も、帝国議会(政党)の政治力を強めた。女性が「公衆ヲ会同スル政談集会」に参加したり、その発起人となることは当初処罰の対象であったが、一九二二(大一一)年四月に、これを定める治安警察法第五条**16**が改正され、また一九二五(大一四)年五月には、成人男子普通選挙を導入する衆議院議員選挙法の改正が実現した。これらの立法は、移動の自由に伴う都市化の進展を背景にしたもので、「政府(内務省)―府県―郡―町村―町村公民」という従来の支配方式(点と線の支配)に代わる、政府による人民の直接支配(面的な支配)のために用意されたものでもあった。なお加藤高明内閣は、普通選挙制度導入に伴い政治活動が盛んになることを予想し、衆議院議員選挙法の改正と同時に、国体の変革や私有財産制度の否認を目的とする結社の組織・参加を処罰する治安維持法**17**を制定した。同法は、田中義一内閣期の一九二八(昭三)年に処罰が厳しくされた。

帝国議会(政党)の政治的存在感が増すなか、事実上の首相指名権をもつ元老の西園寺公望は、加藤高明内閣から犬養毅内閣(一九二四(大一三)年六月〜一九三二(昭七)年五月)まで、二大政党(立憲政友会と憲政党・立憲民政党)の党首を首相に指名し政党内閣を組織させた(憲政の常道)。一九三〇年代に入ると、激しい政党間競争への批判が強まり党首が首相に指名されることはなくなったが、いかなる政治勢力も、帝国議会の協力を得ずに政権を運営することは不可能であった。帝国議会にとっても、政権への協力は自身の政治的存在感を維持する上で必要であり、一九三〇年代前半の斎藤實内閣、岡田啓介内閣（挙国一致内閣）でも、有力政党は政権に参加した。帝国議会の政権協力は、軍部が大きな政治力をもった一九三〇年代後半以降も基本的には変わらず、戦争遂行のためにも経済統制を進める必要が生じると、帝国議会は自身の権限すら政権に委譲した。「戦時ニ際シ国家総動員上必要アルトキ」に、政府の命令（勅令）をもって、国民の徴用、労働条件の決定、労働争議の制限・禁止、物資の統制、新聞紙・出版物の掲載への制限・禁止等を行うことができる、一九三八（昭一三）年三月の国家総動員法【18】や、一九四五（昭二〇）年六月の戦時緊急措置法といった大規模な委任立法は、帝国議会の協賛を経て成立した。

明治憲法は、日本国憲法の制定まで改正されなかった。しかし、各統治機関に強い独立性を与える割拠的政治体制は、総力戦遂行のための強力な体制の構築の大きな壁となった。「終戦」を目指す場合も同様で、例えば一九四〇（昭一五）年九月に、日中戦争の解決を目指した元首相の近衛文麿の上奏の中には、「憲法改正のことを申しまするは憚りがありまするが、少くとも時代の進運に応じて、憲法の運用につき考慮せらるることは、切望に堪へざるところと存じます」との「憲法改正」への言及がみられる【19】。アジア・太平洋戦争終結のためのポツダム宣言の受諾が、「聖断」という、憲法には定めがない天皇の政治決断によりなされたのもそのためである（第一部第三章）。

【10】王政復古の大号令（一八六八年一月三日＝慶應三年一二月九日）

徳川内府従前御委任大政返上将軍職辞退之両条今般断然被　聞食候抑癸丑以来未曾有之国難　先帝頻年被悩　宸襟候御次第衆庶之所知候依之被決　叡慮　王政復古国威挽回ノ御基被為立候間自今摂関幕府等廃絶即今先仮ニ総裁議定参与之三職被置万機可被為　行諸事　神武創業之始ニ原キ縉紳武弁堂上地下之無別至当之公議ヲ竭シ天下ト休戚ヲ同ク可被遊　叡慮ニ付各勉励旧来驕惰之汚習ヲ洗ヒ尽忠報国之誠ヲ以テ可致奉　公候事

【11】国会開設ノ勅諭（一八八一年一〇月一二日）

朕祖宗二千五百有余年ノ鴻緒ヲ嗣キ、中古紐ヲ解クノ乾綱ヲ振張シ、大政ノ統一ヲ総覧シ、又夙ニ立憲ノ政体ヲ建テ、後世子孫継クヘキノ業ヲ為サンコトヲ期ス、嚮ニ明治八年ニ、元老院ヲ設ケ、十一年ニ、府県会ヲ開カシム、此レ皆漸次基ヲ創メ、序ニ循テ歩ヲ進ムルノ道ニ由ルニ非サルハ莫シ、爾有衆、亦朕カ心ヲ諒トセン

顧ミルニ、立国ノ体、国各宜キヲ殊ニス、非常ノ事業、実ニ軽挙ニ便ナラス、我祖我宗、照臨シテ上ニ在リ、遺烈ヲ揚ケ、洪模ヲ弘メ、古今ヲ変通シ、断シテ之ヲ行フ、責朕カ躬ニ在リ、将ニ明治二十三年ヲ期シ、議員ヲ召シ、国会ヲ開キ、以テ朕カ初志ヲ成サントス、今在廷臣僚ニ命シ、仮スニ時日ヲ以テシ、経画ノ責ニ当ラシム、其組織権限ニ至テハ、朕親ラ衷ヲ裁シ、時ニ及テ公布スル所アラントス

【12】伊藤博文の皇室機軸論（一八八八年六月一八日）

欧州ニ於テハ当世紀ニ及ンテ憲法政治ヲ行ハサルモノアラスト雖是レ即チ歴史上ノ沿革ニ成立スルモノニシテ其萌芽遠ク往昔ニ発カサルハナシ反之我国ニ在テハ事全ク新面目ニ属ス故ニ今憲法ヲ制定セラルルニ方テハ先ツ我国ノ機軸ヲ求メ我国ノ機軸ハ何ナリヤト云フコトヲ確定セサルヘカラス機軸ナクシテ政治ヲ人民ノ妄議ニ任ス時ハ政其統紀ヲ失ヒ国家亦随テ廃亡ス苟モ国家カ国家トシテ生存シ人民ヲ統治セントセハ宜ク深ク慮ツテ以テ統治ノ効用ヲ失ハサランコトヲ期スヘキナリ抑欧州ニ於テハ憲法政治ノ萌芽セルコト千余年独リ人民ノ此制度ニ習熟セルノミナラス又タ宗教ナル者アリテ之カ機軸ヲ為シ深ク人心ニ浸潤シテ人心此ニ帰一セリ然ルニ我国ニ在テハ宗教ナル者其力微弱ニシテ一モ国家ノ機軸タルヘキモノナシ仏教ハ一タヒ隆盛ノ勢ヲ張リ上下ノ人心ヲ繋キタルモ今日ニ至テハ已ニ衰替ニ傾キタリ神道ハ祖宗ノ遺訓ニ基キ之ヲ祖述ストハ雖宗教トシテ人心ヲ帰向セシムルノ力ニ乏シ我国ニ在テ機軸トスヘキハ独リ皇室アルノミ是ヲ以テ此憲法草案ニ於テハ専ラ意ヲ此点ニ用イ君権ヲ尊重シテ成ルヘク之ヲ束縛セサランコトヲ勉メタリ或ハ君権甚タ強大ナルトキハ濫用ノ虞ナキニアラスト云フモノアリ一応

其理ナキニアラスト雖モ若シ果シテ之アルトキハ宰相其責ニ任スヘシ或ハ其他其濫用ヲ防クノ道ナキニアラス徒ニ濫用ヲ恐レテ君権ヲ狭縮セントスルカ如キハ道理ナキノ説ト云ハサルヘカラス乃チ此草案ニ於テハ君権ヲ機軸トシ偏ニ之ヲ毀損セサランコトヲ期シ敢テ彼ノ欧州ノ主権分割ノ精神ニ拠ラス固ヨリ欧州数国ノ制度ニ於テ君権民権共同スルト其揆ヲ異ニセリ是レ起案ノ大綱トス

（国立公文書館所蔵『枢密院関係文書』）

【13】大日本帝国憲法告文・発布勅語（一八八九年二月一一日発布・一八九〇年一一月二九日施行）

告《こく》文《ぶん》

皇朕《すめらわ》レ謹《つつし》ミ畏《かしこ》ミ
皇祖
皇宗ノ神霊ニ誥《つ》ケ白《もう》サク皇朕レ天壌無窮ノ宏謨《こうぼ》ニ循《したが》ヒ惟神《かんながら》ノ宝《ほう》祚《そ》ヲ承継シ旧図《きゅうと》ヲ保持シテ敢テ失墜スルコト無シ顧ミルニ世《せい》局《きょく》ノ進運ニ膺《あた》リ人文ノ発達ニ随ヒ宜ク
皇祖
皇宗ノ遺訓ヲ明徴ニシ典憲ヲ成立シ条章ヲ昭示シ内ハ以テ子孫ノ率由《そつゆう》スル所ト為シ外ハ以テ臣民翼賛ノ道ヲ広メ永遠ニ遵行セシメ益〻国家ノ丕基《ひき》ヲ鞏固ニシ八洲民生《はっしゅうみんせい》ノ慶福ヲ増進スヘシ茲ニ皇室典範及憲法ヲ制定ス惟《おも》フニ此レ皆
皇祖
皇宗ノ後裔《こうえい》ニ貽《のこ》シタマヘル統治ノ洪範《こうはん》ヲ紹述《しょうじゅつ》スルニ外ナラス而《しか》シテ朕カ躬《み》ニ逮《およ》テ時ト倶《とも》ニ挙行スルコトヲ得ルハ洵ニ
皇祖
皇宗及我カ
皇考ノ威霊ニ倚藉《いしゃ》スルニ由ラサルハ無シ皇朕レ仰テ
皇祖
皇宗及
皇考ノ神祐ヲ禱《いの》リ併セテ朕カ現在及将来ニ臣民ニ率先《そっせん》シ此ノ憲章ヲ履行シテ愆《あやま》ラサラムコトヲ誓フ庶幾《こいねがは》クハ神霊此レヲ鑒《かんが》ミタマヘ

憲法発布勅語

朕国家ノ隆昌ト臣民ノ慶福《けいふく》トヲ以テ中心ノ欣栄トシ朕カ祖宗ニ承《う》クルノ大権ニ依リ現在及将来ノ臣民ニ対シ此ノ不磨ノ大典ヲ宣布ス

惟《おも》フニ我カ祖我カ宗ハ我カ臣民祖先ノ協力輔翼《ほよく》ニ倚《よ》リ我カ帝国ヲ肇造《ちょうぞう》シ以テ無窮ニ垂《た》レタリ此レ我カ神聖ナル祖宗ノ威徳ト並ニ臣民ノ忠実勇武ニシテ国ヲ愛シ公《おおやけ》ニ殉《したが》ヒ以テ此ノ光輝アル国史ノ成跡《せいせき》ヲ貽《のこ》シタルナリ朕我カ臣民ハ即チ祖宗ノ忠良ナル臣民ノ子孫ナルヲ回想シ其ノ朕カ意ヲ奉体シ朕カ事ヲ奨順シ相与《あいとも》ニ和衷《わちゅう》協同シ益〻我カ帝国ノ光栄ヲ中外ニ宣揚シ祖宗ノ遺業ヲ永久ニ鞏固《きょうこ》ナラシムルノ希望ヲ同クシ此ノ負担ヲ分ツニ堪フルコトヲ疑ハサルナリ

朕祖宗ノ遺烈《いれつ》ヲ承ケ万世一系ノ帝位ヲ践《ふ》ミ朕カ親愛スル所ノ臣

民ハ即チ朕カ祖宗ノ恵撫《けいぶ》慈養シタマヒシ所ノ臣民ナルヲ念《おも》ヒ其ノ康福ヲ増進シ其ノ懿徳《いとく》良能ヲ発達セシメムコトヲ願ヒ又其ノ翼賛ニ依リ与《とも》ニ倶《とも》ニ国家ノ進運ヲ扶持セムコトヲ望ミ乃《すなわ》チ明治十四年十月十二日ノ詔命ヲ履践《りせん》シ茲ニ大憲ヲ制定シ朕カ率由《そつゆう》スル所ヲ示シ朕カ後嗣《こうし》及臣民及臣民ノ子孫タル者ヲシテ永遠ニ循《じゅん》行《こう》スル所ヲ知ラシム

国家統治ノ大権ハ朕カ之ヲ祖宗ニ承《う》ケテ之ヲ子孫ニ伝フル所ナリ朕及朕カ子孫ハ将来此ノ憲法ノ条章ニ循《したが》ヒ之ヲ行フコトヲ愆《あやま》ラサルヘシ朕ハ我カ臣民ノ権利及財産ノ安全ヲ貴重シ及之ヲ保護シ此ノ憲法及法律ノ範囲内ニ於テ其ノ享有ヲ完全ナラシムヘキコトヲ宣言ス

帝国議会ハ明治二十三年ヲ以テ之ヲ召集シ議会開会ノ時ヲ以テ此ノ憲法ヲシテ有効ナラシムルノ期トスヘシ

将来若此ノ憲法ノ或ル条章ヲ改定スルノ必要ナル時宜《じぎ》ヲ見ルニ至ラハ朕及朕カ継統ノ子孫ハ発議《はつぎ》ノ権ヲ執リ之ヲ議会ニ付シ議会ハ此ノ憲法ニ定メタル要件ニ依リ之ヲ議決スルノ外朕カ子孫及臣民ハ敢テ之カ紛更《ふんこう》ヲ試ミルコトヲ得サルヘシ

朕カ在廷ノ大臣ハ朕カ為ニ此ノ憲法ヲ施行スルノ責《せき》ニ任スヘク朕カ現在及将来ノ臣民ハ此ノ憲法ニ対シ永遠ニ従順ノ義務ヲ負フヘシ

※告文の読みは、関西大学名誉教授奥村郁三氏からご教示頂いた。

【14】教育勅語（一八九〇年一〇月三〇日）

朕惟フニ我カ皇祖皇宗国ヲ肇ムルコト宏遠ニ徳ヲ樹ツルコト深厚ナリ我カ臣民克ク忠ニ克ク孝ニ億兆心ヲ一ニシテ世々厥ノ美ヲ済セルハ此レ我カ国体ノ精華ニシテ教育ノ淵源亦実ニ此ニ存ス爾臣民父母ニ孝ニ兄弟ニ友ニ夫婦相和シ朋友相信シ恭倹己レヲ持シ博愛衆ニ及ホシ学ヲ修メ業ヲ習ヒ以テ智能ヲ啓発シ徳器ヲ成就シ進テ公益ヲ広メ世務ヲ開キ常ニ国憲ヲ重シ国法ニ遵ヒ一旦緩急アレハ義勇公ニ奉シ以テ天壌無窮ノ皇運ヲ扶翼スヘシ是ノ如キハ独リ朕カ忠良ノ臣民タルノミナラス又以テ爾祖先ノ遺風ヲ顕彰スルニ足ラン

斯ノ道ハ実ニ我カ皇祖皇宗ノ遺訓ニシテ子孫臣民ノ倶ニ遵守スヘキ所之ヲ古今ニ通シテ謬ラス之ヲ中外ニ施シテ悖ラス朕爾臣民ト倶ニ拳々服膺シテ咸其徳ヲ一ニセンコトヲ庶幾フ

【15】国体論

我か統治権は之を国民の始祖に受け之を直系の子孫に伝ふ。皇統は民族同祖の直系正統の子孫にして皇室は国民の宗家なり。天皇は統治権を天祖に受け之を皇胤に伝ふ。皇位は天祖の霊位なり。天皇か皇位に即くは天祖の霊位に上るなり。斯の民族の始祖か現世に在りて其の繁栄せる子孫を撫育保護し賜ふか如く天皇は斯の民族を統治するなり。皇位は天祖の位にして天皇は現世に在る天祖たり。天祖を代表して斯の国に望む、国民は皇位の慈愛なる統治保護の権力に服従し民族協和の団体を成し平和幸福の生存を全うす。

（穂積八束『国民教育愛国心』八尾新助、一八九七年、一二～一三頁）

【16】治安警察法（明治三三年法三六号）

第五条① 左ニ掲クル者ハ政事上ノ結社ニ加入スルコトヲ得ス

四 官立公立私立学校ノ教員学生生徒

五 女子

六 未成年者

② 女子及未成年者ハ公衆ヲ会同スル政談集会ニ会同シ若ハ其ノ発起人タルコトヲ得ス

※一九二二年四月一九日改正により、二項の「女子及」は削除

第二二条 第五条……ニ違背シタル者ハ二十円以下ノ罰金ニ処ス第五条……ニ違背シ入社セシメタル者亦同シ

【17】治安維持法（大正一四年法四六号）

第一条① 国体ヲ変革シ又ハ私有財産制度ヲ否認スルコトヲ目的トシテ結社ヲ組織シ又ハ情ヲ知リテ之ニ加入シタル者ハ十年以下ノ懲役又ハ禁錮ニ処ス

※一九二八年六月二九日、緊急勅令の形式で以下の通り改正し、直後の帝国議会で事後承諾

第一条① 国体ヲ変革スルコトヲ目的トシテ結社ヲ組織シタル者又ハ結社ノ役員其ノ他指導者タル任務ニ従事シタル者ハ死刑又ハ無期若ハ五年以上ノ懲役若ハ禁錮ニ処シ情ヲ知リテ結社ニ加入シタル者又ハ結社ノ目的遂行ノ為ニスル行為ヲ為シタル者ハ二年以上ノ有期ノ懲役又ハ禁錮ニ処ス

② 私有財産ヲ否認スルコトヲ目的トシテ結社ヲ組織シタル者、結社ニ加入シタル者又ハ結社ノ目的遂行ノ為ニスル行為ヲ為シタル者ハ十年以下ノ懲役又ハ禁錮ニ処ス

【18】国家総動員法（昭和一三年法五五号）

第四条 政府ハ戦時ニ際シ国家総動員上必要アルトキハ勅令ノ定ムル所ニ依リ帝国臣民ヲ徴用シテ総動員業務ニ従事セシムルコトヲ得但シ兵役法ノ適用ヲ妨ゲズ

第六条 政府ハ戦時ニ際シ国家総動員上必要アルトキハ勅令ノ定ムル所ニ依リ従業者ノ使用、雇入若ハ解雇又ハ賃金給料其ノ他ノ労働条件ニ付必要ナル命令ヲ為スコトヲ得

第七条 政府ハ戦時ニ際シ国家総動員上必要アルトキハ勅令ノ定ムル所ニ依リ労働争議ノ予防若ハ解決ニ関シ必要ナル命令ヲ為シ又ハ作業所ノ閉鎖、作業若ハ労務ノ中止其ノ他ノ労働争議ニ関スル行為ノ制限若ハ禁止ヲ為スコトヲ得

第八条 政府ハ戦時ニ際シ国家総動員上必要アルトキハ勅令ノ

定ムル所ニ依リ物資ノ生産、修理、配給、譲渡其ノ他ノ処分、使用、消費、所持及移動ニ関シ必要ナル命令ヲ為スコトヲ得

第二十条①　政府ハ戦時ニ際シ国家総動員上必要アルトキハ勅令ノ定ムル所ニ依リ新聞紙其ノ他ノ出版物ノ掲載ニ付制限又ハ禁止ヲ為スコトヲ得

【19】近衛文麿の「憲法改正」上奏

帝国憲法は、建国の精神を基礎とする国体法を基盤として制定せられたるものでありますが、同時に政体法に属する部分につきましては、その時代の欧州諸国の政体法より摂取せられて、初めて帝国に移植せられたる者も存するのであります。時代の進展に伴ってその運用を考慮すべきものと考へられまするのは、正にこの政体法の部分に関してであります。……現下の世界的動乱の裡に、未曾有の重大事変に当面しつつある帝国が、国家の総力を統合、集中一元化すべき、政治体制の強化を必要と致すことは、何れの国にも劣らざるものありと存するのであります。……憲法改正のことを申しまするは憚りがありまするが、少くとも時代の進運に応じて、憲法の運用につき考慮せらるることは、切望に堪へざるところと存じます。現に帝国が未曾有の事変を、世界動乱の裡に遂行致しつつあることを想ひますれば、若し必要あらば、憲法の明文を以て認められて居りますところの、例へば第八条、第十四条、第三十一条、第七十条等を、適宜に活用すべきことも亦、考慮に値するものと存ぜらるるのであります。

（伊藤隆ほか編『高木惣吉　日記と情報（上）』みすず書房、二〇〇〇年、一九四〇年九月八日条（四四九～四五〇頁））

第三章　日本国憲法の制定

小野博司

解説

1　日本国憲法の意義

一九四一（昭一六）年一二月開戦のアジア・太平洋戦争に敗北した大日本帝国は、一九四五年九月二日（降伏文書調印・発効）から一九五二年四月二八日（サンフランシスコ平和条約発効）まで連合国の占領下に置かれた。この占領をきっかけに、明治政府により建設された大日本帝国は解体され、その経験を活かしつつ新たな国家（日本国）が建設された。憲法改正は、GHQ（連合国軍最高司令官総司令部、GHQ／SCAP）の主導により進められ、一九四六年一一月二九日に日本国憲法が公布された（翌年五月三日施行）。新たな憲法は、「主権が国民に存すること」を宣言し（第二部前文）、「国権の発動たる戦争と、武力による威嚇又は武力の行使」を「永久に」放棄し（第二部第二章）、国民に「侵すことのできない永久の権利」である基本的人権を保障し（第二部第三章）、内閣が国会に対して責任を負う議院内閣制を採用した（第二部第五章）。

2　ポツダム宣言の受諾

一九四五年七月、トルーマン（アメリカ合衆国大統領）、チャーチル（イギリス首相）、スターリン（ソビエト連邦人民委員会議議長）三首脳は、ドイツのポツダムで第二次世界大戦後の処理について話し合い、同月二六日に、トルーマン、蔣介石（中華民国国民政府主席）、チャーチルの名で、大日本帝国政府に降伏を促すポツダム宣言（日本国ノ降伏条件ヲ定メタル文書）【20】を公表した。政府内では、受諾をめぐって意見の対立がみられたが、最終的には、昭和天皇が二度にわたり「聖断」――「天皇ノ国家統治ノ大権ヲ変更スルノ要求ヲ包含シ居ラサルコトノ了解ノ下」での受諾（八月一〇日）、これに否定的な〝From the moment on surrender the authority of the Emperor and the Japanese Government to rule the state shall be subject to the Supreme Commander of the Allied Powers〟との文言を含むバーンズ回答を受け入れた上での受諾（同一四日）――を下した。昭和天皇は、同年六月より戦争継続が困難なことを認め、終戦を望んでいた。天皇はまた、降伏文書調印・発効の翌々日（九月四日）に開会した第八八回帝国議会の開院にあたって、「平和国家」の確立を目指すべしとの勅語【21】を発した。

3　政府による改正調査

一九四五年一〇月四日、連合国軍最高司令官のダグラス・マッカーサーから憲法改正の示唆（「憲法ハ改正ヲ要スル改正シテ自由主義的要素ヲ十分取入レナケレハナラナイ」）を受けた近衛文麿は、内大臣府御用掛として改正案の作成を開始した（近衛は、一一月に「帝国憲法ノ改正ニ関シ考査シテ得タル結果ノ要綱」を奉答）。一方、同月九日に組織された幣原喜重郎内閣も、二五日に松本烝治国務大臣を委員長とする憲法問題調査委員会（松本委員会）を設置し、憲法改正案の調査に乗り出した。松本自身の改革構想【22】は、①天皇の統治権者としての地位の不変、②議会権限の拡張、③国務大臣の権限強化とその議会に対する責任の明確化、④国民の権利保障の強化というものであった。

調査委員会は、GHQと連絡を取ることなく憲法改正案の調査を行い、一九四六年二月八日に、憲法改正要綱をGHQに提出した。松本の改革構想を基にした憲法改正要綱は、明治憲法一条と四条に全く変更を加えておらず、昭和天皇もその内容に疑問を呈した。天皇の意見は、一条の「語感」を弱め、四条と合併して、「大日本帝国ハ万世一系ノ天皇此ノ憲法ノ条章ニヨリ統治ス」とすることであった【23】。

4　GHQによる改正案起草

一九四六年二月四日、GHQ民政局が改正案の作成に着手した。連合国中には、昭和天皇を戦争犯罪人として処罰することを求める声もあり、また前年一二月二七日設置の極東委員会（連合国の政策決定機関）が改正作業に関与した場合、天皇制が廃止される可能性があった。そこで、占領を円滑に行うために天皇制の維持を既に決断していたマッカーサーは、機先を制するためにＧＨＱでの起草を決意した。

改正案は、一月七日に国務・陸・海三省調整委員会（ＳＷＮＣＣ）が決定した「日本統治制度の改革」【24】と、「マッカーサー三原則」【25】をもとに起草された。前者は、議会権限の強化や基本的人権の保障とともに、「天皇制を現在の形態で維持すること」は認められないとし、「日本人が、天皇制を廃止するか、あるいはより民主主義的な方向にそれを改革することを、奨励支持しなければならない」と明記していた。一方、二月三日に、マッカーサーが起草作業を担当する民政局のホイットニー局長に示した後者は、「天皇は、国の元首の地位にある」、「国権の発動たる戦争は、廃止する」、「日本の封建制度は廃止される」の三原則からなるものであった。

民政局は、これらに加えて諸外国の憲法や、国民主権を明記し人権条項が充実していた憲法研究会の憲法草案要綱【26】などを参照し、二月一〇日にマッカーサーに草案を提出した。この草案は、「人民ノ意思ノ主権」を宣言し、「国家ノ象徴ニシテ又人民統一ノ象徴タルヘシ」天皇の地位は「人民ノ主権意思」によると定めた（第二部第一章）。また、戦争放棄（「廃止」）と戦力不保持を明記し（「国民ノ一主権トシテノ戦争ハ之ヲ廃止ス他ノ国民トノ紛争解決ノ手段トシテノ武力ノ威嚇又ハ使用ハ永久ニ之ヲ放棄ス／陸軍、海軍、空軍又ハ其ノ他ノ戦力ハ決シテ許諾セラルルコト無カルヘク又交戦状態ノ権利ハ決シテ国家ニ授与セラルルコト無カルヘシ」）、豊かな人権規定をもち、議院内閣制を採用した。

5　政府による改正案の作成と帝国議会での修正

一九四六年二月一三日、ＧＨＱ草案を手交された政府は、その受け入れを決定し（二二日）、改正案の作成を開始した（二六日）。憲法改正草案要綱は三月六日に発表されたが、これには「日本国政治ノ最終ノ形態ハ日本国民ノ自由ニ表明シタル意思ニ依リ決定セラルベキモノ」という、天皇が自身の地位の変更を認める勅語【27】が付されていた。その後、民間団体（「国民の国語運動」）からの建議（三月二六日）をきっかけに、口語化作業が開始され（四月三日）、四月一七日に憲法改正草案が完成した。

枢密院での審議の後、六月二五日、帝国憲法改正案が衆議院に提出された。審議の過程で大いに問われたのは、憲法改正により「国体」が変更されたのかという点であった。またこれと関連して、政府がGHQ草案の前文の国民主権を明記した部分（"proclaim sovereignty of people's will."）を「国民の総意が至高なものであることを宣言し」と「日本語化」した点について、GHQから説明を求められた。GHQがこれを問題視したのは、七月二日に極東委員会が採択した「日本の新憲法についての基本原則」が、憲法中での国民主権の明示化（"The Japanese Constitution should recognize that sovereign power resides in the people."）を求めていたためである。七月一七日、会談に応じた第一次吉田茂内閣の金森徳次郎国務大臣（憲法問題担当）は、帝国議会で問われた「国体」の意味の説明も交えながら修正を拒否したが【28】、最終的には文言を「主権が国民に存することを宣言し」へと変更することを容認した。

帝国議会での審議は、一〇月まで続けられた（七日可決）。戦力不保持を定める九条二項冒頭への「前項の目的を達するため」という語句の挿入（芦田修正）、生存権の追加、議院内閣制の徹底（総理大臣に指名される者を国会議員に限定）など重大な修正が行われた一方、休息の権利（「国民は休息の権利を有する。国は最高八時間労働、有給休暇制、療養所、社交強要時間の設定等に努力する」）、寡婦の生活の保障（「戦災その他による寡婦の生活は特に保護される」）など提案されながらも修正が実現しなかったものも少なくない。

【20】ポツダム宣言（一九四五年七月二六日）

一、吾等合衆国大統領、中華民国政府主席及「グレート・ブリテン」国総理大臣ハ吾等ノ数億ノ国民ヲ代表シ協議ノ上日本国ニ対シ今次ノ戦争ヲ終結スルノ機会ヲ与フルコトニ意見一致セリ

五、吾等ノ条件ハ左ノ如シ

吾等ハ右条件ヨリ離脱スルコトナカルヘシ右ニ代ル条件存在セス吾等ハ遅延ヲ認ムルヲ得ス

六、吾等ハ無責任ナル軍国主義カ世界ヨリ駆逐セラルルニ至ル迄ハ平和、安全及正義ノ新秩序カ生シ得サルコトヲ主張スルモノナルヲ以テ日本国国民ヲ欺瞞シ之ヲシテ世界征服ノ挙ニ出ツルノ過誤ヲ犯サシメタル者ノ権力及勢力ハ永久ニ除去セラレサルヘカラス

七、右ノ如キ新秩序カ建設セラレ且日本国ノ戦争遂行能力カ破砕セラレタルコトノ確証アルニ至ルマテハ連合国ノ指定スヘキ日本国領域内ノ諸地点ハ吾等ノ茲ニ指示スル基本的目的ノ達成ヲ確保スルタメ占領セラルヘシ

八、「カイロ」宣言ノ条項ハ履行セラルヘク又日本国ノ主権ハ本州、北海道、九州及四国並ニ吾等ノ決定スル諸小島ニ局限セラルヘシ

九、日本国軍隊ハ完全ニ武装ヲ解除セラレタル後各自ノ家庭ニ復帰シ平和的且生産的ノ生活ヲ営ムノ機会ヲ得シメラルヘシ

十、吾等ハ日本人ヲ民族トシテ奴隷化セントシ又ハ国民トシテ滅亡セシメントスルノ意図ヲ有スルモノニ非サルモ吾等ノ俘虜ヲ虐待セル者ヲ含ム一切ノ戦争犯罪人ニ対シテハ厳重ナル処罰加ヘラルヘシ日本国政府ハ日本国国民ノ間ニ於ケル民主主義的傾向ノ復活強化ニ対スル一切ノ障礙ヲ除去スヘシ言論、宗教及思想ノ自由並ニ基本的人権ノ尊重ハ確立セラルヘシ

十一、日本国ハ其ノ経済ヲ支持シ且公正ナル実物賠償ノ取立ヲ可能ナラシムルカ如キ産業ヲ維持スルコトヲ許サルヘシ但シ日本国ヲシテ戦争ノ為再軍備ヲ為スコトヲ得シムルカ如キ産業ハ此ノ限ニ在ラス右目的ノ為原料ノ入手（其ノ支配トハ之ヲ区別ス）ヲ許可サルヘシ日本国ハ将来世界貿易関係ヘノ参加ヲ許サルヘシ

十二、前記諸目的カ達成セラレ且日本国国民ノ自由ニ表明セル意思ニ従ヒ平和的傾向ヲ有シ且責任アル政府カ樹立セラルルニ於テハ連合国ノ占領軍ハ直ニ日本国ヨリ撤収セラルヘシ

十三、吾等ハ日本国政府カ直ニ全日本国軍隊ノ無条件降伏ヲ宣言シ且右行動ニ於ケル同政府ノ誠意ニ付適当且充分ナル保障ヲ提供センコトヲ同政府ニ対シ要求ス右以外ノ日本国ノ選択ハ迅速且完全ナル壊滅アルノミトス

（外務省編『日本外交年表竝主要文書（下）』原書房、一九六六年、六二六〜六二七頁）

【21】「平和国家」勅語（一九四五年九月四日）

朕ハ終戦ニ伴フ幾多ノ艱苦ヲ克服シ国体ノ精華ヲ発揮シテ信義ヲ世界ニ布キ平和国家ヲ確立シテ人類ノ文化ニ寄与セムコトヲ冀ヒ日夜軫念措カス此ノ大業ヲ成就セムト欲セハ冷静沈着隠忍自重外ハ盟約ヲ守リ和親ヲ敦クシ内ハ力ヲ各般ノ建設ニ傾ケ挙国一心自彊息マス以テ国本ヲ培養セサルヘカラス……

（国立国会図書館帝国議会会議録検索システム
「第八八回帝国議会衆議院議事速記録号外」一頁）

【22】松本四原則（一九四五年一二月八日）

第一ニ　天皇ガ統治権ヲ総攬セラルルト云フ大原則ハ、是ハ何等変更スル必要モナイシ、又変更スル考ヘモナイト云フコトデアリマス、……

第二ニハ、議会ノ協賛トカ、或ハ承諾ト云フヤウナ、議会ノ決議ヲ必要トスル事項ハ、之ヲ拡充スルコトガ必要デアラウ、

……

第三ト致シマシテ、国務大臣ノ責任ニ付キマシテ、国務大臣ノ責任ガ国務ノ全般ニ亙ツテ存シナケレバナラヌ、……是ト同時ニ国務大臣ノ責任ハ、是ハ従来ノ憲法ノ解釈上モ、私ハ左様デアルベカリシコトデアルト思フノデアリマスガ、帝国議会ニ対シテ責任ヲ持ツノデアル、帝国議会ニ於テ信任ヲ得ラレナイト云フヤウナ者ハ、即チ国務大臣トシテ帝国議会ニ対シテ責任ヲ負フノデアリマスルカラ、其ノ責任ハ問ハレルト云ウコトニナリマシテハ、国務大臣トシテハ其ノ地位ヲ保タレナイト云フコトニナルノハ当然デハナカラウカ、……

第四ニハ民権ト申シマスカ、人民ノ自由、権利ト云フヤウナモノニ対スル保護、確保ヲ強化スルコトガ必要デアラウ、……人民ノ権利ト自由ト云フヤウナコトニ関シマス制限ハ、議会ノ決議ニ依ル所ノ法律ト云フヤウナモノガナケレバ、是ハ絶対ニ制限ノ出来ヌヤウニ致スコトガ必要デアラウト思ヒマス、又他ノ見方カラ申シマスト、人民ノ権利、自由ト云フモノノ侵害ガアリマシタ時ノ救済ノ方法ガ、必ズシモ現行憲法ノ下ニ於キマシテ完全デアルカドウカ、是ハ疑ヒガアリマス、之ニ付キマシテ十分ナ救済ガ与ヘラレル如何ナル場合ニ於キマシテモ、救済ガ与ヘラレルヤウニスルコトガ必要デアラウト思ヒマス、……

（「第八九回帝国議会衆議院予算委員会
議録（速記）第七回」一二六～一二七頁）

【23】憲法改正要綱に対する昭和天皇の疑問（一九四六年二月七日）

天皇は、「憲法改正要綱」に関して、大日本帝国憲法第一条「大日本帝国ハ万世一系ノ天皇之ヲ統治ス」は語感も強く、第四条「天皇ハ国ノ元首ニシテ統治権ヲ総攬シ此ノ憲法ノ条規ニ依リ之ヲ行フ」との重複もあるため、両条を合併して「大日本帝国

八万世一系ノ天皇此ノ憲法ノ条章ニヨリ統治ス」とし、従来の統治権の「権」を除くこと……の可否につき御下問になる。

（宮内庁『昭和天皇実録　第一〇巻』東京書籍、二〇一七年、三三三頁）

【24】国務・陸・海三省調整委員会「日本統治制度の改革」
（一九四六年一月七日）

（a）最高司令官は、日本政府当局に対し、日本の統治体制が次のような一般的な目的を達成するように改革さるべきことについて、注意を喚起しなければならない。

一　選挙権を広い範囲で認め、選挙民に対し責任を負う政府を樹立すること

二　政府の行政府の権威は、選挙民に由来するものとし、行政府は、選挙民または国民を完全に代表する立法府に対し責任を負うものとすること

三　立法府は、選挙民を完全に代表するものであり、予算のどの項目についても、これを減額し、増額し、もしくは削除し、または新項目を提案する権限を、完全な形で有するものであること

四　予算は、立法府の明示的な同意がなければ成立しないものとすること

五　日本臣民および日本の統治権の及ぶ範囲内にあるすべての人に対し、基本的人権を保障すること

六　都道府県の職員は、できる限り多数を、民選するかまたはその地方庁で任命するものとすること

七　日本国民が、その自由意思を表明しうる方法で、憲法改正または憲法を起草し、採択すること

（b）日本における最終的な政治形態は、日本国民が自由に表明した意思によって決定さるべきものであるが、天皇制を現在の形態で維持することは、前述の一般的な目的に合致しないと考えられる。

（c）日本国民が天皇制は維持さるべきでないと決定したときは、憲法上この制度〔の弊害〕に対する安全装置を設ける必要がないことは明らかだが、〔その場合にも〕最高司令官は、日本政府に対し、憲法が上記（a）に列記された目的に合致し、かつ次のような規定を含むものに改正されるべきことについて、注意を喚起しなければならない。

一　国民を代表する立法府の承認した立法装置―憲法改正を含む―に関しては、政府の他のいかなる機関も、暫定的拒否権を有するものにすぎないとすること、また立法府は財政上の措置に関し、専権を有するものとすること

二　国務大臣ないし閣僚は、いかなる場合にも文民でなければならないとすること

三　立法府は、その欲するときに会議を開きうるものとすること

（d）日本人が、天皇制を廃止するか、あるいはより民主主義的な方向にそれを改革することを、奨励支持しなければなら

ない。しかし、日本人が天皇制を維持すると決定したときは、最高司令官は、日本政府当局に対し、前記の（a）および（c）で列挙したもののほか、次に掲げる安全装置が必要なことについても、注意を喚起しなければならない。

一　国民を代表する立法府の序言と同意に基づいて選任される国務大臣が、立法府に対し連帯して責任を負う内閣を構成すること

二　内閣は、国民を代表する立法府の信任を失ったときは、辞職するか選挙民に訴えるかのいずれかをとらなければならないこと

三　天皇は、一切の重要事項につき、内閣の助言にもとづいてのみ行動するものとすること

四　天皇は、憲法第一章中の第一一条、第一二条、第一三条および第一四条に規定されているような、軍事に関する権能を、すべて剥奪されること

五　内閣は、天皇に助言を与え、天皇を補佐するものとすること

六　一切の皇室収入は、国庫に繰り入れられ、皇室費は、毎年の予算の中で、立法府によって承認さるべきものとすること

最高司令官がさきに列挙した諸改革の実施を日本政府に命令するのは、最後の手段としての場合に限られなければならない。というのは、前記諸改革が連合国によって強要されたものであることを日本国民が知れば、日本国民が将来ともそれらを受け容れ、支持する可能性は著しくうすれるであろうからである。

……

（高柳賢三・大友一郎・田中英夫編著『日本国憲法制定の過程Ⅰ　原文と翻訳―連合国総司令部側の記録による』有斐閣、一九七二年、四一三～四一七頁）

【25】マッカーサー三原則（一九四六年二月三日）

一　天皇は、国の元首の地位にある。
皇位は世襲される。
天皇の職務および権能は、憲法に基づいて行使され、憲法に示された国民の基本的意思に応えるものとする。

二　国権の発動たる戦争は、廃止する。日本は、紛争解決のための手段としての戦争、さらに自己の安全を保持するための手段としての戦争をも、放棄する。日本は、その防衛と保護を、今や世界を動かしつつある崇高な理想に委ねる。
日本が陸海空軍をもつ権能は、将来も与えられることはなく、交戦権が日本軍に与えられることもない。

三　日本の封建制度は廃止される。
貴族の権利は、皇族を除き、現在生存する者一代以上には及ばない。

華族の地位は、今後はどのような国民的または市民的な政治権力を伴うものではない。
予算の型は、イギリスの制度にならうこと。
（『日本国憲法制定の過程Ⅰ』九九頁）

【26】憲法研究会「憲法草案要綱」（一九四五年一二月二六日）

根本原則（統治権）

一　日本国ノ統治権ハ日本国民ヨリ発ス
一　天皇ハ国政ヲ親ラセス国政ノ一切ノ最高責任者ハ内閣トス
一　天皇ハ国民ノ委任ニヨリ専ラ国家的儀礼ヲ司ル
一　天皇ノ即位ハ議会ノ承認ヲ経ルモノトス
一　摂政ヲ置クハ議会ノ議決ニヨル

国民権利義務

一　国民ハ法律ノ前ニ平等ニシテ出生又ハ身分ニ基ク一切ノ差別ハ之ヲ廃止ス
一　爵位勲章其ノ他ノ栄典ハ総テ廃止ス
一　国民ノ言論学術芸術宗教ノ自由ニ妨ケル如何ナル法令ヲモ発布スルヲ得ス
一　国民ハ拷問ヲ加ヘラルルコトナシ
一　国民ハ国民請願国民発案及国民表決ノ権利ヲ有ス
一　国民ハ労働ノ義務ヲ有ス
一　国民ハ労働ニ従事シ其ノ労働ニ対シテ報酬ヲ受クルノ権利ヲ有ス
一　国民ハ健康ニシテ文化的水準ノ生活ヲ営ム権利ヲ有ス
一　国民ハ休息ノ権利ヲ有ス国家ハ最高八時間労働ノ実施勤労者ニ対スル有給休暇制療養所社交教養機関ノ完備ヲナスヘシ
一　国民ハ老年疾病其ノ他ノ事情ニヨリ労働不能ニ陥リタル場合生活ヲ保証サル権利ヲ有ス
一　男女ハ公的並私的ニ完全ニ平等ノ権利ヲ享有ス
一　民族人種ニヨル差別ヲ禁ス
一　国民ハ民主主義並平和思想ニ基ク人格完成社会道徳確立諸民族トノ協同ニ努ムルノ義務ヲ有ス
（国立国会図書館憲政資料室所蔵『佐藤達夫関係文書』一一六）

【27】憲法改正草案要綱勅語（一九四六年三月六日）

朕曩ニポツダム宣言ヲ受諾セルニ伴ヒ日本国政治ノ最終ノ形態ハ日本国民ノ自由ニ表明シタル意思ニ依リ決定セラルベキモノナルニ顧ミ日本国民ガ正義ノ自覚ニ依リテ平和ノ生活ヲ享有シ文化ノ向上ヲ希求シ進ンデ戦争ヲ放棄シテ誼ヲ万邦ニ修ムルノ決意ナルヲ念ヒ乃チ国民ノ総意ヲ基調トシ人格ノ基本的権利ヲ尊重スルノ主義ニ則リ憲法ニ根本的改正ヲ加ヘ以テ国家再建ノ

礎ヲ定メムコトヲ庶幾フ政府当局其レ克ク朕ノ意ヲ体シ必ズ此ノ目的ヲ達成セムコトヲ期セヨ

（『佐藤達夫関係文書』三八）

【28】金森六原則（一九四六年七月一七日）

第一　従来の天皇中心の基本的政治機構は新憲法では根本的に変更されてゐる。

（従来の天皇中心の根本的政治機構を以てわが国の国体と考へる者があるが、之は政体であつて、国体ではないと信ずる）

第二　現行憲法に於て国民意思は天皇により具体的に表現されるが新憲法では然らず。

（新憲法では国民意思は主として国会を通じて具体的に表現される）

第三　天皇は新憲法に於ては象徴たるに止まる。象徴の本質は天皇を通じて日本の姿を見ることが出来る。と云ふことに在るのであつて、国家意思又は国民意思を体現すると云ふやうな意味をもたない。

第四　現行憲法では天皇は何事も為し得る建前になつてゐるが、新憲法では、憲法に明記された事項以外は何事も為し得ない。

（法律を以て其の権限を追加することも絶対に出来ない。）

第五　現行憲法に於ける天皇の地位は天皇の意思又は皇室の世襲的意思に基くものと一般に考へられて居たが、新憲法に於ては天皇の地位は全く国民主権に由来する。

第六　政治機構とは別個の道徳的、精神的国家組織に於ては天皇が国民のセンターオブデヴオーションであることは憲法改正の前後を通じて変りはない。

（国体が変らないと云ふのは此のことを云ふのである。）

（『佐藤達夫関係文書』一八三）

第二部　資料で考える日本国憲法

前　文

清末愛砂

解説

1　前文の意義

多くの国々の憲法には前文が付されている。憲法の一部を占める前文では通常、憲法制定の由来、憲法制定の目的や趣旨、憲法上の基本原理等が示される。したがって、前文を読むことで、その国家の基本的な考え方やそれに基づいて目指される国家像を知ることができる。日本国憲法にも前文（全四段）が付されており、そこには後述するように憲法全体を貫く基本原理（解説3参照）が明確に描かれている。このように、前文は憲法の理念や基本原理等が示されていることから、続く本文の重要な解釈基準とされるものである。

2　前文の性質

前文は本文同様に法的性質を持つ。しかし、紛争・事件が生じ、裁判所の判断により解決や救済を求めようとするときに、前文が裁判の判断基準となる法規範として認められるかどうかが問題となる。学説上、見解は肯定説と否定説にわかれる。肯定説にたてば、裁判で争う際には前文を根拠の一つとして用いることができる。否定説にたてば、前文は裁判で争うことができる具体的権利を示すものではなく、憲法上の理念を示した抽象的権利にすぎないとされる。

3　前文と憲法の基本原理

日本国憲法は三つの基本原理により成り立っている。それらは①国民主権（解説4参照）、②基本的人権の尊重（第二部第二章参照）、③平和主義（第二部第一章参照）である。三つの基本原理は各々が独立した原理として存在するのではなく、相互に結びついてその意味を補完している。これらの原理は、前文と本文の双方から導き出すことができる。

前文第一段前段では先に、国民による①「自由のもたらす恵沢」の確保（基本的人権）、および②政府の行為による戦争の惨禍が再び起きないようにする決意（平和主義）が示されている。その上で、「主権が国民に存すること」（国民主権）が宣言され、国民の意思としてこの憲法が確定されていることが明記されている。

第一段後段ではこれらの基本原理に基づき、①国政の権威が国民に由来し、②国民の代表がそれを行使すること（代表民主制）、および③その福利を国民が享受することが示されている。さらには、「これに反する一切の憲法、法令及び詔勅を排除する」とされている点から、基本原理を否定する形での憲法改正が認められないと解することができる（第二部第九章参照）。なお、基本的人権については、本文で「侵すことのできない永久の権利」として、「現在及び将来の国民」に保障されると規定されている（一一条・九七条）。これらの条文も、基本的人権が憲法改正によって否定されない基本原理であることを強調している。第二段では、平和主義を体現するための姿勢として、①恒久平和を念願すること、および②「平和を愛する諸国民の公正と信義」への信頼に基づいて自らの「安全と生存を保持」することが謳われている。

4　国民主権

主権には通常、①国家の統治権（国家権力）、②最高独立性（国内に対しての最高性、国外に対しての独立性）、③国政に関する最終決定権という三つの意味がある。憲法上、国民主権とは、国民が国政に関する最終決定権を有することを意味する。そのことは、具体的には前文第一段（解説3参照）と一条で明示されている。

大日本帝国は天皇を元首かつ統治権者とする天皇主権国家であり（明治憲法四条、第一部第二章参照）、国民は臣民（天皇の家来）とされていた。それに対し憲法一条は、天皇を「日本国の象徴」かつ「日本国民統合の象徴」と位置づけ、それが「主権の存する日本国民の総意に基く」と規定している。このように、憲法は象徴天皇制と国民主権を前面に打ち出すものとなった。なお、国民主権という場合、「国民」が全国民を指すのか、それとも選挙を通して政治的意思を表示できる有権者のみを指すのかという問題が生じる。国政に関する最終決定権が国民に付与されていることを国民主権と解する以上、国民とは有権者に限定されるものではない。

【29】前文の意義

この前文には、だれがこの憲法をつくったかということや、どんな考えでこの憲法の規則ができているかということなどが記されています。この前文というものは、二つのはたらきをするのです。その一つは、みなさんが憲法をよんで、その意味を知ろうとするときに、手びきになることです。つまりこんどの憲法は、この前文に記されたような考えからできたものですから、前文にある考えと、ちがったふうに考えてはならないということです。もう一つのはたらきは、これからさき、この憲法をかえるときに、この前文に記された考え方と、ちがうようなかえかたをしてはならないということです。

それなら、この前文の考えというのはなんでしょう。いちばん大事な考えが三つあります。それは、「民主主義」と「國際平和主義」と「主権在民主義」です。「主義」という言葉をつかうと、なんだかむずかしくきこえますけれども、少しもむずかしく考えることはありません。主義というのは、正しいと思う、もののやりかたのことです。それでみなさんは、この三つのことを知らなければなりません。

（文部省『あたらしい憲法のはなし』一九四七年、四～五頁）

【30】政府の前文の解釈（帝国憲法改正案に関する吉田総理大臣の演説）

（昭和二一年八月二七日第九〇回帝国議会貴族院本会議）

本改正案の基調とする所は主権在国民の原理に依って諸般の国家機構を定め、基本的人権を尊重して、国民の自由の福祉を永久に保障し、以て民主主義政治の基礎を確立すると共に、全世界に率先して戦争を抛棄し、自由と平和を希求する世界人類の理想を憲法の條章に顕現せむとするにあるのであります、此の精神は本改正案中の前文に詳細に示されて居るのであります。

第一章　天皇

谷口真由美

解説

1　天皇の地位

日本国憲法は、大日本帝国憲法の神権天皇制を廃止して、国民主権原理の下で象徴天皇制を採用した。国民主権とは、国政に関する最終決定権が国民にあることを意味する。主権という概念はそれ以外に、「国家権力そのもの（統治権）」（ポツダム宣言【20】）、国家権力の最高・独立性（前文三段）としても用いられる（第二部第一章前文参照）。

天皇は、大日本帝国憲法下の統治権の総攬《そうらん》者かつ象徴から、単なる象徴へと変わったが、日本国憲法の象徴天皇制の規定は、国民に天皇を象徴として扱い敬うことを決して義務づけるものではない。象徴とは、抽象的・観念的な存在であるものを、具体的な存在によって表現することである（例：ハトが平和の象徴とされる）。国民が、天皇を通して、日本国や日本国民統合体を感じられればよいとされる。

この憲法一条の象徴の意義をどのように考えるかについては、消極的な見解と、積極的な見解がある。そもそも、人が象徴であるということはモノの象徴とは違うといえる。そのため、象徴たる人に対しては、象徴にふさわしい法規範的処遇をすべきと考えるのが自然である。具体的には、天皇は象徴としての地位を有することから、身分上一般国民とは異なる扱いを受けることがある。それは、天皇は陛下という敬称を受け、崩御（死去）の場合には大喪の礼を行うことなどがあげられる。これらは、皇室典範という法律によって定められている（皇室典範二三条・二五条）。天皇は象徴であることから、刑事責任を負わない（皇室典範二一条類推解釈）。しかし、天皇の象徴性から民事裁判権を否定する最高裁判決（最判平成元年一一月二〇日民集四三巻一〇号一一六〇頁）には学説上批判が強い。

天皇の象徴としての地位は、主権の存する日本国民の総意に基づく（憲法一条）から、天皇制の改廃自体も、憲法改正手続のもとで国民の意思によって決定できる。

皇位（天皇の地位）は血統による世襲であり、皇室典範の定めによって継承する（皇室典範二条）とされ、世襲主義と法定主義の原則を定める。

皇位継承は、資格者を「皇統に属する男系の男子」（皇室典範一条）に限定する。しかし、憲法一四条や女性差別撤廃条約二条との関連で、女帝を認めないのが憲法に適合するのか問題となる。この点、一方では、憲法が平等原則の例外として世襲を認めている以上違憲とはいえないという見解があるとともに、他方では、世襲原則が当然に性差別を内包するものではなく、また、形式的・儀礼的な行為のみを行う象徴としての天皇の地位に就くのに、性別の要件が必然的なものではないという理由で合理的理由のない差別的取扱いという見解や、国会の立法裁量の範囲内の問題であるとする見解もある。

なお、皇位継承は天皇の崩御に限定され（皇室典範四条）、崩御後は直ちに皇嗣《こうし》が即位することになっている。また政治的濫用のおそれもあって、生前退位の制度は認められていない。この点で、二〇一六年八月八日に八〇歳を超えた明仁天皇が「象徴としてのお務めについての天皇陛下のおことば」【36】を国民に向け、自ら語る動画で発表された。これを受け、天皇が高齢であること、先述の「おことば」に国民が理解し、共感していることから、二〇一七年六月に「天皇の退位等に関する皇室典範特例法」【32】が成立し、生前退位が特例として今回に限り認められることとなった。天皇は、二〇一九年四月三〇日に退位が予定されており、退位後は、上皇となる。

2　天皇の権能

天皇は、日本国憲法の定めるところの「国事に関する行為」（以下、「国事行為」）のみを行い、「国政に関する権能」を有しない（憲法四条）。しかも、すべての「国事行為」には、内閣の助言と承認を必要とし、内閣がその責任を負う（憲法三条）ことにより、天皇の権限は完全に名目化された。ここに「国事行為」とは、日本国憲法の六条と七条（さらに四条二項も）に掲げる形式的・儀礼的行為をいう。天皇が「国事行為」を行えない場合には、臨時代行（四条二項）と摂政（五条）という制度があり、他の者が天皇に代わって「国事行為」を行うことが認められている。詳細については、それぞれ国事行為の臨時代行に関する法律、皇室典範がこれを定めている。天皇に禁止されている「国政に関する権能」は、国政を決定づける行為はもちろんのこと、政治的表現活動など国政に影響を与える行為をも含むと解されている。

内閣が国民に信を問うため、任意に衆議院を解散できると解されているが、憲法七条三号の「国事行為」による衆議院の解散が政治の実務上、内閣が解散権を有すると解釈される根拠になっている【110】。これに関しては、解散権の濫用ではないかとの声も根強い。初の七条解散となった吉田内閣の「抜き打ち解散」（一九五二年）には、野党幹部から違憲訴訟（苫米地事件）が起こされたが、最高裁は「衆院解散のような政治性の高い国家統治に関する行為は、司法裁判所の権限外」といういわゆる統治行為論により、判断を回避した。

3　天皇の行為

天皇の「国事行為」、私的行為以外に、国会開会式での「おことば」朗読、被災地訪問、地方巡幸、外国元首との親書・親電の交換など、憲法上の国事行為ともいえず、純然たる私的行為ともいえないような行為を認めるかどうかが問題となる。国事行為と私的行為以外を認めない見解、象徴行為として認める見解、公人としての地位から認める見解、国事行為に関連の深い行為だけを準国事行為として認める見解、「おことば」のみを憲法上の習律として認める見解などがある。国事行為以外のこのような行為（公的行為という）を認める場合に、国事行為に準じて内閣が責任を負う。

4　元号制と日の丸・君が代

一九七九年に元号法【33】が制定され、一世一元制度の法的根拠が与えられたが、日本国憲法の国民主権主義に合致するかどうかが問題となる。天皇が時間を支配し、国民に支配権を常に意識させるという皇国史観の現れで違憲であるという見解があるが、憲法が天皇制と国民主権主義を調和させる象徴天皇制を採用したこと、国民に元号の使用を義務づけるものではないという点を考慮して、違憲とまでいえない見解もある。

一九九九年に、日の丸・君が代を国旗・国歌とする「国旗及び国歌に関する法律」【34】が成立した。公立学校の入学式・卒業式での「日の丸」掲揚・「君が代」斉唱の強制は違憲という立場もあるが、判例は「特定の思想を持つことを強制したり、……児童に対して一方的な思想や理念を教え込むことを強制するものとみることもできない」として合憲の判断を下している（最判平成一九年二月二七日民集六一巻一号二九一頁）。またその後の判決は、これを踏まえつつも、音楽教員ではない教員がピアノ伴奏を拒否した事件で、起立斉唱が「日常担当する教科等や日常従事する事務の内容それ自体には含まれない」とし、かつ、国旗や国歌に対する一定の敬意の表明の要素を含んでいることから、人によっては、思想および良心の自由に対する間接的な制約があることを指摘し、このような場合には、職務命令の目的および内容ならびに制約の態様等を総合的に較量して判断するとした（最判平成二三年五月三〇日民集六五巻四号一七八〇頁）。

5　皇室の経済

日本国憲法は、旧憲法下の皇室の財産に対して議会や政府の監督が及ばないものとする皇室財政自律主義を否定し、すべて皇室財産は国に属し（八八条前段）、すべて皇室費用は予算に計上して国会の議決を経なければならない（八八条後段）と定める。予算に計上される皇室経費は、①天皇・内廷にある皇族の日常の費用その他の内定諸費である内廷費、②内廷費以外の宮廷の諸経費で、儀式、国賓の接遇、外国訪問など皇室の公務経費と、宮殿管理、修繕などに必要な経費である宮廷費、③内廷費を受けない各宮家の皇族に対しその品位保持の資に充てるために支給される皇族費の三つに区別される（皇室経済法三条）【35】。

【31】皇室典範（昭和二二年法三号）

第一章　皇位継承

第一条　皇位は、皇統に属する男系の男子が、これを継承する。
第二条①　皇位は、左の順序により、皇族に、これを伝える。
一　皇長子
二　皇長孫
三　その他の皇長子の子孫
四　皇次子及びその子孫
五　その他の皇子孫
六　皇兄弟及びその子孫
七　皇伯叔父及びその子孫
②　前項各号の皇族がないときは、皇位は、それ以上で、最近親の系統の皇族に、これを伝える。
③　前二項の場合においては、長系を先にし、同等内では、長を先にする。
第三条　皇嗣に、精神若しくは身体の不治の重患があり、又は重大な事故があるときは、皇室会議の議により、前条に定める順序に従つて、皇位継承の順序を変えることができる。
第四条　天皇が崩じたときは、皇嗣が、直ちに即位する。

第二章　皇族

第五条　皇后、太皇太后、皇太后、親王、親王妃、内親王、王、王妃及び女王を皇族とする。
第六条　嫡出の皇子及び嫡男系嫡出の皇孫は、男を親王、女を内親王とし、三世以下の嫡男系嫡出の子孫は、男を王、女を女王とする。
第七条　王が皇位を継承したときは、その兄弟姉妹たる王及び女王は、特にこれを親王及び内親王とする。
第八条　皇嗣たる皇子を皇太子という。皇太子のないときは、皇嗣たる皇孫を皇太孫という。
第九条　天皇及び皇族は、養子をすることができない。
第一〇条　立后及び皇族男子の婚姻は、皇室会議の議を経ることを要する。
第一一条①　年齢十五年以上の内親王、王及び女王は、その意思に基き、皇室会議の議により、皇族の身分を離れる。
第一二条　皇族女子は、天皇及び皇族以外の者と婚姻したときは、皇族の身分を離れる。
第一三条　皇族の身分を離れる親王又は王の妃並びに直系卑属及びその妃は、他の皇族と婚姻した女子及びその直系卑属を除き、同時に皇族の身分を離れる。但し、直系卑属及びその妃については、皇室会議の議により、皇族の身分を離れないものとすることができる。
第一四条①　皇族以外の女子で親王妃又は王妃となつた者が、その夫を失つたときは、その意思により、皇族の身分を離れることができる。
第一五条　皇族以外の者及びその子孫は、女子が皇后となる場合及び皇族男子と婚姻する場合を除いては、皇族となることがない。

第三章　摂政

第一六条① 天皇が成年に達しないときは、摂政を置く。
② 天皇が、精神若しくは身体の重患又は重大な事故により、国事に関する行為をみずからすることができないときは、皇室会議の議により、摂政を置く。

第二一条　摂政は、その在任中、訴追されない。但し、これがため、訴追の権利は、害されない。

第四章　成年、敬称、即位の礼、大喪の礼、皇統譜及び陵墓

第二二条　天皇、皇太子及び皇太孫の成年は、十八年とする。

第二三条① 天皇、皇后、太皇太后及び皇太后の敬称は、陛下とする。
② 前項の皇族以外の皇族の敬称は、殿下とする。

第二四条　皇位の継承があつたときは、即位の礼を行う。

第二五条　天皇が崩じたときは、大喪の礼を行う。

第二六条　天皇及び皇族の身分に関する事項は、これを皇統譜に登録する。

第五章　皇室会議

第二八条① 皇室会議は、議員十人でこれを組織する。
② 議員は、皇族二人、衆議院及び参議院の議長及び副議長、内閣総理大臣、宮内庁の長並びに最高裁判所の長たる裁判官及びその他の裁判官一人を以て、これに充てる。
③ 議員となる皇族及び最高裁判所の長たる裁判官以外の裁判官は、各々成年に達した皇族又は最高裁判所の長たる裁判官以外の裁判官の互選による。

第二九条　内閣総理大臣たる議員は、皇室会議の議長となる。

【32】天皇の退位等に関する皇室典範特例法（平成二九年法六三号）

第一条（趣旨）　この法律は、天皇陛下が、昭和六十四年一月七日の御即位以来二十八年を超える長期にわたり、国事行為のほか、全国各地への御訪問、被災地のお見舞いをはじめとする象徴としての公的な御活動に精励してこられた中、八十三歳と御高齢になられ、今後これらの御活動を天皇として自ら続けられることが困難となることを深く案じておられること、これに対し、国民は、御高齢に至るまでこれらの御活動に精励されている天皇陛下を深く敬愛し、この天皇陛下のお気持ちを理解し、これに共感していること、さらに、皇嗣である皇太子殿下は、五十七歳となられ、これまで国事行為の臨時代行等の御公務に長期にわたり精勤されておられることという現下の状況に鑑み、皇室典範（昭和二十二年法律第三号）第四条の規定の特例として、天皇陛下の退位及び皇嗣の即位を実現するとともに、天皇陛下の退位後の地位その他の退位に伴い必要となる事項を定めるものとする。

【33】元号法（昭和五四年法四三号）

1　元号は、政令で定める。

2　元号は、皇位の継承があつた場合に限り改める。

【34】国旗及び国歌に関する法律（平成一一年法一二七号）

第一条（国旗）①　国旗は、日章旗とする。

②　日章旗の制式は、別記第一のとおりとする。

第二条（国歌）①　国歌は、君が代とする。

②　君が代の歌詞及び楽曲は、別記第二のとおりとする。

【35】皇室関連費

2017年度予算、単位：千円

皇室費		6,217,637	
	内廷費	324,000	天皇・内廷にある皇族の日常の費用。御手元金。
	皇族費	214,720	皇族としての品位保持の資に充てるためのもの※。御手元金。
	宮廷費	5,678,917	儀式、国賓・公賓等の接遇、行幸啓、外国訪問など皇室の公的活動等に必要な経費、皇室用財産の管理に必要な経費、皇居等の施設の整備に必要な経費など。宮内庁が経理する公金。
宮内庁費		11,217,611	宮内庁の運営のために必要な人件費・事務費など。
合　計		17,435,248	

※皇族費には、皇族が初めて独立の生計を営む際に一時金として支出されるものと皇族がその身分を離れる際に一時金として支出されるものもある。（宮内庁HP　http://www.kunaicho.go.jp/kunaicho/kunaicho/yosan-ichiran.html より作成）

【36】象徴としてのお務めについての天皇陛下のおことば（2016年8月8日）

戦後70年という大きな節目を過ぎ、2年後には、平成30年を迎えます。

私も80を越え、体力の面などから様々な制約を覚えることもあり、ここ数年、天皇としての自らの歩みを振り返るとともに、この先の自分の在り方や務めにつき、思いを致すようになりました。

本日は、社会の高齢化が進む中、天皇もまた高齢となった場合、どのような在り方が望ましいか、天皇という立場上、現行の皇室制度に具体的に触れることは控えながら、私が個人として、これまでに考えて来たことを話したいと思います。

即位以来、私は国事行為を行うと共に、日本国憲法下で象徴と位置づけられた天皇の望ましい在り方を、日々模索しつつ過ごして来ました。伝統の継承者として、これを守り続ける責任に深く思いを致し、更に日々新たになる日本と世界の中にあって、日本の皇室が、いかに伝統を現代に生かし、いきいきとして社会に内在し、人々の期待に応えていくかを考えつつ、今日に至っています。

そのような中、何年か前のことになりますが、2度の外科手術を受け、加えて高齢による体力の低下を覚えるようになった頃から、これから先、従来のように重い務めを果たすことが困難になった場合、どのように身を処していくことが、国にとり、国民にとり、また、私のあとを歩む皇族にとり良いことであるかにつき、考えるようになりました。既に80を越え、幸いに健康であるとは申せ、次第に進む身体の衰えを考慮する時、これまでのように、全身全霊をもって象徴の務めを果たしていくことが、難しくなるのではないかと案じています。

私が天皇の位についてから、ほぼ28年、この間《かん》私は、我が国における多くの喜びの時、また悲しみの時を、人々と共に過ごして来ました。私はこれまで天皇の務めとして、何よりもまず国民の安寧と幸せを祈ることを大切に考えて来ましたが、同時に事にあたっては、時として人々の傍らに立ち、その声に耳を傾け、思いに寄り添うことも大切なことと考えて来ました。天皇が象徴であると共に、国民統合の象徴としての役割を果たすためには、天皇が国民に、天皇という象徴の立場への理解を求めると共に、天皇もまた、自らのありように深く心し、国民に対する理解を深め、常に国民と共にある自覚を自らの内に育てる必要を感じて来ました。こうした意味において、日本の各地、とりわけ遠隔の地や島々への旅も、私は天皇の象徴的行為として、大切なものと感じて来ました。皇太子の時代も含め、これまで私が皇后と共に行《おこな》って来たほぼ全国に及ぶ旅は、国内のどこにおいても、その地域を愛し、その共同体を地道に支える市《し》井《せい》の人々のあることを私に認識させ、私がこの認識をもって、天皇として大切な、国民を思い、国民のために祈るという務めを、人々への深い信頼と敬愛をもってなし得たことは、幸せなことでした。

天皇の高齢化に伴う対処の仕方が、国事行為や、その象徴としての行為を限りなく縮小していくことには、無理があろうと思われます。また、天皇が未成年であったり、重病などによりその機能を果たし得なくなった場合には、天皇の行為を代行する摂政を置くことも考えられます。しかし、この場合も、天皇が十分にその立場に求められる務めを果たせぬまま、生涯の終わりに至るまで天皇であり続けることに変わりはありません。

天皇が健康を損ない、深刻な状態に立ち至った場合、これまでにも見られたように、社会が停滞し、国民の暮らしにも様々な影響が及ぶことが懸念されます。更にこれまでの皇室のしきたりとして、天皇の終焉に当たっては、重い殯《もがり》の行事が連日ほぼ2ヶ月にわたって続き、その後喪儀《そうぎ》に関連する行事が、1年間続きます。その様々な行事と、新時代に関わる諸行事が同時に進行することから、行事に関わる人々、とりわけ残される家族は、非常に厳しい状況下に置かれざるを得ません。こうした事態を避けることは出来ないものだろうかとの思いが、胸に去来することもあります。

始めにも述べましたように、憲法の下《もと》、天皇は国政に関する権能を有しません。そうした中で、このたび我が国の長い天皇の歴史を改めて振り返りつつ、これからも皇室がどのような時にも国民と共にあり、相たずさえてこの国の未来を築いていけるよう、そして象徴天皇の務めが常に途切れることなく、安定的に続いていくことをひとえに念じ、ここに私の気持ちをお話しいたしました。

国民の理解を得られることを、切に願っています。

（宮内庁HP http://www.kunaicho.go.jp/page/okotoba/detail/12）

第二章　戦争の放棄

清末愛砂

解説

1　二〇世紀の考え方としての平和主義

憲法の三大原理の一つである平和主義は、二〇世紀型の考え方といわれている。しかし、それ以前においても、戦争の克服に関する試みはなされている。例えば、カントは常備軍の廃止、対外紛争に関する国債発行の禁止、他国に対する暴力的干渉の禁止、諸国家からなる連合等を『永久平和のために』（一七九五年）の中で説いている。また、フランスの一七九一年憲法やブラジルの一八九一年憲法は、征服目的の戦争の放棄を規定している。

国際法上の戦争の違法化に向けた試みは、一六世紀の正戦論（正しい戦争は認められるとする考え方）、一八世紀の無差別戦争観（戦争の原因やどちらが先制攻撃をしたかは問わず、国家は戦争を行う権利があり、戦時国際法が平等に適用されるとする考え方）を経て、二〇世紀以降に始まった。その初期の主なものが第一次世界大戦をきっかけに生まれた一九一九年の国際連盟規約や一九二八年の不戦条約（戦争放棄ニ関スル条約）であった。しかし、国家によっては、①これらの国際法上の取り組みは戦争の放棄を規定しているにすぎず、武力行使（宣戦布告等の国家間の正規の戦争手続を経ていない事実上の戦争のこと）まで否定するものではない、また②侵略戦争の放棄であって、自衛の戦争の放棄を規定するものではないと解釈した。その結果、第二次世界大戦では武力行使が多用され、甚大な被害が生じた。

このような状況を改善するために、第二次世界大戦後は戦争の違法化を発展させる形で、戦争を含む武力行使の違法化に向けた取り組みがなされるようになった。最初にそれを実現させたものが一九四五年の国際連合憲章（国連憲章）【37】であり、武力による威嚇と武力行使が二条四項で原則禁止されている（解説5参照）。こうした一連の戦争や武力行使の違法化の流れを受け、憲法では平和主義が採択された。

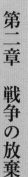

2　憲法と平和的生存権

憲法は前文二段において平和のうちに生きる権利（平和的生存権）を明示している。具体的には「われらは、平和を維持し、専制と隷従、圧迫と偏狭を地上から永遠に除去しようと努めてゐる国際社会において、名誉ある地位を占めたいと思ふ。われらは、全世界の国民が、ひとしく恐怖と欠乏から免かれ、平和のうちに生存する権利を有することを確認する」ことが謳われている。その特徴は、①全世界の国民の平和的生存権に言及している点、および②平和が恐怖（戦争や武力行使またはさまざまな形態の人権侵害）と欠乏（貧困等）からの解放、すなわち人権を基調として達成されることを確認している点にある。

平和的生存権を憲法が保障する具体的権利と解すべきか否かという点について、学説は消極説と積極説にわかれる。多数有力説は消極説であり、平和的生存権はその権利主体や内容等が抽象的であるため、あくまで国家の目標や解釈指針を示したものにすぎないと考える。一方、少数有力説である積極説は、平和的生存権の具体的権利性と裁判規範性（権利侵害を裁判で争うことができること）を認める。しかし、積極説には、平和的生存権の憲法上の根拠をどこに置くのかという点から、①前文第二段が直接的な根拠となる、②九条が平和的生存権を具体化する、③一三条の幸福追求権に含まれる、④前文、九条および基本的人権を規定する第三章の諸条項の複合により形成されるとする複数の解釈が存在する。裁判所は基本的に消極説を支持してきたが、一九七三年の長沼訴訟第一審判決**3**および二〇〇八年の自衛隊イラク派遣差止訴訟の控訴審判決**4**においては、平和的生存権の具体的権利性と裁判規範性を認めた。

3　九条の解釈

九条は一項で戦争、武力による威嚇および武力行使の放棄、二項で戦力の不保持および交戦権の否認を定めている。学説上、九条の解釈は①一項全面放棄・二項全面禁止説、②一項部分放棄・二項全面禁止説、③一項部分放棄・二項自衛力容認説、④一項部分放棄・二項自衛戦力容認説の四つに分類される。

①　一項全面放棄・二項全面禁止説　一項で侵略と自衛を目的とする一切の戦争と武力行使を放棄し、そうであるからこそ二項で戦力を全面的に禁止しているとする見解である。

②　一項部分放棄・二項全面禁止説　国際法上国家に認められる自衛権までは放棄していないとする立場から一項を部分放棄と解しながらも、二項で全面的に戦力の保持を禁止しているとする見解である。戦力の保持の全面禁止に立つ以上二つの学説によると、自衛隊は違憲ということになる。また、一九五四年に自衛隊が設置されるまでの政府見解は、一項部分放棄・二項全面禁止説に基づくものであった【40】－2。

③　一項部分放棄・二項自衛力容認説　一項部分放棄については一項部分放棄・二項全面禁止説と同じであるが、二項の戦力の不保持は自衛力（自衛目的の最小限度の実力）を保持することまでは禁止していないとする見解である。自衛隊設立以降の政府見解はこの解釈に基づき、自衛隊を自衛力と位置づけることで合憲とする立場を示してきた【40】－2。

④　一項部分放棄・二項自衛戦力容認説　一項が部分放棄を意味し、その目的（自衛のための戦争や武力行使）を達するためであれば、二項の戦力の不保持は自衛のための戦力の禁止まで含むものとはいえず、結果的に自衛のためであれば戦力の保持が認められるとする見解である。この見解も自衛隊を自衛戦力として合憲とみなすものである。

なお、自衛隊の設立から現在にいたるまで、いずれの裁判所も自衛隊を合憲と判断したことはない。また、一九五九年の砂川事件第一審判決**1**は、旧日米安保条約の下で日本に駐留している米軍が九条二項により保持が禁じられている戦力にあたり、違憲と判断した。

4　自衛隊の海外派遣と安全保障関連法の制定

憲法施行時は九条の下であらゆる軍備を否定する体制がとられた。しかし、それはわずか三年で終結する。一九五〇年の朝鮮戦争の勃発にともない米国の対日占領政策が転換し、自衛隊設置に向けた動きが始まったからである。一九五〇年七月に警察予備隊が設置され、次に一九五一年締結の旧日米安保条約に従い、翌年、警察予備隊が保安隊に改編された。その後、一九五四年締結のＭＳＡ協定（日本国とアメリカ合衆国との間の相互防衛援助協定）を受けて、同年、保安隊が改組され、自衛隊の創設にいたった【40】【41】。

自衛隊法上、自衛隊の主たる任務は自国の防衛にある（自衛隊法三条一項【40】－1）。また、自衛隊創設時に参院本会議では「自衛隊の海外出動を為さざることに関する決議」（一九五四年六月二日）が採択され、集団的自衛権（国連憲章五一条。自国ではなく他の国連加盟国が武力攻撃を受けた場合に、実力を行使することができる権利【37】）の行使を違憲とする政府見解も示された（同年六月三日の下田武三外務省条約局長の答弁）。このように、公的には自衛隊は専守防衛の組織として位置づけられてきた。

しかし、一九八〇年に政府は憲法上、武力行使を目的とする海外派兵は認められないが、それ以外の目的による自衛隊の海外派遣が許されないわけではないとする国会答弁を行った（一九八〇年一〇月二八日「自衛隊の海外派兵・日米安保条約等の問題に関する質問主意書」への答弁【40】－2）。実際に湾岸戦争後の一九九一年四月に海上自衛隊の掃海艇がペルシャ湾に派遣されたことを契機に、自衛隊の海外派遣の歴史が始まった。それ以降、ＰＫＯ（国連平和維持活動）への参加または他国軍への後方支援等を目的とする海外派遣が継続して行われている【42】。

また、二〇一四年七月一日には、歴代政権が違憲としてきた集団的自衛権の限定行使を容認する閣議決定がなされた。それに基づき、二〇一五年九月一九日、集団的自衛権の限定行使、および後方支援や自衛隊の任務・権限の拡大等を可能とする一連の安全保障関連法（既存の十法の改定および国際平和支援法の制定）が成立した【41】。

5　国連と平和主義

第一次世界大戦後に創設された国際連盟は、歴史上初めて国家が戦争に訴えることを制限し、集団安全保障（約束違反の武力行使に対しすべての加盟国が協力してこれに対処すること）の仕組みを設けた。また、連盟規約では、集団安全保障の仕組みを定めていた。この仕組みをもって解決を図った例として、満州事変とイタリアのエチオピア侵略がある。前者は結果的に日本の連盟脱退という形になり、後者はイタリアに制裁を実施したものの一年に満たない期間で終了した。こうして、連盟の集団安全保障はほとんど有効に機能せず、連盟自体が第二次世界体制を迎え崩壊する。

連盟の失敗を踏まえた国連憲章【37】では、国際関係による武力の行使と武力による威嚇を原則禁止し（国連憲章二条四項）、紛争の平和的解決を義務づけることにより（同二条三項）、集団安全保障の要素の一つである武力行使禁止原則を確立した。また、憲章第七章で非軍事的強制措置（同四一条）だけではなく、例外的措置として軍事的強制措置（同四二条）も規定し、この目的のために国連軍の設置を予定した（同四三条以下）。平和への脅威、平和の破壊または侵略行為の認定と強制措置の発動とは安全保障理事会に集権化され、これらの点に関する理事会の決定はすべての加盟国を拘束し、加盟国は国連が憲章に従ってとる行動についてはあらゆる援助を与え、強制行動の対象となっている国への援助は禁止される【37】。国連でのこれらの集団安全保障の強化は、連盟は吠えるだけであったが国連は噛みつくことができる、と評価された。実際に、安全保障理事会はこれまでに多数の強制措置を発動している。ただし、安全保障理事会決議に基づく措置が結果的に人道上の問題を引き起こす原因となることもあり（例えば、一九九〇年八月採択の安全保障理事会決議六六〇号等に基づくイラクへの経済制裁による飢餓を含む経済的困窮）、その内容については十全な検討が求められる。

安全保障理事会の決議がないまま開始された二〇〇三年のイラク戦争を止めることができなかったという反省から、二〇〇五年にＮＧＯ（非政府組織）であるスペイン国際人権法協会が平和への権利の国際法典化に向けての活動を開始した。人権理事会での議論を経て、二〇一六年一二月に国連総会で平和への権利宣言【37】が採択された。今後はその条約化が望まれるところである。

【37】国際条約にみられる平和主義の変遷と各国憲法

◆国際条約

(1) **国際聯盟規約**（ヴェルサイユ平和条約一九一九年）

前文

締約國ハ
戰爭ニ訴ヘサルノ義務ヲ受諾シ
各國間ニ於ケル公明正大ナル關係ヲ規律シ
各國政府間ノ行爲ヲ律スル現實ノ規準トシテ國際法ノ原則ヲ確立シ
組織アル人民ノ相互ノ交渉ニ於テ正義ヲ保持シ
且嚴ニ一切ノ條約上ノ義務ヲ尊重シ
以テ國際協力ヲ促進シ且各國間ノ平和安寧ヲ完成セムカ爲
茲ニ國際聯盟規約ヲ協定ス

（外務省編『日本外交年表竝主要文書（上）』原書房、一九六五年、四九二頁）

(2) **不戦条約**

戦争放棄ニ関スル条約（ケロッグ＝ブリアン条約一九二八年）

第一條　締約國ハ國際紛爭解決ノ爲戰爭ニ訴フルコトヲ非トシ且其ノ相互關係ニ於テ國家ノ政策ノ手段トシテノ戰爭ヲ拋棄スルコトヲ其ノ各自ノ人民ノ名ニ於テ嚴肅ニ宣言ス

第二條　締約國ハ相互間ニ起ルコトアルベキ一切ノ紛爭又ハ紛議ハ其ノ性質又ハ起因ノ如何ヲ問ハズ平和的手段ニ依ルノ外之ガ處理又ハ解決ヲ求メザルコトヲ約ス

日本国政府宣言

帝國政府ハ千九百二十八年八月二十七日巴里ニ於テ署名セラレタル戰爭拋棄ニ關スル條約第一條中ノ「其ノ各自ノ人民ノ名ニ於テ」ナル字句ハ帝國憲法ノ條章ヨリ觀テ日本國ニ限リ適用ナキモノト了解スルコトヲ宣言ス

昭和四年六月二十七日

（外務省編『日本外交年表竝主要文書（下）』原書房、一九六六年、一二〇～一二一頁）

(3) **国際連合憲章**（一九四五年採択、一九五六年批准）

われら連合国の人民は、われらの一生のうちに二度まで言語に絶する悲哀を人類に与えた戦争の惨害から将来の世代を救い、基本的人権と人間の尊厳及び価値と男女及び大小各国の同権とに関する信念をあらためて確認し、正義と条約その他の国際法の源泉から生ずる義務の尊重とを維持することができる条件を確立し、一層大きな自由の中で社会的進歩と生活水準の向上とを促進すること並びに、このために、寛容を実行し、且つ、善良な隣人として互いに平和に生活し、国際の平和及び安全を維持するためにわれらの力を合わせ、共同の利益の場合を除く外は武力を用いないことを原則の受諾と方法の設定によって確保し、すべての人民の経済的及び社会的発達を促進するために国際機構を用いることを決意して、これらの目的を達成するために、われらの努力を結集することに決定した。よって、われらの各自の政府は、サン・フランシスコ市に会合し、全権委任状を示してそれが良好妥当であると認められた代表者を通じて、この国際連合憲章に同意したので、ここに国際連合という国際機構を設ける。

第一章　目的及び原則

第一条　国際連合の目的は、次のとおりである。

1　国際の平和及び安全を維持すること。そのために、平和に対する脅威の防止及び除去と侵略行為その他の平和の破壊の鎮圧とのため有効な集団的措置をとること並びに平和を破壊するに至る虞のある国際的の紛争又は事態の調整または解決を平和的手段によって且つ正義及び国際法の原則に従って実現すること。

2　人民の同権及び自決の原則の尊重に基礎をおく諸国間の友好関係を発展させること並びに世界平和を強化するために他の適当な措置をとること。

3　経済的、社会的、文化的または人道的性質を有する国際問題を解決することについて、並びに人種、性、言語または宗教による差別なくすべての者のために人権及び基本的自由を尊重するように助長奨励することについて、国際協力を達成すること。

4　これらの共通の目的の達成に当たって諸国の行動を調和するための中心となること。

第二条　この機構及びその加盟国は、第一条に掲げる目的を達成するに当っては、次の原則に従って行動しなければならない。

1　この機構は、そのすべての加盟国の主権平等の原則に基礎をおいている。

2　すべての加盟国は、加盟国の地位から生ずる権利及び利益を加盟国のすべてに保障するために、この憲章に従って負っている義務を誠実に履行しなければならない。

3　すべての加盟国は、その国際紛争を平和的手段によって国際の平和及び安全並びに正義を危うくしないように解決しなければならない。

4　すべての加盟国は、その国際関係において、武力による威嚇又は武力の行使を、いかなる国の領土保全又は政治的独立に対するものも、また、国際連合の目的と両立しない他のいかなる方法によるものも慎まなければならない。

5　すべての加盟国は、国際連合がこの憲章に従ってとるいかなる行動についても国際連合にあらゆる援助を与え、且つ、国際連合の防止行動又は強制行動の対象となっているいかなる国に対しても援助の供与を慎まなければならない。

6　この機構は、国際連合加盟国ではない国が、国際の平和及び安全の維持に必要な限り、これらの原則に従って行動することを確保しなければならない。

7　この憲章のいかなる規定も、本質上いずれかの国の国内管轄権内にある事項に干渉する権限を国際連合に与えるものではなく、また、その事項をこの憲章に基く解決に付託することを加盟国に要求するものでもない。但し、この原則は、第7章に基く強制措置の適用を妨げるものではない。

第五章　安全保障理事会

第二四条　1　国際連合の迅速且つ有効な行動を確保するために、国際連合加盟国は、国際の平和及び安全の維持に関する主要な責任を安全保障理事会に負わせるものとし、且つ、安全保障理事会がこの責任に基く義務を果すに当って加盟国に代って行動することに同意する。

第六章　紛争の平和的解決

第三三条　1　いかなる紛争でも継続が国際の平和及び安全の維持を危うくする虞のあるものについては、その当事者は、まず第一に、交渉、審査、仲介、調停、仲裁裁判、司法的解決、地域的機関又は地域的取極の利用その他当事者が選ぶ平和的手段による解決を求めなければならない。

2　安全保障理事会は、必要と認めるときは、当事者に対して、その紛争を前記の手段によって解決するように要請する。

第七章　平和に対する脅威、平和の破壊及び侵略行為に関する行動

第三九条　安全保障理事会は、平和に対する脅威、平和の破壊又は侵略行為の存在を決定し、並びに、国際の平和及び安全を維持し又は回復するために、勧告をし、又は第四一条及び第四二条に従っていかなる措置をとるかを決定する。

第四一条　安全保障理事会は、その決定を実施するために、兵力の使用を伴わないいかなる措置を使用すべきかを決定することができ、且つ、この措置を適用するように国際連合加盟国に要請することができる。この措置は、経済関係及び鉄道、航海、航空、郵便、電信、無線通信その他の運輸通信の手段の全部又は一部の中断並びに外交関係の断絶を含むことができる。

第四二条　安全保障理事会は、第四一条に定める措置では不充分であろうと認め、又は不充分なことが判明したと認めるときは、国際の平和及び安全の維持又は回復に必要な空軍、海軍または陸軍の行動をとることができる。この行動は、国際連合加盟国の空軍、海軍又は陸軍による示威、封鎖その他の行動を含むことができる。

第五一条　この憲章のいかなる規定も、国際連合加盟国に対して武力攻撃が発生した場合には、安全保障理事会が国際の平和及び安全の維持に必要な措置をとるまでの間、個別的又は集団的自衛の固有の権利を害するものではない。この自衛権の行使に当って加盟国がとった措置は、直ちに安全保障理事会に報告しなければならない。また、この措置は、安全保障理事会が国際の平和及び安全の維持または回復のために必要

と認めるこの憲章に基く権能及び責任に対しては、いかなる影響も及ぼすものではない。

(4) **国際連合平和への権利宣言**（平成二八年一二月一九日国連総会決議、A/RES/71/189）

第一条　すべての人は、あらゆる人権が促進及び保護され、並びに発展が完全に実現されるような平和を享受する権利を有する。

第二条　国家は、平等及び無差別並びに正義及び法の支配を尊重、履行及び促進しなければならず、又社会内及び社会間で平和を構築するための手段として、恐怖と欠乏からの自由を保障しなければならない。

第三条　国家、国際連合及び専門機関、特に国際連合教育科学文化機関（ユネスコ）は、本宣言を履行するための適切かつ持続可能な措置を講じなければならない。国際機関、地域機関、国家機関、地方機関及び市民社会は、本宣言の履行を支援及び援助することが推奨される。

第四条　平和教育のための国際及び国内機関は、すべての人間の間で寛容、対話、協力及び連帯の精神を強化するために推進されなければならない。この目的を達成するために、国際連合平和大学は、教育、研究、卒後研修及び知識の普及に携わることで、平和教育の実施という重要な普遍的役割に貢献しなければならない。

第五条　本宣言のいかなる内容も、国際連合の目的及び原則に反すると解釈されてはならない。本宣言に含まれるすべての条項は、国際連合憲章、世界人権宣言及び諸国家が批准する関連の国際及び地域文書に基づいて理解される。

（翻訳：清末愛砂）

◆第二次世界大戦後の憲法

(1)　**征服戦争の否定**

フランス共和国一九四六年憲法前文

その伝統に忠実なフランス共和国は、国際公法の原則に従う。フランス共和国は、征服を目ざしていかなる戦争をも企てることがなく、また、いかなる民族の自由に対してもその実力を行使することがないであろう。

相互主義の留保のもとに、フランスは、平和の組織と防衛に必要な主権の制限を承諾する。

(2)　**国際紛争解決手段としての戦争の否認**

イタリア共和国一九四七年憲法第一一条

イタリア国は、他国民の自由を侵害する手段としての戦争、および国際紛争を解決する方法としての戦争を否認し、他国とたがいに等しい条件のもとに、諸国民のあいだに平和と正義を確保する秩序にとって必要な主権の制限に同意し、この目的を有する国際組織を推進し、助成する。

⑶　侵略戦争の否認、武器製造等の制限
ドイツ連邦共和国一九四九年憲法第二六条
諸国民の平和的な共同生活を乱すおそれがあり、かつその意図をもって行われる行為、とくに侵略戦争の遂行を準備する行為は、これを違憲とする。これらの行為は、処罰される。
戦争遂行のための武器は、連邦政府の許可のあった場合にのみ、製造し、運搬し、および取り引きすることができる。その細目は、連邦法律でこれを定める。

⑷　恒常的軍隊の禁止
コスタリカ共和国一九四九年憲法第一二条
軍は、恒常的組織としては、これを禁止する。
警備及び公安維持のため、必要な警察力を設ける。
アメリカ大陸協定によってのみ、又は国家防衛のためにのみ、軍を組織する。いずれの場合においても、軍は、常に非軍事的権力部門に隷属しなければならない。軍は、みずから又はその他のものと共同して、政見を発表し又は宣言を発することができない。

【38】日本国憲法制定時の政府の第九条の解釈（吉田茂の答弁）

内閣総理大臣　吉田　茂
（昭和二一年六月二六日衆議院本会議）

戦争抛棄に関する本案の規定は、直接には自衛権を否定して居りませぬが、第九条第二項に於いて一切の軍備と国の交戦権を認めない結果、自衛権の発動としての戦争も、又交戦権も抛棄したものであります。従来近年の戦争は多く自衛権の名に於て戦われたのであります。満州事変然り、大東亜戦争亦然りであります。今日我が国に対する疑惑は、日本は好戦国である、何時再軍備をなして復讐戦をして世界の平和を脅かさないとも分からないというのが、日本に対する大なる疑惑であり、又誤解であります。先ず此の誤解を正すことが今日我々としてなすべき第一のことであると思うのであります。
又此の疑惑は誤解であるとは申しながら、全然根拠のない疑惑とも言われない節が、既往の歴史を考えて見ますと、多々あるのであります。故に我が国に於ては如何なる名義を以てしても交戦権は先ず第一、自ら進んで抛棄する、抛棄することに依って全世界の平和の確立の基礎を成す、全世界の平和愛好国の先頭に立って、世界の平和確立に貢献する決意を、先ず此の憲法に於て表明したいと思うのであります。（拍手）之に依って我が国に対する正当なる諒解を進むべきものであると考えるのであります。
平和国際団体が確立せられたる場合に、若し侵略戦争を始むる者、侵略の意思を以て日本を侵す者があれば、是は平和に対する冒犯者であります。全世界の敵であると言うべきであります。世界の平和愛好国は相倚り相携えて此の冒犯者、此の敵を克服すべきものであるのであります。（拍手）茲に平和に対する国際的義務が平和愛好国若しくは国際団体の間に自然生ずるものと考えます。（拍手）

【39】戦争放棄の意義

……こんどの憲法では、日本の國が、けっして二度と戦争をしないように、二つのことをきめました。その一つは、兵隊も軍艦も飛行機も、およそ戦争をするためのものは、いっさいもたないということです。これからさき日本には、陸軍も海軍も空軍もないのです。これを戦力の放棄といいます。「放棄」とは「すててしまう」ということです。しかしみなさんは、けっして心ぼそく思うことはありません。日本は正しいことを、ほかの國よりさきに行ったのです。世の中に、正しいことぐらい強いものはありません。

もう一つは、よその國と争いごとがおこったとき、けっして戦争によって、相手をまかして、じぶんのいいぶんをとおそうとしないということをきめたのです。おだやかにそうだんをして、きまりをつけようというのです。なぜならば、いくさをしかけることは、けっきょく、じぶんの國をほろぼすようなはめになるからです。また、戦争とまでゆかずとも、國の力で、相手をおどすようなことは、いっさいしないことにきめたのです。これを戦争の放棄というのです。そうしてよその國となかよくして、世界中の國が、よい友だちになってくれるようにすれば、日本の國は、さかえてゆけるのです。

（文部省『あたらしい憲法のはなし』一九四七年、一八〜二〇頁）

【40】自衛隊設置への動きと第九条の政府解釈

〔40－1〕　自衛隊設置関連法令

(1)　**警察予備隊令**（昭和二五年政令二六〇号）

第一条（目的）　この政令は、わが国の平和と秩序を維持し、公共の福祉を保障するのに必要な限度内で、国家地方警察及び自治体警察の警察力を補うため警察予備隊を設け、その組織等に関し規定することを目的とする。

(2)　**保安庁法**（昭和二七年法二六五号）

第四条（保安庁の任務）　保安庁は、わが国の平和と秩序を維持し、人命及び財産を保護するため、特別の必要がある場合において行動する部隊を管理し、運営し、及びこれに関する事務を行い、あわせて海上における警備救難の事務を行うことを任務とする。

第五条（保安隊及び警備隊）

③　保安隊は主として陸上において、警備隊は主として海上において、それぞれ行動することを任務とする。

(3)　**自衛隊法**（昭和二九年法一六五号）

旧第三条（自衛隊の任務）　自衛隊は、わが国の平和と独立を守り、国の安全を保つため、直接侵略及び間接侵略に対しわが国を防衛することを主たる任務とし、必要に応じ、公共の秩序の維持に当たるものとする。［※注　自衛隊法制定当時］

※平成一六年改正・追加および平成一七年改正

第三条（自衛隊の任務）①　自衛隊は、我が国の平和と独立を守り、国の安全を保つため、我が国を防衛することを主たる任務とし、必要に応じ、公共の秩序の維持に当たるものとする。

②　自衛隊は、前項に規定するもののほか、同項の主たる任務の遂行に支障を生じない限度において、かつ、武力による威嚇又は武力の行使に当たらない範囲において、次に掲げる活動であつて、別に法律で定めるところにより自衛隊が実施することとされるものを行うことを任務とする。

一　我が国の平和及び安全に重要な影響を与える事態に対応して行う我が国の平和及び安全の確保に資する活動

二　国際連合を中心とした国際平和のための取組への寄与その他の国際協力の推進を通じて我が国を含む国際社会の平和及び安全の維持に資する活動

〔40－2〕　第九条と自衛隊の政府解釈をめぐる発言

(1)　**「警察予備隊は軍隊ではない」との吉田茂総理大臣の発言**（昭和二五年七月二九日衆議院本会議）

しからば、その目的は何か、これは全然治安維持であります。秩序を維持するためであります。その目的以外には何ら出ないのであります。これが、あるいは国連加入の条件であるとか、用意であるとか、あるいは再軍備の目的であるとかいうようなことは、全然含んでおらないのであります。現在の状態において、いかにして現在の日本の治安を維持するかというところに、全然その主要な目的があるのであります。従つて、その性格は軍隊ではないのであります。

(2)　**「保安隊は戦力ではない」との吉田内閣（第四次）の統一見解**（昭和二七年一一月二五日参議院予算委員会）

一　憲法第九条第二項は、侵略の目的たると自衛の目的たるとを問わず「戦力」の保持を禁止している。

一　右にいう「戦力」とは、近代戦争遂行に役立つ程度の装備、編成を備えるものをいう。

一　「戦力」の基準は、その国のおかれた時間的、空間的環境で具体的に判断せねばならない。

……

一　憲法第九条第二項にいう「保持」とは、いうまでもなくわが国が保持の主体たることを示す。米国駐留軍は、わが国を守るために米国の保持する軍隊であるから憲法第九条の関するところではない。

(3)　九条の改正を考えているとの鳩山一郎総理大臣の答弁

（昭和三〇年三月二九日参議院予算委員会）

……自衛隊法が通ったから憲法改正の必要なしとは言わないのであります。第九条は、やはり国の名誉のためにも軍隊を持ってはいけないというのは非常に不都合なことだと思いますから、九条は改正したいと思います。改正すれば自衛隊法の兵力を軍隊と言ってもだれも疑う人はないのでありますけれども、あの第九条があれば自衛隊法に言うところの防衛力は軍隊にあらずという議論を言う人もありますから、それでそういうような不明瞭なあいまいな法規は改正すべきだと思うのであります。

(4)　「自衛のための必要最小限度の力は違憲ではない、核兵器ももてる」との岸信介総理大臣の答弁（昭和三二年五月七日参議院予算委員会）

名前は核兵器とつけばすべて憲法違反だということは、私は憲法の解釈論としては正しくない……攻撃を主たる目的とするような兵器は、たとえ原子力を用いないものであっても、……憲法で持てない……核兵器と名前がつけばどんなものでもいけないかと言われると、今後の発達を見なければ、これは一がいに言えないのじゃないか……

(5)　戦力とは自衛のための必要最小限度を越える実力をいうとの吉国一郎内閣法制局長官の答弁（昭和四七年一一月一三日参議院予算委員会）

戦力とは、広く考えますと、文字どおり、戦う力ということでございます。そのようなことばの意味だけから申せば、一切の実力組織が戦力に当たるといってよいでございましょうが、憲法第九条第二項が保持を禁じている戦力は、右のようなことばの意味どおりの戦力のうちでも、自衛のための必要最小限度を越えるものでございます。それ以下の実力の保持は、同条項によって禁じられてはいないということでございまして、この見解は、年来政府のとっているところでございます。

(6) **海外派遣について、武力行使の目的をもたないで部隊を他国に派遣することは憲法上許されないわけではないとの政府の答弁**（昭和五五年一〇月二八日政府答弁書）

従来、「いわゆる海外派兵とは、一般的にいえば、武力行使の目的をもつて武装した部隊を他国の領土、領海、領空に派遣することである」と定義づけて説明されているが、このような海外派兵は、一般に自衛のための必要最小限を超えるものであつて、憲法上許されないと考えている。したがつて、このような海外派兵について将来の想定はない。これに対し、いわゆる海外派遣については、従来これを定義づけたことはないが、武力行使の目的をもたないで部隊を他国へ派遣することは、憲法上許されないわけではないと考えている。

(http://www.shugiin.go.jp/internet/itdb_shitsumon.nsf/html/shitsumon/b093306.htm)

(7) **自衛隊は国際法上軍隊として取り扱われているとの中山太郎外務大臣の答弁**（平成二年一〇月一八日衆議院本会議）

自衛隊は、憲法上必要最小限度を超える実力を保持し得ない等の厳しい制約を課せられております。通常の観念で考えられます軍隊ではありませんが、国際法上は軍隊として取り扱われておりまして、自衛官は軍隊の構成員に該当いたします。この点は、平和協力隊に参加している自衛隊の部隊等についても変わりはございません。

(http://kokkai.ndl.go.jp/SENTAKU/syugiin/119/0001/main.html)

(8) **自衛隊は実質的に軍隊との小泉純一郎首相の答弁**（平成一五年五月二〇日参議院武力攻撃事態への対処に関する特別委員会）

自衛隊を軍隊とは言ってはいかぬと、そういう議論さえしていけない、してはいけないという時期がかつてありました。だから、戦車のことを特車と言っていたでしょう。しかしながら、私は実質的に自衛隊は軍隊であろうと。しかし、それを言ってはならないということは不自然だと思っております。しかし、いずれ憲法でも、やはり自衛隊を軍隊と認めて、違憲だ、合憲だと、法的の問題で不毛な議論をすることなしに、日本の国を守る、日本の独立を守る、日本国民を守る戦闘組織に対してしかるべき名誉と地位を与える時期が来ると確信しておりますし、また、そのような環境醸成というものも政治家として作っていかなきゃならないと思っております。

(http://kokkai.ndl.go.jp/SENTAKU/sangiin/156/0074/main.html)

(9) **集団的自衛権の限定行使を合憲とする政府見解**（平成二六年七月一日国家安全保障会議決定・閣議決定「国の存立を全うし、国民を守るための切れ目のない安全保障法制の整備について」）

これまで政府は、この基本的な論理の下、「武力の行使」が許容されるのは、我が国に対する武力攻撃が発生した場合に限られると考えてきた。しかし、冒頭で述べたように、パワーバランスの変化や技術革新の急速な進展、大量破壊兵器などの脅威等により我が国を取り巻く安全保障環境が根本的に変容し、変化し続けている状況を踏まえれば、今後他国に対して発生する武力攻撃であったとしても、その目的、規模、態様等によっては、我が国の存立を脅かすことも現実に起こり得る。

……

こうした問題意識の下に、現在の安全保障環境に照らして慎重に検討した結果、我が国に対する武力攻撃が発生した場合のみならず、我が国と密接な関係にある他国に対する武力攻撃が発生し、これにより我が国の存立が脅かされ、国民の生命、自由及び幸福追求の権利が根底から覆される明白な危険がある場合において、これを排除し、我が国の存立を全うし、国民を守るために他に適当な手段がないときに、必要最小限度の実力を行使することは、従来の政府見解の基本的な論理に基づく自衛のための措置として、憲法上許容されると考えるべきであると判断するに至った。

(http://www.cas.go.jp/jp/gaiyou/jimu/pdf/anpohosei.pdf)

〔40−3〕　自衛隊の海外派遣関連法令

⑴　ＰＫＯ協力法（国際連合平和維持活動等に対する協力に関する法律）（平成四年法七九号）

第一条（目的）　この法律は、国際連合平和維持活動、国際連携平和安全活動、人道的な国際救援活動及び国際的な選挙監視活動に対し適切かつ迅速な協力を行うため、国際平和協力業務実施計画及び国際平和協力業務実施要領の策定手続、国際平和協力隊の設置等について定めることにより、国際平和協力業務の実施体制を整備するとともに、これらの活動に対する物資協力のための措置等を講じ、もって我が国が国際連合を中心とした国際平和のための努力に積極的に寄与することを目的とする。

第二条（国際連合平和維持活動等に対する協力の基本原則）①　政府は、この法律に基づく国際平和協力業務の実施、物資協力、これらについての国以外の者の協力等（以下「国際平和協力業務の実施等」という。）を適切に組み合わせるとともに、国際平和協力業務の実施等に携わる者の創意と知見を活用することにより、国際連合平和維持活動、国際連携平和安全活動、人道的な国際救援活動及び国際的な選挙監視活動に効果的に協力するものとする。

②　国際平和協力業務の実施等は、武力による威嚇又は武力の行使に当たるものであってはならない。

第三条（定義）　この法律において、次の各号に掲げる用語の意義は、それぞれ当該各号に定めるところによる。

五　国際平和協力業務　国際連合平和維持活動のために実施される業務で次に掲げるもの、国際連携平和安全活動のために実施される業務で次に掲げるもの、人道的な国際救援活動のために実施される業務で次のワからツまで、ナ及びラに掲げるもの並びに国際的な選挙監視活動のために実施される業務で次のチ及びナに掲げるもの（これらの業務にそれぞれ附帯する業務を含む。以下同じ。）であって、海外で行われるものをいう。

ト　防護を必要とする住民、被災民その他の者の生命、身体及び財産に対する危害の防止及び抑止その他特定の区域の保安のための監視、駐留、巡回、検問及び警護

第二四条（小型武器の保有及び貸与）①　本部長は、第九条第一項の規定により協力隊が派遣先国において行う国際平和協力業務（第三条第五号チに掲げる業務及びこれに類するものとして同号ナの政令で定める業務を除く。）に隊員を従事させるに当たり、現地の治安の状況等を勘案して特に必要と認める場合には、当該隊員が派遣先国に滞在する間、前条の小型武器であって第六条第二項第二号ハ及び第四項の規定により実施計画に定める装備であるものを当該隊員に貸与することができる。

第二五条（武器の使用）①　前条第一項の規定により小型武器の貸与を受け、派遣先国において国際平和協力業務に従事する隊員は、自己又は自己と共に現場に所在する他の隊員若しくはその職務を行うに伴い自己の管理の下に入った者の生命又は身体を防護するためやむを得ない必要があると認める相当の理由がある場合には、その事態に応じ合理的に必要と判断される限度で、当該小型武器を使用することができる。

③　第九条第五項の規定により派遣先国において国際平和協力業務に従事する自衛官は、自己又は自己と共に現場に所在する他の自衛隊員、隊員若しくはその職務を行うに伴い自己の管理の下に入った者の生命又は身体を防護するためやむを得ない必要があると認める相当の理由がある場合には、その事態に応じ合理的に必要と判断される限度で、第六条第二項第二号ホ⑵及び第四項の規定により実施計画に定める装備である武器を使用することができる。

④　前二項の規定による小型武器又は武器の使用は、当該現場に上官が在るときは、その命令によらなければならない。ただし、生命又は身体に対する侵害又は危難が切迫し、その命令を受けるいとまがないときは、この限りでない。

⑦　第九条第五項の規定により派遣先国において国際平和協力業務に従事する自衛官は、その宿営する宿営地（宿営のために使用する区域であって、囲障が設置されることにより他と区別されるものをいう。以下この項において同じ。）であって当該国際平和協力業務に係る国際連合平和維持活動、国際連携平和安全活動又は人道的な国際救援活動に従事する外国の軍隊の部隊の要員が共に宿営するものに対する攻撃があったときは、当該宿営地に所在する者の生命又は身体を防護するための措置をとる当該要員と共同して、第三項の規定による武器の使用をすることができる。この場合において、同項から第五項までの規定の適用については、第三項中「現場に所在す

る他の自衛隊員、隊員若しくはその職務を行うに伴い自己の管理の下に入った者」とあるのは「その宿営する宿営地（第七項に規定する宿営地をいう。次項及び第五項において同じ。）に所在する者」と、「その事態」とあるのは「第七項に規定する外国の軍隊の部隊の要員による措置の状況をも踏まえ、その事態」と、第四項及び第五項中「現場」とあるのは「宿営地」とする。

第二六条① 前条第三項（同条第七項の規定により読み替えて適用する場合を含む。）に規定するもののほか、第九条第五項の規定により派遣先国において国際平和協力業務であって第三条第五号トに掲げるもの又はこれに類するものとして同号ナの政令で定めるものに従事する自衛官は、その業務を行うに際し、自己若しくは他人の生命、身体若しくは財産を防護し、又はその業務を妨害する行為を排除するためやむを得ない必要があると認める相当の理由がある場合には、その事態に応じ合理的に必要と判断される限度で、第六条第二項第二号ホ(2)及び第四項の規定により実施計画に定める装備である武器を使用することができる。

第二七条（自衛官の派遣）① 防衛大臣は、国際連合の要請に応じ、国際連合の業務であって、国際連合平和維持活動に参加する自衛隊の部隊等又は外国の軍隊の部隊により実施される業務の統括に関するものに従事させるため、内閣総理大臣の同意を得て、自衛官を派遣することができる。

(2) **自衛隊法**（昭和二九年法一六五号）

第七六条（防衛出動）① 内閣総理大臣は、次に掲げる事態に際して、我が国を防衛するため必要があると認める場合には、自衛隊の全部又は一部の出動を命ずることができる。この場合においては、武力攻撃事態等及び存立危機事態における我が国の平和と独立並びに国及び国民の安全の確保に関する法律（平成十五年法律第七十九号）第九条の定めるところにより、国会の承認を得なければならない。

一　我が国に対する外部からの武力攻撃が発生した事態又は我が国に対する外部からの武力攻撃が発生する明白な危険が切迫していると認められるに至つた事態

二　我が国と密接な関係にある他国に対する武力攻撃が発生し、これにより我が国の存立が脅かされ、国民の生命、自由及び幸福追求の権利が根底から覆される明白な危険がある事態

第八四条の三（在外邦人等の保護措置）① 防衛大臣は、外務大臣から外国における緊急事態に際して生命又は身体に危害が加えられるおそれがある邦人の警護、救出その他の当該邦人の生命又は身体の保護のための措置（輸送を含む。以下「保護措置」という。）を行うことの依頼があつた場合において、外務大臣と協議し、次の各号のいずれにも該当すると認めるときは、内閣総理大臣の承認を得て、部隊等に当該保護措置を行わせることができる。

一　当該外国の領域の当該保護措置を行う場所において、当該外国の権限ある当局が現に公共の安全と秩序の維持に当たつており、かつ、戦闘行為（国際的な武力紛争の一環として行われる人を殺傷し又は物を破壊する行為をいう。第九十五条の二第一項において同じ。）が行われることがないと認められること。

第八八条（防衛出動時の武力行使）①　第七十六条第一項の規定により出動を命ぜられた自衛隊は、わが国を防衛するため、必要な武力を行使することができる。

②　前項の武力行使に際しては、国際の法規及び慣例によるべき場合にあつてはこれを遵守し、かつ、事態に応じ合理的に必要と判断される限度をこえてはならないものとする。

第九四条の五（在外邦人等の保護措置の際の権限）①　第八十四条の三第一項の規定により外国の領域において保護措置を行う職務に従事する自衛官は、同項第一号及び第二号のいずれにも該当する場合であつて、その職務を行うに際し、自己若しくは当該保護措置の対象である邦人若しくはその他の保護対象者の生命若しくは身体の防護又はその職務を妨害する行為の排除のためやむを得ない必要があると認める相当の理由があるときは、その事態に応じ合理的に必要と判断される限度で武器を使用することができる。ただし、刑法第三十六条又は第三十七条に該当する場合のほか、人に危害を与えてはならない。

第九五条の二（合衆国軍隊等の部隊の武器等の防護のための武器の使用）①　自衛官は、アメリカ合衆国の軍隊その他の外国の軍隊その他これに類する組織（次項において「合衆国軍隊等」という。）の部隊であつて自衛隊と連携して我が国の防衛に資する活動（共同訓練を含み、現に戦闘行為が行われている現場で行われるものを除く。）に現に従事しているものの武器等を職務上警護するに当たり、人又は武器等を防護するため必要であると認める相当の理由がある場合には、その事態に応じ合理的に必要と判断される限度で武器を使用することができる。ただし、刑法第三十六条又は第三十七条に該当する場合のほか、人に危害を与えてはならない。

②　前項の警護は、合衆国軍隊等から要請があつた場合であつて、防衛大臣が必要と認めるときに限り、自衛官が行うものとする。

第百条の六（合衆国軍隊に対する物品又は役務の提供）①　防衛大臣又はその委任を受けた者は、次に掲げる合衆国軍隊（アメリカ合衆国の軍隊をいう。以下この条及び次条において同じ。）から要請があつた場合には、自衛隊の任務遂行に支障を生じない限度において、当該合衆国軍隊に対し、自衛隊に属する物品の提供を実施することができる。

②　防衛大臣は、前項各号に掲げる合衆国軍隊から要請があつた場合には、自衛隊の任務遂行に支障を生じない限度において、防衛省の機関又は部隊等に、当該合衆国軍隊に対する役

務の提供を行わせることができる。
③　前二項の規定による自衛隊に属する物品の提供及び防衛省の機関又は部隊等による役務の提供として行う業務は、次の各号に掲げる合衆国軍隊の区分に応じ、当該各号に定めるものとする。
一　第一項第一号、第十号及び第十一号に掲げる合衆国軍隊　補給、輸送、修理若しくは整備、医療、通信、空港若しくは港湾に関する業務、基地に関する業務、宿泊、保管、施設の利用又は訓練に関する業務（これらの業務にそれぞれ附帯する業務を含む。）
二　第一項第二号から第九号までに掲げる合衆国軍隊　補給、輸送、修理若しくは整備、医療、通信、空港若しくは港湾に関する業務、基地に関する業務、宿泊、保管又は施設の利用（これらの業務にそれぞれ附帯する業務を含む。）
④　第一項に規定する物品の提供には、武器の提供は含まないものとする。

(3)　**重要影響事態法**（重要影響事態に際して我が国の平和及び安全を確保するための措置に関する法律）（平成一一年法六〇号）
＊「周辺事態に際して我が国の平和及び安全を確保するための措置に関する法律」から現行名に改称（平成二七年）

第一条（目的）　この法律は、そのまま放置すれば我が国に対する直接の武力攻撃に至るおそれのある事態等我が国の平和及び安全に重要な影響を与える事態（以下「重要影響事態」という。）に際し、合衆国軍隊等に対する後方支援活動等を行うことにより、日本国とアメリカ合衆国との間の相互協力及び安全保障条約（以下「日米安保条約」という。）の効果的な運用に寄与することを中核とする重要影響事態に対処する外国との連携を強化し、我が国の平和及び安全の確保に資することを目的とする。

第二条（重要影響事態への対応の基本原則）①　政府は、重要影響事態に際して、適切かつ迅速に、後方支援活動、捜索救助活動、重要影響事態等に際して実施する船舶検査活動に関する法律（平成十二年法律第百四十五号）第二条に規定する船舶検査活動（重要影響事態に際して実施するものに限る。以下「船舶検査活動」という。）その他の重要影響事態に対応するため必要な措置（以下「対応措置」という。）を実施し、我が国の平和及び安全の確保に努めるものとする。
②　対応措置の実施は、武力による威嚇又は武力の行使に当たるものであってはならない。
③　後方支援活動及び捜索救助活動は、現に戦闘行為（国際的な武力紛争の一環として行われる人を殺傷し又は物を破壊する行為をいう。以下同じ。）が行われている現場では実施しないものとする。ただし、第七条第六項の規定により行われる捜索救助活動については、この限りでない。

(4)　**武力攻撃・存立危機事態法**（武力攻撃事態等及び存立危機事態における我が国の平和と独立並びに国及び国民の安全の確保に関する法律）（平成一五年法七九号）

第一条（目的）　この法律は、武力攻撃事態等（武力攻撃事態及び武力攻撃予測事態をいう。以下同じ。）及び存立危機事態への対処について、基本理念、国、地方公共団体等の責務、国民の協力その他の基本となる事項を定めることにより、武力攻撃事態等及び存立危機事態への対処のための態勢を整備し、もって我が国の平和と独立並びに国及び国民の安全の確保に資することを目的とする。

第二条（定義）　この法律（第一号に掲げる用語にあっては、第四号及び第八号ハ(1)を除く。）において、次の各号に掲げる用語の意義は、それぞれ当該各号に定めるところによる。

四　存立危機事態　我が国と密接な関係にある他国に対する武力攻撃が発生し、これにより我が国の存立が脅かされ、国民の生命、自由及び幸福追求の権利が根底から覆される明白な危険がある事態をいう。

第三条（武力攻撃事態等及び存立危機事態への対処に関する基本理念）①　武力攻撃事態等及び存立危機事態への対処においては、国、地方公共団体及び指定公共機関が、国民の協力を得つつ、相互に連携協力し、万全の措置が講じられなければならない。

(5)　**国際平和支援法**（国際平和共同対処事態に際して我が国が実施する諸外国の軍隊等に対する協力支援活動等に関する法律）（平成二七年法七七号）

第一条（目的）　この法律は、国際社会の平和及び安全を脅かす事態であって、その脅威を除去するために国際社会が国際連合憲章の目的に従い共同して対処する活動を行い、かつ、我が国が国際社会の一員としてこれに主体的かつ積極的に寄与する必要があるもの（以下「国際平和共同対処事態」という。）に際し、当該活動を行う諸外国の軍隊等に対する協力支援活動等を行うことにより、国際社会の平和及び安全の確保に資することを目的とする。

第二条（基本原則）①　政府は、国際平和共同対処事態に際し、この法律に基づく協力支援活動若しくは捜索救助活動又は重要影響事態等に際して実施する船舶検査活動に関する法律（平成十二年法律第百四十五号）第二条に規定する船舶検査活動（国際平和共同対処事態に際して実施するものに限る。第四条第二項第五号において単に「船舶検査活動」という。）（以下「対応措置」という。）を適切かつ迅速に実施することにより、国際社会の平和及び安全の確保に資するものとする。

②　対応措置の実施は、武力による威嚇又は武力の行使に当たるものであってはならない。

③　協力支援活動及び捜索救助活動は、現に戦闘行為（国際的な武力紛争の一環として行われる人を殺傷し又は物を破壊する

行為をいう。以下同じ。）が行われている現場では実施しないものとする。ただし、第八条第六項の規定により行われる捜索救助活動については、この限りでない。

第三条（定義等）① この法律において、次の各号に掲げる用語の意義は、それぞれ当該各号に定めるところによる。

二　協力支援活動　諸外国の軍隊等に対する物品及び役務の提供であって、我が国が実施するものをいう。

三　捜索救助活動　諸外国の軍隊等の活動に際して行われた戦闘行為によって遭難した戦闘参加者について、その捜索又は救助を行う活動（救助した者の輸送を含む。）であって、我が国が実施するものをいう。

【41】日米安保関連資料

(1) 日本国とアメリカ合衆国との間の安全保障条約（昭和二七年条約六号）

アメリカ合衆国は、平和と安全のために、現在、若干の自国軍隊を日本国内及びその附近に維持する意思がある。但し、アメリカ合衆国は、日本国が、攻撃的な脅威となり又は国際連合憲章の目的及び原則に従って平和と安全を増進すること以外に用いられうべき軍備をもつことを常に避けつつ、直接及び間接の侵略に対する自国の防衛のため漸増的に自ら責任を負うことを期待する。

第一条（駐留軍の使用目的） 平和条約及びこの条約の効力発生と同時に、アメリカ合衆国の陸軍、空軍及び海軍を日本国内及びその附近に配備する権利を、日本国は、許与し、アメリカ合衆国は、これを受諾する。この軍隊は、極東における国際の平和と安全の維持に寄与し、並びに、一又は二以上の外部の国による教唆又は干渉によって引き起された日本国における大規模の内乱及び騒じょうを鎮圧するため日本国政府の明示の要請に応じて与えられる援助を含めて、外部からの武力攻撃に対する日本国の安全に寄与するために使用することができる。

(2) 日本国とアメリカ合衆国との間の相互防衛援助協定（昭和二九年条約六号）

第八条　日本国政府は、国際の理解及び善意の増進並びに世界平和の維持に協同すること、国際緊張の原因を除去するため相互間で合意することがある措置を執ること並びに自国政府が日本国とアメリカ合衆国との間の安全保障条約に基いて負っている軍事的義務を履行することの決意を再認識するとともに、自国の政治及び経済の安定と矛盾しない範囲でその人力、資源、施設及び一般的経済条件の許す限り自国の防衛力及び自由世界の防衛力の発展及び維持に寄与し、自国の防衛能力の増強に必要となることがあるすべての合理的な措置を執り、且つ、アメリカ合衆国政府が提供するすべての援助の効果的な利用を確保するための適当な措置を執るものとする。

(3)　**日本国とアメリカ合衆国との間の相互協力及び安全保障条約**（昭和三五年条約六号）

第三条（自衛力の維持発展）　締約国は、個別的に及び相互に協力して、継続的かつ効果的な自助及び相互援助により、武力攻撃に抵抗するそれぞれの能力を、憲法上の規定に従うことを条件として、維持し発展させる。

第五条（共同防衛）　各締約国は、日本国の施政の下にある領域における、いずれか一方に対する武力攻撃が、自国の平和及び安全を危うくするものであることを認め、自国の憲法上の規定及び手続に従つて共通の危険に対処するように行動することを宣言する。……

第六条（基地の許与）　日本国の安全に寄与し、並びに極東における国際の平和及び安全の維持に寄与するため、アメリカ合衆国は、その陸軍、空軍及び海軍が日本国において施設及び区域を使用することを許される。……

(4)　**安保条約第六条の実施に関する交換公文によって「確認」された事項**〔昭和三五年一月一九日署名〕

合衆国軍隊の日本国への配置における重要な変更、同軍隊の装備における重要な変更並びに日本国から行われる戦闘作戦行動（前記の条約第五条の規定に基づいて行われるものを除く。）のための基地としての日本国内の施設及び区域の使用は、日本国政府との事前の協議の主題とする。

(5)　**日米地位協定**（日本国とアメリカ合衆国との間の相互協力及び安全保障条約第六条に基づく施設及び区域並びに日本国における合衆国軍隊の地位に関する協定）（昭和三五年条約七号）

第三条①　合衆国は、施設及び区域内において、それらの設定、運営、警護及び管理のため必要なすべての措置を執ることができる。日本国政府は、施設及び区域の支持、警護及び管理のための合衆国軍隊の施設及び区域への出入の便を図るため、合衆国軍隊の要請があつたときは、合同委員会を通ずる両政府間の協議の上で、それらの施設及び区域に隣接し又はそれらの近傍の土地、領水及び空間において、関係法令の範囲内で必要な措置を執るものとする。合衆国も、また、合同委員会を通ずる両政府間の協議の上で前記の目的のため必要な措置を執ることができる。

第四条①　合衆国は、この協定の終了の際又はその前に日本国に施設及び区域を返還するに当たつて、当該施設及び区域をそれらが合衆国軍隊に提供された時の状態に回復し、又はその回復の代りに日本国に補償する義務を負わない。

第一六条　日本国において、日本国の法令を尊重し、及びこの協定の精神に反する活動、特に政治的活動を慎むことは、合衆国軍隊の構成員及び軍属並びにそれらの家族の義務である。

第一七条① この条の規定に従うことを条件として、

(a) 合衆国の軍当局は、合衆国の軍法に服するすべての者に対し、合衆国の法令により与えられたすべての刑事及び懲戒の裁判権を日本国において行使する権利を有する。

(b) 日本国の当局は、合衆国軍隊の構成員及び軍属並びにそれらの家族に対し、日本国の領域内で犯す罪で日本国の法令によつて罰することができるものについて、裁判権を有する。

②(a) 合衆国の軍当局は、合衆国の軍法に服する者に対し、合衆国の法令によつて罰することができる罪で日本国の法令によつては罰することができないもの(合衆国の安全に関する罪を含む。)について、専属的裁判権を行使する権利を有する。

(b) 日本国の当局は、合衆国軍隊の構成員及び軍属並びにそれらの家族に対し、日本国の法令によつて罰することができる罪で合衆国の法令によつては罰することができないもの(日本国の安全に関する罪を含む。)について、専属的裁判権を行使する権利を有する。

③ 裁判権を行使する権利が競合する場合には、次の規定が適用される。

(a) 合衆国の軍当局は、次の罪については、合衆国軍隊の構成員又は軍属に対して裁判権を行使する第一次の権利を有する。

(i) もつぱら合衆国の財産若しくは安全のみに対する罪又はもつぱら合衆国軍隊の他の構成員若しくは軍属若しくは合衆国軍隊の構成員若しくは軍属の家族の身体若しくは財産のみに対する罪

(ii) 公務執行中の作為又は不作為から生ずる罪

(b) その他の罪については、日本国の当局が、裁判権を行使する第一次の権利を有する。

⑤(a) 日本国の当局及び合衆国の軍当局は、日本国の領域内における合衆国軍隊の構成員若しくは軍属又はそれらの家族の逮捕及び前諸項の規定に従つて裁判権を行使すべき当局へのそれらの者の引渡しについて、相互に援助しなければならない。

(c) 日本国が裁判権を行使すべき合衆国軍隊の構成員又は軍属たる被疑者の拘禁は、その者の身柄が合衆国の手中にあるときは、日本国により公訴が提起されるまでの間、合衆国が引き続き行なうものとする。

【42】PKO平和維持活動

国連PKOの展開状況　（※）我が国はPKO法に基づきUNMISS（南スーダン）に4名の司令部要員を派遣中。

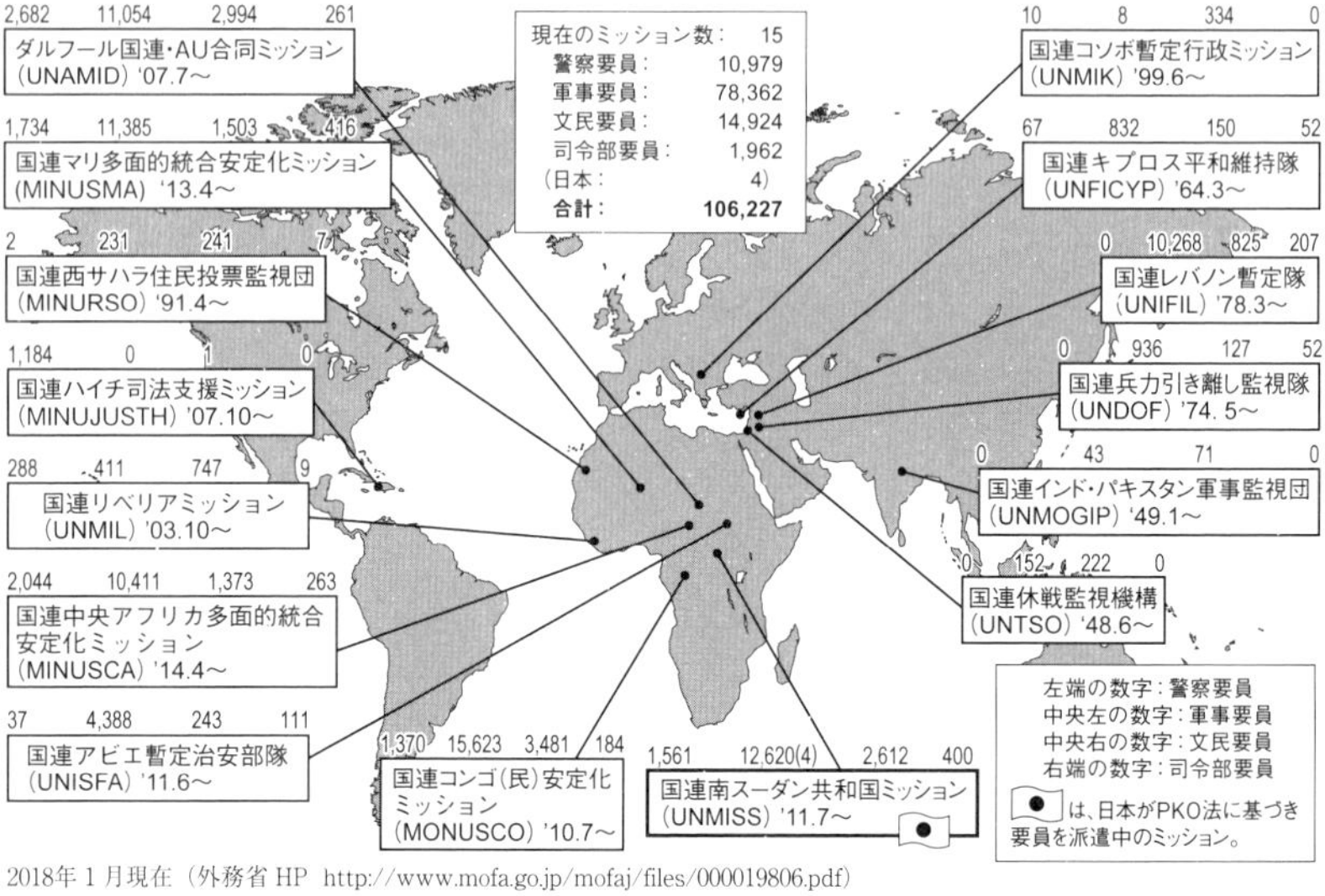

2018年1月現在（外務省HP　http://www.mofa.go.jp/mofaj/files/000019806.pdf）

国際連合平和維持活動（peace-keeping-operation：PKO）は、東西冷戦時代の構造を背景として国際連合憲章第7章に定める「集団的安全保障」の機能不全を受け、同憲章第6章に定める「紛争の平和的解決手段」では対処できない地域紛争等に対し、実質的な紛争解決の素地を提供する手段として、国連がその慣行のなかから編み出したものであると一般的に解されている。このことから、PKOは「憲章6章半」といわれることもある。国連憲章上にはPKOの定義は存在しないが、国連の定義として「軍事要員を含むが強制力を持たず、紛争地域において国際の平和と安全の維持及び回復のために国連により行われる活動」としている。PKOの期限は、第一次中東戦争後の1948年に設立された国連休戦監視機構（UNTSO）に遡るとされている。

日本がPKO法に基づく国際平和協力をする対象としては、上図のようなイメージとなる。

また、冷戦後、1992年に当時のガリ国連事務総長が「平和への課題」を発表し、その中で「予防外交（紛争前の国連の介入）」、「平和創造（紛争解決）」、「平和維持（従来のPKOの拡充）」、「平和構築（選挙管理等を通じた国内政治への介入）」を提唱した。また、2000年には、当時のアナン国連事務総長の指示のもと、国連平和活動に関する有識者パネルが設置され、その報告書（ブラヒミ報告）では、①「強制行動については国連の能力を超えるものであること」、②「国際の平和と安全を維持するためには、平和維持と平和構築とを有機的に一体化させることを通じて紛争の解決を図る必要がある」という認識のもと、紛争予防、平和維持及び平和構築活動から構成される一連の平和活動を国連がより効率的かつ実効的に展開するための提言がなされた。これが現在の国連ミッションに繋がる。

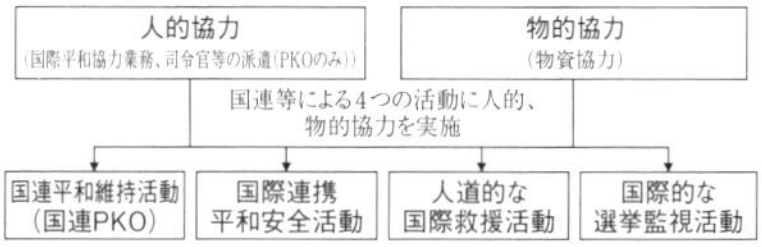

（内閣府 国際平和協力本部事務局　http://www.pko.go.jp/pko_j/cooperation.html）

【43】在日米軍の配置図

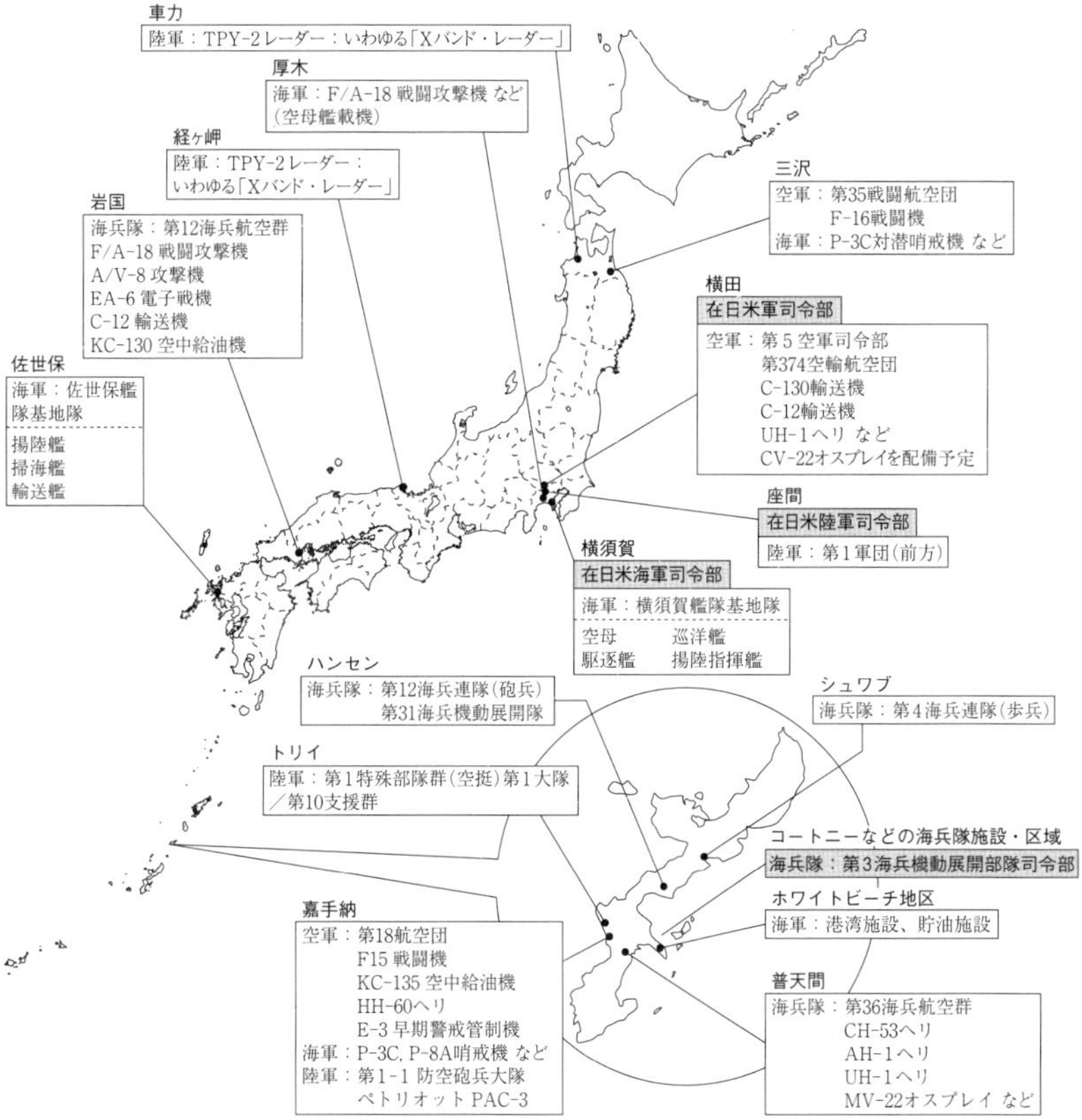

（『防衛白書平成28年版』より　http://www.mod.go.jp/j/publication/wp/wp2016/html/n2441000.html#zuhyo02040401）

数字で見る沖縄の米軍基地

①米軍関係の航空機関連事故件数

墜　落	47
不時着	518
その他	144
計	709

②米軍演習による原野火災

件　数	602
焼失面積（㎡）	約38,163,866

東京ドーム816個分の面積に相当

③米軍構成員等による犯罪検挙件数

凶悪犯	576
粗暴犯	1,067
窃盗犯	2,939
知能犯	237
風俗犯	71
その他	1,029
計	5,919

④米軍構成員等が第一当事者の交通事故発生状況

件数	軍　人	2,623
	軍　属	406
	家　族	584
	計	3,613
死傷者数	死　者	82
	負傷者	4,024
	計	4,106

※①～③の資料は、沖縄の本土復帰1972年から2016年末まで。④の件数は1981年以降、死傷者数は1990年以降の累計（2016年末まで）。

（沖縄県知事公室 基地対策課『沖縄から伝えたい。米軍基地の話。Q&A Book』より　http://dc-office.org/wp-content/uploads/2017/04/QA20170406.pdf）

【44】主要各国の国防費の推移

国名＼年度	2013	2014	2015	2016	2017
日　本 （億円）	46,804 47,538 0.8% 0.8%	47,838 48,848 2.2% 2.8%	48,221 49,801 0.8% 2.0%	48,607 50,541 0.8% 1.5%	48,996 51,251 0.8% 1.4%
米　国 （百万ドル）	607,795 △6.6%	577,897 △4.9%	562,499 △2.7%	565,375 1.01%	573,010 1.01%
中　国 （億元）	7,202 10.7%	8,082 12.2%	8,896 10.1%	9,544 7.6%	10,444 7.1%
ロシア （億ルーブル）	21,036 16.1%	24,791 17.9%	31,814 28.3%	37,753 18.7%	28,358 △24.9%
韓　国 （億ウォン）	344,970 4.7%	357,057 3.5%	374,560 4.9%	387,995 3.6%	403,337 4.0%
オーストラリア （百万豪ドル）	25,434 5.0%	29,303 15.2%	32,695 11.6%	32,882 0.6%	35,191 7.0%
英　国 （百万ポンド）	34,800 1.6%	34,500 △0.9%	35,200 2.0%	35,000 △0.6%	35,500 1.4%
フランス （百万ユーロ）	38,092 0.3%	38,921 2.1%	36,791 △5.5%	39,939 8.6%	—

（注）1　資料は各国予算書、国防白書などによる。
2　％表示は、対前年度伸び率
3　米国の国防費は、Historical Tables による狭義の支出額。17年度の数値は推定額。
4　中国については、全人代財政報告の中央財政支出における当初予算（ただし、15年度以降、中央本級支出（中央財政支出の一部）における国防費のみが公表。15年度については別途公表された地方移転支出等を合算し、中央財政支出における国防費を算出）。また、対前年度伸び率については、15年度までは中央財政支出により算出。16年度は中央本級支出における国防費のみ公表のため、15・17年度の中央本級支出における国防費（8,869億元及び1兆226億元）と比較し算出。
5　ロシアの国防費は、ロシア連邦国庫公表「連邦予算執行報告」における13-16年度の執行額及び17年度の予算額（当初）。
6　オーストラリアについては、豪国防省公表「Defence Portfolio Budget Statements」における当初予算。
7　英国については、12年度までは英国国防省公表「UK Defence Statistics2013」による実績。13年度以降は予算教書による当初予算。
8　フランスの17年度国防費については17（平成29）年6月現在未公表。
9　日本については、上段は、ＳＡＣＯ関係経費（13年度：88億円、14年度：120億円、15年度：46億円、16年度：28億円、17年度：28億円）、米軍再編関係経費のうち地元負担軽減分（13年度：646億円、14年度：890億円、15年度：1,426億円、16年度：1,766億円、17年度：2,011億円）及び新たな政府専用機導入に伴う経費（15年度：108億円、16年度：140億円、17年度：216億円）を除いたもの、下段は含んだ当初予算である。
（『防衛白書平成29年版』より　http://www.mod.go.jp/j/publication/wp/wp2017/html/ns015000.html）

基本判例1　外国軍の駐留の合憲性
砂川事件

第一審判決　東京地判昭和三四年三月三〇日刑集一三巻一三号三二〇五頁

概要　一九五七年七月八日、東京調達局が在日米軍の使用する立川飛行場内民有地の測量を開始しようとした時、これに反対するデモ隊の一部が境界柵を破り、被告人Yらがそこから飛行場内に侵入した。Yらは、安保条約に基づく行政協定に伴う刑事特別法第二条違反として起訴された。第一審は無罪、最高裁へ跳躍上告。最高裁が破棄、差戻し。差戻判決で有罪（確定）。

判旨　「わが国に駐留する合衆国軍隊はただ単にわが国に加えられる武力攻撃に対する防禦若しくは内乱等の鎮圧の援助にのみ使用されるものではなく、合衆国が極東における国際の平和と安全の維持のために事態が武力攻撃に発展する場合であるとして、戦略上必要と判断した際にも当然日本区域外にその軍隊を出動し得るのであつて、その際にはわが国が提供した国内の施設、区域は勿論この合衆国軍隊の軍事行動のために使用されるわけであり、わが国が自国と直接関係のない武力紛争の渦中に巻き込まれ、戦争の惨禍がわが国に及ぶ虞は必ずしも絶無ではなく、従つて日米安全保障条約によつてかかる危険をもたらす可能性を包蔵する合衆国軍隊の駐留を許容したわが国政府の行為は、『政府の行為によつて再び戦争の惨禍が起きないやうにすることを決意』した日本国憲法の精神に悖るのではないかとする疑念も生ずるのである。」

「合衆国軍隊がわが国内に駐留するのは、勿論アメリカ合衆国の一方的な意思決定に基くものではなく、前述のようにわが国政府の要請と、合衆国政府の承諾という意思の合致があつたからであつて、従つて合衆国軍隊の駐留は一面わが国政府の行為によるものということを妨げない。」「わが国が外部からの武力攻撃に対する自衛に使用する目的で合衆国軍隊の駐留を許容していることは、指揮権の有無、合衆国軍隊の出動義務の有無に拘らず、日本国憲法第九条第二項前段によつて禁止されている陸海空軍その他の戦力の保持に該当するものといわざるを得ず、結局わが国内に駐留する合衆国軍隊は憲法上その存在を許すべからざるものといわざるを得ないのである。」

「合衆国軍隊の駐留が憲法第九条第二項前段に違反し許すべからざるものである以上、合衆国軍隊の施設又は区域内の平穏に関する法益が一般国民の同種法益と同様の刑事上、民事上の保護を受けることは格別、特に後者以上の厚い保護を受ける合理的な理由は何等存在しないところであるから、国民に対して軽犯罪法の規定よりも特に重い刑罰をもつて臨む刑事特別法第二条の規定は、……何人も適正な手続によらなければ刑罰を科せられないとする憲法第三十一条に違反し無効なものといわなければならない。」

上告審判決　最大判昭和三四年一二月一六日刑集一三巻一三号三二二五頁

判旨　憲法九条は、「いわゆる戦力の保持を禁止しているのであるが、しかしもちろんこれによりわが国が主権国として持つ固有の自衛権は何ら否定されたものではなく、わが憲法の平和主義は決して無防備、無抵抗を定めたものではないのである。」

「わが国が、自国の平和と安全を維持しその存立を全うするために必要な自衛のための措置をとりうることは、国家固有の権能の行使として当然のことといわなければならない。」

「わが国の平和と安全を維持するための安全保障であれば、その目的を達するにふさわしい方式又は手段である限り、国際情勢の実情に即応して適当と認められるものを選ぶことができることはもとよりであつて、憲法九条は、わが国がその平和と安全を維持するために他国に安全保障を求めることを、何ら禁ずるものではないのである。」

憲法九条二項「において戦力の不保持を規定したのは、わが国がいわゆる戦力を保持し、自らその主体となつてこれに指揮権、管理権を行使することにより、同条一項において永久に放棄することを定めたいわゆる侵略戦争を引き起こすがごときことのないようにするためであると解するを相当とする。従つて同条二項がいわゆる自衛のための戦力の保持をも禁じたものであるか否かは別として、同条項がその保持を禁止した戦力とは、わが国がその主体となつてこれに指揮権、管理権を行使し得る戦力をいうものであり、結局わが国自体の戦力を指し、外国の軍隊は、たとえそれがわが国に駐留するとしても、ここにいう戦力には該当しない」。

「ところで、本件安全保障条約は、前述のごとく、主権国としてのわが国の存立の基礎に極めて重大な関係をもつ高度の政治性を有するものというべきであつて、その内容が違憲なりや否やの法的判断は、その条約を締結した内閣およびこれを承認した国会の高度の政治的ないし自由裁量的判断と表裏をなす点がすくなくない。それ故、右違憲なりや否やの法的判断は、純司法的機能をその使命とする司法裁判所の審査には、原則としてなじまない性質のものであり、従つて、一見極めて明白に違憲無効であると認められない限りは、裁判所の司法審査権の範囲外のものであつて、それは第一次的には、右条約の締結権を有する内閣およびこれに対して承認権を有する国会の判断に従うべく、終局的には、主権を有する国民の政治的批判に委ねらるべきものである」。

「アメリカ合衆国軍隊の駐留は、憲法九条、九八条二項および前文……に反して違憲無効であることが一見極めて明白であるとは、到底認められない。」

用語解説

跳躍上告　第一審判決で法令が憲法違反であると判断された事件または地方自治体の条例が法令違反と判断された事件については、刑事訴訟法四〇六条に基づき、高裁への控訴をせずに最高裁に直接上告できる制度。

基本判例2 自衛隊の合憲性
恵庭事件

札幌地判昭和四二年三月二九日判時四七六号二五頁

概要　北海道千歳郡恵庭町で酪農を営む被告人Yらは、近くの陸上自衛隊島松演習場の爆音等によって、乳牛に被害を受けていた。一九六二年一二月、砲撃演習に対する抗議の帰りに、Yらは、砲撃着弾地点等の連絡用電話線をペンチで数か所切断したために、自衛隊法一二一条違反で起訴された。無罪（確定）。

判旨「被告人両名の切断した本件通信線が自衛隊法一二一条にいわゆる『その他の防衛の用に供する物』にあたるか否かを検討してみるに、前判示のごとく、例示物件に見られる一連の特色とのあいだで類似性が是認せられるかどうかについては、つとめて厳格な吟味を必要とするのであるが、本件通信線が自衛隊の対外的武力行動に直接かつ高度の必要性と重要な意義をもつ機能的属性を有するものといいうるか否か、自衛隊の物的組織の一環を構成するうえで不可欠にちかいだけの枢要性をそなえているものと評価できるか否か、あるいは、その規模・構造等の点で損壊行為により深刻な影響のもたらされる危険が大きいと考えられるかどうか、ないしは、同種物件による用法上の代たいをはかることが容易でないと解されるかどうか、これらすべての点にてらすと、多くの実質的疑問が存し、かつ、このように、前記例示物件との類似性の有無に関して実質的な疑問をさしはさむ理由があるばあいには、罪刑法定主義の原則にもとづき、これを消極に解し、『その他の防衛の用に供する物』に該当しないものというのが相当である。」

「弁護人らは、本件審理の当初から、先にも判示したように、自衛隊法一二一条を含む自衛隊法全般ないし自衛隊等の違法性を強く主張しているが、およそ、裁判所が一定の立法なりその他の国家行為について違憲審査権を行使しうるのは、具体的な法律上の争訟の裁判においてのみであるとともに、具体的争訟の裁判に必要な限度にかぎられることはいうまでもない。このことを、本件のごとき刑事事件にそくしていうならば、当該事件の裁判の主文の判断に直接かつ絶対必要なばあいにだけ、立法その他の国家行為の憲法適否に関する審査決定をなすべきことを意味する。

したがつて、すでに説示したように、被告人両名の行為について、自衛隊法一二一条の構成要件に該当しないとの結論に達した以上、もはや、弁護人ら指摘の憲法問題に関し、なんらの判断をおこなう必要がないのみならず、これをおこなうべきでもないのである。」

基本判例3　自衛隊の合憲性　長沼訴訟

札幌地判昭和四八年九月七日民集三六巻九号一七九一頁

概要　一九六九年、被告Y農林大臣は、航空自衛隊高射教育訓練施設等にするとの理由から、水源の涵養目的でなされた北海道夕張郡長沼町所在の保安林（国有林）指定を、森林法二六条二項に基づき解除した。右保安林所在地の住民である原告Xらは、指定解除処分の取消しを求める訴えを提起した。請求認容（控訴）。

判旨「森林法が保安林制度によつて保護しようとしているものはその地区住民のもつ生命、身体、財産、健康その他生活の安全等の利益であるから、この地区住民の利益は被告の主張するようなたんなる反射的利益ではなく、まさに右森林法によつて保護された利益であるといわなければならない。

原告らがいずれも本件馬追山保安林の存在する夕張郡長沼町に居住する者である……から、原告らは本件保安林指定の解除処分の取消しを求めるについては行政事件訴訟第九条にいう『法律上の利益を有する者』に該当する。」

「森林法を憲法の秩序のなかで位置づけたうえで、その各規定を理解するときには、同法第三章第一節の保安林制度の目的も、たんに同法第二五条第一項各号に列挙された個個の目的にだけ限定して解すべきではなく、右各規定は帰するところ、憲法の基本原理である民主主義、基本的人権尊重主義、平和主義の実現のために地域住民の『平和のうちに生存する権利』（憲法前文）すなわち平和的生存権を保護しようとしているものと解するのが正当である。」

「自衛隊の編成、規模、装備、能力からすると、自衛隊は明らかに『外敵に対する実力的な戦闘行動を目的とする人的、物的手段としての組織体』と認められるので、軍隊であり、それゆえに陸、海、空各自衛隊は、憲法第九条第二項によつてその保持を禁ぜられている『陸海空軍』という『戦力』に該当するものといわなければならない。そしてこのような各自衛隊の組織、編成、装備、行動などを規定している防衛庁設置法（昭和二九年六月九日法律第一六四号）、自衛隊法（同年同月同日法律第一六五号）その他これに関連する法規は、いずれも同様に、憲法の右条項に違反し、憲法第九八条によりその効力を有しえないものである。」

「森林法第二六条第二項にいう『公益上の理由』があるというためには、解除の目的が、前記第五次、第一、3で述べたように憲法を頂点とする法体系上価値を認められるものでなければならないから、前項のように、自衛隊の存在およびこれを規定する関連法規が憲法に違反するものである以上、自衛隊の防衛に関する施設を設置するという目的は森林法の右条項にいう公益性をもつことはできないものである。」

基本判例4　自衛隊による武装米軍の輸送活動の合憲性

自衛隊イラク派遣差止訴訟

名古屋高判平成二〇年四月一七日判時二〇五六号七四頁

概要　被告（国）が「イラクにおける人道復興支援活動及び安全確保支援活動の実施に関する特別措置法」（イラク特措法）に基づきイラクおよびその周辺地域に自衛隊を派遣したことは違憲であるとして、市民らが原告になり本件派遣によって平和的生存権等を侵害されたとして、国家賠償法に基づき各自一万円の損害賠償請求と、派遣差止め、および派遣が憲法九条に反し違憲であることの確認を求めて出訴した。第一審原告敗訴。控訴棄却（確定）。

判旨　「現在イラクにおいて行われている航空自衛隊の空輸活動は、政府と同じ憲法解釈に立ち、イラク特措法を合憲とした場合であっても、武力行使を禁止したイラク特措法二条二項、活動地域を非戦闘地域に限定した同条三項に違反し、かつ、憲法九条一項に違反する活動を含んでいることが認められる。」

「平和的生存権は、現代において憲法の保障する基本的人権が平和の基盤なしには存立し得ないことからして、全ての基本的人権の基礎にあってその享有を可能ならしめる基底的権利であるということができ、単に憲法の基本的精神や理念を表明したに留まるものではない。法規範性を有するというべき憲法前文が上記のとおり『平和のうちに生存する権利』を明言している上に、憲法九条が国の行為の側から客観的制度として戦争放棄や戦力不保持を規定し、さらに、人格権を規定する憲法一三条をはじめ、憲法第三章が個別的な基本的人権を規定していることからすれば、平和的生存権は、憲法上の法的な権利として認められるべきである。そして、この平和的生存権は、局面に応じて自由権的、社会権的又は参政権的な態様をもって表れる複合的な権利ということができ、裁判所に対してその保護・救済を求め法的強制措置の発動を請求し得るという意味における具体的権利性が肯定される場合があるということができる。」

「本件違憲確認請求は、ある事実行為が抽象的に違法であることの確認を求めるものであって、およそ現在の権利又は法律関係に関するものということはできないから、同請求は、確認の利益を欠き、いずれも不適法というべきである。」

自衛隊派遣の禁止を求める本件差止訴訟は、行政権の行使に対し、私人が民事上の給付請求権を有しないので、訴えは不適法である。

「本件派遣によっても、控訴人らの具体的権利としての平和的生存権が侵害されたとまでは認められない」ので、本件損害賠償請求は認められない。

第三章　国民の権利及び義務

I　基本的人権

谷口洋幸

解説

1　人権の歴史

人権は、近代以前のヨーロッパにおける専制政治への抵抗から誕生したものである。一七世紀以降、イギリス、アメリカ、フランスなどで文書による宣言が行われ、今日の人権保障のもとが形作られた。しかし、当時の人権は、有産階級・白人・男性などの支配的立場にある人々を前提とした限定的なものであった【45】。また、非西欧諸国には、人権と近似した理念が古くから存在していたことも指摘されている。

二〇世紀には、臣民・国民の権利から人間の権利として基礎づけられ、人権保障の種類や範囲も増大してきた。さらに第二次世界大戦後には、人権が国際的関心事項として位置づけられ【48】、国内にとどまらない人権保障の在り方が議論されている。

2　人権の観念

憲法一一条は、「国民は、すべての基本的人権の享有を妨げられない。この憲法が国民に保障する基本的人権は、侵すことのできない永久の権利として、現在及び将来の国民に与へられる」と規定する。ここから、人権の固有性・不可侵性・普遍性という三つの特徴がみえてくる。固有性とは、人が人間として生まれた事実のみに基づいて有するものであること、不可侵性とは、公権力からも私人からも不当な侵害や制約を受けないものであること、そして普遍性とは、すべての人間が当然にすべてを有するものであることを意味する。また、憲法一三条は「すべて国民は、個人として尊重される。生命、自由及び幸福追求に対する国民の権利については、公共の福祉に反しない限り、立法その他の国政の上で、最大の尊重を必要とする」と規定する。人権は、人間の尊厳を根拠としており、それを効果的に尊重していくことこそが国家に課せられた義務である。

人権は、それぞれの機能や性質、歴史や価値などを基準に、様々な分類が試みられている。代表的な分類として、自由権から参政権、社会権へと至る経緯を重視するもの【46】、人権の尊重・保護・充足など国家に課された義務の類型を中心とするものがある。

3　人権の享有主体

人権は、人間であることのみを理由に享有している固有の普遍的な権利であり、個人の属性にかかわらずすべての人間が等しく人権の享有主体となる。憲法も、いくつかの人権規定において「すべての人」「何人《なんぴと》も」が享有対象であると明記する。ところが、基本的人権を示した一一条や、包括的人権の基盤である一三条は「国民」と規定されているため、享有主体をめぐる議論が生じている。

憲法の第三章が「国民の権利及び義務」と題していることから、「国民」が人権の享有主体であることに争いはない。「国民」の要件は、国籍法によって定められている。もっとも、「国民」であってもすべての人権を完全に実現できているわけではなく、様々な個人の属性を理由に不利益を被ることもある。人権教育および人権啓発の推進に関する法律（二〇〇〇年）に基づいて策定実施される人権の施策では、「啓発活動強調事項」として、「女性」、「子ども」、「高齢者」、「障害者」、「同和問題」、「アイヌの人々」、「外国人」、「ＨＩＶ感染者・ハンセン病患者」、「刑を終えて出所した人」、「犯罪被害者」、「インターネットによる人権侵害」、「北朝鮮当局による人権侵害」、「性的指向」、「性自認」などがあげられている。

このうち、「外国人」の享有主体について、「国民」という各規定の文言は、ただちに「外国人」を除外するものではない。例えば、一三条は憲法制定過程においてpeopleが国民と訳されており、文言のみからは享有主体を限定できない。通説は、憲法が保障する権利の性質に基づいて、「外国人」にも可能な限り保障されるものと考える（権利性質説）。最高裁もマクリーン事件**5**で同様の立場を採用した。自由権、平等権、国務請求権は保障されるものの、入国の権利、社会権、国政参政権、公務就任権などについては争いがある。また、一時滞在者や永住資格をもつ者など、「外国人」の類型に応じた検討も必要となる。

4　人権と「公共の福祉」

憲法は「公共の福祉」による人権の一般的制約を掲げている。法律としての形式さえ整っていれば人権が制約できた明治憲法に比べて、近代立憲主義の立場を強めたものである。ここでいう「公共の福祉」とは、人権相互の矛盾や衝突を調整するための原理、すなわち、人権に論理必然的に内在する制約と考えられている（一元的内在制約説）。具体的な内容は人権の種類や性質によって異なるものであり、制約の目的や権利の性質を考慮して個別に判断される。代表的なものとして比較衡量論と二重の基準論がある。

比較衡量論は、人権を制約することで得られる利益と制約によって失われる利益（または制約しない場合に維持される利益）を比べて、前者が後者より大きい場合は合憲、後者が前者より大きい場合は違憲とする判断基準である。個別具体的な事案に即して判断できる利点があるものの、比較対象の選択が恣意的になることや、個人対国家の場合には国家側の利益が重視されやすくなることなど、限界も指摘されている。

二重の基準論は、人権の種類に基づいてあらかじめ差を設けておく判断基準である。具体的には、精神的自由が経済的自由に対して優越的地位にあることを前提に、前者がより厳しい審査を受けることとなる（厳格性の基準）。もっとも、アメリカ法を背景とした理論のため、日本の憲法下で適用するには構造や領域に限界もある。

5　人権と「国際基準」

人権は、第二次世界大戦後に設立された国際連合において、国際関心事項のひとつに位置づけられた。これは第二次世界大戦下において、深刻な人権蹂躙《じゅうりん》が国内問題不干渉の原則を盾に横行したことへの反省による。日本の憲法も、前文で国際協調主義をかかげ、九八条二項では「日本国が締結した条約及び確立された国際法規は、これを誠実に遵守することを必要とする」と規定する。国際人権自由権規約・社会権規約をはじめとする主要な人権条約【47】を批准している日本は、国際基準に合致した人権保障を実現する国際法上の義務を負っている。

主要な人権条約については、条約機関（自由権規約委員会、女性差別撤廃委員会など）や国際機関（国連人権理事会普遍的審査作業部会、特別報告者制度など）による履行監視が行われている。日本の人権状況についても、これまで様々な改善勧告が出されてきた。個別の人権課題だけでなく、基本的人権そのものにかかわる改善勧告もある。例えば、差別（間接差別を含む）を具体的に定義した法律が存在しないこと、包括的な差別禁止法制が整備されていないこと、政府から独立している効果的な人権救済機関が設置されていないこと、「公共の福祉」による制限の内容が曖昧であること、国際基準とその実現が徹底されていないこと、などである。国連人権理事会の普遍的定期審査においても、改善勧告の件数は回を重ねるごとに増加している。条約機関や国際機関による勧告等には、厳密な意味での法的拘束力はない。しかしながら、法的拘束力のある条約等の文書を解釈適用した結果としての勧告は、国内における基本的人権の保障に向けた有益な根拠を提供している。「国際基準」の規範的位置づけを再確認し、それに合致した人権保障の展開が期待される。

【45】オランプ・ドゥ・グージュ『女権宣言』

前文　母親・娘・姉妹たち、国民の女性代表者たちは、国民議会の構成員になることを要求する。そして、女性の諸権利に対する無知、忘却または軽視が、公の不幸と政府の腐敗の唯一の原因であることを考慮して、女性の譲りわたすことのできない神聖な自然的権利を、厳粛な宣言において提示することを決意した。この宣言が、社会体のすべての構成員に絶えず示され、かれらの権利と義務を不断に想起させるように。女性の権力と男性の権力の行為が、すべての政治制度の目的とつねに比較されうることで一層尊重されるように。女性市民の要求が、以後、簡潔で争いの余地のない原理に基づくことによって、つねに憲法と良俗の維持と万人の幸福に向かうように。こうして、母性の苦痛のなかにある、美しさと勇気とに優れた女性が、最高存在の前に、かつ、その庇護のもとに、以下のような女性および女性市民の諸権利を承認し、宣言する。

第一条　女性は、自由なものとして生まれ、かつ、権利において男性と平等なものとして生存する。社会的差別は、共同の利益にもとづくのでなければ、設けられない。

第三条　すべての主権の淵源は、本質的に国民にあり、国民とは、女性と男性との結合にほかならない。いかなる団体も、いかなる個人も、国民から明示的に発しない権威を行使することはできない。

（訳：辻村みよ子『女性と人権―歴史と理論から学ぶ』日本評論社、一九九七年）

【46】人権の分類例

包括的基本権	13条（幸福追求権）	
法の下の平等	14条	
自由権	精神的自由権	19条（思想・良心の自由） 20条（信教の自由） 21条（集会・結社の自由・表現の自由） 23条（学問の自由）
	経済的自由権	22条（職業選択の自由、居住・移転の自由、外国渡航の自由、国籍離脱の自由） 29条（財産権の保障）
	人身の自由	18条（奴隷的拘束からの自由） 31条（法的手続の保障） 33条〜39条（被疑者・被告人の権利）
国務請求権	16条（請願権） 17条（国家賠償請求権） 32条（裁判を受ける権利） 40条（刑事補償請求権）	
参政権	15条（選挙権）	
社会権	25条（生存権） 26条（教育を受ける権利） 27条・28条（労働基本権）	

（永井和之編『法学入門』中央経済社、2014年、85頁）

【47】主な人権条約一覧

	名　称	採択年月日	発効年月日	締約国数	日本が批准している条約（批准年月日）
1	経済的、社会的及び文化的権利に関する国際規約（社会権規約）	1966.12.16	1976.01.03	166	○（1979.06.21）
2	経済的、社会的および文化的権利に関する国際規約の選択議定書＊	2008.12.10	2013.05.05	23	
3	市民的及び政治的権利に関する国際規約（自由権規約）	1966.12.16	1976.03.23	169	○（1979.06.21）
4	市民的及び政治的権利に関する国際規約の選択議定書＊	1966.12.16	1976.03.23	115	
5	市民的及び政治的権利に関する国際規約の第２選択議定書（死刑廃止）＊	1989.12.15	1991.07.11	85	
6	あらゆる形態の人種差別の撤廃に関する国際条約（人種差別撤廃条約）	1965.12.21	1969.01.04	179	○（1995.12.15）
9	女子に対するあらゆる形態の差別の撤廃に関する条約（女性差別撤廃条約）	1979.12.18	1981.09.03	189	○（1985.06.25）
10	女子に対するあらゆる形態の差別の撤廃に関する条約の選択議定書＊	1999.10.06	2000.12.22	108	
11	集団殺害罪の防止及び処罰に関する条約＊	1948.12.09	1951.01.12	149	
13	奴隷改正条約＊＊				
	⑴1926年の奴隷条約＊	1926.09.25	1927.03.09	-＊＊＊	
	⑴1926年の奴隷条約を改正する議定書＊	1953.10.23	1953.12.07	61	
	⑵1926年の奴隷条約の改正条約＊＊	1953.12.07	1955.07.07	99	
14	奴隷制度、奴隷取引並びに奴隷制度に類似する制度及び慣行の廃止に関する補足条約＊	1956.09.07	1957.04.30	123	
16	難民の地位に関する条約（難民条約）	1951.07.28	1954.04.22	145	○（1981.10.03）
17	難民の地位に関する議定書	1967.01.31	1967.10.04	146	○（1982.01.01）
18	無国籍の削減に関する条約＊	1961.08.30	1975.12.13	70	
19	無国籍者の地位に関する条約＊	1954.09.28	1960.06.06	89	
23	拷問及びその他の残虐な、非人道的な又は品位を傷つける取扱い又は刑罰に関する条約（拷問等禁止条約）	1984.12.10	1987.06.26	161	○（1999.06.29）
24	拷問及びその他の残虐な、非人道的な又は品位を傷つける取扱い又は刑罰に関する選択議定書＊	2002.12.18	2006.06.22	87	
25	児童の権利に関する条約（子どもの権利条約）	1989.11.20	1990.09.02	196	○（1994.04.22）
26	武力紛争における児童の関与に関する児童の権利に関する条約の選択議定書	2000.05.25	2002.02.12	167	○（2004.08.02）
27	児童売買、児童買春および児童ポルノに関する児童の権利に関する条約の選択議定書	2000.05.25	2002.01.18	174	○（2005.01.24）
28	児童の権利に関する条約の選択議定書（個人通報制度及び調査制度）＊	2011.12.19	2014.04.14	37	
29	全ての移住労働者及びその家族の権利保護に関する条約＊（移住労働者権利保護条約）	1990.12.18	2003.07.01	51	
30	障害者の権利に関する条約	2006.12.13	2008.05.03	175	○（2014.01.20）
31	障害者の権利に関する条約の選択議定書＊	2006.12.13	2008.05.03	92	
32	強制失踪からのすべての者の保護に関する国際条約（強制失踪条約）	2006.12.20	2010.12.23	58	○（2009.07.23）

＊日本が未加盟の条約については仮称／＊＊「1926年の奴隷条約を改正する議定書」により改正された「1926年の奴隷条約」が「1926年の奴隷条約の改正条約」である。締約国となる方法には 、⑴改正条約の締結と、⑵奴隷条約の締結及び改正議定書の受諾との二つがある／＊＊＊国連ホームページ上に締約国数の記載のないもの。

（ヒューライツ大阪HP　http://www.hurights.or.jp/archives/treaty/un-treaty.html より作成。2018年２月15日現在）

【48】世界人権宣言（一九四八年一二月一〇日）

前文

人類社会のすべての構成員の固有の尊厳と平等で譲ることのできない権利とを承認することは、世界における自由、正義及び平和の基礎であるので、

人権の無視及び軽侮が、人類の良心を踏みにじった野蛮行為をもたらし、言論及び信仰の自由が受けられ、恐怖及び欠乏のない世界の到来が、一般の人々の最高の願望として宣言されたので、

人間が専制と圧迫とに対する最後の手段として反逆に訴えることがないようにするためには、法の支配によって人権保護することが肝要であるので、

諸国間の友好関係の発展を促進することが、肝要であるので、

国際連合の諸国民は、国際連合憲章において、基本的人権、人間の尊厳及び価値並びに男女の同権についての信念を再確認し、かつ、一層大きな自由のうちで社会的進歩と生活水準の向上とを促進することを決意したので、

加盟国は、国際連合と協力して、人権及び基本的自由の普遍的な尊重及び遵守の促進を達成することを誓約したので、

これらの権利及び自由に対する共通の理解は、この誓約を完全にするためにもっとも重要であるので、

よって、ここに、国際連合総会は、……すべての人民とすべての国とが達成すべき共通の基準として、この世界人権宣言を公布する。

第一条　すべての人間は、生れながらにして自由であり、かつ、尊厳と権利とについて平等である。人間は、理性と良心とを授けられており、互いに同胞の精神をもって行動しなければならない。

第二条①　すべて人は、人種、皮膚の色、性、言語、宗教、政治上その他の意見、国民的若しくは社会的出身、財産、門地その他の地位又はこれに類するいかなる事由による差別をも受けることなく、この宣言に掲げるすべての権利と自由とを享有することができる。

②　さらに、個人の属する国又は地域が独立国であると、信託統治地域であると、非自治地域であると、又は他のなんらかの主権制限の下にあるとを問わず、その国又は地域の政治上、管轄上又は国際上の地位に基づくいかなる差別もしてはならない。

第六条　すべて人は、いかなる場所においても、法の下において、人として認められる権利を有する。

第七条　すべての人は、法の下において平等であり、また、いかなる差別もなしに法の平等な保護を受ける権利を有する。すべての人は、この宣言に違反するいかなる差別に対しても、また、そのような差別をそそのかすいかなる行為に対しても、平等な保護を受ける権利を有する。

第八条　すべて人は、憲法又は法律によって与えられた基本的権利を侵害する行為に対し、権限を有する国内裁判所による効果的な救済を受ける権利を有する。

（外務省訳）

基本判例5　外国人の人権享有
マクリーン事件

最大判昭和五三年一〇月四日民集第三二巻七号一二二三頁

概要　アメリカ合衆国国籍を有する原告ロナルド・アラン・マクリーン（X）は、一九六九年五月、出入国管理令等に基づき在留期間を一年とする上陸許可を得て入国した。

Xは、一九七〇年五月、一年間の在留期間の更新を申請したところ、被告Y法務大臣は、出国準備期間として一二〇日間の残留期間更新を許可したが、それ以降の更新については、Xの残留期間中の無届転職と政治活動のゆえに、更新を適当と認めるに足りる相当な理由がないとして更新不許可処分をした。

そこで、Xは、政治活動を理由に外国人に不利益を課する右処分は違法であるとしてその取消訴訟を提起した。

第一審は原告の請求を認容し、法務大臣の処分を取り消したものの、控訴審は第一審を取り消し、請求を棄却。最高裁も上告を棄却した。

判旨「憲法二二条一項は、日本国内における居住・移転の自由を保障する旨を規定するにとどまり、外国人がわが国に入国することについてはなんら規定していないものであり、このことは、国際慣習法上、国家は外国人を受け入れる義務を負うものではなく、特別の条約がない限り、外国人を自国内に受け入れるかどうか、また、これを受け入れる場合にいかなる条件を付するかを、当該国会が自由に決定することができるものとされていることと、その考えを同じくするものと解される……。したがつて、憲法上、外国人は、わが国に入国する自由を保障されているものでないことはもちろん、所論のように在留の権利ないし引き続き在留することを要求しうる権利を保障されているものでもないと解すべきである。」

「憲法第三章の諸規定による基本的人権の保障は、権利の性質上日本国民のみをその対象としていると解されるものを除き、わが国に在留する外国人に対しても等しく及ぶものと解すべきであり、政治活動の自由についても、わが国の政治的意思決定又はその実施に影響を及ぼす活動等外国人の地位にかんがみこれを認めることが相当でないと解されるものを除き、その保障が及ぶものと解するのが、相当である。しかしながら、前述のように、外国人の在留の許否は国の裁量にゆだねられ、わが国に在留する外国人は、憲法上わが国に在留する権利ないし引き続き在留することを要求することができる権利を保障されているものではなく、ただ、出入国管理令上法務大臣がその裁量により更新を適当と認めるに足りる相当の理由があると判断する場合に限り在留期間の更新を受けることができる地位を与えられているにすぎないものであり、したがつて、外国人に対する憲法の基本的人権の保障は、右のような外国人在留制度のわく内で与えられているにすぎないものと解するのが相当であ」る。

Ⅱ　人権の私人間効力

藤本晃嗣

解説

1　憲法の人権規定の特徴と私人間効力

日本国憲法の人権規定は、もっぱら公権力の活動（作為と不作為）から個人の権利や自由を守るもの（人権の対公権力性の性質）で、公権力と個人の間のルールと考えられてきた。この考え方の背景には、個人への人権侵害が歴史的に公権力によって行われてきたことから、個人の人権を憲法が保障することで強大な公権力を制限しようとする近代立憲主義がある。また別の背景として、個人（私人）は互いに自由かつ平等な存在として市民関係を形成し、これを契約自由の原則と私的自治の原則を大原則とする私法（民法）が規律するという近代法の特徴も指摘できよう。ところが、資本主義の高度化と情報化社会の急激な展開に伴い、私企業、報道機関など私人でありながら強力な権力をもつ「社会的権力」といわれるものが存在するようになり、これらによる弱い立場にある私人への「人権侵害」をどのように解決するのかが問われるようになった。そこで、憲法の人権規定がこれら私人相互間（社会的権力と私人の間）にも効力を及ぼすのか、及ぼすとしたらどのようにして効力を及ぼすのか（憲法上の人権規定がこれら私人相互間にも適用されるのかどうか、適用されるとしたらどのような方法で適用されるのか）が議論されるようになった。これが「人権の私人間効力」の問題である。

この問題に関して、まず、日本国憲法には、その人権規定が私人間で保障されるものと明示する条文があることが指摘できる。投票の秘密を守る義務（一五条四項）である。次に憲法が保障する人権が具体的な立法措置によって、私人間においても実効あるものとされる場合があり、これまで主にこの方法がとられてきた。例えば、いじめ防止対策推進法では、いじめが「児童等の教育を受ける権利を著しく侵害」すると位置づけ（一条）、児童にいじめを禁止（四条）しているのは、憲法二六条を実効あるものにしたと考えられる。また、労働基準法は、国籍や信条などを理由に労働者への差別的取扱いを禁止（三条）しているが、これは憲法一四条を実効あるものとしたと考えられる。問題は、こうした立法がなされていない分野で問題が生じ、その解決が契約自由の原則や私的自治の原則に委ねられるものの、それでは十分な解決に至らないと考えられる場合であり、学説上これまで様々に議論されてきた。

2　私人間効力に関する学説・判例

学説上、①無効力（無適用）説、②直接効力（直接適用）説、そして③間接効力（間接適用）説が唱えられている。論者によって各説で説かれる内容は必ずしも同一とはいえないが、それぞれの大意は次のようにまとめられる。①無効力説は、憲法の人権保障はそこに特別の明示の条文がない限りは、公権力と私人の間に適用されるものであり、私人間には適用されないとする。もっとも、この説は、私人相互間の問題に憲法上の人権を用いるべきではないとするもので、人権を本来の自然権としての超実定法的権利とみなして、これを取り込んだ民法の原則で解決すべきだとしている。②直接効力説は、憲法が全法領域において妥当するものであるから、その人権規定は私人間にも適用され、私人に対しても直接憲法上の権利が主張できるとする。この説は、自由な市民社会を維持するための大原則である私的自治の原則が侵害されるおそれが指摘されている。③間接効力説（通説）は、憲法の人権規定が公権力と私人との間に適用されることを前提とする。しかし、憲法上の人権を私人間で実効あるものとする立法があまり期待できない以上、民法九〇条（公序良俗）のような私法の一般条項に憲法の人権規定の趣旨を取り込んで解釈・適用することで、私人間での憲法の人権保障の精神に反するような行為を排除しようとする。

最高裁は三菱樹脂事件**6**で、②の立場を排し、③の立場を採ることを明らかにしたとされているが、①の立場であるとの説明も可能であるとされる。日産自動車事件**7**で最高裁は、原告を救済しているが、③の立場を採ることで必ずしも被害者的立場の個人を救済してきたとは言えない（**27**など）。なお下級審では、私人間の問題に人種差別撤廃条約を③の枠組みで適用して、個人を救済する例**22**がある。

基本判例6　人権の私人間効力
三菱樹脂事件

最大判昭和四八年一二月一二日民集二七巻一一号一五三六頁

概要　X（原告・被控訴人＝控訴人・被上告人）は、一九六三年三月に東北大学を卒業し、Y（三菱樹脂株式会社、被告・控訴人＝被控訴人・上告人）に三か月の試用期間を設けて採用されたが、その期間満了直前に本採用を拒否するとの通知を受けた。その理由は、社員採用試験においてXが学生運動などへの参加を秘匿する虚偽の申告をしたことが民法九六条の詐欺にあたるというものであった。Xは、労働契約関係存在の確認を求めて出訴した。

第一審と第二審はXの請求を認めたが、最高裁はその請求を認めず、原判決を破棄し差し戻した。差戻審の東京高裁で一九七六年、本採用拒否の撤回、Xの職場復帰、和解金一五〇〇万円の支払いを内容とする和解が成立した。

判旨　憲法一九条、一四条は、「その他の自由権的基本権の保障規定と同じく、国または公共団体の統治行動に対して個人の基本的な自由と平等を保障する目的に出たもので、もっぱら国または公共団体と個人との関係を規律するものであり、私人相互の関係を直接規律することを予定するものではない。」

私的支配関係において個人の自由や人権に対する具体的な侵害のおそれがある場合には、立法措置による是正措置が可能であり、「場合によっては、私的自治に対する一般的制限規定である民法一条、九〇条や不法行為に関する諸規定等の適切な運用によって、一面で私的自治の原則を尊重しながら、他面で社会的許容性の限度を超える侵害に対し基本的な自由や平等の利益を保護し、その間の適切な調整を図る方途も存するのである。」

「憲法は、思想、信条の自由や法の下の平等を保障すると同時に、他方、二二条、二九条等において、財産権の行使、営業その他広く経済活動の自由をも基本的人権として保障している。それゆえ、企業者は、かような経済活動の一環としてする契約締結の自由を有し、自己の営業のために労働者を雇傭するにあたり、いかなる者を雇い入れるか、いかなる条件でこれを雇うかについて、法律その他による特別の制限がない限り、原則として自由にこれを決定することができるのであって、企業者が特定の思想、信条を有する者をそのゆえをもって雇い入れることを拒んでも、それを当然に違法とすることはできない」し、直ちに民法上の不法行為とすることはできない。

「企業者が、労働者の採否決定にあたり、労働者の思想、信条を調査し、そのためその者からこれに関連する事項についての申告を求めることも、これを法律上禁止された違法行為とすべき理由はない。」

基本判例 7

私企業における男女別定年制
日産自動車事件

最判昭和五六年三月二四日民集三五巻二号三〇〇頁

概要　女性X（原告・被控訴人＝附帯控訴人・被上告人）が勤務するA会社は、一九六六年Y社（日産自動車株式会社、被告・控訴人＝附帯被控訴人・上告人）に吸収合併され、Xの雇用関係もY会社に引き継がれた。A会社の定年は男女とも五五歳であったが、Y会社の就業規則では男子五五歳、女子五〇歳の男女別定年制が定められていた。Y会社は、一九六九年一月に満五〇歳に達したXに対し、右就業規則に基づき定年退職を命じた。これに対し、Xは、地位保全の仮処分申請を行うとともに、男女別定年制は公序良俗違反で民法九〇条により無効として雇用関係存続確認等請求の訴えを提起した。なお、Y会社は、一九七三年定年年齢を男子六〇歳、女子五五歳に改めている。

第一審、第二審ともに男女別定年制を民法九〇条の公序良俗違反で無効と判断し、最高裁は原審の判断を正当として是認した。

判旨　「上告会社の就業規則は男子の定年年齢を六〇歳、女子の定年年齢を五五歳と規定しているところ、右の男女別定年制に合理性があるか否かにつき、原審は、上告会社における女子従業員の担当職種、男女従業員の勤続年数、高齢女子労働者の労働能力、定年制の一般的現状等諸般の事情を検討したうえ、上告会社においては、女子従業員の担当職務は相当広範囲にわたっていて、従業員の努力と上告会社の活用策いかんによっては貢献度を上げうる職種が数多く含まれており、女子従業員各個人の能力等の評価を離れて、その全体を上告会社に対する貢献度の上がらない従業員と断定する根拠はないこと、しかも、女子従業員について労働の質量が向上しないのに実質賃金が上昇するという不均衡が生じていると認めるべき根拠はないこと、少なくとも六〇歳前後までは、男女とも通常の職務であれば企業経営上要求される職務遂行能力に欠けるところはなく、各個人の労働能力の差異に応じた取扱がされるのは格別、一律に従業員として不適格とみて企業外へ排除するまでの理由はないことなど、上告会社の企業経営上の観点から定年年齢において女子を差別しなければならない合理的理由は認められない旨認定判断したものであり、右認定判断は、原判決挙示の証拠関係及びその説示に照らし、正当として是認することができる。そうすると、原審の確定した事実関係のもとにおいて、上告会社の就業規則中女子の定年年齢を男子より低く定めた部分は、専ら女子であることのみを理由として差別したことに帰着するものであり、性別のみによる不合理な差別を定めたものとして民法九〇条の規定により無効であると解するのが相当である。（憲法一四条一項、民法一条ノ二参照）。これと同旨の原審の判断は正当として是認することができ、原判決に所論の違法はない。」

Ⅲ　包括的基本権

谷口洋幸

解説

1　憲法一三条

いわゆる「新しい人権」の根拠となる憲法一三条は、「すべて国民は、個人として尊重される。生命、自由及び幸福追求に対する国民の権利については、公共の福祉に反しない限り、立法その他の国政の上で、最大の尊重を必要とする」と規定する。前段に個人の尊重原則がうたわれ、後段に生命・自由・幸福追求の権利を示したものである。

個人の尊重原則は、個人主義の原理、すなわち、「何にもまさって個人を尊重しようとする原理」にもとづく。他者の犠牲のもとに自己の利益を主張する利己主義を否定し、また、国家や社会のために個人を犠牲にする全体主義を否定したものである。世界人権宣言の前文にいう「人類社会のすべての構成員の固有の尊厳」【48】と同義であり、人権の総則的規定のひとつに位置づけられている。

後段の生命・自由・幸福追求権は、かつて、国政の基本としての宣言にとどまるものと解され、具体的権利性は否定されてきた。今日の判例では、その具体的権利性が承認され8、人格的生存に必要不可欠な権利・自由を包摂する権利として位置づけられている。個別的権利に規定されていない内容を権利として補充する役割を果たしており、いわゆる「新しい人権」の受け皿となる。

2　保障の範囲

生命・自由・幸福追求権の保障範囲については、人格的自律説（人格的利益説ともいう）と一般的自由説の二つの考え方がある。いずれも一長一短の側面があり、補完的な関係と捉えられる。

人格的自律説は、人格的生存に不可欠なもののみを憲法一三条が保障する範囲と措定する。人間らしい在り方や自己のアイデンティティに権利を限定する点において明確性をもつ。しかし、人格的生存に不可欠か否かは主観や支配的価値に左右されやすく、概念そのものが不明確となりうる。

一般的自由説は、一応の自由を権利として措定した上で、制約の是非を判断する。生活活動領域における人間の行動を幅広く捕捉しうる点において柔軟性をもつ。しかし、文言上の明確な論拠はなく、あらゆる自由が人権として位置づけられていくことで人権の規範的な価値が低下する危険性もある（人権のインフレ化）。

3　権利・自由の射程

包括的基本権としての憲法一三条から導き出されうる権利・自由の射程は広く、固定化した分類や網羅的記述には馴染まない。代表的な具体例としては次のものが挙げられる。

(1)　情報プライバシー　アメリカの判例理論において私生活をみだりに干渉されない権利として確立したプライバシーの権利は、日本では情報プライバシーを中心に論じられることが多い。「私事をみだりに公開されない権利」を憲法一三条に位置づけた「宴のあと」事件 9 や、小説の作中人物と実在モデルが同定しうることを名誉感情の侵害とした「石に泳ぐ魚」事件（最判平成一四年九月二四日判時一八〇二号六〇頁）などがある。また、大学主催の講演会に申し込んだ学生の氏名・住所等の名簿を警察に提出した大学の行為についてプライバシーの侵害を認めた事件もある 10 。

(2)　名　誉　名誉は、「人の品性、徳行、名声、信用等の人格的価値について社会から受ける客観的評価」であり、憲法一三条による保護をうける 11 。

(3)　環　境　日本の高度経済成長期（一九六〇年代）以降、大気汚染や水質汚濁、騒音などの公害が社会問題化する中で、良好な環境を享受する権利としての環境権が主張されるようになった。その根拠については、憲法一三条だけでなく、社会権の包括的規定である二五条との関係も議論されている（Ⅸ社会権参照）。

(4)　自己決定　自己の個人的な事柄について公権力からの干渉なく自ら決定することは、私生活をみだりに干渉されない権利（＝プライバシーの権利）の根幹をなす。自己の生命や身体処分、ライフスタイルなどの人格的生存に不可欠な要素が主な対象となり、その周辺部分に位置する事柄には一定の制約が認められやすい。例えば、髪型や服装の自由が個人の自己決定として保障されると解した事件12や、自己の生命を賭しても守るべき信念に従った行動は憲法上で保障されるべき自己決定に含まれると判断された事件13などがある。

(5)　リプロダクション　妊娠や出産、中絶、産後のケアなど、自分（たち）の子どもの数、出産の間隔や時期を自由かつ責任をもって決定することも憲法一三条に由来する重要な権利である。間接的なものも含め、国家や他者による制約は人権侵害となる。日本の刑法が中絶を犯罪と位置づけていることは、この権利と抵触しうる【49】。母体保護法の諸規定によって実質的には合法化されているものの、この法律が「優生上の見地から不良な子孫の出生を防止する」目的で作られた優生保護法に起源があることは忘れてはなるまい【50】。ハンセン病患者はらい予防法のもとで療養所に強制隔離され、妊娠した女性に対する中絶手術や、結婚の条件としての断種が実施されていた。また、性同一性障害者の性別変更の条件である「生殖腺の除去」も、この権利を侵害している【51】。

(6)　家族形成　家族の形成や維持も、個人の人格的生存に不可欠なものである。婚姻の自由、その消極面としての婚姻しない自由や離婚の自由は、憲法二四条にも規定される。これは幸福追求権を具体化したものであり、国家による不当な介入は許されない。加えて、家族の形成や維持に関する制度的保障もまた、権利の実現には不可欠である。現在、二〇か国以上で婚姻が異性・同性を問わず可能となっており【52】、日本で同性どうしのパートナーシップに関する法律が存在しないことは、この権利に抵触しうる。

【49】刑　法（明治四〇年法四五号）

第二編　罪　第二九章　堕胎の罪

第二一二条（堕胎）　妊娠中の女子が薬物を用い、又はその他の方法により、堕胎したときは、一年以下の懲役に処する。

第二一三条（同意堕胎及び同致死傷）　女子の嘱託を受け、又はその承諾を得て堕胎させた者は、二年以下の懲役に処する。よって女子を死傷させた者は、三月以上五年以下の懲役に処する。

第二一四条（業務上堕胎及び同致死傷）　医師、助産師、薬剤師又は医薬品販売業者が女子の嘱託を受け、又はその承諾を得て堕胎させたときは、三月以上五年以下の懲役に処する。よって女子を死傷させたときは、六月以上七年以下の懲役に処する。

第二一五条（不同意堕胎）①　女子の嘱託を受けないで、又はその承諾を得ないで堕胎させた者は、六月以上七年以下の懲役に処する。

②　前項の罪の未遂は、罰する。

第二一六条（不同意堕胎致死傷）　前条の罪を犯し、よって女子を死傷させた者は、傷害の罪と比較して、重い刑により処断する。

【50】優生保護法（昭和二三年法一五六号。傍線部が現母体保護法では削除・修正されている）

第三条①　医師は、左の各号の一に該当する者に対して、本人の同意並びに配偶者（届出をしないが事実上婚姻関係と同様な事情にある者を含む。以下同じ。）があるときはその同意を得て、任意に、優生手術を行うことができる。但し、未成年者、精神病者又は精神薄弱者については、この限りでない。

一　本人又は配偶者が遺伝性精神変質症、遺伝性病的性格、遺伝性身体疾患又は遺伝性奇形を有しているもの

二　本人又は配偶者の四親等以内の血族関係にある者が、遺伝性精神病、遺伝性精神薄弱、遺伝性精神変質症、遺伝性病的性格、遺伝性身体疾患又は遺伝性奇形を有し、且つ、子孫にこれが遺伝する虞れのあるもの

三　本人又は配偶者が、癩疾患に罹り、且つ子孫にこれが伝染する虞れのあるもの

四　妊娠又は分娩が、母体の生命に危険を及ぼす虞れのあるもの

五　現に数人の子を有し、且つ、分娩ごとに、母体の健康度を著しく低下する虞れのあるもの

②　前項の同意は、配偶者が知れないとき又はその意思を表示することができないときは本人の同意だけで足りる。

第四条　医師は、診断の結果、別表に掲げる疾患に罹つていることを確認した場合において、その者に対し、その疾患の遺

伝を防止するため優生手術を行うことが公益上必要であると認めるときは、前条の同意を得なくとも、都道府県優生保護委員会に優生手術を行うことの適否に関する審査を申請することができる。

別表

一　遺伝性精神病　精神分裂病／躁鬱病／真性癲癇

二　遺伝性精神薄弱　白痴／痴愚／魯鈍

三　強度且つ悪質な遺伝性精神変質症　著しい性欲異常／兇悪な常習性犯罪者

四　強度且つ悪質な遺伝性病的性格　分裂病質／循環病質／癲癇病質

五　強度且つ悪質な遺伝性身体疾患　遺伝性進行性舞踏病／遺伝性脊髄性運動失調症／遺伝性小脳性運動失調症／筋萎縮性側索硬化症／脊髄性進行性筋萎縮症／神経性進行性筋萎縮症／進行性筋性筋栄養障碍症／筋緊張病／筋痙攣性癲癇／遺伝性震顫症／家族性小児四肢麻痺／痙攣性脊髄麻痺／強直性筋萎縮症／先天性筋緊張消失症／先天性軟骨発育障碍／多発性軟骨性外骨腫／白児／魚鱗癬／多発性軟性神経繊維腫／結節性硬化症／色素性乾皮症／先天性表皮水疱症／先天性ポルフイリン尿症／先天性手掌足蹠角化症／遺伝性視神経萎縮／網膜色素変性／黄斑部変性／網膜膠腫／先天性白内障／全色盲／牛眼／黒内障性白痴／先天性眼球震盪／青色鞏膜／先天性聾／遺伝性難聴／血友病

六　強度な遺伝性奇型　裂手、裂足／指趾部分的肥大症／顔面披裂／先天性無眼球症／嚢性脊髄披裂／先天性骨欠損症／先天性四肢欠損症／小頭症

その他厚生大臣の指定するもの

【51】性同一性障害者の性別の取扱いの特例に関する法律

（平成一五年法一一一号）

第三条（性別の取扱いの変更の審判）①　家庭裁判所は、性同一性障害者であって次の各号のいずれにも該当するものについて、その者の請求により、性別の取扱いの変更の審判をすることができる。

一　二十歳以上であること。

二　現に婚姻をしていないこと。

三　現に未成年の子がいないこと。

四　生殖腺がないこと又は生殖腺の機能を永続的に欠く状態にあること。

五　その身体について他の性別に係る身体の性器に係る部分に近似する外観を備えていること。

②　前項の請求をするには、同項の性同一性障害者に係る前条の診断の結果並びに治療の経過及び結果その他の厚生労働省令で定める事項が記載された医師の診断書を提出しなければならない。

【52】同性カップルの法的承認

（2017年10月現在）

■ 婚姻　24ヵ国
■ パートナーシップ　17ヵ国

※婚姻とパートナーシップを併用している国は「婚姻」としてカウント

婚　姻

アルゼンチン、ベルギー、ブラジル、カナダ、コロンビア、デンマーク、フィンランド、フランス、ドイツ、アイスランド、アイルランド、ルクセンブルク、マルタ、メキシコ、オランダ、ニュージーランド、ノルウェー、ポルトガル、南アフリカ、スペイン、スウェーデン、イギリス、ウルグアイ、アメリカ

パートナーシップ

アンドラ、オーストラリア、オーストリア、チリ、クロアチア、キプロス、チェコ、エクアドル、エストニア、ギリシャ、ハンガリー、イスラエル、イタリア、リヒテンシュタイン、スロベニア、スイス、台湾

（http://ilga.org/downloads/2017/ILGA_WorldMap_ENGLISH_Recognition_2017.pdf より作成）

基本判例8　一三条の具体的権利性
京都府学連事件

最大判昭和四四年一二月二四日刑集二三巻一二号一六二五頁

概要　京都府学生自治会連合（京都府学連）が大学管理制度改革に反対の立場を表明するため、京都市公安条例（集会、集団行進及び集団示威運動に関する条例）に基づく許可を得た上でデモ行進を実施した。許可条件に基づいてデモ隊が交差点を左折すべきところ、誤って直進し、機動隊と揉み合いとなった。京都府警の巡査が許可条件違反ありと判断し、歩道上からデモ隊の先頭集団を写真撮影した。抗議したものの無視されたことに腹を立て、被告人は巡査に全治一週間の怪我を負わせた。

被告人は公務執行妨害と傷害罪で起訴されて第一審・第二審ともに有罪。巡査による写真撮影が被告人の肖像権侵害にあたる等と主張したものの、最高裁は上告を棄却した。

判旨　「憲法一三条は、……国民の私生活上の自由が、警察権等の国家権力の行使に対しても保護されるべきことを規定しているものということができる。そして、個人の私生活上の自由の一つとして、何人も、その承諾なしに、みだりにその容ぼう・姿態（以下「容ぼう等」という。）を撮影されない自由を有するものというべきである。

これを肖像権と称するかどうかは別として、少なくとも、警察官が、正当な理由もないのに、個人の容ぼう等を撮影することは、憲法一三条の趣旨に反し、許されないものといわなければならない。しかしながら、個人の有する右自由も、国家権力の行使から無制限に保護されるわけでなく、公共の福祉のため必要のある場合には相当の制限を受けることは同条の規定に照らして明らかである。そして、犯罪を捜査することは、公共の福祉のため警察に与えられた国家作用の一つであり、警察にはこれを遂行すべき責務があるのであるから（警察法二条一項参照）、警察官が犯罪捜査の必要上写真を撮影する際、その対象の中に犯人のみならず第三者である個人の容ぼう等が含まれても、これが許容される場合がありうるものといわなければならない。

そこで、その許容される限度について考察すると、身体の拘束を受けている被疑者の写真撮影を規定した刑訴法二一八条二項のような場合のほか、次のような場合には、撮影される本人の同意がなく、また裁判官の令状がなくても、警察官による個人の容ぼう等の撮影が許容されるものと解すべきである。すなわち、現に犯罪が行なわれもしくは行なわれたのち間がないと認められる場合であつて、しかも証拠保全の必要性および緊急性があり、かつその撮影が一般的に許容される限度をこえない相当な方法をもつて行なわれるときである。このような場合に行なわれる警察官による写真撮影は、その対象の中に、犯人の容ぼう等のほか、犯人の身辺または被写体とされた物件の近くにいたためこれを除外できない状況にある第三者である個人の容ぼう等を含むことになつても、憲法一三条、三五条に違反しないものと解すべきである。」

基本判例9　私事をみだりに公開されない権利
「宴のあと」事件

東京地判昭和三九年九月二八日下民集一五巻九号二三一七頁

概要　原告Xは、元外務大臣で、一九五九（昭三四）年四月の東京都知事選挙に立候補したが落選した。Xの妻は、著名な料亭の女将で、夫の選挙に尽力してきたが、選挙後離婚した。

三島由紀夫の筆名をもつY_1は、彼らをモデルに小説「宴のあと」を雑誌「中央公論」一九六〇年一月号から連載執筆後、Y_2を発行者としてこれを一冊にまとめて刊行した。

Xは、Y_1とY_2を相手どり、プライバシーを侵害されたとして謝罪広告と慰藉料一〇〇万円を請求して訴えを提起した。

東京地裁は八〇万円の損害賠償請求のみ容認した。

判旨　「近代法の根本理念の一つであり、また日本国憲法のよつて立つところでもある個人の尊厳という思想は、相互の人格が尊重され、不当な干渉から自我が保護されることによつてはじめて確実なものとなるのであつて、そのためには、正当な理由がなく他人の私事を公開することが許されてはならないことは言うまでもないところである。このことの片鱗はすでに成文法上にも明示されているところであつて、たとえば他人の住居を正当な理由がないのにひそかにのぞき見る行為は犯罪とせられており（軽犯罪法一条一項二三号）その目的とするところが私生活の場所的根拠である住居の保護を通じてプライバシーの保障を図るにあるとは明らかであり、また民法二三五条一項が相隣地の観望について一定の規制を設けたところも帰するところ他人の私生活をみだりにのぞき見ることを禁ずる趣旨にあることは言うまでもないし、このほか刑法一三三条の信書開披罪なども同じくプライバシーの保護に資する規定であると解せられるのである。」

「いわゆるプライバシー権は私生活をみだりに公開されないという法的保障ないし権利として理解されるから、その侵害に対しては侵害行為の差し止めや精神的苦痛に因る損害賠償請求権が認められるべきものであり、民法七〇九条はこのような侵害行為もなお不法行為として評価されるべきことを規定しているものと解釈するのが正当である。」

「プライバシーの侵害に対し法的な救済が与えられるためには、公開された内容が（イ）私生活上の事実または私生活上の事実らしく受け取られるおそれのあることがらであること、（ロ）一般人の感受性を基準にして当該私人の立場に立つた場合公開を欲しないであろうと認められることがらであること、換言すれば一般人の感覚を基準として公開されることによつて心理的な負担、不安を覚えるであろうと認められることがらであること、（ハ）一般の人々に未だ知られていないことがらであることを必要とし、このような公開によつて当該私人が実際に不快、不安の念を覚えたことを必要とする」。

基本判例10　大学によるプライバシーの侵害
早稲田大学江沢民講演会事件

最判平成一五年九月一二日民集五七巻八号九七三頁

概要　早稲田大学において江沢民国家主席（中華人民共和国）の講演会が開催された。講演会の準備中、警視庁から、警備のため講演会出席者の名簿を提出するよう要請があった。大学は上告人らの同意を得ず、警視庁戸塚署に名簿の写しを提出。上告人らが講演中に座席から立ち上がり発声したところ、私服の警察官に身柄を拘束され、建造物侵入及び威力業務妨害の嫌疑で現行犯逮捕され、大学からは譴責《けんせき》処分も受けた。上告人らは逮捕・譴責処分に関する損害賠償等の他、名簿の写しを無断で警視庁に提出したことがプライバシーの侵害にあたるとして損害賠償を求めた。

第一審、第二審は、名簿提出は講演者の安全を図るための正当行為として不法行為の成立を認めなかった。最高裁はプライバシー侵害の損害賠償請求部分を破棄し、東京高裁へ差し戻した。

判旨　「本件個人情報は、早稲田大学が重要な外国国賓講演会への出席希望者をあらかじめ把握するため、学生に提供を求めたものであるところ、学籍番号、氏名、住所及び電話番号は、早稲田大学が個人識別等を行うための単純な情報であって、その限りにおいては、秘匿されるべき必要性が必ずしも高いものではない」。「しかし、このような個人情報についても、本人が、自己が欲しない他者にはみだりにこれを開示されたくないと考えることは自然なことであり、そのことへの期待は保護されるべきものであるから、本件個人情報は、上告人らのプライバシーに係る情報として法的保護の対象となるというべきである。」

「同大学が本件個人情報を警察に開示することをあらかじめ明示した上で本件講演会参加希望者に本件名簿へ記入させるなどして開示について承諾を求めることは容易であったものと考えられ、それが困難であった特別の事情がうかがわれない本件においては、本件個人情報を開示することについて上告人らの同意を得る手続を執ることなく、上告人らに無断で本件個人情報を警察に開示した同大学の行為は、上告人らが任意に提供したプライバシーに係る情報の適切な管理についての合理的な期待を裏切るものであり、上告人らのプライバシーを侵害するものとして不法行為を構成するというべきである。」

「大学が本件個人情報を警察に開示したことは、あらかじめ上告人らの同意を得る手続を執らなかった点で配慮を欠く面があったとしても、社会通念上許容される限度を逸脱した違法な行為であるとまでいうことはでき」ない。

基本判例11
名誉権
北方ジャーナル事件

最大判昭和六一年六月一一日民集四〇巻四号八七二頁

概要　被上告人は元旭川市長であり、一九七五年の北海道知事選挙に立候補し、一九七九年の同選挙にも立候補する予定であった。上告人は二月に発売予定の雑誌『北方ジャーナル』において、被上告人が北海道知事としての適格要件を備えていない旨の記事を掲載し、印刷その他の準備を進めていた。「ある権力主義者の誘惑」と題された記事には、「嘘と、ハッタリと、カンニングの巧みな」少年であったとか、「言葉の魔術者であり、インチキ製品を叩き売っている（政治的な）大道ヤシ」などと被上告人の人格を評し、その私生活にも言及していた。被上告人は、札幌地裁に名誉権の侵害予防のため当該号の出版差止めの仮処分を申請し、同日認められた。

上告人はこれが検閲にあたるとして、国と被上告人に損害賠償を請求したものの、第一審・第二審とも棄却。最高裁も上告を棄却し、人格権としての名誉権に基づく差止請求権を認めた。

判旨「人の品性、徳行、名声、信用等の人格的価値について社会から受ける客観的評価である名誉を違法に侵害された者は、損害賠償（民法七一〇条）又は名誉回復のための処分（同法七二三条）を求めることができるほか、人格権としての名誉権に基づき、加害者に対し、現に行われている侵害行為を排除し、又は将来生ずべき侵害を予防するため、侵害行為の差止めを求めることができる」。「人格権としての名誉権は、物権の場合と同様に排他性を有する権利というべきである」。

「本件記事は、北海道知事選挙に重ねて立候補を予定していた被上告人の評価という公共的事項に関するもので、原則的には差止めを許容すべきでない類型に属するものであるが、……ことさらに下品で侮辱的な言辞による人身攻撃等を多分に含むものであつて、到底それが専ら公益を図る目的のために作成されたものということはできず、かつ、真実性に欠けるものであることが本件記事の表現内容及び疎明資料に徴し本件仮処分当時においても明らかであつたというべき」である。「発行によつて事後的には回復しがたい重大な損失を受ける虞があつたということができるから、本件雑誌の印刷、製本及び販売又は頒布の事前差止めを命じた本件仮処分は、差止請求権の存否にかかわる実体面において憲法上の要請をみたしていた」。

基本判例12　髪型を自由に決定する権利
修徳学園高校パーマ事件

東京地判平成三年六月二一日判時一三八八号三頁

概要　私立修徳高校では、校則によってパーマは禁止され、自動車運転免許の取得も期間の制限や届出義務が規定されており、無届けの免許取得は退学勧告の対象となる。原告Xが無届けで免許を取得したところ、退学処分とはならなかったが、早朝登校を命じられた。その最中に原告がパーマをかけたため、学校側は自主退学を勧告した。原告は退学願いを一旦は提出したが、これを取り下げ、卒業の認定をめぐって争った。原告は、髪型が自己の人格と直結する自己決定権の内容であり、憲法一三条により保障されていること、自主退学の勧告が適正手続を欠いていたこと、違反内容と処分の不均衡などを主張した。

第一審は髪型の自由が自己決定権に含まれることを認めつつも、私立学校のもつ在学関係の権能などから請求を棄却した。第二審・上告審ともに第一審判決を支持した。

判旨　「私立学校は、現行法制上、公教育の一翼を担う重要な役割を果たし、その公的役割にかんがみて国又は地方公共団体から財政的な補助を受けているのであるから、一般条項である民法一条、同法九〇条等に照らして同校の校則の効力を判断する際に、憲法の趣旨は私人間においても保護されるべき法益を示すものとして尊重されなければならない。」

「個人の髪型は、個人の自尊心あるいは美的意識と分かちがたく結びつき、特定の髪型を強制することは、身体の一部に対する直接的な干渉となり、強制される者の自尊心を傷つける恐れがあるから、髪型決定の自由が個人の人格価値に直結することは明らかであり、個人が頭髪について髪型を自由に決定しうる権利は、……憲法一三条により保障されていると解される。しかし、右校則は特定の髪型を強制するものではない点で制約の度合いは低いといえるのであり、また、原告が修徳高校に入学する際、パーマが禁止されていることを知っていたことを併せ考えるならば、……右校則は、髪型決定の自由を不当に制限するものとはいえない。」

「運転免許取得の自由と個人の人格との結びつきは間接的なものにとどまるのであるし、学校は就職希望者で免許の必要な者には個別的に免許を取得する余地を認め、また、原告は修徳高校に入学する際、運転免許取得につき制限があることを知っていたのであるから、右校則は運転免許取得の自由を不当に制限するものとはいえない。」

「懲戒処分及び事実上の懲戒は、学校の内部規律を維持し、教育目的を達成するために認められる自律作用であるから、教育目的を達成するために必要かつ合理的な制約であるなら、右制約に違反したことを理由に懲戒を行うことができるというべきであって、前記のとおり、本件……校則は無効ということはできないのであるから、右各校則に違反することは、懲戒の根拠となり得る」。

基本判例13　信仰に基づく輸血の拒否

エホバの証人事件

最判平成一二年二月二九日民集五四巻二号五八二頁

事実　患者Aは、「エホバの証人」の信者で、いかなる場合にも輸血を受けることは拒否する固い意思を明確に表示していたが、被告Y_1（国）が設置、運営する東京大学医科学研究所附属病院（医科研）の医師Y_2らは、肝臓の腫瘍を摘出する手術の際、輸血をしない限りAを救えない可能性が高い状態になったと判断して輸血をした。Aは、退院五年後、死亡した。原告Aが死亡したため、相続人である夫と子どもらが訴訟承継し、被上告人Xとなっている。Xらは、Y_2らが輸血したことにより、Aの自己決定権、信教上の良心を侵害したとして損害賠償の請求を行った。第一審請求棄却、控訴審請求認容。最高裁は上告を棄却した。

判旨　「Y_2らが、Aの肝臓の腫瘍を摘出するために、医療水準に従った相当な手術をしようとすることは、人の生命及び健康を管理すべき業務に従事する者として当然のことであるということができる。しかし、患者が、輸血を受けることは自己の宗教上の信念に反するとして、輸血を伴う医療行為を拒否するとの明確な意思を有している場合、このような意思決定をする権利は、人格権の一内容として尊重されなければならない。そして、Aが、宗教上の信念からいかなる場合にも輸血を受けることは拒否するとの固い意思を有しており、輸血を伴わない手術を受けることができると期待して医科研に入院したことをY_2らが知っていたなど本件の事実関係の下では、Y_2らは、手術の際に輸血以外には救命手段がない事態が生ずる可能性を否定し難いと判断した場合には、Aに対し、医科研としてはそのような事態に至ったときには輸血するとの方針を採っていることを説明して、医科研への入院を継続した上、Y_2らの下で本件手術を受けるか否かをA自身の意思決定にゆだねるべきであったと解するのが相当である。

　ところが、Y_2らは、本件手術に至るまでの約一か月の間に、手術の際に輸血を必要とする事態が生ずる可能性があることを認識したにもかかわらず、Aに対して医科研が採用していた右方針を説明せず、A及びXらに対して輸血する可能性があることを告げないまま本件手術を施行し、右方針に従って輸血をしたのである。そうすると、本件においては、Y_2らは、右説明を怠ったことにより、Aが輸血を伴う可能性のあった本件手術を受けるか否かについて意思決定をする権利を奪ったものといわざるを得ず、この点においてAの人格権を侵害したものとして、Aがこれによって被った精神的苦痛を慰謝すべき責任を負うものというべきである。そして、また、上告人（Y_1）は、Y_2らの使用者として、Aに対し民法七一五条に基づく不法行為責任を負うものといわなければならない。」

Ⅳ 平等権

谷口洋幸

解説

1 平等権

人間は生まれながらにして自由かつ平等であるという思想は、アメリカ独立宣言やフランス人権宣言に登場して以来、時代ごとに内容を変化させながら、各国の憲法に盛り込まれてきた。

憲法一四条は、「すべて国民は、法の下に平等であつて、人種、信条、性別、社会的身分又は門地により、政治的、経済的又は社会的関係において、差別されない」と規定し、二項では貴族制度を、三項では栄典等による特権的地位の付与を否定する。一項前段は、法の下の平等を原則として定めており（平等原則）、後段は一定の事由により不合理な差別的取扱いをうけない権利（平等権）を示したものと解されている。

さらに、具体的権利にも平等条項が盛り込まれている。選挙における平等（一五条三項・四四条）、婚姻における平等と家族関連の法制定における両性の平等（二四条）、ひとしく教育をうける権利（二六条）である。もっとも、平等条項のない具体的権利について差別が許されるわけではなく、一般規定としての性質をもつ一四条一項が援用される。

2 平等の意味

平等という概念は多義的である。法の下の平等という原則は、ひとりひとりの違いを前提にしつつ、法的な関係において不合理な差別的取扱いを禁止する（相対的平等）。事実上の違いを無視することなく、合理的な区別は許容する考え方である。また、法的な関係において等しく扱うだけでは不十分な場合、社会的に弱い立場におかれた人々を有利に取扱うこともまた必要となる（実質的平等）。

法の下の平等を定めた憲法一四条一項は、法律の適用にあたって行政府等を拘束するだけでなく、法律をつくる立法府も拘束する。司法府は、「一切の法律、命令、規則又は処分が憲法に適合するかしないか」(八一条)を決定する権限をもち、区別に合理的根拠があるか否か判断する(違憲審査)。審査は、立法目的の合理性の有無、続いて、その目的と区別の手段に合理的関連性の有無という二段階で行われる。最高裁は、直系尊属(父母・祖父母など)を殺害した場合の量刑が死刑または無期懲役に限られていたこと**14**、公職選挙法の衆議院議員定数配分の不均衡(Ⅺ参政権参照)、嫡出子と嫡出でない子の相続分の差異【53】、女性のみに課せられる六か月の再婚禁止期間**15**などの事案において、一四条一項に基づく違憲判断を下してきた。

3　列挙事由の例示性

差別的取扱いが禁止される事由として、「人種、信条、性別、社会的身分又は門地」の五つが列挙されている。人種には、人類学上の種類としての人種だけでなく、地域・宗教・言語が共通する集団も含まれる。信条とはもともと宗教上の信仰を意味するが、内心において信じる事柄(宗教観・人生観、政治的意見など)も該当する。性別は、男女の身体的・機能的差異だけでなく、定型化された性別役割分業観に基づく取扱いも含んでいる。社会的身分とは人が後天的に位置づけられる地位であって一定の社会的評価を伴うもの、門地は家系や血統などによる家柄を意味する。

もっとも、五つの列挙事由以外に基づく差別的取扱いが許されているわけではない。例えば、性的指向(いずれの性別を恋愛や親密な関係性の対象と捉えるか)は列挙事由に含まれないが、地方公共団体が運営する宿泊施設の利用を同性愛者の団体であることを理由に許可しないことは違法となる**16**。先住民であること、外国籍を有すること、障がいがあること等を理由とする差別も同様に解されている。年齢に基づく取扱いの差異(年齢による募集・採用・昇進の区別、定年制など)が含まれるか否かについては争いがある。

ただし、違憲審査の観点からは、列挙事由が単なる例示的なものとは言い切れない。五つの事由は、歴史的にも差別が絶対的に禁止されるものと理解されてきたものであり、厳格な審査基準が適用される。すなわち、合憲性の推定が排除されたうえで、立法目的が必要不可欠（＝やむにやまれぬ利益を追求するもの）であり、区別の手段が目的達成のために必要最小限のものだと立証できてはじめて合憲と判断される。列挙されていない事由については、一応の合意性を推定し、立法目的に正当性があるか、また、区別の手段が合理的であることが条件となる。もっとも、性別に基づく差別については、厳格な審査まではいかないが、合理性の基準よりも厳しめの基準が用いられるとの説明もある。アメリカ連邦最高裁の判例では、三つの分類が採用されている（表参照）。しかしながら、これらは明示的な列挙事由をもたないアメリカ憲法の判例法理であり、日本の憲法一四条一項にそのまま適用できる審査基準ではない。

アメリカ連邦最高裁の平等権に関する違憲審査基準

	厳格な審査	厳格な合理性の審査	合理性基準
制約の目的	やむにやまれぬ利益	重要な利益	正当な利益
手段の適合性	密接な調整	実質的な調整	合理的な調整
手段の相当性	必要最小限度	代替手段がない	著しく不合理でない
立証責任	政　府	政　府	申立人

4　平等の実現

自由と平等は人権の基本理念である。ところが、差別事案は後を絶たず、日本が真に平等な社会であるとは言いがたい状況が続いている。以下、平等の実現に向けて検討すべき憲法上の課題をあげていく。

まず、積極的格差是正措置（アファーマティブ・アクション）について。平等の実現に向けた社会基盤をつくるためには、永続的・構造的な差別への思い切った介入が必要となる。性別や人種、民族に基づく差別の解消を目的として、劣位におかれている集団をあえて法律や政策により優遇することで、個々人の能力が発揮できる社会基盤を構築するために導入されるのが積極的格差是正措置である。女性差別撤廃条約四条が「暫定的な特別措置」と表現するとおり、あくまで例外的なものであり、これらの措置は差別（「逆差別」）に当たらない【54】。男女共同参画基本法は「積極的改善措置」を規定するものの【91】、具体的な取り組みは遅れも指摘されている【55】。

次に、間接差別について。直接的に差別となる条件等が規定されていない場合や一見すると中立的な文言による規定でも、結果として一部の集団が明確に不利な立場におかれることがある。これを間接差別という。二〇〇六年に男女雇用機会均等法に盛り込まれ、身長・体重・体力や転居を伴う転勤に応じることを募集や採用の要件とすることなどが禁止されている【90】。雇用・労働だけでなく、夫婦同氏制度（民法七五〇条）の合憲性をめぐる議論でも用いられている【55】。

根本的かつ喫緊の課題として、包括的差別禁止法の整備もあげられる。日本には差別を一般的に定義した法律がなく、差別や人権侵害をうけた個人・集団が効果的な救済を得るための独立した専門機関が存在しない。男女雇用機会均等法、障害者差別解消法、部落差別解消法など、個別問題ごとの差別禁止法の整備は徐々に進んでいる。しかしながら、差別そのものを正面から包括的に取り上げ、平等の実現をはかるシステムの構築については議論が進んでいない。自由権規約委員会等が再三にわたり勧告しているとおり【56】、平等の実現のために包括的差別禁止法の制定は不可欠である。

【53】相続分差別違憲判決の影響

民法の一部を改正する法律の概要

改正の背景

最高裁大法廷違憲決定（2013年９月4日）

民法第900条第４号ただし書の規定のうち嫡出でない子の相続分を嫡出子の相続分の２分の１とする部分は憲法違反である。
※この決定では、遅くとも2001年７月当時には憲法違反であったとしつつ、この決定の違憲判断は、同月からこの決定までの間に開始された相続について、遺産の分割の審判等により確定的なものとなった法律関係には影響を及ぼさないと判示。

↓

違憲状態を速やかに是正し、国民の混乱を回避するための法改正が必要
※民法第900条は、相続に関する私人間の法律関係を規律する規定であり、違憲状態の放置は不相当。

↓

法律の具体的内容

嫡出子と嫡出でない子の相続分の同等化

民法第900条第４号ただし書の前半部分（アミかけの部分）を削除

（参考）民法
（法定相続分）
第900条　同順位の相続人が数人あるときは、その相続分は、次の各号の定めるところによる。
一　子及び配偶者が相続人であるときは、子の相続分及び配偶者の相続分は、各２分の１とする。
二・三　（略）
四　子、直系尊属又は兄弟姉妹が数人あるときは、各自の相続分は、相等しいものとする。ただし、嫡出でない子の相続分は、嫡出である子の相続分の２分の１とし、父母の一方のみを同じくする兄弟姉妹の相続分は、父母の双方を同じくする兄弟姉妹の相続分の２分の１とする。

施行期日：公布の日（2013年12月11日）
経過措置：新法は、2013年９月５日（最高裁大法廷決定の翌日）以後に開始した相続について適用

（法務省 HP　http://www.moj.go.jp/MINJI/minji07_00143.html より作成）

【54】女性差別撤廃条約（女子に対するあらゆる形態の差別の撤廃に関する条約。一九七九年採択、一九八五年批准）

第一条（差別の定義）　この条約の適用上、「女子に対する差別」とは、性に基づく区別、排除又は制限であつて、政治的、経済的、社会的、文化的、市民的その他のいかなる分野においても、女子（婚姻をしているかいないかを問わない。）が男女の平等を基礎として人権及び基本的自由を認識し、享有し又は行使することを害し又は無効にする効果又は目的を有するものをいう。

第二条（締約国の義務）　締約国は、女子に対するあらゆる形態の差別を非難し、女子に対する差別を撤廃する政策をすべての適当な手段により、かつ、遅滞なく追求することに合意し、及びこのため次のことを約束する。

(a)　男女の平等の原則が自国の憲法その他の適当な法令に組み入れられていない場合にはこれを定め、かつ、男女の平等の原則の実際的な実現を法律その他の適当な手段により確保すること。

(b)　女子に対するすべての差別を禁止する適当な立法その他の措置（適当な場合には制裁を含む。）をとること。

(c)　女子の権利の法的な保護を男子との平等を基礎として確立し、かつ、権限のある自国の裁判所その他の公の機関を通じて差別となるいかなる行為からも女子を効果的に保護することを確保すること。

(d)　女子に対する差別となるいかなる行為又は慣行も差し控え、かつ、公の当局及び機関がこの義務に従つて行動することを確保すること。

(e)　個人、団体又は企業による女子に対する差別を撤廃するためのすべての適当な措置をとること。

(f)　女子に対する差別となる既存の法律、規則、慣習及び慣行を修正し又は廃止するためのすべての適当な措置（立法を含む。）をとること。

(g)　女子に対する差別となる自国のすべての刑罰規定を廃止すること。

第四条（特別措置）①　締約国が男女の事実上の平等を促進することを目的とする暫定的な特別措置をとることは、この条約に定義する差別と解してはならない。ただし、その結果としていかなる意味においても不平等な又は別個の基準を維持し続けることとなつてはならず、これらの措置は、機会及び待遇の平等の目的が達成された時に廃止されなければならない。

②　締約国が母性を保護することを目的とする特別措置（この条約に規定する措置を含む。）をとることは、差別と解してはならない。

第五条（固定観念・偏見の撤廃）　締約国は、次の目的のためのすべての適当な措置をとる。

(a)　両性のいずれかの劣等性若しくは優越性の観念又は男女の定型化された役割に基づく偏見及び慣習その他あらゆる慣行の撤廃を実現するため、男女の社会的及び文化的な行動様式を修正すること。

(b)　家庭についての教育に、社会的機能としての母性についての適正な理解並びに子の養育及び発育における男女の共同責任についての認識を含めることを確保すること。あらゆる場合において、子の利益は最初に考慮するものとする。

【55】女性差別撤廃委員会・第七回及び第八回日本政府報告に対する総括所見（二〇一六年）

女性差別の定義

11　委員会は、前回の勧告事項を繰り返すとともに、女性が人生のすべての領域おける直接的及び間接的差別から確実に保護されるよう、本条約一条に沿って、立法において、至急、女性に対する差別についての包括的な定義を採用するよう締約国に要求する。

差別的な法及び法的保護の不足

13　委員会は、従来の勧告を繰り返し、締約国が遅滞なく以下の措置をとるよう促す。

(a)　男性と同一の婚姻適齢となるよう女性の婚姻適齢を一八歳に引き上げるよう改正すること。また、女性が婚姻前の姓を使用し続けられるよう婚姻したカップルの氏の選択に関する規定を改定すること。さらに離婚後女性に対するいかなる再婚禁止期間も廃止すること。

(b)　婚外子の地位に関するすべての差別的な規定を廃止し、法が社会的汚名及び差別から婚外子とその母を保護することを確実にすること。

(c)　締約国の中核的義務についての一般的勧告二八号に沿って、様々なマイノリティ集団に属する女性に対する複合差別・交差的（多層的）差別を禁止する包括的な差別禁止法を制定し、彼女らを嫌がらせや暴力から保護すること。

暫定的特別措置

19　委員会は、前回の勧告を繰り返し述べるとともに、本条約のすべての分野において、女性と男性の実質的な平等の実現を加速させるため、特に民族及びその他のマイノリティ女性、先住民族女性並びに障害を持つ女性の権利を強化するため、必要不可欠な戦略として、本条四条（一）及び暫定的特別措置についての一般的勧告二五号に従って、締約国がクォータ制を含む制定法による暫定的特別措置の利用を検討するよう求める。

（日弁連訳・一部改訂）

【56】自由権規約委員会・第六回日本政府報告に対する総括所見（二〇一四年）

国内人権機構

9　委員会は、前回の勧告を想起し、締約国に対し、パリ原則（General Assembly resolution 48/134, annex）に沿って、幅広い人権に関する権限を有する独立した国内人権機構の設置を再検討し、機構に対して適切な財政的及び人的資源を提供することを勧告する。

性的指向及び性別認識に基づく差別

29　締約国は、性的指向及び性自認を含む、あらゆる理由に基づく差別を禁止する包括的な反差別法を採択し、差別の被害者に、実効的かつ適切な救済を与えるべきである。締約国は、レズビアン、ゲイ、バイセクシュアル、トランスジェンダーの人々に対する固定観念及び偏見と闘うための啓発活動を強化し、レズビアン、ゲイ、バイセクシュアル、トランスジェンダーの人々に対する嫌がらせの申立てを捜査し、また、こうした固定観念、偏見及び嫌がらせを防止するための適切な措置をとるべきである。締約国はまた、自治体レベルで、公営住宅制度において同性カップルに対し適用される入居要件に関して残っている制限を除去すべきである。

（外務省訳・一部改訂）

用語解説

総括所見　締約国の人権条約の履行状況について委員会が定期的に審議した結果として採択される文書。「最終見解」と訳されることもある。

基本判例14　尊属殺人の重罰規定

尊属殺事件

最大判昭和四八年四月四日刑集二七巻三号二六五頁

概要　被告人Yは、少女のころに実父から性的暴行を受け、以後一〇余年間これと夫婦同様の生活を強いられ、その間数人の子までできるという悲惨な境遇にあった。本件発生の直前、結婚の機会にめぐりあったにもかかわらず、実父がこれを嫌い、あくまでもYを自己の支配下に置き性的関係を継続しようとし、このため実父から一〇日余りにわたって脅迫虐待を受け、苦悩が頂点に達し、いわれのない実父の暴言に触発され、忌まわしい境遇から逃れようとしてついに実父を殺すに至って、犯行後ただちに自首した。Yは、（平成七年改正前の）刑法二〇〇条の尊属殺で起訴された。

第一審は刑法二〇〇条を違憲とした上で情状を考慮して刑罰を免除したが、控訴審は同条を合憲として実刑を言い渡した。最高裁は破棄自判により、刑法二〇〇条を違憲無効とし、一九九条の普通殺人罪により執行猶予付きの判決を下した。

判旨　「憲法一四条一項は、国民に対し法の下の平等を保障した規定であつて、同項後段列挙の事項は例示的なものであること、およびこの平等の要請は、事柄の性質に即応した合理的な根拠に基づくものでないかぎり、差別的な取扱いをすることを禁止する趣旨と解すべき」である。

「刑法二〇〇条が憲法の右条項に違反するかどうかが問題となるのであるが、それは右のような差別的取扱いが合理的な根拠に基づくものであるかどうかによつて決せられる」。

「刑法二〇〇条の立法目的は、尊属を卑属またはその配偶者が殺害することをもつて一般に高度の社会的道義的非難に値するものとし、かかる所為を通常の殺人の場合より厳重に処罰し、もつて特に強くこれを禁圧しようとするにある」。

「尊属に対する尊重報恩は、社会生活上の基本的道義というべく、このような自然的情愛ないし普遍的倫理の維持は、刑法上の保護に値するものといわなければならない」。

「被害者が尊属であることを犯情のひとつとして具体的事件の量刑上重視することは許されるものであるのみならず、さらに進んでこのことを類型化し、法律上、刑の加重要件とする規定を設けても、かかる差別的取扱いをもつてただちに合理的な根拠を欠くものと断ずることはできず、したがつてまた、憲法一四条一項に違反するということもできない」。

しかし「刑法二〇〇条は、尊属殺の法定刑を死刑または無期懲役刑のみに限つている点において、その立法目的達成のため必要な限度を遥かに超え、普通殺に関する刑法一九九条の法定刑に比し著しく不合理な差別的取扱いをするものと認められ、憲法一四条一項に違反して無効であるとしなければならず、したがつて、尊属殺にも刑法一九九条を適用するのほかはない。この見解に反する当審従来の判例はこれを変更する。」

基本判例15　女性のみの六か月の再婚禁止
再婚禁止期間訴訟

最大判平成二七年一二月一六日民集六九巻八号二四二七頁

概要　上告人は、前夫と離婚から六か月後に後夫と再婚したが、同再婚は民法七三三条の規定があるために望んだ時期から遅れて成立した。これにより被った精神的損害等の賠償として、立法不作為に基づく国家賠償請求を提起した。

最高裁は一〇〇日を超える部分は憲法違反としたものの、国家賠償請求を斥けた原審を支持し、上告を棄却した。

判旨　「婚姻及び家族に関する事項は、国の伝統や国民感情を含めた社会状況における種々の要因を踏まえつつ、それぞれの時代における夫婦や親子関係についての全体の規律を見据えた総合的な判断を行うことによって定められるべきものである。」「憲法二四条二項は、このような観点から、婚姻及び家族に関する事項について、具体的な制度の構築を第一次的には国会の合理的な立法裁量に委ねるとともに、その立法に当たっては、個人の尊厳と両性の本質的平等に立脚すべきであるとする要請、指針を示すことによって、その裁量の限界を画したものといえる。また、同条一項は、……婚姻をするかどうか、いつ誰と婚姻をするかについては、当事者間の自由かつ平等な意思決定に委ねられるべきであるという趣旨を明らかにしたものと解される。」「近年家族等に関する国民の意識の多様化が指摘されつつも、国民の中にはなお法律婚を尊重する意識が幅広く浸透していると考えられることをも併せ考慮すると、上記のような婚姻をするについての自由は、憲法二四条一項の規定の趣旨に照らし、十分尊重に値するものと解することができる。」

「本件規定の立法目的は、父性の推定の重複を回避し、もって父子関係をめぐる紛争の発生を未然に防ぐことにあると解されるところ、……計算上一〇〇日の再婚禁止期間を設けることによって、父性の推定の重複が回避されることになる。夫婦間の子が嫡出子となることは婚姻による重要な効果であるところ、嫡出子について出産の時期を起点とする明確で画一的な基準から父性を推定し、父子関係を早期に定めて子の身分関係の法的安定を図る仕組みが設けられた趣旨に鑑みれば、父性の推定の重複を避けるため上記の一〇〇日について一律に女性の再婚を制約することは、婚姻及び家族に関する事項について国会に認められる合理的な立法裁量の範囲を超えるものではなく、上記立法目的との関連において合理性を有する」。

基本判例16　同性愛団体の利用拒否
府中青年の家事件

東京高判平成九年九月一六日判タ九八六号二〇六頁

概要　動くゲイとレズビアンの会（アカー）は同性愛者への差別や偏見をなくすことを目的に活動する市民団体である。宿泊施設「府中青年の家」の利用を申請したところ、「青少年の健全な育成にとって、正しいとはいえない影響を与える」ことを理由に利用を拒否された。所管する東京都教育委員会は、青年の家利用条例に基づいて、今後も使用を認めない不承認処分を決定した。これに対し、アカー側が施設を利用できなかったことによる損害賠償請求を提訴した。

第一審は都の処分を不当とし、損害賠償の支払いを命じた。第二審も原告側勝訴となり、判決は確定した。

判旨　「元来は異性愛者を前提とした［男女別室宿泊］原則を、同性愛者にも機械的に適用し、結果的にその宿泊利用を一切拒否する事態を招来することは、右原則が身体障害者の利用などの際、やむを得ない場合にはその例外を認めていることと比較しても、著しく不合理であって、同性愛者の利用権を不当に制限するものといわざるを得ない。」

「青少年に対しても、ある程度の説明をすれば、同性愛について理解することが困難であるとはいえないのであり、……青年の家職員が相応の注意を払えば、同性愛者の宿泊についても、管理上の支障を生じることなく十分対応できるものと考えられる。」

「男女別室宿泊の原則……は、異性愛者を前提とする社会的慣習であり、同性愛者の使用申込に対しては、同性愛者の特殊性、すなわち右原則をそのまま適用した場合の重大な不利益に十分配慮するべきであるのに、一般的に性的行為に及ぶ可能性があることのみを重視して、同性愛者の宿泊利用を一切拒否したものであって、その際には、一定の条件を付するなどして、より制限的でない方法により、同性愛者の利用権との調整を図ろうと検討した形跡も窺えない」。

「男女別室宿泊の原則を、性的行為を行う可能性にのみ着目して、この観点から同性愛者にそのまま適用し、直ちに、本件使用申込を不承認としたものであって、都教育委員会にも、その職務を行うにつき過失があったというべきである。平成二年当時は、一般国民も行政当局も、同性愛ないし同性愛者については無関心であって、正確な知識もなかったものと考えられる。しかし、一般国民はともかくとして、都教育委員会を含む行政当局としては、その職務を行うについて、少数者である同性愛者をも視野に入れた、肌理の細かな配慮が必要であり、同性愛者の権利、利益を十分に擁護することが要請されているものというべきであって、無関心であったり知識がないということは公権力の行使に当たる者として許されないことである。このことは、現在ではもちろん、平成二年当時においても同様である」。

V 家族と平等

清末愛砂

解説

1 大日本帝国と家制度

憲法は国家の基礎的単位を個人とし、その基本的人権を保障するために一三条で個人の尊重を掲げている。しかし、大日本帝国時代は家が国家の基礎的単位とされていた。各家には、明治民法（戦後に日本国憲法の下で大改正される以前の民法旧規定上の親族編・相続編のこと）【57】に基づき、家長としての戸主が置かれ、戸主と同一戸籍に編成されている者が家の構成員とされていた。明治民法は、近代民法一般にみられる夫（父）権を規定するフランスのナポレオン法典（一八〇四年）をモデルに制定されたものであった。戸主には、構成員に対する扶養義務が課せられる一方、戸主権として構成員の婚姻や養子縁組に対する同意権、居所指定権、家籍変動同意権等が付与されていた。このように、家長として戸主に家の構成員に対する一定の権限を認め、家を統制していた制度のことを「家制度」と呼ぶ。

2 家父長支配と性支配による女性に対する抑圧

家制度は男性優位の秩序から成り立っており、例えば、家督（戸主の地位や財産）は、原則直系の長男が単独で相続するとされていた。女性が例外的に戸主として認められることもあったが、親等が同じ者の間での家督相続順位は嫡出の女性より嫡出でない男性の方が高かった等からもわかるように、家制度は性差別的な制度であった。

大日本帝国時代は夫婦間も法的に平等ではなかった。夫には妻に対する支配権（夫権）として、妻の財産管理権が付与されていたほか、原則父のみが子の親権を有していた。刑法には姦通罪が規定されていたが【57】、第一義的な処罰対象は婚姻外の性的関係を持った既婚女性であった。相手方となった男性も処罰対象とされたが、既婚男性が未婚女性と性的関係を持った場合は処罰対象にはならなかった。また、女性には参政権も認められていなかった。

ではなぜこうした家父長支配と性支配が導入されたのであろうか。天皇主権の軍事国家であった大日本帝国を維持するためには、①様々な意見や価値観を有する個人を国家の基礎的単位にすると統制が取りにくいため、②家を基礎的単位とし、各家の戸主が構成員を一定程度統制することで国家に忠実な臣民（天皇の家来）を作りだすことが求められたからである。また、こうした統制を効率よく進めるためには、各家の構成員の間で性差別に象徴されるような不平等な支配関係を法的に築くことが必要とされたのである。

3　憲法二四条と民法の大改革——個人の尊厳と両性の本質的平等

憲法の下で明治民法の大改革が行われ【58】、家制度と夫権が廃止された。その重要根拠条文は、家庭生活における個人の尊厳と両性の本質的平等を規定する二四条であった。二四条の原案はＧＨＱ民政局スタッフのベアテ・シロタ・ゴードンにより提案された。ベアテはとりわけ女性や子どもの人権に関する様々な原案を作成したが【59】、その多くは日本国憲法のＧＨＱ案から削除された。ピアニストであった父が東京藝術大学の教授を務めていた関係で若い頃に滞日経験があったベアテは、家父長支配と性支配により女性が抑圧されている姿を目にしていた。この経験が後に女性が幸せにならなければ日本は平和にならないという思いとそれに基づくベアテ草案を生んだのである。

二四条は両性の合意のみに基づく婚姻の成立（＝自由な婚姻）、および夫婦の同等の権利を規定している（同条一項）。また家族に関する立法が個人の尊厳と両性の本質的平等に基づいて制定されることを規定している（同条二項）。家庭生活における個人の尊厳と両性の本質的平等が謳われることで、家を国家の基礎的単位とし、個人、特に女性の人格を侵害した大日本帝国のありようが否定されたのである。

4　家制度と夫権の廃止以後の憲法二四条——家族内の差別や暴力の根絶

家制度と夫権の廃止により、直ちに家族内での平等が達成されるわけではない。これらの制度の廃止以後も、家族内には配偶者間の支配関係に基づく差別やＤＶ等の暴力が根強く残っている。また、現行民法規定の中にも男女間の婚姻適齢の差（民法七三一条）、女性のみを対象とする再婚禁止期間（同法七三三条）、夫婦同氏規定（同法七五〇条）等の不平等規定が残されている【58】。なお、最高裁は二〇一五年の夫婦別姓訴訟で夫婦同氏規定を合憲と判断した17。

一九七〇年代に世界規模で広がった女性解放運動やその後に発展した女性学・ジェンダー・スタディーズの影響を受け、憲法学においては家制度廃止以後の二四条の意義を積極的に解釈する試みが始まった。その結果、同条を現在まで続く家族内の不平等および家族内の支配関係に基づく暴力【60】を根絶するための条文として位置づける解釈が生まれた。しかし、現実の立法政策においては、こうした課題に向けた解決は十分に図られてこなかった。今後も二四条に基づく新たな立法政策が求められる。

5　憲法二四条と平和主義

二四条を九条とともに日本国憲法の平和主義の両輪を支える重要条文と評価する解釈も存在する。大日本帝国時代の愛国教育は同帝国の軍事主義を支える強力な手段であったが、家族内の性支配や家父長支配もまたそれを支える手段の一つであった。二四条がそれらを廃止する根拠条文となった点に鑑み、同条は男性優位の秩序によって形成される軍事主義を否定する意味を持つものと解することができる。

二四条が謳う個人の尊厳や両性の本質的平等は、個人の人格の尊重を前提とする非暴力な社会の実現なくして達成できない。また憲法前文の平和的生存権を構成する重要要素の一つである恐怖からの解放には、家族内の支配関係に基づいて生じる暴力からの自由が含まれていると解釈することもできる。これらの観点に立つと、二四条が様々な形態の家族に対して、①武力を含む各種の暴力に依拠しない非暴力な人間を育てること、また②大日本帝国時代のような軍事主義や偏狭なナショナリズム・愛国心を強制しようとする国家政策に従順に従わない、自由な人間を育てることを要請しているととらえることができるのである。

【57】民法・刑法旧規定

(1) 民法旧規定（昭和二二年法二二二号による改正前）

第一四条　妻カ左ニ掲ケタル行為ヲ為スニハ夫ノ許可ヲ受クルコトヲ要ス

一　第十二条第一項第一号乃至第六号ニ掲ケタル行為ヲ為スコト

二　贈与若シクハ遺贈ヲ受諾シ又ハ之ヲ拒絶スルコト

三　身体ニ羈絆ヲ受クルヘキ契約ヲ為スコト

＊編著者注

第一二条①　準禁治産者カ左ニ掲ケタル行為ヲ為スニハ其ノ保佐人ノ同意ヲ得ルコトヲ要ス

一　元本ヲ領収シ又ハ之ヲ利用スルコト

二　借財又ハ保証ヲ為スコト

三　不動産又ハ重要ナル動産ニ関スル権利ノ得喪ヲ目的トスル行為ヲ為スコト

四　訴訟行為ヲ為スコト

五　贈与、和解又ハ仲裁契約ヲ為スコト

六　相続ヲ承認シ又ハ之ヲ抛棄スルコト

②　贈与若シクハ遺贈ヲ受諾シ又ハ之ヲ拒絶スルコト

③　身体ニ羈絆ヲ受クルヘキ契約ヲ為スコト

第七四六条　戸主及ヒ家族ハ其家ノ氏ヲ称ス

第七四七条　戸主ハ其家族ニ対シテ扶養ノ義務ヲ負フ

第七四八条①　家族カ自己ノ名ニ於テ得タル財産ハ其特有財産トス

②　戸主又ハ家族ノ孰レニ属スルカ分明ナラサル財産ハ戸主ノ財産ト推定ス

第七四九条①　家族ハ戸主ノ意ニ反シテ其居所ヲ定ムルコトヲ得ス

②　家族カ前項ノ規定ニ違反シテ戸主ノ指定シタル居所ニ在ラサル間ハ戸主ハ之ニ対シテ扶養ノ義務ヲ免ル

③　前項ノ場合ニ於テ戸主ハ相当ノ期間ヲ定メ其指定シタル場所ニ居所ヲ転スヘキ旨ヲ催告スルコトヲ得若シ家族カ正当ノ理由ナクシテ其催告ニ応セサルトキハ戸主ハ裁判所ノ許可ヲ得テ之ヲ離籍スルコトヲ得但其家族カ未成年者ナルトキハ此限ニ在ラス

第七五〇条①　家族カ婚姻又ハ養子縁組ヲ為スニハ戸主ノ同意ヲ得ルコトヲ要ス

②　家族カ前項ノ規定ニ違反シテ婚姻又ハ養子縁組ヲ為シタルトキハ戸主ハ其婚姻又ハ養子縁組ノ日ヨリ一年内ニ離籍ヲ為シ又ハ復籍ヲ拒ムコトヲ得

③　家族カ養子ヲ為シタル場合ニ於テ前項ノ規定ニ従ヒ離籍セラレタルトキハ其養子ハ養親ニ随ヒテ其家ニ入ル

第七六八条　姦通ニ因リテ離婚又ハ刑ノ宣告ヲ受ケタル者ハ相姦者ト婚姻ヲ為スコトヲ得ス

第七七二条①　子カ婚姻ヲ為スニハ其家ニ在ル父母ノ同意ヲ得ルコトヲ要ス但男カ満三十年女カ満二十五年ニ達シタル後ハ此限ニ在ラス

第八〇一条① 夫ハ妻ノ財産ヲ管理ス
② 夫カ妻ノ財産ヲ管理スルコト能ハサルトキハ妻自ラ之ヲ管理ス
第八一三条 夫婦ノ一方ハ左ノ場合ニ限リ離婚ノ訴ヲ提起スルコトヲ得
二 妻カ姦通ヲ為シタルトキ
三 夫カ姦通罪ニ因リテ刑ニ処セラレタルトキ
五 配偶者ヨリ同居ニ堪ヘサル虐待又ハ重大ナル侮辱ヲ受ケタルトキ
六 配偶者ヨリ悪意ヲ以テ遺棄セラレタルトキ
七 配偶者ノ直系尊属ヨリ虐待又ハ重大ナル侮辱ヲ受ケタルトキ
第八七七条① 子ハ其家ニ在ル父ノ親権ニ服ス但独立ノ生計ヲ立ツル成年者ハ此限ニ在ラス
② 父カ知レサルトキ、死亡シタルトキ、家ヲ去リタルトキ又ハ親権ヲ行フコト能ハサルトキハ家ニ在ル母之ヲ行フ
第九七〇条① 被相続人ノ家族タル直系卑属ハ左ノ規定ニ従ヒ家督相続人ト為ル
一 親等ノ異ナリタル者ノ間ニ在リテハ其近キ者ヲ先ニス
二 親等ノ同シキ者ノ間ニ在リテハ男ヲ先ニス
三 親等ノ同シキ男又ハ女ノ間ニ在リテハ嫡出子ヲ先ニス
四 親等ノ同シキ者ノ間ニ在リテハ女ト雖モ嫡出子及ヒ庶子ヲ先ニス
五 前四号ニ掲ケタル事項ニ付キ相同シキ者ノ間ニ在リテハ年長者ヲ先ニス
第九八六条 家督相続人ハ相続開始ノ時ヨリ前戸主ノ有セシ権利義務ヲ承継ス但前戸主ノ一身ニ専属セルモノハ此限ニ在ラス

(2) **刑法旧規定**（昭和二二年法一二四号による改正前）
第一八三条① 有夫ノ婦姦通シタルトキハ二年以下ノ懲役ニ処ス其相姦シタル者亦同シ
② 前項ノ罪ハ本夫ノ告訴ヲ待テ之ヲ論ス但本夫姦通ヲ縦容シタルトキハ告訴ノ効ナシ

【58】現行民法規定

第七三一条（婚姻適齢） 男は、十八歳に、女は、十六歳にならなければ、婚姻をすることができない。
＊平成二八年六月改正
第七三三条（再婚禁止期間）① 女は、前婚の解消又は取消しの日から起算して百日を経過した後でなければ、再婚をすることができない。
② 前項の規定は、次に掲げる場合には、適用しない。
一 女が前婚の解消又は取消しの時に懐胎していなかった場合

二　女が前婚の解消又は取消しの後に出産した場合

第七五〇条（夫婦の氏）　夫婦は、婚姻の際に定めるところに従い、夫又は妻の氏を称する。

第七六三条（協議上の離婚）　夫婦は、その協議で、離婚をすることができる。

第七六七条（離婚による復氏等）①　婚姻によって氏を改めた夫又は妻は、協議上の離婚によって婚姻前の氏に復する。

②　前項の規定により婚姻前の氏に復した夫又は妻は、離婚の日から三箇月以内に戸籍法の定めるところにより届け出ることによって、離婚の際に称していた氏を称することができる。

第八一八条（親権者）①　成年に達しない子は、父母の親権に服する。

②　子が養子であるときは、養親の親権に服する。

③　親権は、父母の婚姻中は、父母が共同して行う。ただし、父母の一方が親権を行うことができないときは、他の一方が行う。

＊平成二五年一二月改正

第九〇〇条（法定相続分）　同順位の相続人が数人あるときは、その相続分は、次の各号の定めるところによる。

四　子、直系尊属又は兄弟姉妹が数人あるときは、各自の相続分は、相等しいものとする。ただし、父母の一方のみを同じくする兄弟姉妹の相続分は、父母の双方を同じくする兄弟姉妹の相続分の二分の一とする。

【59】ベアテ草案

第一八条　家庭は、人類社会の基礎であり、その伝統は、善きにつけ悪しきにつけ国全体に浸透する。それ故、婚姻と家庭とは、法の保護を受ける。婚姻と家庭とは、両性が法律的にも社会的にも平等であることは当然であるとの考えに基礎をおき、親の強制ではなく相互の合意に基づき、かつ男性の支配ではなく両性の協力に基づくべきことを、ここに定める。

これらの原理に反する法律は廃止され、それに代わって、配偶者の選択、財産権、相続、本居の選択、離婚並びに婚姻および家庭に関するその他の事項を、個人の尊厳と両性の本質的平等の見地に立って定める法律が制定さるべきである。

第一九条　妊婦と乳児の保育にあたっている母親は、既婚、未婚を問わず、国から守られる。彼女達が必要とする公的援助が受けられるものとする。嫡出でない子供は法的に差別を受けず、法的に認められた子供同様に、身体的、知的、社会的に成長することに於いて機会を与えられる。

第二〇条　養子にする場合には、その夫と妻、両者の合意なしに、家族にすることはできない。養子になった子供によって、家族の他のメンバーが、不利な立場になるような偏愛が起こってはならない。

長子（長男）の単独相続権は廃止する。

第二九条　老齢年金、扶養家族手当、母性の手当、事故保険、

健康保険、障害者保険、失業保険、生命保険などの十分な社会保険システムは、法律によって与えられる。

国際連合の組織、国際労働機関の基準によって、最低の基準を満たさなければならない。女性と子供、恵まれないグループの人々は、特別な保護が与えられる。

国家は、個人が自ら望んだ不利益や欠乏でない限り、そこから国民を守る義務がある。

（植野妙実子『憲法二四条　今、家族のあり方を考える』明石書店、二〇〇五年）

【60】DV防止法（配偶者からの暴力の防止及び被害者の保護等に関する法律）（平成一三年法三一号）

第一条（定義）① この法律において「配偶者からの暴力」とは、配偶者からの身体に対する暴力（身体に対する不法な攻撃であって生命又は身体に危害を及ぼすものをいう。以下同じ。）又はこれに準ずる心身に有害な影響を及ぼす言動（以下この項及び第二十八条の二において「身体に対する暴力等」と総称する。）をいい、配偶者からの身体に対する暴力等を受けた後に、その者が離婚をし、又はその婚姻が取り消された場合にあっては、当該配偶者であった者から引き続き受ける身体に対する暴力等を含むものとする。

② この法律において「被害者」とは、配偶者からの暴力を受けた者をいう。

③ この法律にいう「配偶者」には、婚姻の届出をしていないが事実上婚姻関係と同様の事情にある者を含み、「離婚」には、婚姻の届出をしていないが事実上婚姻関係と同様の事情にあった者が、事実上離婚したと同様の事情に入ることを含むものとする。

第二条（国及び地方公共団体の責務）国及び地方公共団体は、配偶者からの暴力を防止するとともに、被害者の自立を支援することを含め、その適切な保護を図る責務を有する。

基本判例17　夫婦の平等と氏名権

夫婦別姓訴訟

最大判平成二七年一二月一六日民集六九巻八号二五八六頁

概要　原告である上告人らは、民法七五〇条の婚姻の際の同氏規定（夫または妻の氏を称する）が憲法一三条、同一四条一項および同二四条に違反し、同規定の改廃を行わないことが立法の不作為にあたるとして、国に対し、国家賠償法に基づく損害賠償を求めた。

上告人A_1はA_2の氏を夫婦の氏とする婚姻の届出をしたが、通称の氏として「A_1」を使用している。上告人B_1とB_2は婚姻時に夫の氏を夫婦の氏として婚姻の届出をしたが、協議離婚をした。その後再び婚姻の届出をしたが、夫婦の氏が選択されてないことを理由に受理されなかった。上告人C_1は婚姻時にC_2の氏を夫婦の氏とする婚姻の届出をしたが、通称の氏として「C_1」を使用している。上告人D_1は婚姻時にD_2の氏を夫婦の氏とする婚姻の届出をしたが、通称の氏として「D_1」を使用している。

上告人らは、民法七五〇条が、①憲法一三条が保障する人格権としての氏の変更を強制されない自由を侵害している、②夫婦の九六％が夫の氏を選択しているという実情に鑑み、ほとんどの場合、女性のみが不利益を被っていることが憲法一四条一項に違反する、③夫婦の一方の氏の変更が婚姻の届出の要件となっていることが婚姻の自由を侵害し、憲法二四条が謳う個人の尊厳を侵害している、と主張した。

第一審（東京地裁平成二五年五月二九日）、第二審（東京高裁平成二六年三月二八日）および最高裁のいずれも上告人らの請求を棄却。

判旨　「家族は社会の自然かつ基礎的な集団単位であ」り、「個人の呼称の一部である氏をその個人の属する集団を想起させるものとして一つに定めることにも合理性がある」。「婚姻という身分関係の変動を自らの意思で選択することに伴って夫婦の一方が氏を改めるという場面であって、自らの意思に関わりなく氏を改めることが強制されるというものではない。」

氏は、「名とあいまって社会的に個人を他人から識別し特定する機能を有するものであることからすれば、自らの意思のみによって自由に定めたり、又は改めたりすることを認めることは本来の性質に沿わない」。したがって、憲法一三条に違反しない。

「夫婦がいずれの氏を称するか」は「夫婦となろうとする者の間の協議に委ねて」おり、「夫婦同氏制それ自体に男女間の形式的な不平等が存在するわけではない。」したがって憲法一四条一項に違反しない。

「夫婦同氏制は、婚姻前の氏を通称として使用することまで許さないというものではなく、近時、婚姻前の氏を通称として使用することが社会的に広まっている」。氏の変更に伴う不利益は「通称使用が広まることにより一定程度は緩和され得るものであ」り、「直ちに個人の尊厳と両性の本質的平等の要請に照らして合理性を欠く制度であるとは認めることはできない。」したがって憲法二四条に違反しない。

VI　精神的自由権

藤本晃嗣

解説

1　思想・良心の自由

憲法一九条は思想および良心という内面的な内心の自由を保障する。この自由は精神的自由の母体を成すものとされる。例えば、内面にとどまらず内心に基づき外面的な活動を起こすと、それは「表現の自由」の問題となる。内面にとどまる場合でも、宗教的なものであれば「信教の自由」の問題に、論理的・体系的知識に関するものであれば「学問の自由」の問題になる。内心の自由の保障が絶対的であることは自明であるので、この自由の保障規定をもつ憲法は世界的に稀である。日本国憲法は、明治憲法下での激しい思想弾圧への反省から、内心の自由を精神的自由の諸規定の冒頭に置いた。

内心の自由の保障は具体的には、①個人が特定の思想などを強要または禁止されないこと、②個人が特定の思想をもっていることを理由に不利益な取り扱いを受けないこと（企業による不利益取り扱い事例ではあるが、**6**を参照）、③内心の表明を強制されないことの三つを意味する。近年、公立高校での卒業式などでの国旗掲揚、国歌の起立斉唱の義務付けが、内心の自由への侵害にあたるのではないかと問われている。

2　表現の自由

表現の自由とは、内心での内面的な精神活動のすべてのもの（「情報」という）を様々な手法で外部に公表する外面的な精神活動の自由を指し、情報の収集・提供・受領の全過程における自由を広く含むとされる。知る権利は、表現の自由を、情報の受け手の自由を保障するために捉え直したものである。知る権利は多義的だが、私人の情報収集・受領行為への妨害を排除する機能をもつ一方で、公権力に対する積極的な情報公開請求権を含むと考えられる。後者の具体的な実現には立法や条例制定が必要で、また個人情報保護の点などから制約を受ける。報道機関の報道は、国民の国政関与に必要な情報を提供し、知る権利に奉仕するので、報道の自由は表現の自由として保障を受ける。民主主義社会において、報道機関は第四の社会的権力として政治権力を監視する重要な役割を負っている【61】。なお、憲法二一条は表現の自由の一環として集会・結社の自由を保障している。集会には集団行進と集団示威運動（デモ行進）が含まれる**18**。結社として想定されている典型例は政治団体である。

表現の自由は、必要な情報を得て、①個人が人格を発展させること（個人の自己実現）と、②国民による立憲民主主義の維持・運営（国民の自己統治）にとって不可欠であるため、「優越的地位」をもつ。これは他の人権よりも表現の自由が重要であることでは必ずしもなく、表現の自由への制約の合憲性は他の人権よりも厳格な基準に基づき判断されなければならないことを意味する（二重の基準論）。事前に表現行為を抑制する趣旨の「検閲」は、二一条二項が絶対的に禁止している。検閲には様々な理解があるが、最高裁はこれを非常に限定的に解している**19**。

一定の内容の表現に対する規制（表現内容規制）は、政府が恣意的に行いがちで、また表現の自由の性質を考えると、その合憲性は厳しく判断されなければならない。こうした規制として、これまで性表現行為**20**・違法な行為の煽動・名誉棄損的表現への規制や、行政の中立性確保を目的とした公務員の政治活動の禁止**21**が議論されてきた。表現内容規制の合憲性を審査する基準として、アメリカの判例で形成された「明白かつ現在の危険」の法理がある。これは、表現や集会は、それが単に抽象的危険（害悪の発生のおそれがあるが、現実には害悪が発生していない状態）を生じさせるというだけでは、規制できず、明らかに、直ちに重大な害悪が発生し、他の手段ではその害悪の発生を防止できない場合に規制できるというもので、極めて厳格な基準とされる。日本の判例にもこの法理の影響を受けたと思われるものがある**18**が、最高裁がこの法理で違憲の判断を下したことはない。

近年、差別煽動表現**22**や自己決定能力の乏しい子どもが被写体となる児童ポルノへの規制を強める動きがみられる。これらは課題を抱えているものの、国際的な基準に適うものでもあり評価できる。

表現の自由への制約としては他に、表現の時・場所・方法を表現内容に中立に規制（表現内容中立規制）する方法があり、美観保護を目的とする屋外広告物条例での立看板の禁止などがこれに当たる。この規制は表現内容規制より公権力の恣意的な判断が入らないので、若干緩やかな合憲性の判断に服するとされる。とはいえ、規制手段が広範な法に対しては、制約目的（立法目的）の達成にとって必要最小限度の（より制限的でない）規制手段を要求する審査基準でその合憲性を判断することが求められる。もっとも、共同住宅に政治的なビラを配布した者が住居侵入罪で逮捕・起訴される23一方で、ピザなどの宅配宣伝のビラを配布する者はそうした処遇を受けないことを考えると、この規制に恣意的な判断が入らないとは言い切れない。

3　信教の自由

二〇条一項前段と二項は、信教の自由を人権として保障しており、①信仰の自由、②宗教的活動の自由、③宗教的結社の自由からなる。①は内心の自由の一部であり絶対的な保障を受ける。②と③は、その自由の行使の影響が他者に及ぶ場合、制約を受けることがある。例えば②の場合、加持祈祷中の行為で他人を死に至らせる行為は「著しく反社会的」であり認められない（最大判昭和三八年五月一五日刑集一七巻四号三〇二頁）。ただし、信仰を理由とする治療行為の拒否は、それが判断能力が十分にある者の決定ならば保障を受ける（最判平成一二年二月二九日民集五四巻二号五八二頁）。信仰を理由に公立学校で必修科目の剣道実技への参加を拒否した高校生に、校長が留年・退学の処分をしたことは、裁量権の範囲を越える違法なものとされる（最判平成八年三月八日民集五〇巻三号四六九頁）。次に③の場合、地下鉄サリン事件などを起こしたオウム真理教に対する裁判所の宗教法人法に基づく解散命令は、同法が付与した法人格を奪うことになるが、宗教団体や信者の精神的宗教的側面に介入する意図がないもので違憲ではない（最決平成八年一月三〇日民集五〇巻一号一九九頁）。

二〇条一項後段と三項、そして八九条は国家と宗教の分離を求める政教分離原則を定める。この原則は人権ではなく、信教の自由の保障を確保し補強する意味をもつ制度的保障として理解されている。司法の場では、戦前の歴史的経験から、国家と神道との結びつきが問われてきた。最高裁は津地鎮祭訴訟判決で、政教分離原則違反の判断基準を最初に明らかにした。そこでは、国家と宗教との関わりの完全な分離は困難だが、相当とされる限度を超える場合は許されない。それは、国家の行為が宗教的意義をもつ目的があり、宗教に対する援助や圧迫などの効果がある場合である、とした。いわゆる目的効果基準である24。この基準を用いて、最高裁は愛媛玉串料訴訟判決で、靖国神社や護国神社の祭礼への公金支出を政教分離原則違反と最初に判断した。これら神社の祭礼には戦没者慰霊の趣旨があるが、そうであっても国が特定の宗教団体を選んで祭礼に参加することは許されないとの姿勢が示された25。後に最高裁は、公有地の神社への無償貸与につき、目的効果基準を用いず、この基準の前提である「相当とされる限度を超える」か否かを判断し、違憲とした26。

静謐な宗教的環境の下で信仰生活を送るべき利益が宗教上の人格権として主張されることがある27。この権利は、靖国神社への首相の公式参拝のように政教分離原則違反の疑いある行為が、自身の信教の自由を侵害していると主張しにくい場合にも用いられてきた。

4　学問の自由

学問の自由を保障する憲法二三条は、戦前の滝川事件や天皇機関説事件【66】【67】などで国家が大学での研究・教育に介入し弾圧を加えたことの反省に立って定められたものである。学問の自由は、学問研究の自由とその成果発表の自由からなり、その主な担い手は大学の研究者である28。成果発表の自由と関連して、大学における教授の自由も学問の自由に含まれてくる。この教授（教育）の自由は、初等中等教育機関にも認めるべきとされる。その場合、国が教育内容等について画一的な基準を設けたり、教科書検定を行うことは、この教授の自由の侵害に当たるのではないかとの議論がある[29][30]。

二三条は大学の自治も保障する。これは、学問の自由の保障のために、その主要な舞台となる大学が自身の管理運営を国家権力の介入を受けることなく行わなければならない要請に基づく。大学の自治の主体に学生を認めるべきという「学生の自治」を学問の自由として認めるべきとの意見もあるが、これは大学によって認められるものである。

日本の国旗・国歌と憲法一九条

「日の丸」を国旗、「君が代」を国歌とする扱いは、それを定める法律がないまま、戦前・戦後を通じて長く継続した。しかし、日の丸・君が代が日本の戦前の軍国主義や侵略戦争において大きな役割を果たしたと考える人びとは、これらを国旗・国歌とは認められないと主張し続けてきた。一九八九年、文部省（現・文部科学省）は学習指導要領を改訂した際、「入学式や卒業式などにおいては、その意義をふまえ、国旗を掲揚するとともに、国歌を斉唱するよう指導するものとする」と定めたため、教職員組合などによる強い反対運動が各地で起きた（学習指導要領は、この内容を現在でも維持している）。

一九九九年、「国旗及び国歌に関する法律」が制定され、日の丸（日章旗）が国旗、君が代が国歌とされた。政府は同法の制定過程において、「この法律自体から生ずる効果としては、国民が掲揚の義務を課されたり、斉唱の義務を課されたりするということは一切ない」とし（一九九九年七月二一日衆議院内閣委員会での大森内閣法制局長官答弁）、政府は同法によって「国旗の掲揚等に関し義務づけを行うことは考えて「いない」」（同年六月二九日衆議院本会議での小渕内閣総理大臣答弁）との見解も示した。また、学校行事における起立や斉唱については、人によってそれをする、しないの自由があり、「この法制化はそれを画一的にしようというわけではない」（同年七月二一日国会内閣委員会文教委員会連合審査会での野中内閣官房長官答弁）との見解も示した。しかし、本法施行後、学校行事での国旗掲揚・国歌斉唱がより厳しく求められ始め、東京都教育委員会のように、公立学校の校長に通達を発し、教職員が国歌斉唱の際、「国旗に向かって起立し、国歌を斉唱する」ように職務命令を出すことを命じる自治体があらわれた。

こうした職務命令に反して、減給・停職処分などの懲戒処分を受けたり、定年後の再雇用を拒否された多くの教職員が、こうした通達やこれに基づく起立斉唱命令が憲法一九条違反であるとして、各地で損害賠償等訴訟を提起した。最高裁は、平成二三年五月三〇日の判決（民集六五巻四号一七八〇頁）を皮切りに、そのすべてにおいて憲法違反の主張を退けた。唯一、平成二四年一月一六日の第一法廷判決（判時二一四七号一二七頁）は、合憲判断を下しながらも、減給・停職処分の一部を裁量権逸脱として取り消した。

日の丸・君が代が現在、国民の間に相当程度浸透したと言える中で、日の丸に敬意を示し、君が代を歌うことで、自身の内心の自由（原告によっては信仰の自由）が侵され、強い抵抗感をもつ事態に追い込まれている人びとがいる。一連の最高裁判決は、こうした人びとを人権保障から置き去りにする当否を、個人主義や民主主義の観点から検討する視点を欠いている。

i　表現の自由

【61】報道の自由と民主主義

「報道の責務は権力監視」

オバマ氏最後の会見　トランプ氏戒め

【ワシントン共同】オバマ米大統領は18日、ホワイトハウスでの任期最後の記者会見で「巨大な権力を持つ人たちに批判的な視点を投げ掛けることが皆さんの仕事だ」と述べ、権力監視というメディアの大切な職責を忘れないよう強く促した。

自分に不都合な情報を報じるメディアを公然と非難し、記者会見で質問を受け付けないなど、メディアを軽視する姿勢を見せるトランプ次期大統領を念頭に置いた発言。記者会見をほとんど開かず、ツイッターで自分の思いを一方的に発信するトランプ氏の姿勢を戒めた。

最後の会見は1時間に及んだが、オバマ氏は冒頭、入院したブッシュ元大統領夫妻の回復を願った後、報道の役割に触れた。メディアが民主主義に不可欠との認識を示しながら「あなた方は（権力に対し）懐疑的であるべきだし、厳しい質問をすべきだ」と語った。「皆さんと仕事ができて楽しかった。それは無論、皆さんが書いた全ての記事に満足したというわけではない。しかし、それこそが（権力とメディアの）関係の重要な点だ」と指摘し、権力者は自らへの批判を甘受すべきだと説いた。

また、トランプ氏が制裁解除と引き換えにロシアとの核軍縮合意に期待を示したことについて、「制裁はロシアが他国の主権を侵害したために発動された。混同するべきではない」と指摘。トランプ氏の「取引外交」に懸念を示した。

（二〇一七年一月二〇日　新潟日報朝刊、共同通信配信）

【62】情報公開法（行政機関の保有する情報の公開に関する法律）（平成一一年日法四二号）

第一条（目的）　この法律は、国民主権の理念にのっとり、行政文書の開示を請求する権利につき定めること等により、行政機関の保有する情報の一層の公開を図り、もって政府の有するその諸活動を国民に説明する責務が全うされるようにするとともに、国民の的確な理解と批判の下にある公正で民主的な行政の推進に資することを目的とする。

第三条（開示請求権）　何人も、この法律の定めるところにより、行政機関の長……に対し、当該行政機関の保有する行政文書の開示を請求することができる。

【63】個人情報保護法（個人情報の保護に関する法律）（平成一五年法五七号）

第一条（目的）　この法律は、高度情報通信社会の進展に伴い個人情報の利用が著しく拡大していることに鑑み、個人情報の適正な取扱いに関し、基本理念及び政府による基本方針の作成その他の個人情報の保護に関する施策の基本となる事項を定め、国及び地方公共団体の責務等を明らかにするとともに、個人情報を取り扱う事業者の遵守すべき義務等を定めることにより、個人情報の適正かつ効果的な活用が新たな産業の創出並びに活力ある経済社会及び豊かな国民生活の実現に資するものであることその他の個人情報の有用性に配慮しつつ、個人の権利利益を保護することを目的とする。

第二条（定義）①　この法律において「個人情報」とは、生存する個人に関する情報であって、次の各号のいずれかに該当するものをいう。

一　当該情報に含まれる氏名、生年月日その他の記述等（文書、図画若しくは電磁的記録……に記載され、若しくは記録され、又は音声、動作その他の方法を用いて表された一切の事項……をいう。以下同じ。）により特定の個人を識別することができるもの（他の情報と容易に照合することができ、それにより特定の個人を識別することができることとなるものを含む。）

二　個人識別符号が含まれるもの

【64】特定秘密保護法（特定秘密の保護に関する法律）（平成二五年法一〇八号）

第一条（目的）　この法律は、国際情勢の複雑化に伴い我が国及び国民の安全の確保に係る情報の重要性が増大するとともに、高度情報通信ネットワーク社会の発展に伴いその漏えいの危険性が懸念される中で、我が国の安全保障……に関する情報のうち特に秘匿することが必要であるものについて、これを適確に保護する体制を確立した上で収集し、整理し、及び活用することが重要であることに鑑み、当該情報の保護に関し、特定秘密の指定及び取扱者の制限その他の必要な事項を定めることにより、その漏えいの防止を図り、もって我が国及び国民の安全の確保に資することを目的とする。

第三条（特定秘密の指定）①　行政機関の長……は、当該行政機関の所掌事務に係る別表に掲げる事項に関する情報であって、公になっていないもののうち、その漏えいが我が国の安全保障に著しい支障を与えるおそれがあるため、特に秘匿することが必要であるもの（日米相互防衛援助協定等に伴う秘密保護法……第一条第三項に規定する特別防衛秘密に該当するものを除く。）を特定秘密として指定するものとする。ただし、内閣総理大臣が第十八条第二項に規定する者の意見を聴いて政令で定める行政機関の長については、この限りでない。

第二二条（この法律の解釈適用）①　この法律の適用に当たっては、これを拡張して解釈して、国民の基本的人権を不当に侵害するようなことがあってはならず、国民の知る権利の保障に資する報道又は取材の自由に十分に配慮しなければならない。

②　出版又は報道の業務に従事する者の取材行為については、専ら公益を図る目的を有し、かつ、法令違反又は著しく不当な方法によるものと認められない限りは、これを正当な業務による行為とするものとする。

第七章　罰　則

第二三条①　特定秘密の取扱いの業務に従事する者がその業務により知得した特定秘密を漏らしたときは、十年以下の懲役に処し、又は情状により十年以下の懲役及び千万円以下の罰金に処する。特定秘密の取扱いの業務に従事しなくなった後においても、同様とする。

② 第四条第五項、第九条、第十条又は第十八条第四項後段の規定により提供された特定秘密について、当該提供の目的である業務により当該特定秘密を知得した者がこれを漏らしたときは、五年以下の懲役に処し、又は情状により五年以下の懲役及び五百万円以下の罰金に処する。第十条第一項第一号ロに規定する場合において提示された特定秘密について、当該特定秘密の提示を受けた者がこれを漏らしたときも、同様とする。

③ 前二項の罪の未遂は、罰する。

第二四条① 外国の利益若しくは自己の不正の利益を図り、又は我が国の安全若しくは国民の生命若しくは身体を害すべき用途に供する目的で、人を欺き、人に暴行を加え、若しくは人を脅迫する行為により、又は財物の窃取若しくは損壊、施設への侵入、有線電気通信の傍受、不正アクセス行為（不正アクセス行為の禁止等に関する法律（平成十一年法律第百二十八号）第二条第四項に規定する不正アクセス行為をいう。）その他の特定秘密を保有する者の管理を害する行為により、特定秘密を取得した者は、十年以下の懲役に処し、又は情状により十年以下の懲役及び千万円以下の罰金に処する。

② 前項の罪の未遂は、罰する。

第二五条① 第二十三条第一項又は前条第一項に規定する行為の遂行を共謀し、教唆し、又は煽動した者は、五年以下の懲役に処する。

② 第二十三条第二項に規定する行為の遂行を共謀し、教唆し、又は煽動した者は、三年以下の懲役に処する。

別表（第三条、第五条－第九条関係）

一 防衛に関する事項

二 外交に関する事項

三 特定有害活動の防止に関する事項

四 テロリズムの防止に関する事項

基本判例18　集団示威運動への制約の合憲性
新潟県公安条例事件

最大判昭和二九年一一月二四日刑集八巻一一号一八六六頁

概要　Yらは一九四九年四月、密造酒事件で一斉検挙された者らの即時釈放を求めて、警察署前で二〇〇名以上の無許可の集団示威運動を指導したとして、「新潟県公安条例」違反に問われた。Yらは、集団示威運動が公安委員会の許可を必要とするとした同条例は憲法違反だとして上告したが、棄却された。

判旨　「行列行進又は公衆の集団示威運動（以下単にこれらの行動という）は、公共の福祉に反するような不当な目的又は方法によらないかぎり、本来国民の自由とするところであるから、条例においてこれらの行動につき単なる届出制を定めることは格別、そうでなく一般的な許可制を定めてこれを事前に抑制することは、憲法の趣旨に反し許されない」。「しかしこれらの行動といえども公共の秩序を保持し、又は公共の福祉が著しく侵されることを防止するため、特定の場所又は方法につき、合理的かつ明確な基準の下に、予じめ許可を受けしめ、又は届出をなさしめてこのような場合にはこれを禁止することができる旨の規定を条例に設けても、これをもつて直ちに憲法の保障する国民の自由」は不当に制限されない。「かかる条例の規定は、なんらこれらの行動を一般に制限するのでなく、前示の観点から単に特定の場所又は方法について制限する場合があることを認めるに過ぎないからである。さらにまた、これらの行動について公共の安全に対し明らかな差迫つた危険を及ぼすことが予見されるときは、これを許可せず又は禁止することができる旨の規定を設けることも、これをもつて直ちに憲法の保障する国民の自由」は不当に制限されない。

本条例一条が「許可を受けることを要求する行動は、冒頭に述べた趣旨において特定の場所又は方法に関するものに限ることがうかがわれ、またこれらの行動といえども特段の事由のない限り許可することを原則とする趣旨である」。「条例の趣旨全体を綜合して考察すれば、本件条例は許可の語を用いてはいるが、これらの行動そのものを一般的に許可制によつて抑制する趣旨ではなく、……特定の場所又は方法についてのみ制限する場合があることを定めたものに過ぎ」ず、憲法違反ではない。

本条例四条一項は、「公安を害するおそれがあると認める場合は」公安委員会が許可しないと解釈できるので、本条項を唯一の基準とすると、同委員会が裁量で不当な制限をするおそれがあり、「かかる一般的抽象的な基準を唯一の根拠とすれば、本件条例は憲法の趣旨に適合」しない。しかし、これらの行動への規制は、これを「唯一の基準とするのでなく、条例の各条項及び附属法規全体を有機的な一体として考察し、その解釈適用により行われる」ので違憲ではない。

基本判例19　**検閲とは何か**
札幌税関検査事件

最大判昭和五九年一二月一二日民集三八巻一二号一三〇八頁

概要　書籍輸入業者X（原告・被控訴人・上告人）は、欧米の商社に八ミリ映画フィルム、書籍等を注文し、これらがXあて外国郵便物として札幌中央郵便局に到着した。同局は関税法七六条三項に基づき函館税関札幌税関支署に通知し、税関職員が検査したところ、ポルノ写真等が掲載されていたため、同税関支署長Y_1（被告・控訴人・被上告人）は、関税定率法二一条一項三号「公安又は風俗を害すべき書籍、図画、彫刻物その他の物品」に該当する輸入禁制品と判断し、その旨を同条三項に基づきXに通知した。この通知に不服のXは、函館税関長Y_2（被告・控訴人・被上告人）に対し異議を申し出たが、Y_2が棄却決定をしたため、通知と棄却決定の取消しを求めて出訴した。

第一審は、本件通知等は違法・違憲としたが、控訴審は、税関検査は憲法の禁止する検閲に当たらないとした。最高裁はXの上告を棄却した。

判旨　「憲法が、表現の自由につき、広くこれを保障する旨の一般的規定を同条一項に置きながら、別に検閲の禁止についてかような特別の規定を設けたのは、検閲がその性質上表現の自由に対する最も厳しい制約となるものであることにかんがみ、これについては、公共の福祉を理由とする例外の許容……をも認めない趣旨を明らかにしたものと解すべきである。」

憲法二一条二項の「『検閲』とは、行政権が主体となつて、思想内容等の表現物を対象とし、その全部又は一部の発表の禁止を目的として、対象とされる一定の表現物につき網羅的一般的に、発表前にその内容を審査した上、不適当と認めるものの発表を禁止することを、その特質として備えるものを指す」。

「税関検査は行政権によつて行われるとはいえ、その主体となる税関は、関税の確定及び徴収を本来の職務内容とする機関であつて、特に思想内容等を対象としてこれを規制することを独自の使命とするものではなく、また、前述のように、思想内容等の表現物につき税関長の通知がされたときは司法審査の機会が与えられているのであつて、行政権の判断が最終的なものとされるわけではない。

以上の諸点を総合して考察すると、三号物件に関する税関検査は、憲法二一条二項にいう『検閲』に当たらないものというべきである。」

「関税定率法二一条一項三号にいう『風俗を害すべき書籍、図画』等とは、猥褻な書籍、図画等を指すものと解すべきであり、右規定は広汎又は不明確の故に違憲無効ということはできず、当該規定による猥褻表現物の輸入規制が憲法二一条一項の規定に違反するものでない」。

基本判例20　猥褻文書頒布罪と表現の自由
チャタレイ事件

最大判昭和三二年三月一三日刑集一一巻三号九九七頁

概要　出版社社長Y_1は、D・Hロレンスの著作『チャタレイ夫人の恋人』の翻訳をY_2に依頼して、同訳書を出版し多数の一般読者に販売した。Y_1とY_2は共謀して、これを販売したとして刑法一七五条の猥褻文書頒布罪に該当するとして起訴された。第一審はY_1を有罪、Y_2を無罪とし、第二審はY_1・Y_2ともに有罪とした。最高裁は原審を支持して上告を棄却した。本判決には、法は多数派の常識である道徳を強制でき、そのために人権の制約は可能との司法の思想を垣間見ることができる。

判旨　「猥褻文書たるためには、羞恥心を害することと性欲の興奮、刺戟を来すことと善良な性的道義観念に反することが要求される。」

「猥褻文書は性欲を興奮、刺戟し、人間をしてその動物的存在の面を明瞭に意識させるから、羞恥の感情をいだかしめる。そしてそれは人間の性に関する良心を麻痺させ、理性による制限を度外視し、奔放、無制限に振舞い、性道徳、性秩序を無視することを誘発する危険を包蔵している。」

「性道徳に関しても法はその最少限度を維持することを任務とする。そして刑法一七五条が猥褻文書の頒布販売を犯罪として禁止しているのも、かような趣旨に出ているのである。」

「著作が一般読者に与える興奮、刺戟や読者のいだく羞恥感情の程度といえども、裁判所が判断すべきものである。そして裁判所が右の判断をなす場合の規準は、一般社会において行われている良識すなわち社会通念である。この社会通念は、『個々人の認識の集合又はその平均値でなく、これを超えた集団意識であり、個々人がこれに反する認識をもつことによって否定するものでない』こと原判決が判示している」。

「以前に猥褻とされていたものが今日ではもはや一般に猥褻と認められなくなつたといえるほど著るしい社会通念の変化は認められない」。「一歩譲つて相当多数の国民層の倫理的感覚が麻痺しており、真に猥褻なものを猥褻と認めないとしても、裁判所は良識をそなえた健全な人間の観念である社会通念の規範に従つて、社会を道徳的頽廃から守らなければならない。けだし法と裁判とは社会的現実を必ずしも常に肯定するものではなく、病弊堕落に対して批判的態度を以て臨み、臨床医的役割を演じ」る必要がある。

「本訳書の性的場面の描写は、社会通念上認容された限界を超えているものと認められる。従つて原判決が本件訳書自体を刑法一七五条の猥褻文書と判定したことは正当であ」る。

表現の自由は、「極めて重要なものではあるが、……公共の福祉によつて制限される」。「性的秩序を守り、最少限度の性道徳を維持することが公共の福祉の内容をなすことについて疑問の余地がないのであるから、本件訳書を猥褻文書と認めその出版を公共の福祉に違反するものとなした原判決は正当であ」る。

基本判例21　公務員の全面的な政治活動の禁止
猿払事件

最大判昭和四九年一一月六日刑集二八巻九号三九三頁

概要　Yは、北海道猿払《さるふつ》村の郵便局に勤務する郵政事務官で、猿払地区労働組合協議会事務局長を務めていたが、一九六七年一月告示の衆議院議員選挙で、日本社会党を支持する目的で、同党公認候補者の選挙用ポスター六枚を自ら公営掲示場に掲示したほか、右ポスター合計約一八四枚の掲示を他に依頼して配布した。Yの右行為は、政治的行為を禁じる国家公務員法一〇二条および人事院規則一四－七等に違反するとして起訴された。第一審と原審はYを無罪としたが、最高裁はYを有罪とした。

判旨　「公務員の政治的中立性を損うおそれのある公務員の政治的行為を禁止することは、それが合理的で必要やむをえない限度にとどまるものである限り」、憲法が許容する。

その判断は、「禁止の目的、この目的と禁止される政治的行為との関連性、政治的行為を禁止することにより得られる利益と禁止することにより失われる利益との均衡の三点から検討することが必要である。」

公務員の党派的偏向により、行政組織内部に深刻な政治的対立を醸成し、民主的に決定された国の政策の忠実な遂行に重大な支障をきたす恐れがある。「このような弊害の発生を防止し、行政の中立的運営とこれに対する国民の信頼を確保するため、公務員の政治的中立性を損うおそれのある政治的行為を禁止することは、まさしく憲法の要請に応え、公務員を含む国民全体の共同利益を擁護するための措置にほかならないのであつて、その目的は正当なものというべきである。また、右のような弊害の発生を防止するため、公務員の政治的中立性を損うおそれがあると認められる政治的行為を禁止することは、禁止目的との間に合理的な関連性があるものと認められるのであつて、たとえその禁止が、公務員の職種・職務権限、勤務時間の内外、国の施設の利用の有無等を区別することなく、あるいは行政の中立的運営を直接、具体的に損う行為のみに限定されていないとしても、右の合理的な関連性が失われるものではない。」

「公務員の政治的中立性を損うおそれのある行動類型に属する政治的行為を、……その行動のもたらす弊害の防止をねらいとして禁止するときは、同時にそれにより意見表明の自由が制約されることにはなるが、それは、単に行動の禁止に伴う限度での間接的、付随的な制約に過ぎず」、「他面、禁止により得られる利益は、公務員の政治的中立性を維持し、行政の中立的運営とこれに対する国民の信頼を確保するという国民全体の共同利益なのであるから、得られる利益は、失われる利益に比してさらに重要なものというべきであり、その禁止は利益の均衡を失するものではない。」

基本判例22　差別的示威活動とその映像公開への人種差別認定

街宣宣伝差止め等請求事件

京都地判平成二五年一〇月七日判時二二〇八号七四頁

概要　Yらは二〇〇九年一二月から三回にわたり、学校法人Xが運営する京都朝鮮第一初級学校近辺で威圧的な示威活動を行い、さらにその様子をインターネットを通じて公開した。Xは、Yらに対して損害賠償を請求し、同様の示威活動を行うことの差止めを求める訴えを提起した。京都地裁は、Xの請求の大部分を認容し、Yらに対して約一二〇〇万円の損害賠償と差止めを命じた。控訴審は第一審の結論を維持し、最高裁は上告を棄却、上告受理申立て不受理とした。

判旨　人種差別撤廃条約は締約国に対し、二条一項で人種差別を禁止し終了させる措置を求め、六条で裁判所を通じて、人種差別に対する効果的な救済措置を確保するよう求める。これらは、「締約国の裁判所に対し、その名宛人として直接に義務を負わせる規定であると解される。このことから、わが国の裁判所は、人権差別撤廃条約上、同法律を条約の定めに適合するように解釈する責務を負う」。

「例えば、一定の集団に属する者の全体に対する人種差別発言が行われた場合に、個人に具体的な損害が生じていないにもかかわらず、人種差別行為がされたというだけで、裁判所が、当該行為を民法七〇九条の不法行為に該当するものと解釈し、行為者に対し、一定の集団に属する者への賠償金の支払を命じるようなことは、不法行為に関する民法の解釈を逸脱しているといわざるを得ず、新たな立法」が必要となる。

損害賠償について、「わが国の裁判所は、単に人種差別行為がされたというだけでなく、これにより具体的な損害が発生している場合に初めて、民法七〇九条に基づき、加害者に対し、被害者への損害賠償を命じることができるというにとどまる。

しかし、人種差別となる行為が無形損害……を発生させており、法七〇九条に基づき、行為者に対し、被害者への損害賠償を命ずることができる場合には、わが国の裁判所は、人権差別撤廃条約上の責務に基づき、同条約の定めに適合するよう無形損害に対する賠償額の認定を行うべきものと解される。……無形損害に対する賠償額は、行為の違法性の程度や被害の深刻さを考慮して、裁判所がその裁量によって定めるべきものであるが、人種差別行為による無形損害が発生した場合、人権差別撤廃条約二条一項及び六条により、加害者に対し支払を命ずる賠償額は、人種差別行為に対する効果的な保護及び救済措置となるような額を定めなければならない」。

基本判例23　集合住宅へのビラ配布と表現の自由
立川宿舎反戦ビラ事件

最判平成二〇年四月一一日刑集六二巻五号一二一七頁

概要　「立川自衛隊監視テント村」という団体の構成員として、反戦平和を課題とし、示威運動、駅頭情報宣伝活動、駐屯地に対する申入れ活動等を行っているYら三名は、テント村活動の一環として、「自衛隊のイラク派兵反対」等の標題のビラを、防衛庁（当時）の職員およびその家族が居住する立川宿舎の各室玄関ドアの新聞受けに投かんする目的で、宿舎敷地内に入り込み、各号棟一階出入口から各室玄関前まで立ち入ったため、刑法一三〇条の住居侵入罪にあたるとして起訴された。第一審はYを無罪としたが、第二審と最高裁は有罪とした。

判旨　「立川宿舎の各号棟の構造及び出入口の状況、その敷地と周辺土地や道路との囲障等の状況、その管理の状況等によれば、各号棟の一階出入口から各室玄関前までの部分は、居住用の建物である宿舎の各号棟の建物の一部であり、宿舎管理者の管理に係るものであるから、居住用の建物の一部として刑法一三〇条にいう『人の看守する邸宅』に当た」り、「各号棟の敷地のうち建築物が建築されている部分を除く部分は、各号棟の建物に接してその周辺に存在し、かつ、管理者が外部との境界に門塀等の囲障を設置することにより、これが各号棟の建物の付属地として建物利用のために供されるものであることを明示している」ので、「上記部分は、『人の看守する邸宅』の囲にょう地として、邸宅侵入罪の客体になる」。

「刑法一三〇条前段にいう『侵入し』とは、他人の看守する邸宅等に管理権者の意思に反して立ち入ることをいうものであるところ」、「被告人らの本件立川宿舎の敷地及び各号棟の一階出入口から各室玄関前までの立入りは、刑法一三〇条前段に該当するものと解すべきである。」

「本件では、表現そのものを処罰することの憲法適合性が問われているのではなく、表現の手段すなわちビラの配布のために『人の看守する邸宅』に管理権者の承諾なく立ち入ったことを処罰することの憲法適合性が問われているところ、本件で被告人らが立ち入った場所は、防衛庁の職員及びその家族が私的生活を営む場所である集合住宅の共用部分及びその敷地であり、自衛隊・防衛庁当局がそのような場所として管理していたもので、一般に人が自由に出入りすることのできる場所ではない。たとえ表現の自由の行使のためとはいっても、このような場所に管理権者の意思に反して立ち入ることは、管理権者の管理権を侵害するのみならず、そこで私的生活を営む者の私生活の平穏を侵害するものといわざるを得ない。したがって、本件被告人らの行為をもって刑法一三〇条前段の罪に問うことは、憲法二一条一項に違反するものではない。」

【65】靖国神社等の歴史と靖国神社関連等訴訟の判決状況

1988年6月1日	最大判	殉職自衛官合祀拒否訴訟	合　憲
1990年11月9日	大阪地判	靖国神社への内閣総理大臣参拝の合憲性	合　憲
1991年1月10日	仙台高判	岩手県議会靖国神社公式参拝議決・岩手県靖国神社玉ぐし料等支出、損害賠償訴訟	違　憲
1992年2月28日	福岡高判	靖国神社への内閣総理大臣参拝の合憲性（九州訴訟）	合憲（但し、傍論で違憲の疑いがあることを指摘）
1992年7月30日	大阪高判	同上（関西訴訟）	同　上
1993年2月16日	最三小判	箕面忠魂碑・慰霊祭訴訟	合　憲
1995年3月9日	大阪高判	即位の礼・大嘗祭国費支出差止等請求訴訟	合　憲（但し、傍論で違憲の疑いを一概に否定できないことを指摘）
1997年4月2日	最大判	愛媛県玉串料公費支出返還訴訟	違　憲
1998年9月25日	福岡高判	抜穂の儀への大分県知事参列の合憲性	合　憲
2004年4月7日	福岡地判	靖国神社への内閣総理大臣参拝の合憲性	違　憲
2005年9月30日	大阪高判	同　上	違　憲
2010年12月21日	大阪高判	靖国神社への合祀取消訴訟	合　憲（但し傍論で、国が靖国神社の行う合祀という宗教行為そのものを援助、助長し、これに影響を与える行為を行っていたことを指摘）
2011年11月30日	最二小判	靖国神社への合祀による民族的人格権侵害訴訟	合　憲

靖国神社は、幕末維新期の官軍側の国事受難者を祀るため、明治天皇の意志で東京九段に1869（明2）年に創建された東京招魂社が始まりである。1879年に靖国神社と改称された。陸海軍省の所管に属し、日清戦争以後は対外戦争の戦死者を合祀した。第二次世界大戦後、GHQ（連合国最高司令官総司令部）の神道令で国家と分離され、単立の宗教法人となった。

1950年代になると、日本遺族会がその国家護持を目指す活動を活発化させた。これを受けて自由民主党は1969年から5回連続で靖国神社国営化法案を国会に提出したが、1974年に廃案となった。靖国神社の国家護持を目指す諸団体はその後、8月15日に首相が靖国神社に公人として公式参拝を行うことを求めるようになった。中曽根康弘首相は1985年8月9日、その私的諮問機関である「閣僚の靖国神社参拝問題に関する懇談会」に報告書を提出させ、これに基づいて同年8月15日に公式参拝を初めて実施した。小泉純一郎首相は、2002年から毎年参拝したが、最終的に自身の参拝が公式かどうかについての明言を避けた。

護国神社は、幕末維新期の国事受難者を祀るために創建された全国各地の招魂社を、1939（昭14）年内務省令により改称し整備した神社である。一道府県一社を原則とする指定護国神社と、村社に相当する指定外護国神社に分かれる。その地方出身の靖国神社祭神を祭神とするよう規定され、指定護国神社は実質的に靖国神社の地方分祀であった。第二次世界大戦後、神社本庁に加盟する宗教法人となった。

忠魂碑は、戦没者を英霊として顕彰するもので、日露戦争後にその多くが建設された。建設主体は当初、町村または篤志家だったが、のちに各町村の在郷軍人分会となった。1946年11月内務省の通知により、多くの忠魂碑が撤去されたが、1952年の講和条約発効後は遺族会が中心となって再建した。忠魂碑は、靖国神社、護国神社と系列をなしているとされ、「村の靖国」といわれる。

（永原慶二監修『岩波日本辞典』岩波書店、1999年他、参照）

基本判例24　神道式地鎮祭と政教分離原則
津地鎮祭訴訟

最大判昭和五二年七月一三日民集三一巻四号五三三頁

概要　一九六五年一月、津市の主催により、市体育館の起工式が建設現場において、宗教法人A神社の宮司ら四名の神職主宰のもとに神式に則り挙行され、津市長Y（被告・被控訴人・上告人）が、その挙式費用金七六六三円を市の公金より支出した。同市会議員X（原告・被控訴人・被上告人）は、右公金支出が憲法二〇条および八九条に違反するとし、地方自治法二四二条の二に基づきYに対して損害補塡を求める住民訴訟を提起した。Xの請求を控訴審は認めるも、最高裁は認めなかった。

判旨　「政教分離規定は、いわゆる制度的保障の規定であつて、信教の自由そのものを直接保障するものではなく、国家と宗教との分離を制度として保障することにより、間接的に信教の自由の保障を確保しようとするものである。」

「政教分離規定の基礎となり、その解釈の指導原理となる政教分離原則は、国家が宗教的に中立であることを要求するものではあるが、国家が宗教とのかかわり合いをもつことを全く許さないとするものではなく、宗教とのかかわり合いをもたらす行為の目的及び効果にかんがみ、そのかかわり合いが右の諸条件に照らし相当とされる限度を超えるものと認められる場合にこれを許さないとするものである」。

憲法二〇条三項にいう宗教的活動とは、「およそ国及びその機関の活動で宗教とのかかわり合いをもつすべての行為を指すものではなく、そのかかわり合いが右にいう相当とされる限度を超えるものに限られるというべきであつて、当該行為の目的が宗教的意義をもち、その効果が宗教に対する援助、助長、促進又は圧迫、干渉等になるような行為をいう」。

「ある行為が右にいう宗教的活動に該当するかどうかを検討するにあたつては、当該行為の主宰者が宗教家であるかどうか、その順序作法（式次第）が宗教の定める方式に則つたものであるかどうかなど、当該行為の外形的側面のみにとらわれることなく、当該行為の行われる場所、当該行為に対する一般人の宗教的評価、当該行為者が当該行為を行うについての意図、目的及び宗教的意識の有無、程度、当該行為の一般人に与える効果、影響等、諸般の事情を考慮し、社会通念に従つて、客観的に判断しなければならない。」

本件起工式は、「その目的は建築着工に際し土地の平安堅固、工事の無事安全を願い、社会の一般的慣習に従つた儀礼を行うという専ら世俗的なものと認められ、その効果は神道を援助、助長、促進し又は他の宗教に圧迫、干渉を加えるものとは認められないのであるから、憲法二〇条三項により禁止される宗教的活動にはあたらない」。

基本判例25　玉串料等への公金支出と政教分離原則

愛媛玉串料訴訟

最大判平成九年四月二日民集五一巻四号一六七三頁

概要　愛媛県は、一九八一年から一九八六年にかけて、靖国神社が挙行した春秋の「例大祭」などに玉串料などとして合計七万六〇〇〇円を、愛媛県護国神社が挙行した春秋の「慰霊大祭」に県遺族会を通じて供物料として合計九万円をすべて県の公金から支出した。本件は、愛媛県の住人Xら（原告・被控訴人＝控訴人・上告人）がY（当時県知事）らに対して、これらの支出が憲法二〇条三項、八九条等に照らして許されない違法な財務会計上の行為にあたるとして、地方自治法に基づいて提起した損害賠償代位請求住民訴訟である。最高裁はXらの主張を認め、違憲判断を示した。

判旨　「国家と宗教との関係には、それぞれの国の歴史的・社会的条件によって異なるものがある。我が国では、大日本帝国憲法に信教の自由を保障する規定（二八条）を設けていたものの、その保障は『安寧秩序ヲ妨ケス及臣民タルノ義務ニ背カサル限ニ於テ』という同条自体の制限を伴っていたばかりでなく、国家神道に対し事実上国教的な地位が与えられ、ときとして、それに対する信仰が要請され、あるいは一部の宗教団体に対し厳しい迫害が加えられた等のこともあって、同憲法の下における信教の自由の保障は不完全なものであることを免れなかった。憲法は、明治維新以降国家と神道が密接に結び付き右のような種々の弊害を生じたことにかんがみ、新たに信教の自由を無条件に保障することとし、更にその保障を一層確実なものとするため、政教分離規定を設けるに至ったのである。」

「政教分離原則は、国家が宗教的に中立であることを要求するものではあるが、国家が宗教とのかかわり合いを持つことを全く許さないとするものではなく、宗教とのかかわり合いをもたらす行為の目的及び効果にかんがみ、そのかかわり合いが我が国の社会的・文化的諸条件に照らし相当とされる限度を超えるものと認められる場合にこれを許さないとするものである」。

本件で、「県が特定の宗教団体の挙行する重要な宗教上の祭祀にかかわり合いを持ったということが明らかであ」り、県が玉串料等を奉納したことは、「その目的が宗教的意義を持つことを免れず、その効果が特定の宗教に対する援助、助長、促進になる」ので、これによる県と靖国神社等の関わり合いは、「我が国の社会的・文化的諸条件に照らし相当とされる限度を超えるもので」憲法二〇条三項の禁止する宗教的活動にあたる。靖国神社と護国神社は憲法八九条の宗教上の組織または団体であり、県とこれら神社との関係が相当とされる限度を超えているのであるから、「本件支出は、同条の禁止する公金の支出にあたり、違法」である。

基本判例26　神社への市有地の無償提供
空知太神社事件

最大判平成二二年一月二〇日民集六四巻一号一頁

概要　北海道砂川市は、市所有の土地を、空知太《そらちぶと》連合町内会に対し、同町内会所有の空知太神社施設の敷地として無償で使用させている。市の住民であるX（原告・被控訴人・被上告人）らは、右利用提供行為が憲法の定める政教分離原則に違反する行為であり、敷地の使用貸借契約を解除し同施設の撤去および土地明渡しをしないことが違法に財産の管理を怠るものであるとして、同市市長Yに対し、地方自治法二四二条の二第一項三号に基づき不作為の違法確認を求めて住民訴訟を提起した。

判旨「国公有地が無償で宗教的施設の敷地としての用に供されている状態が、前記の見地から、信教の自由の保障の確保という制度の根本目的との関係で相当とされる限度を超えて憲法八九条に違反するか否かを判断するに当たっては、当該宗教的施設の性格、当該土地が無償で当該施設の敷地としての用に供されるに至った経緯、当該無償提供の態様、これらに対する一般人の評価等、諸般の事情を考慮し、社会通念に照らして総合的に判断すべきものと解するのが相当である。」

「本件利用提供行為は、市が、何らの対価を得ることなく本件各土地上に宗教的施設を設置させ、本件氏子集団においてこれを利用して宗教的活動を行うことを容易にさせているものといわざるを得ず、一般人の目から見て、市が特定の宗教に対して特別の便益を提供し、これを援助していると評価されてもやむを得ないものである。」

「以上のような事情を考慮し、社会通念に照らして総合的に判断すると、本件利用提供行為は、市と本件神社ないし神道とのかかわり合いが、我が国の社会的、文化的諸条件に照らし、信教の自由の保障の確保という制度の根本目的との関係で相当とされる限度を超えるものとして、憲法八九条の禁止する公の財産の利用提供に当たり、ひいては憲法二〇条一項後段の禁止する宗教団体に対する特権の付与にも該当する」。

「原審が〔Y〕において本件神社物件の撤去及び土地明渡請求をすることを怠る事実を違法と判断する以上は、原審において、本件利用提供行為の違憲性を解消するための他の合理的で現実的な手段が存在するか否かについて適切に審理判断するか、当事者に対して釈明権を行使する必要があったというべきである。原審が、この点につき何ら審理判断せず、上記釈明権を行使することもないまま、上記の怠る事実を違法と判断したことには、怠る事実の適否に関する審理を尽くさなかった結果、法令の解釈適用を誤ったか、釈明権の行使を怠った違法があるものというほかない。」そこで、原判決を職権で破棄し、さらに審理を尽くさせるため、原審に差し戻す。

基本判例27 宗教上の人格権
殉職自衛官合祀拒否訴訟

最大判昭和六三年六月一日民集四二巻五号二七七頁

概要　X（原告・被控訴人・被上告人）は、殉職自衛官の夫Aをキリスト教によって追慕していた。ところが、他の殉職自衛官の遺族からの山口県護国神社での合祀要請を受けた県隊友会（社団法人隊友会の山口県支部連合会）は、同神社と折衝を重ね、地連（自衛隊山口地方連絡部）の協力を受けながら合祀の実現に至った。Xは、合祀を断る旨の申し出をしたが、Aは合祀をされてしまった。そこで、Xは、政教分離原則違反、Aの人格権侵害などを理由に、県隊友会と国に対して精神的損害の賠償を、国に対しては合祀申請手続の取消しを求めて提訴した。

第一審は、県隊友会に対する請求を棄却したが、県隊友会と国に対する損害賠償請求を認容した。第二審もこれをほぼ認容したので、国側が上告した。

なお、下級審が、本件合祀申請に関して、地連と県隊友会の共同の行為を認定したのに対して、最高裁は、県隊友会の実質的に単独の行為と認定して、事実認定を覆している。第二審では、共同行為を前提に、地連の職員の行為が宗教的活動に該当し、政教分離の原則違反の主張が容認されていた。しかし、最高裁は、地連職員は県隊友会に協力したに過ぎず、本件での行為は宗教的活動とまではいえないとした。そして、争点を被上告人と合祀申請をした県隊友会、さらに合祀を行った訴外護国神社との間でのもの、つまり私人間の争いであることにしぼった。その上で、Xの法的利益の侵害を否定した。

判旨　「合祀は神社の自主的な判断に基づいて決められる事柄で、……合祀申請が神社のする合祀に対して事実上の強制とみられる何らかの影響力を有したとすべき特段の事情の存しない限り、法的利益の侵害の成否に関して、合祀申請の事実を合祀と併せ一体として評価」できない。「［Xの］法的利益の侵害の成否は、合祀それ自体が法的利益を侵害したか否かを検討すれば足りる」。「合祀それ自体は県護国神社によってされているのであるから、法的利益の侵害の成否は、同神社と被上告人の間の私法上の関係として検討すべきこととなる。」

「信教の自由の保障は、何人も自己の信仰と相容れない信仰をもつ者の信仰に基づく行為に対して、それが強制や不利益の付与を伴うことにより自己の信教の自由を妨害するものでない限り寛容であることを要請している……。このことは死去した配偶者の追慕、慰霊等に関する場合においても同様である。原審が宗教上の人格権であるとする静謐な宗教的環境の下で信仰生活を送るべき利益なるものは、これを直ちに法的利益として認めることができない」。

「県護国神社によるAの合祀は、まさしく信教の自由により保障されているところとして同神社が自由になし得るところであり、」Xの「法的利益は何ら侵害されていない」。

iii　学問の自由

【66】滝川事件

京大滝川事件に関する教授側声明

一九三三年五月二六日京都帝国大学法学部教授一同

政府が今回滝川教授休職の事あらしめるための措置は、甚しく不当にして、遂に吾人一同をして辞表を呈出するの已むなきに至らしめたり。……

大学の使命は固より真理の探求に在り。真理の探求は一に教授の自由の研究に待つ。大学教授の研究の自由が思索の自由及び教授の自由を包含すること、論なし。教授が熱心に思索し、思索の結果たる学説を忠実に教授することを得るに於て、始めて研究の自由あり。思索の自由を認めて教授の自由を認めず、猶且研究の自由を認むと云ふが如きは、大学教授の研究の自由と云ふの本義を知らざるのみ。今回滝川教授の問題について、班究の自由を許すも教授の自由を許さずと云ふが如き言を為すものあるは、其の何の意たるを解する能はざるなり。……

（憲法教育研究会編『それぞれの人権―くらしの中の自由と平等』法律文化社、一九九六年）

【67】天皇機関説

美濃部達吉の上杉慎吉に対する批判

著者（上杉慎吉―編著者注）は君主が国家の機関であると見る説に反対すると共に、著者自身の意見としては『君主即ち国家なり』として居る。其の当否は暫く之を措いて著者自身も其の少しく前には法律上の国家を論じて、国家は抽象的の権力の主体であると曰ひ、それが活動するには『誰か精神作用を具へる者があつて……夫れが国家を代表する、国家を構成して居なければならぬ』（一一三頁）、之れが統治権の総攬者であると曰つて居る。即ち著者自ら統治権の総攬者が国家を代表するものであることを認めて居るのである。国家を代表することと国家自体であることとは決して同一ではない、国家を代表するといふのは即ち国家の機関であるといふのと同意義であつて、今日の学者が一般に君主は国家の機関であるとするのは、即ち君主が其の御一身を以て総ての関係に於て全国家を代表せらるるものなることを意味するのである。著者は『機関と申せば他人の使用人である、他人の手足であります』（一五三頁）と曰つて居るのは、是も反対説を理解せず徒に人を誤らしむるものである。機関といふ語は恰も人間の頭脳が人間の機関であるといふのと同様の意味に於て言ふのであつて、決して他人の使用人といふ意味でないことは勿論である。

（美濃部達吉「国民教育帝国憲法講義を評す」星島二郎編『上杉

（博士対美濃部博士　最近憲法論』真誠堂、一九一三年）

上杉の美濃部に対する批判

近頃法学博士美濃部達吉君『憲法講話』の著述あり。予は従来美濃部博士が帝国憲法の解説特に国体論に於て予が平常説述する所と全然異れる主義見解を抱持せらるることを耳にせること尠からず。然れども帝国の国体たる炳として日星の如し。万世一系の天皇国を統治すること掲げて憲法の首条に在り。遠く帝国肇造の時に定まり、天壌と与に窮なく、深く国民の確信に浸染せり。普天の下卒土の浜匹夫も亦敢て之れを疑はず。故に予は美濃部博士の異説あることを聞くこと屢々なりと雖も、苟も軽々しく信ぜず。……天皇は国家の機関なり、団体の役員なり、団体は人民全体なり、天皇は之が為に働く所の使用人として存在すと云ふもの、実に美濃部博士が所説なり。嗚呼之果して我が建国の体制なるか。又果して国民の確信するか。……到底君が所説に服すること能はざるなり

（上杉慎吉「国体に関する異説」前掲書）

貴族院における美濃部の弁明

……菊池男爵ハ昨年六十五議會ニ於キマシテモ、私ノ著書ノコトヲ擧ゲラレマシテ、斯ノ如キ思想ヲ懷イテ居ル者ハ文官高等試験委員カラ追拂フガ宜イト云フヤウナ、激シイ言葉ヲ以テ非難セラレタノデアリマス、今議會ニ於キマシテ再ビ私ノ著書ヲ擧ゲラレマシテ、明白ナ叛逆的思想デアルト言ハレ、謀叛人デアルト言ハレマシタ、又學匪デアルト迄斷言セラレタノデアリマス、日本臣民ニ取リマシテ反逆者デアル、謀叛人デアルト言ハレマスルノハ侮辱此上モナイコトト存ズルノデアリマス、又學問ヲ專攻シテ居リマス者ニ取ッテ學匪ト言ハレマスコトハ、等シク堪ヘ難イ侮辱デアルト存ズルノデアリマス……凡ソ如何ナル學問ニ致シマシテモ、其學問ヲ專攻シテ居リマスル者ノ學説ヲ批判シ、其當否ヲ論ジマスルニハ、其批評者自身ガ其學問ニ付テ相當ノ造詣ヲ持ッテ居リ、相當ノ批判能力ヲ備ヘテ居ナケレバナラヌト存ズルノデアリマス……私ハ菊池男爵ガ憲法ノ學問ニ付テ、ドレ程ノ御造詣ガアルノカハ更ニ存ジナイ者デアリマスガ、菊池男爵ノ私ノ著書ニ付テ論ゼラレテ居リマスル所ヲ速記録ニ依ッテ拜見イタシマスルト、同男爵ガ果シテ私ノ著書ヲ御通讀ニナッタノデアルカ、假リニ御讀ミニナッタト致シマシテモ、ソレヲ御理解ナサレテ居ルノデアルカト云フコトヲ深ク疑フ者デアリマス、恐ラクハ或他ノ人カラ斷片的ニ、私ノ著書ノ中ノ或片言隻句ヲ示サレテ、其前後ノ連絡ヲモ顧ミズ、唯其片言隻句ダケヲ見テ、ソレヲアラヌ意味ニ誤解サレテ、輕々ニ是ハ怪シカラヌト感ゼラレタノデハナカラウカト想像セラレルノデアリマス、……

（帝国議会会議録検索システムＨＰ「官報号外」一九三五（昭和一〇）年二月二六日）

基本判例28　学問の自由と大学の自治
東大ポポロ事件

最大判昭和三八年五月二二日刑集一七巻四号三七〇頁

概要　一九五二年、東京大学の教室内で大学公認の学生団体「ポポロ劇団」が松川事件を取材した演劇発表会を開催していたところ、会場の観客の中に警察署警備係警察官四名が私服で入場券を買って入場していたのを学生が発見し、その身柄を拘束、警察手帳を取り上げ、謝罪文を書かせた。その際、Yは、暴行を加えたとして、暴力行為等処罰法一条一項違反で起訴された。なお、右警察手帳のメモによれば、警察官は毎日のように大学構内で、張込み・尾行・盗聴等によって教職員・学生・学内団体等の活動・動向・思想傾向等の情報収集活動を行っていた。最高裁は下級審判決を覆し、Yを有罪とした。

判旨　「学問の自由は、学問的研究の自由とその研究結果の発表の自由とを含むものであつて、同条が学問の自由はこれを保障すると規定したのは、一面において、広くすべての国民に対してそれらの自由を保障するとともに、他面において、大学が学術の中心として深く真理を探究することを本質とすることにかんがみて、特に大学におけるそれらの自由を保障することを趣旨としたものである。」

「大学の学問の自由と自治は、大学が学術の中心として深く真理を探究し、専門の学芸を教授研究することを本質とすることに基づくから、直接には教授その他の研究者の研究、その結果の発表、研究結果の教授の自由とこれらを保障するための自治とを意味する」。大学の学生が一般の国民「以上に学問の自由を享有し、また大学当局の自治的管理による施設を利用できるのは、大学の本質に基づき、大学の教授その他の研究者の有する特別な学問の自由と自治の効果としてである。

大学における学生の集会も、右の範囲において自由と自治を認められるものであつて、大学の公認した学内団体であるとか、大学の許可した学内の集会であるとかいうことのみによつて、特別な自由と自治を享有するものではない。学生の集会が真に学問的な研究またはその結果の発表のためのものでなく、実社会の政治的社会的活動に当る行為をする場合には、大学の有する特別の学問の自由と自治は享有しないといわなければならない。また、その集会が学生のみのものでなく、とくに一般の公衆の入場を許す場合には、むしろ公開の集会と見なされるべきであり、すくなくともこれに準じるものというべきである。」

「本件集会は、真に学問的な研究と発表のためのものでなく、実社会の政治的社会的活動であり、かつ公開の集会またはこれに準じるものであつて、大学の学問の自由と自治は、これを享有しない」。「したがつて、本件の集会に警察官が立ち入つたことは、大学の学問の自由と自治を犯すものではない。」

基本判例29 教授の自由・国民の教育権説
家永教科書検定第二次訴訟

東京地判昭和四五年七月一七日民集三六巻四号六一六頁

概要　X（家永三郎〔当時東京教育大学教授〕）は、自身が執筆した高校用教科書『新日本史（五訂版）』に三四か所の改訂を加えて検定申請をしたところ、文部大臣Yは翌一九六七年、その内の六か所について不合格処分を行った。そこで、Xがこれらの処分の取消訴訟を提起した。東京地裁は、教科書検定制度自体は合憲としたものの、具体的な不合格処分が憲法二一条二項の禁止する検閲にあたり、違憲とした（杉本判決）。

判旨　憲法二六条は、二五条をうけて、生存権的基本権の文化的側面として、特に子どもに教育を受ける権利を保障する。

この権利に対応する子どもを教育する責務を負うのは親を中心とした国民全体で、このような国民の教育の責務は、「国家教育権に対する概念として国民の教育の自由とよばれる」。

「国家は、右のような国民の教育責務の遂行を助成するためにもつぱら責任を負うものであつて、……国家に与えられる権能は、教育内容に対する介入を必然的に要請するものではなく、教育を育成するための諸条件を整備することであると考えられ、国家が教育内容に介入することは基本的には許されない」。

「直接に教育を担当する者は教師であるから、子どもを教育する親ないし国民の責務は、主として教師を通じて遂行されることになる。この関係は、教師はそれぞれの親の信託を受けて児童、生徒の教育に当たるものと考えられる。」

「憲法二三条は、教師に対し、学問研究の自由はもちろんのこと学問研究の結果自らの正当とする学問的見解を教授する自由をも保障していると解するのが相当である。もつとも、実際問題として、現在の教師には学問研究の諸条件が整備されているとはいいがたく、したがつて教育ないし教授の自由は主として大学における教授（教師）について認められるというべきであろうが、下級教育機関における教師についても、基本的には、教育の自由の保障は否定されていないというべきである」。

「教師の教育ないし教授の自由を以上のように解する限り、教師に児童、生徒にもつとも適した教材および方法を判断する適格が認められるべきであり、教科書の採択についても主要な役割を与えられるべきであるから……、国が教師に対し一方的に教科書の使用を義務づけたり……、教科書の採択に当たつて教師の関与を制限したり、あるいは学習指導要領にしてもその細目にわたつてこれを法的拘束力あるものとして現場の教師に強制したりすることは、叙上の教育の自由に照らし妥当ではないといわなければならない。」

基本判例30

教授の自由と教育権
旭川学力テスト事件

最大判昭和五一年五月二一日刑集三〇巻五号六一五頁

概要　被告人Yらは一九六一年、旭川市立永山中学校において実施予定の全国中学校一斉学力調査を実力で阻止する行動をとったため、建造物侵入罪、公務執行妨害罪、共同暴行罪で起訴された。第一審は、同調査には重大な違法があるとして公務執行妨害罪の成立を否定したが、建造物侵入罪と共同暴行罪は認め、第二審もこれを支持した。しかし、最高裁は、同調査は適法とし、公務執行妨害罪の成立を認めた。この適法性の理由の一つが、同調査が旧教育基本法一〇条が定める教育への「不当な支配」にあたらないというものである。この結論の前提としての憲法解釈が次の判旨である。なお、本判決は他に、中学学習指導要領の法的性質についても判断を示している。

判旨　「わが国の法制上子どもの教育の内容を決定する権能が誰に帰属するとされているかについては、二つの極端に対立する見解」(国家の教育権説と国民の教育権説)があるが、「いずれも極端かつ一方的であり、そのいずれをも全面的に採用することはできないと考える。」

　憲法二三条が保障する学問の自由は、教授の自由をも含み、「大学教育に比してむしろ知識の伝達と能力の開発を主とする普通教育の場においても、例えば教師が公権力によつて特定の意見のみを教授することを強制されないという意味において、また、子どもの教育が教師と子どもとの間の直接の人格的接触を通じ、その個性に応じて行わなければならないという本質的な要請に照らし、教授の具体的内容及び方法につきある程度自由な裁量が認められなければならないという意味においては、一定の範囲における教授の自由が保障されるべきことを肯定できないではない。しかし、大学教育の場合には、学生が一応教授内容を批判する能力を備えていると考えられるのに対し、普通教育においては、児童生徒にこのような能力がなく、教師が児童生徒に対して強い影響力、支配力を有することを考え、また、普通教育においては、子どもの側に学校や教師を選択する余地が乏しく、教育の機会均等をはかる上からも全国的に一定の水準を確保すべき強い要請があること等に思いをいたすときは、普通教育における教師に完全な教授の自由を認めることは、とうてい許されない」。

「国は、国政の一部として広く適切な教育政策を樹立、実施すべく、また、しうる者として、憲法上は、あるいは子ども自身の利益の擁護のため、あるいは子どもの成長に対する社会公共の利益と関心にこたえるため、必要かつ相当と認められる範囲において、教育内容についてもこれを決定する権能を有す」。

「子どもが自由かつ独立の人格として成長することを妨げるような国家的介入……は、憲法二六条、一三条の規定上からも許されない」が、これは「子どもの教育内容に対する国の正当な理由に基づく合理的な決定権能を否定する理由と」ならない。

VII　人身の自由

里見佳香

解説

人身の自由とは、人の身柄に対する自由の権利をいう。明治憲法時代にも人身の自由に関する規定は存在したが、それらは現行憲法の定める内容よりも狭く、また法律の範囲内で認められるなど限定されたものであった。そのため、警察による不当な逮捕・勾留、拷問による自白の強要などの人権侵害が横行した。

明治憲法時代の反省をもとに、憲法では一八条で奴隷的拘束からの自由を規定し、三一条以下で人身の自由が制限される場合の手続等について詳細に規定しており、条文数でいえば基本的人権の中で最も多い【68】。

憲法一八条は「何人《なんぴと》」も「奴隷的拘束」と「その意に反する苦役」を禁じている。「奴隷的拘束」とは、身体を拘束され非人間的状態に置かれることを指す。人間の尊厳に反する身体の拘束を規定するものであり、いわゆるタコ部屋労働や人身取引などがこれにあたる。「何人も」という文言どおり、奴隷的拘束は私人間を含め、誰にも許されない。同じく禁じられる「その意に反する苦役」とは、広く本人の意思に反して強制される労役を指す。苦役の程度は通常人からみて普通以上に苦痛を感じるものをいい、例えば強制的な徴兵制度などがこれにあたると考えられる。

ただし、「犯罪に因る処罰の場合を除いては」という但書が示すとおり、懲役刑といった犯罪に因る処罰の場合は、たとえ刑務作業を行うことが本人の意に反し苦痛があったとしても違憲とはならない。また、災害対策基本法六五条、災害救助法七条および八条等が定めるとおり、消防、水防、救助その他の災害が発生し、またはまさに発生しようとしている場合において、応急措置を実施するため緊急の必要があると認めるときは、特定の者を当該応急措置の業務に従事させることができ、これも違憲とはならない。二〇〇九年度から導入された裁判員制度における裁判員の職務についても苦役にはあたらないとされている。

憲法三一条以下では人身の自由に関する詳細な規定が置かれている。三一条は合衆国憲法修正五条【6】や同修正一四条に由来する「法の適正手続（due process of law）」について定める。本条は単に手続の法定を定めるだけでなく、法で定められた手続自体が適正でなければならないこと、法の実体が適正でなければならないことをも含む。適正手続の内容として重要なものは、告知・弁解・防御の機会をもつ権利である。すなわち、公権力が国民に刑罰その他の不利益を科す場合には、当事者にあらかじめその内容を告知し、弁解と防御の機会を与えなければならない。これは刑事手続における適正性の内容をなす根本的基本原則である【68】。三一条の規定は行政手続にも適用または準用される。三一条および三九条は特に、罪刑法定主義を刑法上の原則として確認する規定である。罪刑法定主義と明確性の原則が問題となった事件として、徳島市公安条例事件がある51。

その他、三三条は現行犯逮捕以外の逮捕における令状主義、三四条は不当な抑留・拘禁からの自由、三五条は住居の不可侵、三七条は起訴後の刑事被告人のもつ諸権利、三九条は遡及処罰の禁止・一事不再理についてそれぞれ定め、人身の自由が奪われ得る場合に保障される諸権利が記されている。憲法三五条の規定に基づき、現行犯の場合を除いて、住居への侵入・捜索には、法律の規定に基づくのみならず、裁判所の発行する令状が要請される。

三七条は刑事被告人の国選弁護人選任請求権を含む。刑事事件の当事者は刑事被告人と検察官であるが、検察官には国の機関としての強い権限が与えられている一方で、刑事被告人は法の専門家ではないことが多い。そのため、弱い立場に置かれている刑事被告人が、検察官の主張を精確に理解し、自己の言い分を証拠立てるためには、検察官と同じ法の専門家の助けを得る必要がある。これらの必要から、憲法は、「刑事被告人は、いかなる場合にも、資格を有する弁護人を依頼することができる。被告人が自らこれを依頼することができないときは、国でこれを附する。」（三七条三項）と規定し、この内容を実現するために国選弁護制度が設けられた。被疑者に対する弁護活動はかつて、弁護士会等による任意事業として実施されてきたが、司法制度改革審議会の提言を受け、二〇〇六年より、一定の重大な犯罪の嫌疑で勾留された被疑者に国選弁護制度が導入された。その後二〇一六年の刑事訴訟法改正で、被疑者が勾留された全事件に拡大された【70】。

その他関係し得る条文として、憲法二一条が定める通信の秘密があげられる。通信の秘密は、第一義的には憲法一三条の幸福追求権が保障するプライバシーを保護するためにあるが、電話傍受捜査などは住居の不可侵との兼ね合いで議論されてきた。一九九九年には、組織犯罪に対処するため、令状などを条件として電気通信の傍受を認める、いわゆる通信傍受法（犯罪捜査のための通信傍受に関する法律）が成立した。本法は国民の人権を侵害するとして激しい議論が起こったが、現在も改正を経て施行されている。

憲法三六条は拷問および残虐な刑罰を絶対的に禁じている。日本が今もほぼ毎年執行している死刑が「残虐な刑罰」にあたるかどうかについて、最高裁は、生命権が一三条・三一条の文言上「公共の福祉」により制約可能であること等から違憲ではないとの立場を採っている。また、死刑執行の方法である絞首刑についても残虐な刑罰にはあたらないとしている。一方、国際社会全体では死刑廃止の動きが続いており【71】、日本は国連をはじめとする国際機関から死刑制度の撤廃を求められ続けている。

国内においても存続論と廃止論の対立があり、死刑制度の存廃は国民的課題のひとつとなっている。死刑制度存続賛成の理由の主なものには、現行の死刑はすべて殺人事件に対し適用されていることから①遺族感情への配慮、②均衡性の問題（被害者は死亡している）、③合憲（死刑および絞首刑は残虐な刑罰ではない）、④経済的問題（死刑囚を生かしておくには税金がかかる）、⑤処罰感情、⑥再犯可能性・社会不安の除去などがあげられる。一方、存続反対の理由の主なものには、①死刑執行によっても遺族は救済されない、②国家の人権侵害（国民の人権を保障すべき国家が国民の生命を奪うのはおかしい）、③違憲（死刑および絞首刑は残虐な刑罰である）、④経済的事情と人の生命は比較衡量できない（しかも税金はある）、⑤法の適正手続、⑥絶対的終身刑制度の導入等により、死刑を執行せず再犯を防ぎ本人の改善更生をはかる方策があることなどが挙げられる。見落とされがちであるが、死刑制度が、執行に携わる公務員の人権を侵害し得る（刑務官は職務として死刑執行を行うことを強いられる）点についても、真剣に議論を重ねる必要がある。

三八条二項では、強制、拷問、脅迫による自白の証拠能力の否定が定められており、戦前にみられた「自白は証拠の王」といった自白偏重主義からの転換が図られている。しかし、資料【69】が示すとおり、裁判で有罪（死刑）となったが、その後再審が認められ、無罪を勝ち取った冤罪事件もある。これらの冤罪事件に共通するのは、不当に逮捕・勾留され、拷問や脅迫に近い自白の強要がなされたことである。明治憲法時代の人権侵害が踏襲されるようなことがあってはならず、憲法の規定の遵守徹底が求められる。ところで、捜査段階における取調べは、外部から遮断された「密室」で行われている。そのため、警察官が被疑者を威嚇し、利益誘導する等の違法・不当な取調べが行われることがあり、これが**冤罪**を生む原因ともなっている。そこで、冤罪の防止手段として取調べの可視化（録画・録音）が一部導入されている。取調べの完全な可視化・透明化は全録画・全録音により達成される。取調べ中に録画・録音がなされない期間のある理由は、国民の合意を得られるように説明されねばならない。

一方で、犯罪被害者等の人権回復の問題がある。これまで被疑者の人権に比べ、犯罪被害者等のそれは軽視されてきた。現代法治国家において、刑事事件で司法上の当事者性を失った犯罪被害者等の立場は長らく曖昧なままであった。これらの人びとは、犯罪等の直接的被害のみならず、その後も十分な支援が受けられない等の副次的被害に苦しめられてきたのである。このような要請を受け、二〇〇四年に犯罪被害者等基本法が施行された。同法には犯罪被害者等の権利が明記され、国、地方公共団体および国民の責務も明らかにされた。実行の面において、犯罪被害者等の権利保障は始まったばかりである。

用語解説

起訴　刑事事件の場合は検察官が、民事事件の場合は原告が裁判所に訴訟を提起すること。

刑事被告人　犯罪の嫌疑を理由に検察官から起訴された人。被告人ともいう。

冤罪　無実でありながら犯罪者として扱われてしまうこと。

【68】刑事手続の流れと憲法上の諸権利

事件	法定手続の保障（31条）、住居侵入・捜索・押収に対する保障（35条）
逮捕	奴隷的拘束からの自由（18条）、逮捕に対する保障（33条）、抑留・拘禁に対する保障（34条）、拷問の絶対的禁止（36条）
起訴	裁判を受ける権利（32条）
裁判	公平な裁判所・迅速な裁判（37条）、刑事被告人の諸権利（37－38条）、遡及処罰の禁止・一事不再理（39条）、裁判の公開（82条）
有罪の確定	残虐な刑罰の絶対的禁止（36条）
無罪	刑事補償請求権の保障（40条）

【69】死刑確定後再審無罪事件

事件名	刑事被告人氏名と逮捕時の年齢	逮捕から無罪判決が出るまでにかかった期間
免田事件	免田　栄（23歳）	34年６か月
財田川事件	谷口繁義（19歳）	33年11か月
松山事件	斎藤幸夫（24歳）	28年７か月
島田事件	赤堀政夫（25歳）	34年８か月

日本における最近の再審請求

再審※1	３件
再審請求※2	309件

※1　再審請求事件のうち、通常第一審事件に対する再審請求事件について再審開始決定が確定したもの
※2　通常第一審事件に対するもの
（『司法統計（刑事）平成28年度』より）

（刑事裁判統計　http://www.hou-bun.com/01main/ISBN978-4-589-03522-6/statistics.pdf）

【70】被疑者国選弁護事件の対象範囲

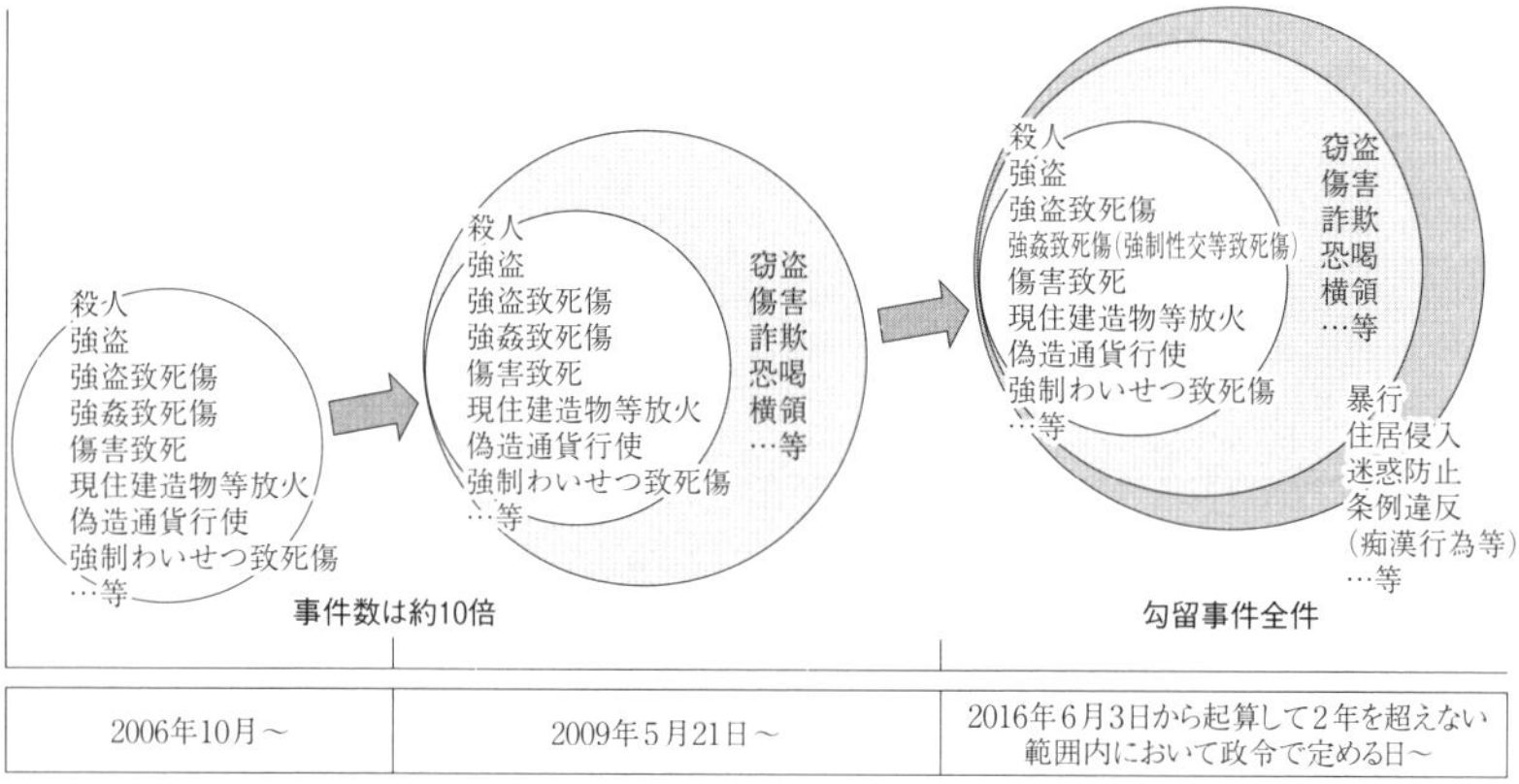

（日本司法支援センター『法テラス白書平成28年度版』81頁）

【71】各国における死刑の動き

① 2016年死刑執行国

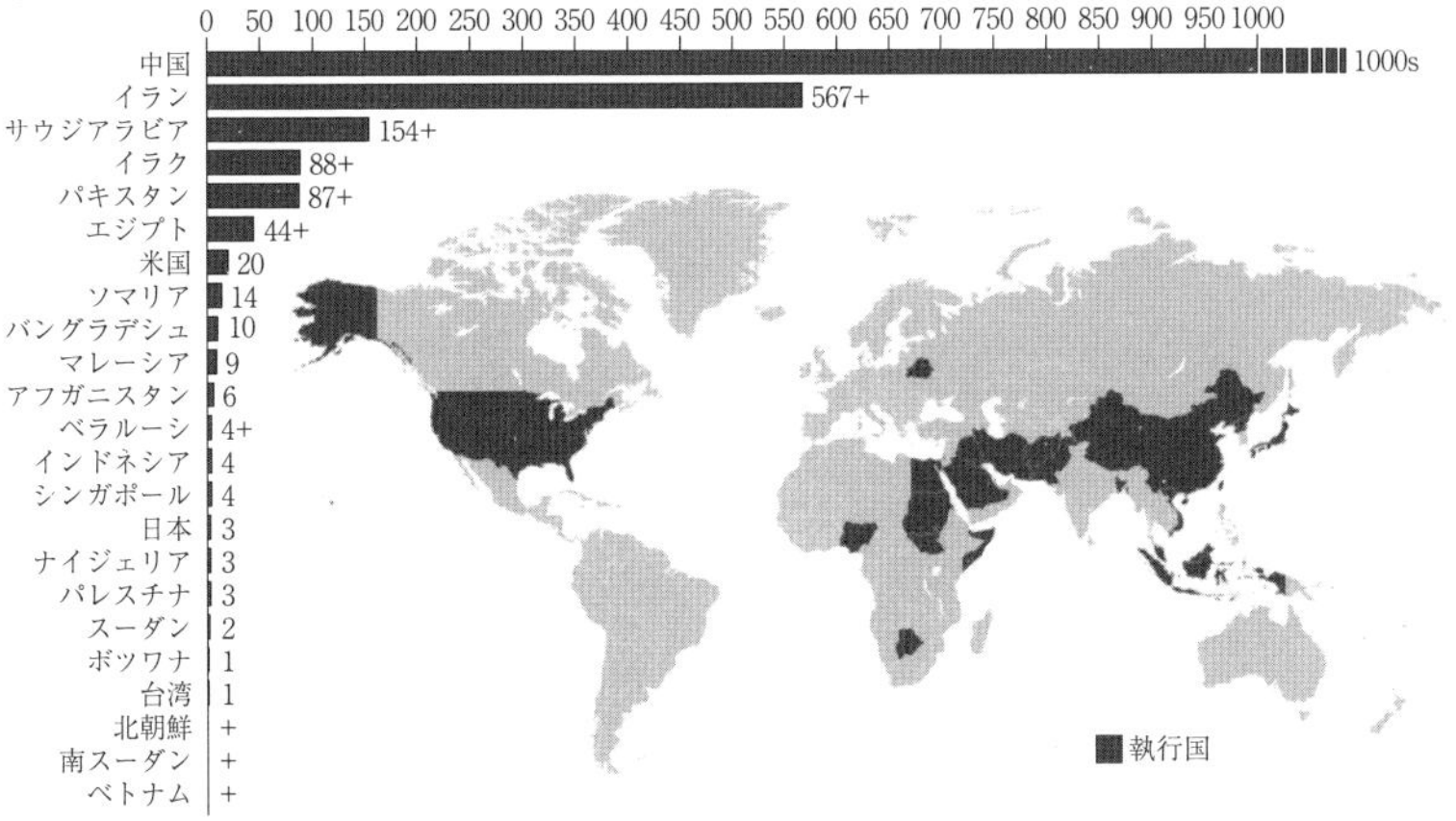

※本地図の国境は一般的なもので、アムネスティの考えを示すものではない。
※数字の右の「+」は「少なくとも」の意味。数字のない「+」は、確証は得ていないが、1件以上の執行があったとアムネスティが確信していることを示す。
※リビア、シリア、イエメンで死刑執行があった可能性があるが、確認はできなかった。
（アムネスティ・インターナショナル　http://www.amnesty.or.jp/human-rights/topic/death_penalty/shikei_2016_map.pdf）

② 死刑廃止国・存置国（2016年12月末現在）

死刑存置国および地域：**57か国** ＜ 法律上・事実上廃止国：**計141か国**

●すべての犯罪に対して廃止：104か国（刑罰として死刑がない）
アルバニア、アンドラ、アンゴラ、アルゼンチン、アルメニア、オーストラリア、オーストリア、アゼルバイジャン、ベルギー、ベナン、ブータン、ボリビア、ボスニア･ヘルツェゴビナ、ブルガリア、ブルンジ、カンボジア、カナダ、カーボベルデ、コロンビア、コンゴ共和国、クック諸島、コスタリカ、コートジボワール、クロアチア、キプロス、チェコ共和国、デンマーク、ジブチ、ドミニカ共和国、エクアドル、エストニア、フィンランド、フィジー、フランス、ガボン、ジョージア、ドイツ、ギリシャ、ギニアビサウ、ハイチ、バチカン、ホンジュラス、ハンガリー、アイスランド、アイルランド、イタリア、キリバス、キルギス、ラトビア、リヒテンシュタイン、リトアニア、ルクセンブルグ、マケドニア、マダガスカル、マルタ、マーシャル諸島、モーリシャス、メキシコ、ミクロネシア、モルドバ、モナコ、モンテネグロ、モザンビーク、ナミビア、ナウル、ネパール、オランダ、ニュージーランド、ニカラグア、ニウエ、ノルウェー、パラオ、パナマ、パラグアイ、フィリピン、ポーランド、ポルトガル、ルーマニア、ルワンダ、サモア、サンマリノ、サントメ･プリンシペ、セネガル、セルビア（コソボを含む）、セイシェル、スロバキア、スロベニア、ソロモン諸島、南アフリカ、スペイン、スリナム、スウェーデン、スイス、東ティモール、トーゴ、トルコ、トルクメニスタン、ツバル、ウクライナ、英国、ウルグアイ、ウズベキスタン、バヌアツ、ベネズエラ

●通常犯罪のみ廃止：7か国
（軍法下の犯罪や特異な状況における犯罪のような例外的な犯罪にのみ、法律で死刑を規定）
ブラジル、チリ、エルサルバドル、ギニア、イスラエル、カザフスタン、ペルー

●事実上廃止：30か国
（殺人などの通常犯罪に対して死刑制度を存置しているが、過去10年間に執行がなされておらず、死刑執行をしない政策または確定した慣例を持っていると思われる国。死刑を適用しないという国際的な公約をしている国も含まれる。）

アルジェリア、ブルネイ、ブルキナファソ、カメルーン、中央アフリカ共和国、モンゴル、ロシア※、シエラレオネ、韓国、トンガ ほか
※ロシア連邦は1996年に死刑執行停止措置を導入しているが、1996、1999年にチェチェン共和国で処刑があった。

●死刑存置国および地域：57か国
アフガニスタン、アンティグア･バーブーダ、バハマ、バーレーン、バングラデシュ、バルバドス、ベラルーシ、ベリーズ、ボツワナ、チャド、中国、コモロ、コンゴ民主主義共和国、キューバ、ドミニカ、エジプト、赤道ギニア、エチオピア、ガンビア、グアテマラ、ガイアナ、インド、インドネシア、イラン、イラク、ジャマイカ、日本、ヨルダン、クウェート、レバノン、レソト、リビア、マレーシア、ナイジェリア、北朝鮮、オマーン、パキスタン、パレスチナ、カタール、セントクリストファー･ネイビス、セントルシア、セントヴィンセントおよびグレナディーン諸島、サウジアラビア、シンガポール、ソマリア、南スーダン、スーダン、シリア、台湾、タイ、トリニダード・トバゴ、ウガンダ、アラブ首長国連邦、アメリカ合衆国、ベトナム、イエメン、ジンバブエ
（アムネスティHPより）

基本判例31　公判廷における被告人の自白
食糧管理法違反被告事件

最大判昭和二三年七月二九日刑集二巻九号一〇一二頁

概要　農業従事者である被告人Yは、第二審山形地裁において、被告人の公判廷における供述（自白）を唯一の証拠として、食糧管理法並びに物価統制令違反で有罪判決を受けた。そこでYは、これは憲法三八条三項並びに刑訴法応急措置法一〇条三項に違反するとして仙台高裁に上告したが棄却されたので、最高裁に再上告した。

判旨　公判廷における被告人の自白は、憲法三八条三項にいう「本人の自白」に含まれないとされた事件である。同項の趣旨は、「一般に自白が往々にして、強制、拷問、脅迫その他不当な干渉による恐怖と不安の下に、本人の真意と自由意思に反してなされる場合のあることを考慮した結果、被告人に不利益な証拠が本人の自白である場合には、他に適当なこれを裏書する補強証拠を必要とするものとし、若し自白が被告人に不利益な唯一の証拠である場合には、有罪の認定を受けることはないとしたものである。」「かくて真に罪なき者が処罰せられる危険を排除し、自白偏重と自白強要の弊を防止し、基本的人権の保護を期せんとしたものである。しかしながら、公判廷における被告人の自白は、身体の拘束をうけず、又強制、拷問、脅迫その他不当な干渉を受けることなく、自由の状態において供述されるものである。」「公判廷において被告人は、自己の真意に反してまで軽々しく自白し、真実にあらざる自己に不利益な供述をするようなことはないと見るのが相当であろう。」「公判廷の自白は、裁判所の直接審理に基くものである。従つて、裁判所の面前でなされる自白は、被告人の発言、挙動、顔色、態度並びにこれらの変化等からも、その真実に合するか、否か、又、自発的な任意のものであるか、否かは、多くの場合において裁判所が他の証拠を待つまでもなく、自ら判断し得るものと言わなければならない。又、公判廷外の自白は、それ自身既に完結している自白であつて、果たしていかなる状態において、いかなる事情の下に、いかなる動機から、いかにして供述が形成されたかの経路は全く不明であるが、公判廷の自白は、裁判所の面前で親しくつぎつぎに供述が展開されて行くものであるから、現行法の下では裁判所はその心証が得られるまで種々の面と観点から被告人を根掘り葉掘り十分訊問することもできるのである。」「公判廷における被告人の自白が、裁判所の自由心証によつて真実に合するものと認められる場合には、公判廷外における被告人の自白とは異り、更に他の補強証拠を要せずして犯罪事実の認定ができると解するのが相当である。すなわち、前記法条のいわゆる『本人の自白』には、公判廷における被告人の自白を含まないと解釈するを相当とする。」とした。（参照、昭和二四年一月一日施行の刑事訴訟法三一九条二項）

基本判例32 共犯者の自白は「本人の自白」ではない
印藤巡査殺し事件

最大判昭和三三年五月二八日刑集一二巻八号一七一八頁

概要　一九五一年一二月、東京都練馬署旭町巡査駐在所勤務の印藤巡査が附近の畑の中で殺害された。捜査の結果、当時賃上闘争中であった小田原製紙KK東京工場の労組員等一一名の犯行による強盗致死事件として起訴がなされた。

第一審は、被告人Yに対し、共同謀議者として傷害致死罪で懲役五年の判決を下した。しかし、その主な証拠は、共同被告人である共犯者Zが検察の面前で行った供述（自白）であった。Yは控訴したが、棄却されたので上告した。

判旨　共犯者の自白は、「本人の自白」と同一視し又はこれに準ずるものとすることはできないとされた事件である。「憲法三八条二項は、強制、拷問若しくは脅迫による自白又は不当に長く抑留若しくは拘禁された後の自白は、これを証拠とすることができないと規定して、かかる自白の証拠能力を否定しているが、然らざる自白の証拠能力を肯定しているのである。」しかし、「同条三項は、何人も、自己に不利益な唯一の証拠が本人の自白である場合には、有罪とされ、又は刑罰を科せられないと規定して、被告人本人の自白だけを唯一の証拠として犯罪事実全部を肯認することができる場合であつても、それだけで有罪とされ又は刑罰を科せられないものとし、かかる自白の証明力（すなわち証拠価値）に対する自由心証を制限し、もつて、被告人本人を処罰するには、さらに、その自白の証明力を補充し又は強化すべき他の証拠（いわゆる補強証拠）を要するものとしているのである。すなわち、憲法三八条三項の規定は、被告人本人の自白の証拠能力を否定又は制限したものではなく、また、その証明力が犯罪事実全部を肯認できない場合の規定でもなく、かえつて、証拠能力ある被告人本人の供述であつて、しかも、本来犯罪事実全部を肯認することのできる証明力を有するもの、換言すれば、いわゆる完全な自白のあることを前提とする規定と解するを相当とし、従つて、わが刑訴三一八条（旧刑訴三三七条）で採用している証拠の証明力に対する自由心証主義に対する例外規定としてこれを厳格に解釈すべきであつて、共犯者の自白をいわゆる『本人の自白』と同一視し又はこれに準ずるものとすることはできない。けだし共同審理を受けていない単なる共犯者は勿論、共同審理を受けている共犯者（共同被告人）であつても、被告人本人との関係においては、被告人以外の者であつて、被害者その他の純然たる証人とその本質を異にするものではないからである。されば、かかる共犯者又は共同被告人の犯罪事実に関する供述は、憲法三八条二項のごとき証拠能力を有しないものでない限り、自由心証に委かさるべき独立、完全な証明力を有するものといわざるを得ない。」とした。

基本判例33　「迅速な裁判」の基準
高田事件

最大判昭和四七年一二月二〇日刑集二六巻一〇号六三一頁

概要　一九五二年六月、被告人Yらは、愛知県瑞穂警察署高田巡査派出所等を襲撃、破壊したとして、住居侵入、暴力行為等処罰に関する法律違反、爆発物取締罰則違反、放火、傷害、放火予備の罪で起訴された。ところが、同年七月発生した大須事件の審理の関係上、審理が一五年余中断した。一九六九年、審理が再開されたが、第一審は、憲法三七条一項は、単なるプログラム規定ではなく、刑事被告人の具体的権利を保障した強行規定と解し、公訴時効が完成した場合に準じ刑訴法三三七条四号により免訴の判決を下した。しかし、控訴審は、迅速な裁判を受ける権利が侵害されたことを認めながらも、それを現実に保障する補充立法が未だなされていないから救済の仕様がないとし、破棄差戻判決を下した。

判旨　「迅速な裁判」の認定基準を示した事件である。「憲法三七条一項の保障する迅速な裁判をうける権利は、憲法の保障する基本的な人権の一つであり、右条項は、単に迅速な裁判を一般的に保障するために必要な立法上および司法行政上の措置をとるべきことを要請するにとどまらず、さらに個々の刑事事件について、現実に右の保障に明らかに反し、審理の著しい遅延の結果、迅速な裁判をうける被告人の権利が害せられたと認められる異常な事態が生じた場合には、これに対処すべき具体的規定がなくても、もはや当該被告人に対する手続の続行を許さず、その審理を打ち切るという非常救済手段がとられるべきことをも認めている趣旨の規定であると解する。」

「さらに審理をすすめても真実の発見ははなはだしく困難で、もはや公正な裁判を期待することはできず、いたずらに被告人らの個人的および社会的不利益を増大させる結果となるばかりであつて、これ以上実体的審理をすすめることは適当でないから、その手続をこの段階において打ち切るという非常の救済手段を用いることが憲法上要請される」。

「具体的刑事事件における審理の遅延が右の保障条項に反する事態に至つているか否かは、遅延の期間のみによつて一律に判断されるべきではなく、遅延の原因と理由などを勘案して、その遅延がやむをえないものと認められないかどうか、これにより右の保障条項がまもろうとしている諸利益がどの程度実際に害せられているかなど諸般の情況を総合的に判断して決せられなければならない」。

「審理を打ち切る方法については現行法上よるべき具体的な明文の規定はないのであるが、前記のような審理経過をたどつた本件においては、これ以上実体的審理を進めることは適当でないから、判決で免訴の言渡をするのが相当である。」とした。

Ⅷ　経済的自由権・財産権

松村歌子

解説

1　経済的自由権・財産権の保障

憲法においては、経済的自由権として、財産権（二九条一項）に加え、居住移転の自由・職業選択の自由（二二条一項）、さらに職業選択の自由の中には営業の自由（営利を目的に行われる経済活動）を保障する趣旨を包含する。国は、私有財産を「正当な補償」の下に、「公共のために」「用ひる」ことができる。すなわち、学校・鉄道・道路・河川等の社会資本の整備などの公共目的のため、私有財産を収用し、または財産権行使の制限となる規制をすることができる。ただし、特定個人の「特別の犠牲」に対しては、二九条三項に定める「正当な補償」が必要となる。

何が「特別の犠牲」に当たるかについて、収用によって財産権が奪われた場合は、通常「特別の犠牲」として補償の対象となるが、規制によって財産権行使が制限された場合は、その規制の目的が消極目的か積極目的かで、個別に判断していく必要があるとされてきた。すなわち、消極目的（警察目的）による規制の場合、社会の最低限の秩序維持のために必要な措置であるとして、特別の犠牲には当たらないとされるのに対し、積極目的による規制の場合、財産権者の側に落ち度はないことが多く、特別の犠牲に当たるとして、補償の対象とされてきたのである。

さらに、特別の犠牲に当たるとしても、どの程度補償すればよいのかという問題が生じる。この点、「正当な補償」の意義について、相当補償説と完全補償説があると解されてきた。農地改革事件（最大判昭和二八年一二月二三日民集七巻一三号一五二三頁）は、戦後の農地改革において、国が自作農創設特別措置法に基づき、地主から農地を強制的に買い上げ、小作人に低額で払い下げたが、地主に支払われた対価があまりにも低すぎたため、「正当な補償」を求めて争われた事件である。最高裁は、正当な補償について、必ずしも時価と完全に一致することは要せず、時価を基礎に合理的に算出された「相当な額」でよいとし、相当補償説を採用したと解されてきた。本判決は、戦後の農地改革という特殊な事例に関する例外的なものであり、その後の昭和四八年判決（最判昭和四八年一〇月一八日民集二七巻九号一二一〇頁）において否定されている。すなわち、土地収用法に基づいて土地を収用する場合、その補償は完全な補償、すなわち、収用の前後を通じて被収用者の財産的価値を等しくならしめるようになされなければならず、金銭をもって補償する場合には、被収用者が近傍において被収用地と同等の代替地等を取得することを得るに足りる金額でなければならないとして、完全補償説を採用したと解された。しかし、平成一四年判決（最判平成一四年六月一一日民集五六巻五号九五八頁）では、昭和二八年判決を引用し、「憲法二九条三項にいう『正当な補償』とは、その当時の経済状態において成立すると考えられる価格に基づき合理的に算出された相当な額をいうのであって、必ずしも常に上記の価格と完全に一致することを要するものではない」として、再び相当補償説に立ったかのようにみえた。

結局のところ、最高裁は、具体的な事案ごとに、補償額の算出方法が妥当かどうかを判断していたようである。つまり、土地の価格については一義的に定まるものではないから、具体的な補償の額を算出するにあたっては、個別法によって具体的な算出方法を規定するのが望ましい。これら最高裁判決での争いの中心は、算出された結果が相当か完全かではなく、算出方法の合理性（自作農創設特別措置法や土地収用法の妥当性）であったといえる。

2　経済的自由権を規制する立法の合憲性の判断基準

一般に、基本的人権は、他者加害防止のため、「公共の福祉」（一二条・一三条）による制約（内在的制約）が課されると解されているが、さらに、経済的自由権に対しては、経済的・社会的弱者保護、社会経済政策を実現するため、「公共の福祉」（二二条一項・二九条二項）による制約（外在的制約・政策的制約）が課されると解されている。そのため、経済的自由権を規制する立法が憲法に適合しているか否かについては多く争われてきた。

小売市場距離制限事件**34**において、最高裁は、国が積極的な社会経済政策の実施の一手段として、立法により個人の経済活動に対し、一定の規制措置を講ずることは、それが目的達成のため必要かつ合理的な範囲にとどまる限り、憲法に反しないとした。そして、社会経済の分野における法的規制措置について、適正な判断と評価をする機能は立法府にこそ備わっているのであるから、個人の経済活動に対する法的規制措置は、立法府がその裁量権を逸脱し、当該法的規制措置が著しく不合理であることの明白な場合に限って、これを違憲とすることができるとし、いわゆる「明白性の原則」を採用した。

もっとも、この「明白性の原則」が、営業の自由に対する政策的な積極目的規制の場合のみに限定して妥当するのか、あるいは警察的・消極目的規制にも妥当するのか明確でないと指摘されていたが、その後の薬局距離制限事件35は、規制目的によって審査基準を区別したものとして評価された。

薬局距離制限事件において、最高裁は、本件許可制は職業の自由に対する公権力による制限の一態様であるとして人権制限の存在を認めたうえで、その制限を正当化しうるかどうかを論じている。すなわち、薬局の適正配置規制は、国民の生命および健康に対する危険の防止という消極目的のための規制措置であり、目的自体は重要な公共の利益といえるが、薬局が偏在することにより競争が激化、ひいては一部薬局等の経営の不安定を招き、不良医薬品の供給の危険が生じるという因果関係は、確実な根拠に基づく合理的な判断とは認めがたく、本適正配置規制の必要性と合理性を肯定するには足りないので、本件薬事法の規制は、憲法二二条一項に違反し無効であるとしている。

以上のように、最高裁は、経済活動に対する法的規制措置が合憲といえるためには、重要な公共の利益のために必要かつ合理的な措置であることを要し、また、それが**消極目的規制**である場合には、他のより制限的でない規制手段では立法目的を達成しえないことを要するとした。小売市場距離制限事件では、**積極目的規制**に関しては明白性の原則が妥当するのに対し、薬局距離制限事件では、許可制を採る消極目的規制の場合には、目的が合理的で手段が適正かを問う、いわゆる「厳格な合理性の基準」を採用したとされる。このような流れを踏まえ、消極目的の規制か積極目的の規制かによる合憲性の判断、いわゆる規制目的二分論が出てきた。

なお、小売市場距離制限事件、薬局距離制限事件以前の公衆浴場距離制限事件（最大判昭和三〇年一月二六日刑集九巻一号八九頁）において、最高裁は、公衆浴場の確保の必要性を認識しつつもそれについては明言せずに、公衆浴場の距離規制の立法目的を、国民保健および環境衛生の保持にあるとまとめており、規制目的二分論を採用せずに合憲性を判定していた。

そして、森林法違憲判決**36**において、最高裁は、森林法の目的を積極目的によるものと認定し、薬局距離制限事件を明示的に引用しているにもかかわらず、手段について「厳格な合理性の基準」を採用せず、規制の目的、必要性、内容が、その規制によって制限される人権の種類、性質および制限の程度と比較し、総合衡量による判断を下している。

そのため、規制目的二分論はもはや放棄されたのか、それとも規制目的二分論は職業の自由の規制の場合の理論であり、財産権の制限の場合には適用されないのかなど様々な学説が展開されることとなったが、そもそも規制の目的の区別は相対的なもので、規制の目的のみで合憲性を判定するのは困難であって、最高裁は当初から規制目的二分論を採用せず、規制によって得られる利益と失われる利益の個別的利益衡量によって総合的に判断するという手法を取っていたとする説が有力である。

また、経済的自由権に対する制約についての最近の判例として、風営適正化法（風俗営業等の規制及び業務の適正化等に関する法律）によるダンス営業規制事件（大阪高判平成二七年一月二一日判例集未登載）などがあり、風営適正化法による営業規制は、店内の照度、営業時間、酒類の提供の有無により、分類されている【72】。

3　採用の自由と政策による規制

企業は、誰を雇うか、原則として自由に選ぶことができる。最高裁も「いかなる者を雇い入れるか、いかなる条件でこれを雇うかについて、法律その他による特別の制限がない限り、原則として自由に決定することができる」としている（三菱樹脂事件 **6**）。

しかし、労働関係は、使用者（命令する者）と労働者（命令される者）の関係であるため、常に人権侵害の危険を伴っている。使用者が差別や労働搾取をしても、労働者としてはなかなか反論できないだろう（ブラック企業の問題は、こうして起きる）。労働の場での差別は、労働者の人格的利益や生活を著しく侵害する可能性があるのである。

一方、憲法によって直接規律されるのは国や地方公共団体であって、私人には直接適用されないと解されている（憲法の私人間効力の問題）。三菱樹脂事件においても、最高裁は、ある人が特定の思想・信条をもつことを理由に、私企業がその人を採用しないとしても当然に違法視することはできないと判断している。しかし、企業と労働者、大人と子どもなど、元々の地位に大きな格差がある場合には、弱者保護の必要性から、私人と私人の間にも人権規定の適用を何らかの形で認めていこうという流れが強くなってきており、最高裁は、私法の一般原則や公序良俗、不法行為（民法一条・九〇条・七〇九条など）に憲法の趣旨を取り込んで解釈・適用するという間接適用説を採用している。つまり、憲法の人権規定は、私人間の関係を直接規律することはないが、私法上の一般条項や不法行為法、労働基準法等を通して実現される。そして、企業（使用者）には営業の自由や採用の自由が認められるが、各法律の制限により、合理的な理由のない差別的取扱いをしてはならないということである。具体的な規制としては資料【73】のようなものがある。

用語解説

消極目的規制　自由にすれば国民の健康や安全に危険が生ずるという場合に、その弊害を除去・防止するための規制であり、警察目的の規制と呼ばれることもある。

積極目的規制　弱者保護のため、あるいは社会経済の均衡のとれた調和的発展のために行われる規制であり、社会経済政策的目的の規制と呼ばれることもある。

【72】風営適正化法による客にダンスをさせる営業に係る規制の見直し

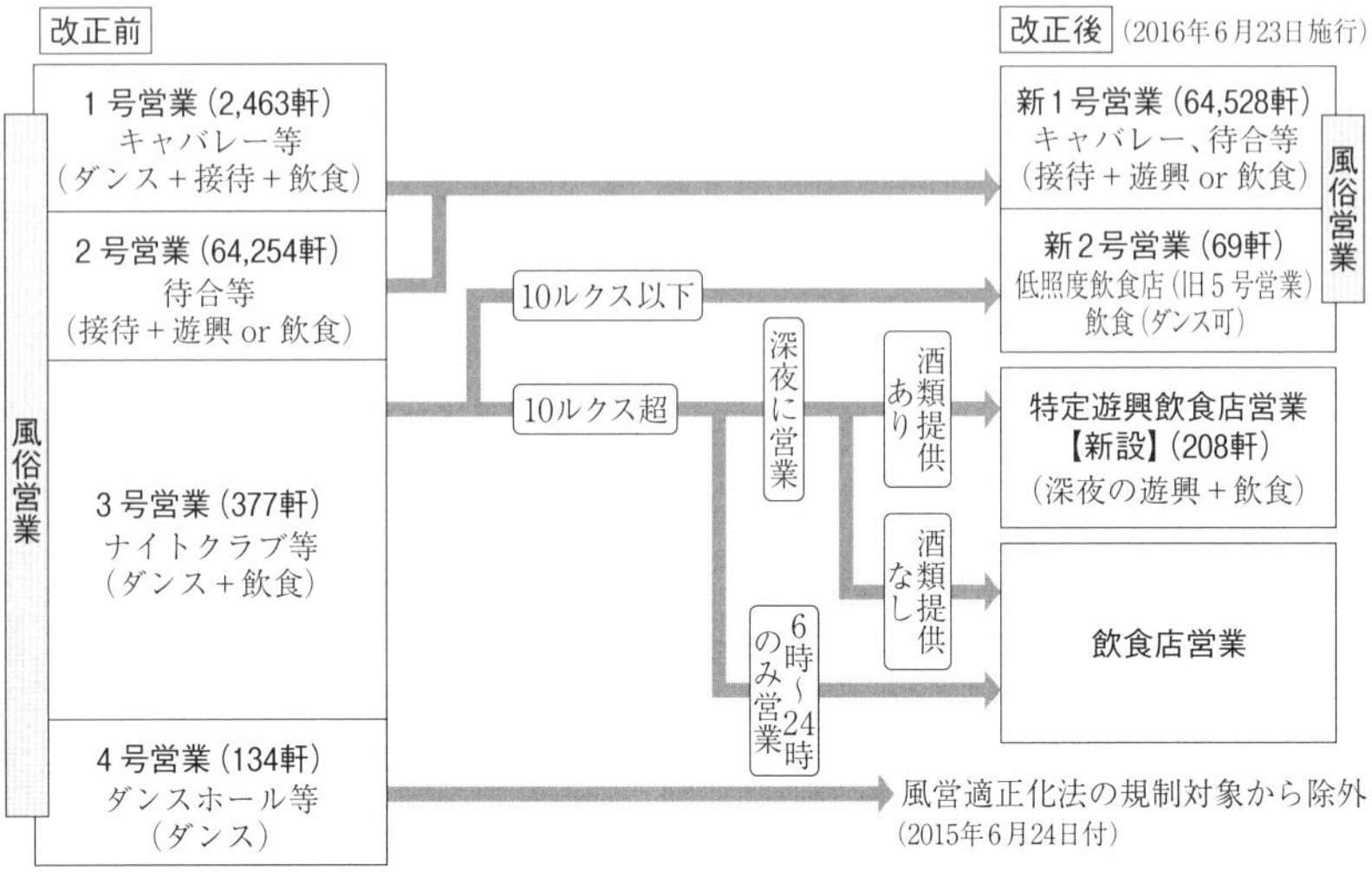

（注）　営業所の軒数は改正前は2014年末、改正後は2016年末の全国の数値（『平成27年版警察白書』84頁、『平成29年版警察白書』88頁より）

【73】法律による制限の例

- **性別**…女性であることを理由とする賃金差別は禁止される（男女同一賃金・労基法４条）。また、性別を理由とする募集・採用差別は禁止される（雇均法５条）。また、募集・採用に当たって、身長・体重・体力を要件とすることや、総合職の募集・採用に、転居を伴う転勤を要件とすることは、合理的な理由がなければ、間接差別として禁止される（雇均法７条）。女性労働者のみならず男性労働者も、男女雇用機会均等法を根拠に差別的取扱いの違法を主張することができる。
- **年齢**…労働者の募集・採用時に年齢制限をつけることは、雇用対策法により原則禁止とされ（雇用対策法10条）、やむを得ない理由で一定年齢を下回ることを条件とする場合は、求職者に対しその理由を示さなければならないとされる（高年齢者雇用安定法18条の２）。
- **思想・信条**…思想・信条を理由に採用しないことについては、明確に禁止する法律はないが、採用後に、労働者が特定の政党・宗教団体に属していることを理由とする差別は禁止されている（労基法３条）。
- **労働組合**…労働組合法は、労働者が組合員であること、労働組合を結成・加入しようとしたこと、もしくは正当な組合活動をしたことを理由に、使用者が解雇などの不利益な取扱いをすることを禁止している（不当労働行為・労働組合法７条１号）。使用者による労働組合の組合員に対する差別は、労働者の団結する権利（憲法28条）を侵害するものであり、許されない。
- **障害**…募集・採用、賃金、配置、昇進などの雇用に関するあらゆる局面で、障害者であることを理由とする差別が禁止されている。事業主には、障害者が職場で働くにあたっての支障を改善するための合理的配慮を提供することが義務付けられる。また、障害者の採用に関して、事業主に一定比率以上の障害者の雇用を義務づけられており（障害者雇用促進法37条・43条以下）、障害者の雇用率がこの一定比率に満たない場合は、その企業から障害者雇用納付金が徴収される（同53条以下）。
- **パートタイマー**…職務の内容、人材活用のしくみ、契約期間の点から、通常の労働者と同視されるべきパートタイマーに限ってではあるが、パートタイマーの待遇全般について差別的取扱いを禁止している（パートタイム労働法８条）。

基本判例34　小売市場の開設と職業選択の自由

小売市場距離制限事件

最大判昭和四七年一一月二二日刑集二六巻九号五八六頁

概要　小売商業調整特別措置法（昭和三四年法一五五号）は、「小売商の事業活動の機会を適正に確保し、及び小売商業の正常な秩序を阻害する要因を除去し、もつて国民経済の健全な発展に寄与することを目的」（一条）として制定された。政令指定都市の指定地域内では、知事の許可を受けた者でなければ、小売市場を開設経営することができず（三条一項）、違反には刑罰が規定されていた（二二条～二四条）。

本件は、被告人が、知事の許可を得ずに、指定区域内で平家建一棟を建築し、小売市場とするため、小売商らに貸し付けたとして起訴された事案である。第一審（東大阪簡判昭和四三年九月三〇日）も、第二審（大阪高判昭和四四年一一月二八日）も、有罪としたため、被告人は、同法が小売市場の開設経営を知事の許可にかからしめているのは、営業の自由を不当に制限するものであり、憲法二二条一項に違反する等を理由に上告した。

判旨　憲法は、「個人の自由な経済活動を基調とする経済体制を一応予定している」が、「絶対かつ無制限の自由を保障する趣旨ではなく、各人は、『公共の福祉に反しない限り』において、その自由を享有することができるにとどま」る。「個人の経済活動に対する法的規制は、個人の自由な経済活動からもたらされる諸々の弊害が社会公共の安全と秩序の維持の見地から看過することができないような場合に、消極的に、かような弊害を除去ないし緩和するために必要かつ合理的な規制である限りにおいて許されるべき」である。「憲法は、全体として、福祉国家的理想のもとに、社会経済の均衡のとれた調和的発展を企図しており、その見地から、すべての国民にいわゆる生存権を保障し、その一環として、国民の勤労権を保障する等、経済的劣位に立つ者に対する適切な保護政策を要請して」おり、国は、「社会経済全体の均衡のとれた調和的発展を図るために、立法により、個人の経済活動に対し、一定の規制措置を講ずることも、それが右目的達成のために必要かつ合理的な範囲にとどまる限り、許される」。社会経済の分野における法的規制措置の必要性、対象、措置の妥当性については、「主として立法政策の問題として、立法府の裁量的判断にまつほかない。」「裁判所は、立法府の右裁量的判断を尊重するのを建前とし、ただ、立法府がその裁量権を逸脱し、当該法的規制措置が著しく不合理であることの明白である場合に限つて、これを違憲として、その効力を否定することができる」。よって本件小売市場の許可制は、「経済的基盤の弱い小売商の事業活動の機会を適正に確保し、かつ、小売商の正常な秩序を阻害する要因を除去する必要」からとられた方策であり、「その目的において、一応の合理性を認めることができないわけではなく、また、その規制の手段・態様においても、それが著しく不合理であることが明白であるとは認められない。」

基本判例35　薬局の開設と職業選択の自由
薬局距離制限事件

最大判昭和五〇年四月三〇日民集二九巻四号五七二頁

概要　医薬品等の製造、販売、流通、表示、広告等に対する規制は、戦後たびたび見直しが行われており、改正薬事法（昭和三五年法一四五号、平成二六年改正で「医薬品、医療機器等の品質、有効性及び安全性の確保等に関する法律」に改称）では、薬局の新規開設時に、都道府県が条例で定める適度な距離（約百メートル）を保つように求め、新しい薬局が、既存の薬局に近接している場合には、薬局の開設を許可しないとする規定（適正配置規制）が追加された。

本件は、広島県福島市のスーパーマーケット経営者Xが、その店舗内での医薬品の一般販売業の許可を申請したが、県知事が、申請後施行された改正薬事法に基づき不許可処分を下したため、処分の取消しを求めたものである。第一審（広島地判昭和四二年四月一七日）は、申請時の法令の定める許可基準によることが相当であったとして、旧薬事法（昭和二三年法一九七号）を適用し、不許可処分を違法とした。第二審（広島高判昭和四三年七月三〇日）は、経過措置規定がある場合を除き、行政処分は処分時の法律に準拠すべきとして改正薬事法を適用し、薬局等の設置の場所が、「その偏在ないし乱立をきたすに至るが如きは、公共の福祉に反する」として、同法及びこれに基づく県条例は、憲法二二条に違反しないとしたため、Xは上告した。

判旨　「行政処分は原則として処分時の法令に準拠してされるべき」ものであり、法令に特段の定めのないかぎり、許可処分においても同様である。

職業の自由に対する制限が「公共の福祉」のために是認されるか否かは、「具体的な規制措置について、規制の目的、必要性、内容、これによつて制限される職業の自由の性質、内容及び制限の程度を検討し、これらを比較考量したうえで慎重に決定されなければならない。」そして、職業の許可制が合憲であるためには、「重要な公共の利益のために必要かつ合理的な措置であることを要し、また、それが社会政策ないしは経済政策上の積極的な目的のための措置ではなく、自由な職業活動が社会公共に対してもたらす弊害を防止するための消極的、警察的措置である場合には、許可制に比べて職業の自由に対するよりゆるやかな制限である職業活動の内容及び態様に対する規制によつては右の目的を十分に達成することができないと認められることを要する」。

改正薬事法は、「国民の生命及び健康に対する危険の防止という消極的、警察的目的のための規制措置」であり、その達成手段として適正配置規制を採用したが、目的（無薬局地域等の解消）と手段（適正配置規制）が釣り合っていない上、開業規制以外の方法でも目的達成が可能であるから、合理性を欠き、営業の自由を不当に侵害するものであり、違憲である。

基本判例36 財産権行使の制限
森林法違憲判決

最大判昭和六二年四月二二日民集四一巻三号四〇八頁

概要　X_1とX_2の兄弟は、父から贈与を受けた山林につき、各二分の一の共有持分を有していたが、意見の違いから、X_1は、X_2に対して、山林の持分の分割請求を行おうとした。しかし、森林法（昭和二六年法二四九号）一八六条は、共有者は、自分の持分価額の合計が過半数に達しない限り、共有に係る森林の分割請求ができないと規定していたため、X_1は、森林法の規定が憲法二九条二項に違反すると主張した。この規定は、「各共有者は、いつでも共有物の分割を請求することができる」とする民法二五六条一項の特則とされていた。

第一審（静岡地判昭和五三年一〇月三一日）は、森林法一八六条の規定を厳格に解し、二分の一より多くの持分がなければ常に分割請求ができないと解しても、同条の規定が憲法二九条の精神に反するとは解せられないとして棄却したため、両者とも控訴した。第二審（東京高判昭和五九年四月二五日）は、民法二五六条一項に基づく共有物の分割請求は森林法一八六条に抵触するとして棄却した。そこで、両者ともに上告した。

判旨　財産権にはそれ自体に内在する制約があるほか、立法府は公共の福祉に適合する限り財産権について規制を加えることができる。裁判所は、「立法府の判断が合理的裁量の範囲を超えるものとなる場合に限り、当該規制立法が憲法二九条二項に違背するものとして、その効力を否定することができる」。

民法二五六条一項の共有物の分割請求権は、「共有の本質的属性として、持分権の処分の自由とともに、民法において認められるに至ったもの」であり、「当該共有物がその性質上分割することのできないものでない限り、分割請求権を共有者に否定することは、憲法上、財産権の制限に該当し、かかる制限を設ける立法は、憲法二九条二項にいう公共の福祉に適合することを要する」。森林法の立法目的は、「森林の細分化を防止することによつて森林経営の安定を図り、ひいては森林の保続培養と森林の生産力の増進を図り、もつて国民経済の発展に資すること」にあり、「公共の福祉に合致しないことが明らかであるとはいえない。」「共有森林の共有者間の権利義務についての規制は、森林経営の安定を直接的目的とする森林法一八六条の立法目的と関連性が全くないとはいえないまでも、合理的関連性があるとはいえない。」このような規制が、「他の場合に比し、当該森林の細分化を防止することによつて森林経営の安定を図らなければならない社会的必要性が強く存すると認めるべき根拠は、これを見出だすことができない」。また、「当該共有森林を分割した場合に、分割後の各森林面積が必要最小限度の面積を下回るか否かを問うことなく、一律に現物分割を認めないとすることは、同条の立法目的を達成する規制手段として合理性に欠け、必要な限度を超えるものというべき」である。したがって、森林法一八六条は、憲法二九条二項に違反し、無効である。

IX 社会権

松村歌子

解説

1 現代的人権としての社会権

近代において、人権の中核を担ってきたのは自由権であり、「国家からの自由」、つまり、国家からの介入を排除し、国民の精神的・経済的・身体的自由を保障するものであった。その後、二〇世紀になって、資本主義社会の進展から、貧富の差が生じ、大量の人が貧困、失業・飢餓に苦しむ結果となったため、国家が社会的・経済的弱者を積極的に救済すべきだとする社会国家・福祉国家の理念が生まれ、自由とともに生存をも人権と捉えるに至った。すなわち、社会権は、社会国家・福祉国家の理念に基づき、特に社会的・経済的弱者を保護し、実質的平等を実現するために保障されるに至った人権であり、「国家による自由」、つまり、国がある種の政策に基づいて、何らかの方法で国民に対して直接現金を給付したり、施設を作ったり、ある種のサービスを提供することで初めて、人権の目的が達成されるものである。「人たるに値する生存」(ヴァイマール憲法一五条一項【8】)ないし「健康で文化的な生活」を求める権利ということができる。憲法は、社会権として、生存権(二五条)、教育を受ける権利(二六条)、勤労の権利(二七条)、労働基本権(二八条)を保障している。

2 生存権(二五条)

憲法は、全ての国民は、「健康で文化的な最低限度の生活」を営む権利があるとし(二五条一項)、生存権を保障した。生存権は国家の積極的な介入によって初めて実現する社会権であり、二五条二項で、それを達成するために、国は、社会福祉・社会保障・公衆衛生の向上・増進に努めなければならないと定めている【74】。

この「健康で文化的な最低限度の生活」の定義および生存権の法的性格が争われたのが、朝日訴訟37であった。最高裁は、二五条一項は、「すべての国民が健康で文化的な最低限度の生活を営み得るように国政を運営すべきことを国の責務として宣言したものであつて、個々の国民に対して直接具体的な請求権としての権利を付与したものでない」とし、その上で、「最低限度の生活」に関する生活保護基準について、厚生大臣（現在の厚生労働大臣）に合目的な裁量を認めた。生存権の法的性格については、「プログラム規定説」（生存を確保すべき国の政治的・道徳的義務を国に課したにとどまり、個々の国民に対して具体的な権利を保障したものではないとする説をいう）を採用したと解する説が有力であったが、今日では、生存権が抽象的な権利であり、裁判規範性があることは学説・判例がほぼ一致して認めている。

その後の堀木訴訟 38 は、障害福祉年金を受給していた原告が、児童扶養手当法に基づく児童扶養手当を請求したところ、同法の併給調整条項により請求を却下する処分を受けたため、その処分の取消しを求めた事件であり、障害福祉年金と児童扶養手当の併給の可否について争われた。本件においても、最高裁は、立法府の広い裁量を認めている。

これらの訴訟を契機に、生活保護基準が大幅に見直されることとなった【77】【78】。現在では、生存権を根拠に、生活保護、医療、年金、介護、老人福祉、障害者福祉、災害補償、感染症対策、食品衛生、公害規制等に関する各種法律が制定されている【75】【76】。

また、外国人にも（「権利の性質上」日本国民のみを対象としていると解されるものは除き）基本的人権の保障が及ぶとする（マクリーン事件 5 ）が、外国人の社会保障権が認められるかについて争われた（塩見訴訟・最判平成元年三月二日判時一三六三号六八頁）。この点、国民年金法などの社会保険は、一九八一年の難民条約への加入に伴う社会保障関係法の改正により、原則として正規入国の外国人（労災保険法のみ非正規の入国者にも適用）に適用され、児童扶養手当法などの社会手当も正規入国者に適用される。もっとも、生活保護法に代表される公的扶助は、行政通達により永住者・定住者に限り、日本国民に準じて適用されるにすぎず、給付請求の権利性は認められないと解されている。最高裁も、塩見訴訟において、「社会保障上の施策において在留外国人をどのように処遇するかについては、国は、特別の条約の存しない限り、当該外国人の属する国との外交関係、変動する国際情勢、国内の政治・経済・社会的諸事情等に照らしながら、その政治的判断によりこれを決定することができるのであり、その限られた財源の下で福祉的給付を行うに当たり、自国民を在留外国人より優先的に扱うことも、許される」と判示している。

また、最近の判例として、大学在学中の傷病により障害を負った原告らが障害基礎年金の不支給処分を受けた事案で、国民年金への加入を二〇歳以上の学生の意思にゆだねることとした法の措置は、著しく合理性を欠くということはできないとした学生無年金障害者訴訟【39】、生活保護を受けながら積み立てた学資保険の満期保険金の一部が収入として認定されたため、生活保護法に基づき金銭給付を減額する内容の保護変更決定処分を受けた事案で、「生活保護法の趣旨目的にかなった目的と態様で保護金品等を原資としてされた貯蓄等は、収入認定の対象とすべき資産には当たらない」とされた学資保険訴訟（最判平成一六年三月一六日民集五八巻三号六四七頁）などがある。

3　環境権（一三条・二五条）

生存権は、元来、経済的弱者の生存を保障すべく成立したものであったが、物質的な豊かさや便利さと引き換えに、多くの自然や生態系が壊され、CO_2濃度の上昇による気候変動や水・土・空気の汚染が生じ、「人間らしい暮らし」が阻害される状況になるに至り、一三条の包括的基本権と相まって、環境権を根拠づけるものとなった【81】【82】。

戦後の日本では、一九五三年に発生が確認された水俣病を皮切りに、四日市ぜんそく、イタイイタイ病、新潟水俣病などの公害が相次いで発生した。いずれも工場や鉱山からの排水・排気ガスが地域住民に深刻な健康被害を生じさせるものであった。その後の四大公害裁判【80】や、環境保全の取組みの機運の高まりから、一九六七年に公害対策基本法の制定（その後の環境基本法の制定により廃止）、一九七一年に環境庁（二〇〇一年から環境省）の設置などがあり、その後、複雑化・地球規模化する環境問題に対応するために、公害対策基本法を廃止し、一九九三年に環境基本法が制定されるなど、公害対策の体制が整えられていった【79】。

日本で最初に「環境権」が提唱されたのは、大阪国際（伊丹）空港公害訴訟においてであった。大阪高裁（大阪高判昭和五〇年一一月二七日民集三五巻一〇号一八八一頁）は、「人間として生存する以上、平穏、自由で人間たる尊厳にふさわしい生活を営むことも、最大限度尊重されるべきである」と判示し、夜九時以降の飛行差止め、過去・将来の損害賠償を認容したが、最高裁（最大判昭和五六年一二月一六日民集三五巻一〇号一三六九頁）で訴訟要件をめぐる形式的要件で棄却された。現在でも、大阪国際（伊丹）空港の運用は午前七時から午後九時までの一四時間となっており、緊急やむを得ない場合を除いて、午後九時以降の夜間の発着は行われていない。

4　教育を受ける権利（二六条）

教育が、健康で文化的な生活を営むための不可欠の要件をなすことを鑑み、二六条一項で「能力に応じて、ひとしく教育を受ける権利」を保障し、二項で、子どもに教育を受けさせる義務を親に課している【83】。また、教育を受ける権利の実質化として、義務教育は無償としている。この「無償」の範囲について、最高裁は、二六条二項の意味は、授業料を徴収しないことにあり、教科書、学用品、その他教育に必要な一切の費用まで無償としなければならないことを定めたものではない（教科書費国庫負担請求事件・最大判昭和三九年二月二六日民集一八巻二号三四三頁）と判示したが、この訴訟提起を契機として、一九六二年に「義務教育教科書無償法」が制定・公布され、二六条に掲げる義務教育無償の精神をより広く実現するものとして、日本の将来を担う児童・生徒に対し、国民全体の期待をこめて、国の負担によって教科書の無償配布が実施されている。無償化は、一九六三年から順次進み、一九六九年度には小中学校の全学年に無償配布が完成し、現在に至っている。

この教育を受ける権利は、子どもの学習権を保障したものと解されており、親は、主として家庭教育等学校外における教育や学校選択の自由に表れとして「子女の教育の自由」を有し、「私学教育における自由」や「教師の教授の自由」も、一定の範囲においては認められるが、子どもが自由かつ独立の人格として成長することを妨げるような介入は別として、国は、国政の一部として教育政策を樹立、実施し、教育内容についても決定する権能を有する。そして、最高裁は、中学校の学習指導要領について、「教師による創造的かつ弾力的な教育の余地や、地方ごとの特殊性を反映した個別化の余地が十分に残されて」いるから、教育の機会均等の確保、全国的な一定の水準等の目的のために、必要かつ合理的な基準を設定したものということができると判示している（旭川学力テスト事件**30**）。そして、高等学校の学習指導要領についても、伝習館高校事件（最判平成二年一月一八日民集四四巻一号一頁）で争われており、最高裁は、「国が、教育の一定水準を維持しつつ、高等学校教育の目的達成に資するために、高等学校教育の内容及び方法について遵守すべき基準を定立する必要があり、特に法規によってそのような基準が定立されている事柄については、教育の具体的内容及び方法につき高等学校の教師に認められるべき裁量にもおのずから制約が存する」と判示し、教育関係法規に違反する授業をしたこと等を理由とする県立高等学校教諭に対する懲戒免職処分は、懲戒権者の裁量権の範囲を逸脱したものとはいえないとして、学習指導要領の法的拘束力を認めた。

二〇〇六年には教育基本法が改正され、障害を受けた子どもについては、その能力や可能性を最大限に伸ばし、自立し社会参加するために必要な力を培うため、一人一人の障害の状態に応じ、きめ細かな教育を行なう必要があるとしている【83】。しかし、障害のある子どもに対しては、かつては、施設や養護学校（現在の特別支援学校）に通い、場合によっては、就学免除とされるのが当たり前とされ、重い障害のある子どもは教育を受ける機会すら与えられないことがあった。身体障害を有する受検者につき、高等学校の全課程を無事に修了する見込みがないという判断に基づいて、学校長が下した入学不許可処分について、裁判所は、施設・設備の面で養護学校が望ましかったとしても、「少なくとも、普通高等学校に入学できる学力を有し、かつ、普通高等学校において教育を受けることを望んでいる原告について、普通高等学校への入学の途が閉ざされること」は許されるものではなく、「障害者がその能力の全面的発達を追求することもまた教育の機会均等を定めている憲法その他の法令によって認められる当然の権利」であるとして、学校長の入学不許可処分は、裁量権の逸脱・濫用があったと判断された（市立尼崎高校事件・神戸地判平成四年三月一三日判時一四一四号二六頁）。

5　労働基本権（二七条・二八条）

二七条一項は、勤労の権利を認め、国に対し雇用の保障に努めるとともに、使用者の解雇権に制約を課した。二七条二項では、最低限の労働条件を法律で定めるように求めており、二八条は、勤労者に、団結権、団体交渉権、団体行動権を認めている。労働者の権利は、労働基準法、最低賃金法、労働契約法、労働組合法、労働関係調整法、労働安全衛生法、男女雇用機会均等法などに具体化され、各種労働関係の法律が制定されている。

公務員の労働基本権【96】について、最高裁は当初、抽象的な「公共の福祉」論や、公務員が「全体の奉仕者」（憲法一五条二項）であることを根拠に、公務員の労働基本権に対する制限を広く認めてきたが、郵便局職員の争議行為が問題となった全逓東京中郵事件（最大判昭和四一年一〇月二六日刑集二〇巻八号九〇一頁）や東京都教職員組合の執行委員による争議行為とそのあおり行為が問題となった東京都教組事件（最大判昭和四四年四月二日刑集二三巻五号三〇五頁）などでは、公務員にも労働基本権が保障されると明言したうえで、その制約（刑事制裁等）は必要最小限に限られるべきであるとした。しかしその後、全農林労働組合の役員らによる警察官職務執行法改正反対運動の一環としての争議行為とそのあおり行為が問題となった全農林警職法事件【40】において、最高裁は、公務員の地位の特殊性と職務の公共性に着目し、再び広く公務員の争議行為の一律的・全面的な禁止を合憲とした。

また、使用者が、労働者の組合結成等の権利行使を妨げることは不当労働行為として禁止されている（労組法七条一項）。労働組合の統制権と政治活動の自由については、三井美唄労組事件（最大判昭和四三年一二月四日刑集二二巻一三号一四二五頁）において争われた。労働組合は、労働者の団結権保障の効果として、その目的を達成するために必要かつ合理的な範囲内において、その組合員に対する統制権を有する。労働組合が、いわゆる統一候補を決定し、組合を挙げてその選挙運動を推進している場合において、統一候補の選にもれた組合員が、組合の方針に反して立候補しようとするときは、立候補を思いとどまるよう勧告または説得することは許されるが、その域を超えて、立候補を取りやめることを要求し、これに従わないことを理由に統制違反者として処分することは、組合の統制権の限界を超えるものとして許されない。

一九七三年の全農林警職法判決以後、公務員の争議権が行使できなくなるとともに、民間企業でも、「労使協調」の名のもとに使用者側との対立を避ける組合や経営側が労働者を管理するための機関（御用組合）と化した労働組合も多くなった。ストライキや春闘の発生自体も減少し、労働組合の組織率も下がり続けている。労働組合の組織率は、終戦直後は六〇％以上に達していたものの、年々低下傾向にあり、二〇一六年には一七・三％である【97】。バブル経済崩壊後の不況下では、率先して人員整理に協力した組合もあり、「第二人事課」「第二労務課」と批判されたりもした。組合員である正社員は、雇用・賃金が保障されるものの新規採用が控えられ（結局は若年者の失業率増加につながる）、非組合員である非正規雇用社員は、雇用・賃金が保障されないまま、増員されたという例もある。正規雇用の社員のみで組織されてきた日本の企業別組合は、非正規雇用の比率が増加してきた昨今、非正規雇用の労働者の抱える問題への取組みが大きく遅れることとなった。労働組合に加入しない（または加入できなかった）労働者たちは、最近の社会問題ともなった、「サービス残業」をはじめとする深刻な長時間労働、過労死・過労自死、派遣切り捨て・雇止め、リストラ、非正規労働の増加、不十分な社会保障、「ブラック企業」の問題などについて、使用者に立ち向かうことができなくなり、規制緩和・自由競争の名のもとに、より一層雇用自体の不安定化が生じている状況といえる。

そこで最近では、一人でも加入できる労働組合や、非正規労働者の待遇改善を要求する「非正規労働センター」や、学生アルバイトの待遇改善を掲げる「学生ユニオン」、女性の労働問題について中心的に取組む「女性ユニオン」など、多数の労働組合ができている。

【74】社会福祉の実施体制の概要

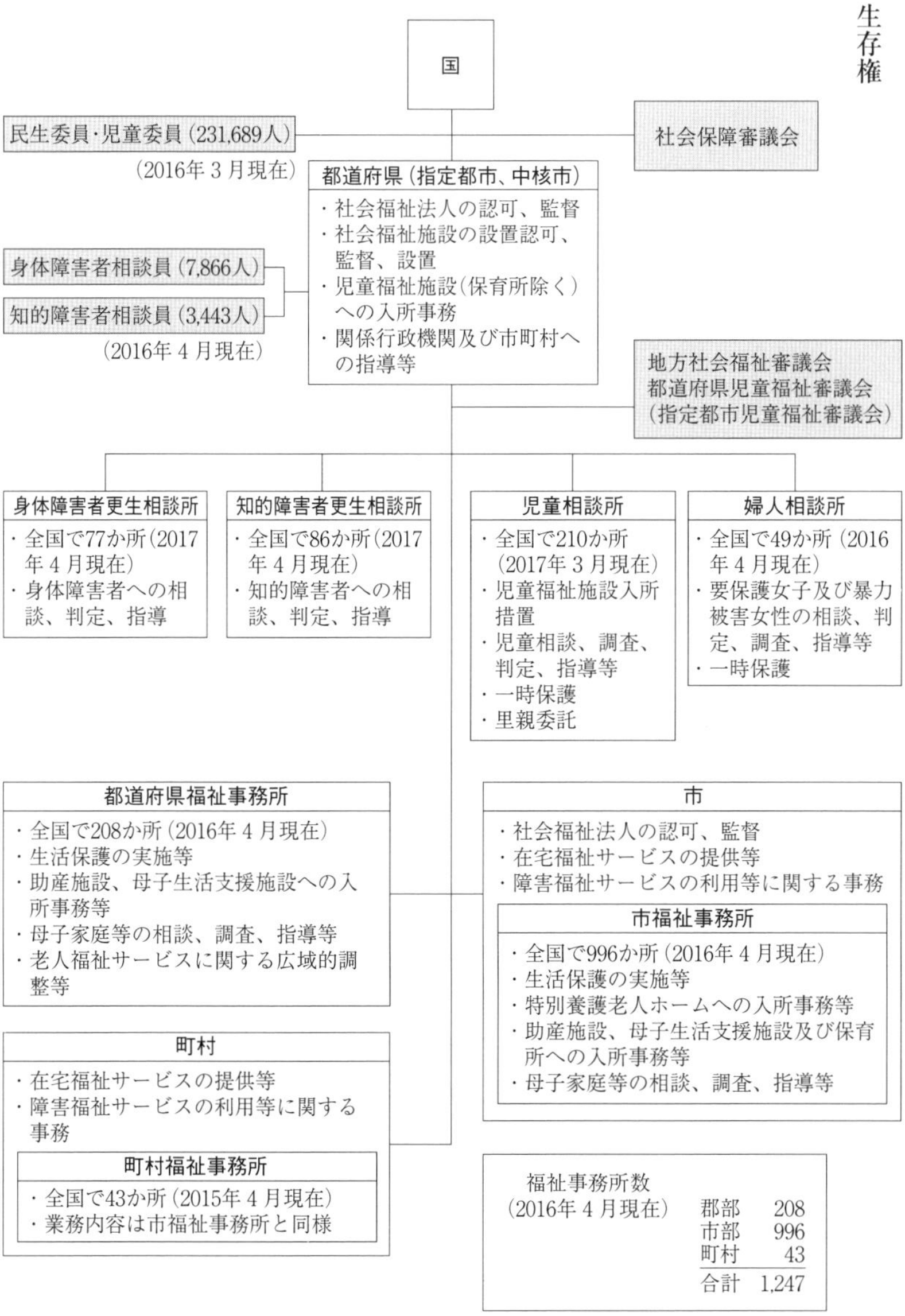
国
民生委員・児童委員（231,689人）
（2016年3月現在）
社会保障審議会
都道府県（指定都市、中核市）
・社会福祉法人の認可、監督
・社会福祉施設の設置認可、監督、設置
・児童福祉施設（保育所除く）への入所事務
・関係行政機関及び市町村への指導等
身体障害者相談員（7,866人）
知的障害者相談員（3,443人）
（2016年4月現在）
地方社会福祉審議会
都道府県児童福祉審議会
（指定都市児童福祉審議会）
身体障害者更生相談所
・全国で77か所（2017年4月現在）
・身体障害者への相談、判定、指導
知的障害者更生相談所
・全国で86か所（2017年4月現在）
・知的障害者への相談、判定、指導
児童相談所
・全国で210か所（2017年3月現在）
・児童福祉施設入所措置
・児童相談、調査、判定、指導等
・一時保護
・里親委託
婦人相談所
・全国で49か所（2016年4月現在）
・要保護女子及び暴力被害女性の相談、判定、調査、指導等
・一時保護
都道府県福祉事務所
・全国で208か所（2016年4月現在）
・生活保護の実施等
・助産施設、母子生活支援施設への入所事務等
・母子家庭等の相談、調査、指導等
・老人福祉サービスに関する広域的調整等
市
・社会福祉法人の認可、監督
・在宅福祉サービスの提供等
・障害福祉サービスの利用等に関する事務
市福祉事務所
・全国で996か所（2016年4月現在）
・生活保護の実施等
・特別養護老人ホームへの入所事務等
・助産施設、母子生活支援施設及び保育所への入所事務等
・母子家庭等の相談、調査、指導等
町村
・在宅福祉サービスの提供等
・障害福祉サービスの利用等に関する事務
町村福祉事務所
・全国で43か所（2015年4月現在）
・業務内容は市福祉事務所と同様
福祉事務所数
（2016年4月現在）
郡部　208
市部　996
町村　43
合計　1,247

（『厚生労働白書 平成29年版』資料篇194頁）

【75】生存権保障のための立法による具体化

	内容・目的	対象となる法律
社会福祉	広く国が、生活の困難な者・肉体的に故障のある者に対して、必要な救護・援護を与え、その生活を確保・向上させる。	**生活保護法**、**児童福祉法**、**身体障害者福祉法**、知的障害者福祉法、**老人福祉法**、母子及び寡婦福祉法など
社会保障	国が国民の生存を公的扶助又は社会保険の方式によって確保・向上させる。	**国民健康保険法**、**国民年金法**、厚生年金保険法、雇用保険法、老人保健法、介護保険法など
公衆衛生	狭義の衛生（清掃・水道・下水道などの他、疾病の予防や食品関係など）に限られず、広く国民の健康的な生活を保全・増進する（公害対策として、良き環境を保全し、さらに増進することも含む）。	感染症予防法、予防接種法、地域保健法、食品衛生法、環境基本法、大気汚染防止法、水質汚濁防止法など

【76】年金制度の体系

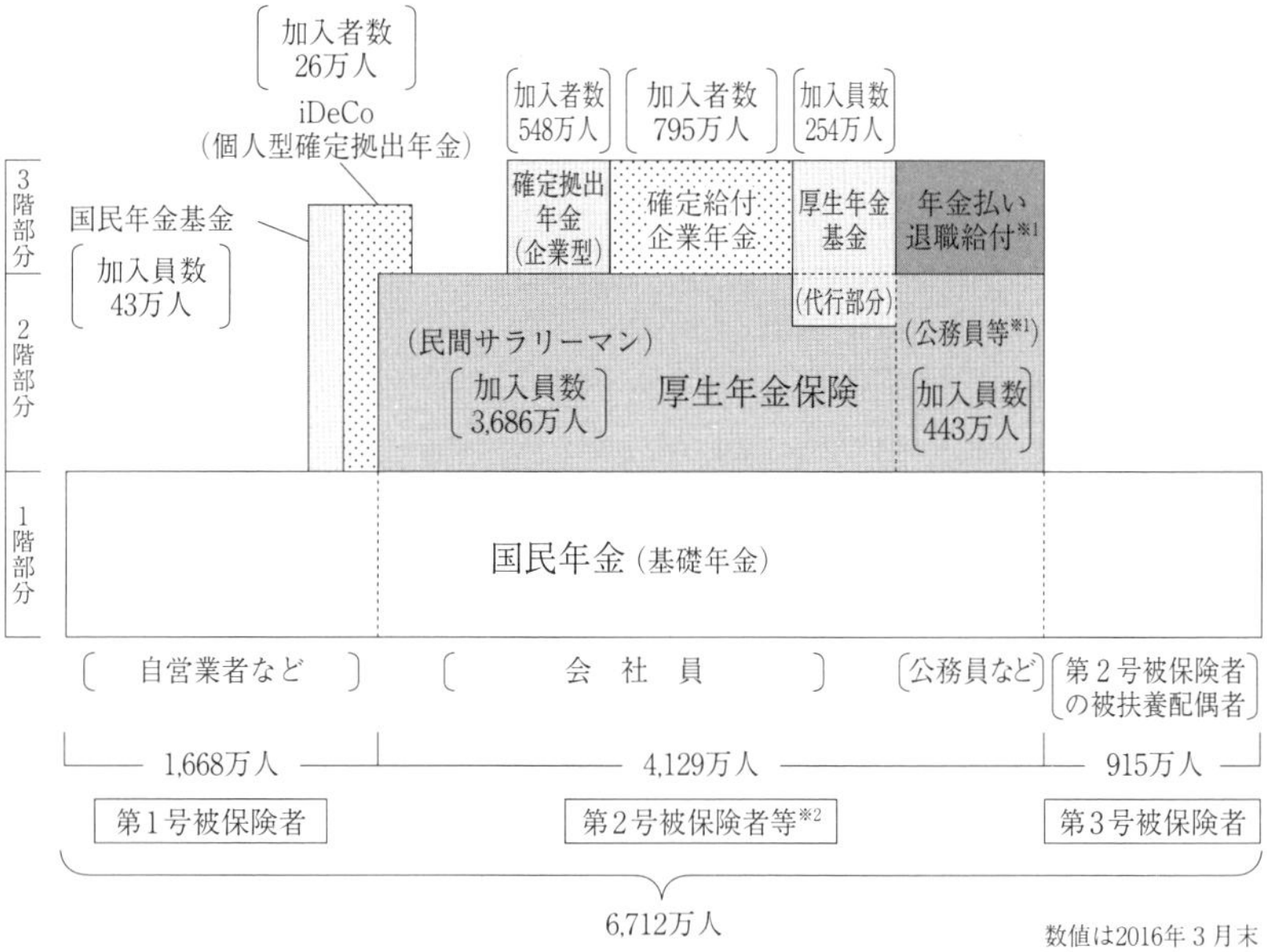

※1　被用者年金制度の一元化に伴い、2015年10月1日から公務員および私学教職員も厚生年金に加入。また共済年金の職域加算部分は廃止され、新たに年金払い退職給付が創設。ただし、2015年9月30日までの共済年金に加入していた期間分については2015年10月以後においても、加入期間に応じた職域加算部分を支給。

※2　第2号被保険者等とは、厚生年金被保険者のことをいう（第2号被保険者のほか、65歳以上で老齢、または、退職を支給事由とする年金給付の受給権を有する者を含む）。

（『厚生労働白書 平成29年版』資料篇239頁）

【77】生活保護世帯数・保護率の推移

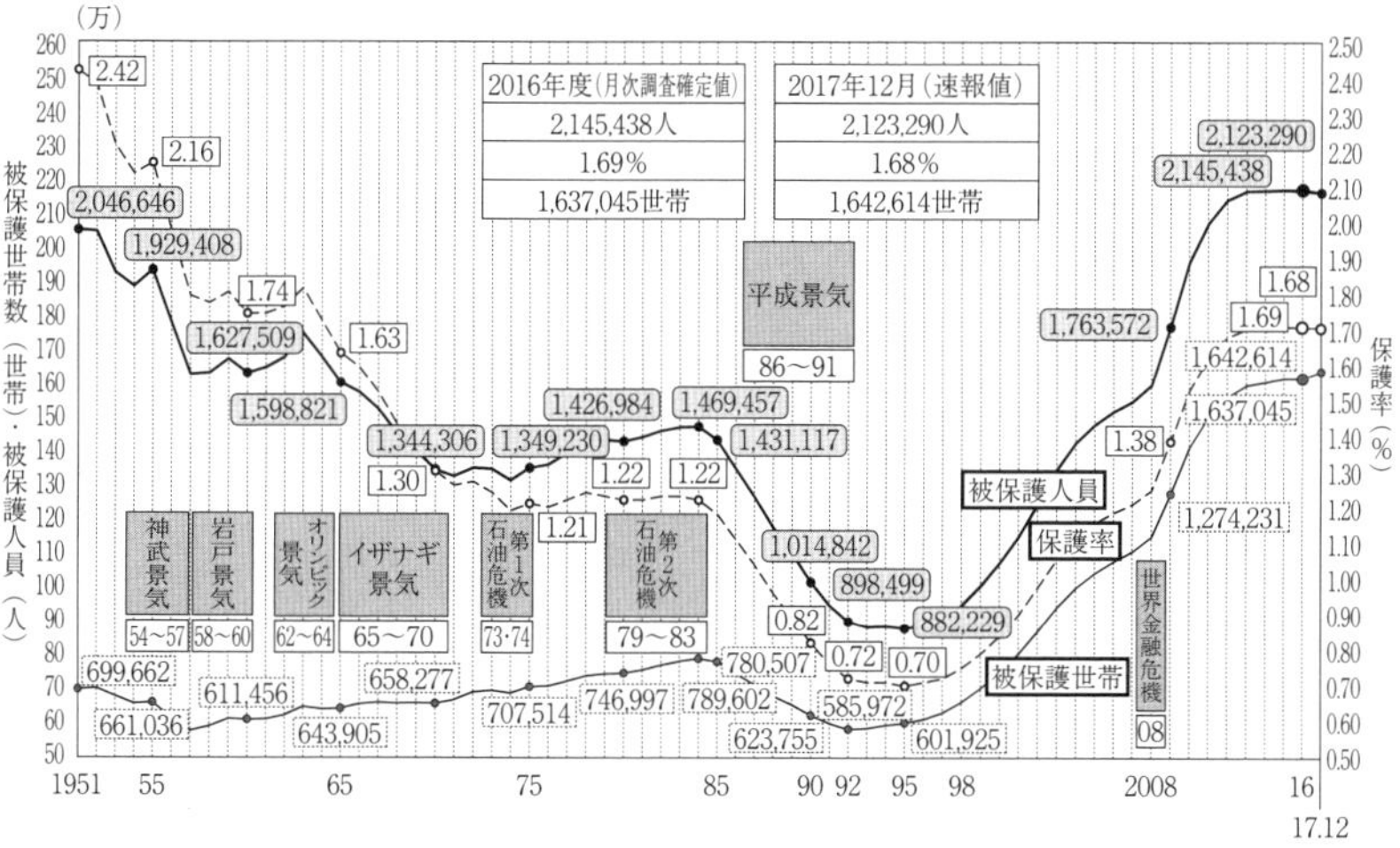

（被保護者調査より厚生労働省社会・援護局保護課にて作成（2012年３月以前の数値は福祉行政報告例））

【78】生活保護の利用率・捕捉率の国際比較

（2010年）

	日　本	ドイツ	フランス	イギリス
人　口	１億2700万人	8177万人	6503万人	6200万人
生活保護利用者数	199万8957人	793万5000人	372万人	574万4640人
利用率	1.6%	9.7%	5.7%	9.27%
捕捉率	15.3～18%	64.6%	91.6%	47～90%

※捕捉率とは、生活保護を利用する資格のある者のうち、現に利用している者の割合をいう。
（生活保護問題対策全国会議監修『生活保護「改革」ここが焦点だ！』あけび書房、2011年）

1955年と2018年における物価水準の比較

	ミルクキャラメル	卵（1パック10個入）	銭湯入浴料（東京・大人）	たばこ Peace（10本入）	週刊新潮（1冊）	大卒初任給（男子）
1955年（昭和30年）	８粒10円	90.6円	15円	40円	30円	12,907円
2018年（平成30年）	12粒120円	252円	460円	230円	400円	202,900円

（総務省統計局「主要品目の東京都区部小売価格：昭和25年～平成22年」「小売物価統計調査（動向編）2018年１月」より）

基本判例37　生存権の法的性格
朝日訴訟

最大判昭和四二年五月二四日民集二一巻五号一〇四三頁

概要　朝日茂（X）は、単身の肺結核患者として長期療養中であり、厚生大臣の設定した生活扶助基準で定められた最高金額である月六〇〇円の日用品費の生活扶助と現物による全部給付の給食付医療扶助とを受けていた。ところが、長年離れていた実兄から扶養料として毎月一五〇〇円の送金を受けるようになったので、津山市社会福祉事務所長は、月額六〇〇円の生活扶助を打ち切り、送金額から日用品費を控除した残額九〇〇円を医療費の一部としてXに負担させる旨の保護変更決定をした。Xは、岡山県知事、さらには厚生大臣Yに対して不服申立てをしたが却下されたため、生活扶助の基準額が健康で文化的な最低限度の生活水準を維持するのに足りない違法なものであるとして、Yに対して不服申立却下裁決の取消訴訟を提起した。第一審（東京地判昭和三五年一〇月一九日）は、本件保護変更決定は生活保護法に違反するとして請求を認容したが、第二審（東京高判昭和三八年一一月四日）は、当時の保護基準に照らして違法とすべき瑕疵はなかったとして原判決を取り消し、請求を棄却した。そこで、Xは上告した。なお、訴訟係属中、Xの支援者夫婦AらがXの養子となり、本件訴訟を引き継いだ。

判旨　「生活保護法の規定に基づき要保護者または被保護者が国から生活保護を受けるのは、単なる国の恩恵ないし社会政策の実施に伴う反射的利益ではなく、法的権利であって、保護受給権とも称すべきものと解すべきである。しかし、この権利は、被保護者自身の最低限度の生活を維持するために当該個人に与えられた一身専属の権利であって、他にこれを譲渡し得ないし（五九条参照）、相続の対象ともなり得ない」。したがって、Xの死亡と同時に、訴訟は終了する。なお、最高裁は、傍論として以下のように述べている。憲法二五条一項は、「すべての国民が健康で文化的な最低限度の生活を営み得るように国政を運営すべきことを国の責務として宣言したにとどまり、直接個々の国民に対して具体的権利を賦与したものではない」。「具体的権利としては、憲法の規定の趣旨を実現するために制定された生活保護法によって、はじめて与えられている」。しかし、「健康で文化的な最低限度の生活なるものは、抽象的な相対的概念」であり、その認定判断は、「厚生大臣の合目的的な裁量に委されており、その判断は、当不当の問題として政府の政治責任が問われることはあっても、直ちに違法の問題を生ずることはない。ただ、現実の生活条件を無視して著しく低い基準を設定する等憲法および生活保護法の趣旨・目的に反し、法律によって与えられた裁量権の限界をこえた場合または裁量権を濫用した場合には、違法な行為として司法審査の対象となることをまぬかれない。」『本件生活扶助基準が入院入所患者の最低限度の日用品費を支弁するにたりるとした厚生大臣の認定判断は、与えられた裁量権の限界をこえまたは裁量権を濫用した違法があるものとはとうてい断定することができない。」

基本判例38　障害福祉年金と児童扶養手当の併給調整条項と生存権
堀木訴訟

最大判昭和五七年七月七日民集三六巻七号一二三五頁

概要　国民年金法に基づく障害福祉年金を受給する視力障害者である堀木フミ子（X）は、内縁の夫との離別後、独力で養育している子について、児童扶養手当法に基づく児童扶養手当を請求したところ、児童扶養手当法四条三項三号（昭和四三年法九三号による改正前のもの）の併給調整条項に該当するとして、請求却下処分を受けたため、処分取消しを求めた。第一審（神戸地判昭和四七年九月二〇日）は、「障害福祉年金を受給し、児童を監護する母親である女性を、一方で同程度の視覚障害者である障害福祉年金受給の父たる男性と性別により差別し、他方で障害者でない母たる女性と社会的身分に類する地位により差別する結果をもたらし、その被差別感は極めて大であるから、併給調整条項は憲法一四条一項に違反し、無効である」として、取消請求を認容した。第二審（大阪高判昭和五〇年一一月一〇日）は、併給調整条項は憲法二五条・一四条・一三条に違反しないとして、本件却下処分を適法として、原判決を取り消した。そこで、Xは上告した。

判旨　「『健康で文化的な最低限度の生活』なるものは、きわめて抽象的・相対的な概念であつて、その具体的内容は、その時々における文化の発達の程度、経済的・社会的条件、一般的な国民生活の状況等との相関関係において判断決定されるべき」であり、立法化に当たっては、「国の財政事情を無視することができず、また、多方面にわたる複雑多様な、しかも高度の専門技術的な考察とそれに基づいた政策的判断を必要とする」。したがって、「憲法二五条の規定の趣旨にこたえて具体的にどのような立法措置を講ずるかの選択決定は、立法府の広い裁量にゆだねられており、それが著しく合理性を欠き明らかに裁量の逸脱・濫用と見ざるをえないような場合を除き、裁判所が審査判断するのに適しない事柄である」。

障害福祉年金も児童扶養手当も、「いずれも憲法二五条の規定の趣旨を実現する目的をもつて設定された社会保障法上の制度であり」、児童扶養手当は、受給者に対する所得保障である点において、「障害福祉年金と基本的に同一の性格を有するもの」であり、「一般に、社会保障法制上、同一人に同一の性格を有する二以上の公的年金が支給されることとなるべき、いわゆる複数事故において、そのそれぞれの事故それ自体としては支給原因である稼得能力の喪失又は低下をもたらすものであつても、事故が二以上重なつたからといつて稼得能力の喪失又は低下の程度が必ずしも事故の数に比例して増加するといえないことは明らか」である。社会保障給付の全般的公平を図るため公的年金相互間における併給調整を行うかどうかは立法府の裁量の範囲に属する事柄であるから、それが低額であるからといつて当然に憲法二五条違反に結びつくものということはできない。

基本判例39　障害基礎年金受給資格と生存権

学生無年金障害者訴訟

最判平成一九年九月二八日民集六一巻六号二三四五頁

概要　大学在学中の傷病により障害を負ったXらは、障害基礎年金の支給裁定を申請したが、国民年金に任意に加入しておらず、被保険者資格が認められないなどとして、不支給処分を受けたため、国に対し、処分の取消しと国家賠償を求めた。なお、国民年金法（平成元年改正前のもの）において、障害基礎年金は、傷病の初診日において被保険者であることを受給要件とするが、二〇歳以上の学生については、強制加入の例外として、保険料免除規定の適用を認められない任意加入を認めるにとどまっていた。そのため二〇歳以上の学生とそれ以外の者に、加入の取扱い及び保険料免除規定の適用の区別によって、差異が生じていた。また、二〇歳未満で障害を負った者には、障害の状態の程度に応じて、いわゆる無拠出制の障害基礎年金を支給するのに対して、任意加入しない二〇歳以上の学生に受給資格はなく、差異が生じていた。

第一審（東京地判平成一六年三月二四日）は、Xらのうち三名の国家賠償請求については、各種障害者団体の要請行動や年金審議会委員の指摘等から立法不作為の違法を認定でき、故意又は過失の存在もまた肯定することができるとして、請求を一部認容したが、第二審（東京高判平成一七年三月二五日）は、学生を国民年金法の強制適用の対象にしていなかったことが違憲ということはできず、過去の無年金者に対する救済措置についての立法行為ないし立法不作為が違法であるということはできないとして、原判決を取り消した。

判旨　国民年金制度について、「具体的にどのような立法措置を講じるかの選択決定は、立法府の広い裁量にゆだねられており、それが著しく合理性を欠き明らかに裁量の逸脱、濫用とみざるを得ないような場合を除き、裁判所が審査判断するのに適しない事柄である」。平成元年改正前の国民年金法が、「二〇歳以上の学生の保険料負担能力、国民年金に加入する必要性ないし実益の程度、加入に伴い学生及び学生の属する世帯の世帯主等が負うこととなる経済的な負担等を考慮し、保険方式を基本とする国民年金制度の趣旨を踏まえて、二〇歳以上の学生を国民年金の強制加入被保険者として一律に保険料納付義務を課すのではなく、任意加入を認めて国民年金に加入するかどうかを二〇歳以上の学生の意思にゆだねることとした措置は、著しく合理性を欠くということはできず、加入等に関する区別が何ら合理的理由のない不当な差別的取扱いであるということもできない。」「平成元年改正前の法における強制加入例外規定を含む二〇歳以上の学生に関する上記の措置及び加入等に関する区別並びに立法府が平成元年改正前において二〇歳以上の学生について国民年金の強制加入被保険者とするなどの所論の措置を講じなかったことは、憲法二五条、一四条一項に違反しない。」

【79】環境基本法（平成五年法九一号）

第一条（目的）　この法律は、環境の保全について、基本理念を定め、並びに国、地方公共団体、事業者及び国民の責務を明らかにするとともに、環境の保全に関する施策の基本となる事項を定めることにより、環境の保全に関する施策を総合的かつ計画的に推進し、もって現在及び将来の国民の健康で文化的な生活の確保に寄与するとともに人類の福祉に貢献することを目的とする。

第二条（定義）①　この法律において「環境への負荷」とは、人の活動により環境に加えられる影響であって、環境の保全上の支障の原因となるおそれのあるものをいう。

②　この法律において「地球環境保全」とは、人の活動による地球全体の温暖化又はオゾン層の破壊の進行、海洋の汚染、野生生物の種の減少その他の地球の全体又はその広範な部分の環境に影響を及ぼす事態に係る環境の保全であって、人類の福祉に貢献するとともに国民の健康で文化的な生活の確保に寄与するものをいう。

③　この法律において「公害」とは、環境の保全上の支障のうち、事業活動その他の人の活動に伴って生ずる相当範囲にわたる大気の汚染、水質の汚濁（水質以外の水の状態又は水底の底質が悪化することを含む。第二十一条第一項第一号において同じ。）、土壌の汚染、騒音、振動、地盤の沈下（鉱物の掘採のための土地の掘削によるものを除く。以下同じ。）及び悪臭によって、人の健康又は生活環境（人の生活に密接な関係のある財産並びに人の生活に密接な関係のある動植物及びその生育環境を含む。以下同じ。）に係る被害が生ずることをいう。

第三条（環境の恵沢の享受と継承等）　環境の保全は、環境を健全で恵み豊かなものとして維持することが人間の健康で文化的な生活に欠くことのできないものであること及び生態系が微妙な均衡を保つことによって成り立っており人類の存続の基盤である限りある環境が、人間の活動による環境への負荷によって損なわれるおそれが生じてきていることにかんがみ、現在及び将来の世代の人間が健全で恵み豊かな環境の恵沢を享受するとともに人類の存続の基盤である環境が将来にわたって維持されるように適切に行われなければならない。

第四条（環境への負荷の少ない持続的発展が可能な社会の構築等）　環境の保全は、社会経済活動その他の活動による環境への負荷をできる限り低減することその他の環境の保全に関する行動がすべての者の公平な役割分担の下に自主的かつ積極的に行われるようになることによって、健全で恵み豊かな環境を維持しつつ、環境への負荷の少ない健全な経済の発展を図りながら持続的に発展することができる社会が構築されることを旨とし、及び科学的知見の充実の下に環境の保全上の支障が未然に防がれることを旨として、行われなければならない。

【80】 四大公害訴訟

病　名	地　域	引き起こした会社	発生時期	原因物質と公害の分類（症状）	提訴時期と裁判の結果
水俣病	熊本県水俣市 不知火海沿岸	新日本窒素肥料（現・チッソほか）	1953年頃～1973年頃（1956年に公式に確認）	メチル水銀化合物による水質汚濁（手足の震え、感覚障害、聴力障害、神経障害、運動失調、視野狭窄、平衡機能障害、言語障害）	1969年6月提訴、1973年3月原告側全面勝訴
新潟水俣病（第二水俣病）	新潟県 阿賀野川流域	昭和電工	1964年頃～1971年頃		1967年6月提訴、1971年9月原告側全面勝訴
四日市ぜんそく	三重県 四日市市	昭和四日市石油など6社	1959年頃～1972年頃	亜硫酸ガスによる大気汚染（気管支炎、気管支喘息、咽喉頭炎など呼吸器疾患、肺気腫）	1967年9月提訴、1972年7月原告側全面勝訴
イタイイタイ病	富山県 神通川流域	三井金属鉱業	1910年頃～1971年頃	カドミウムによる水質汚濁（骨軟化症、腎機能障害）	1968年3月提訴、1971年6月原告側全面勝訴

※大気汚染、水質汚濁、土壌汚染、地盤沈下、騒音、振動、悪臭を典型7大公害と呼ぶ
（『環境白書 昭和48年版』「第2章第1節　四大公害裁判の教訓」より作成）

【81】 PM2.5（微小粒子状物質）の濃度とタバコの害

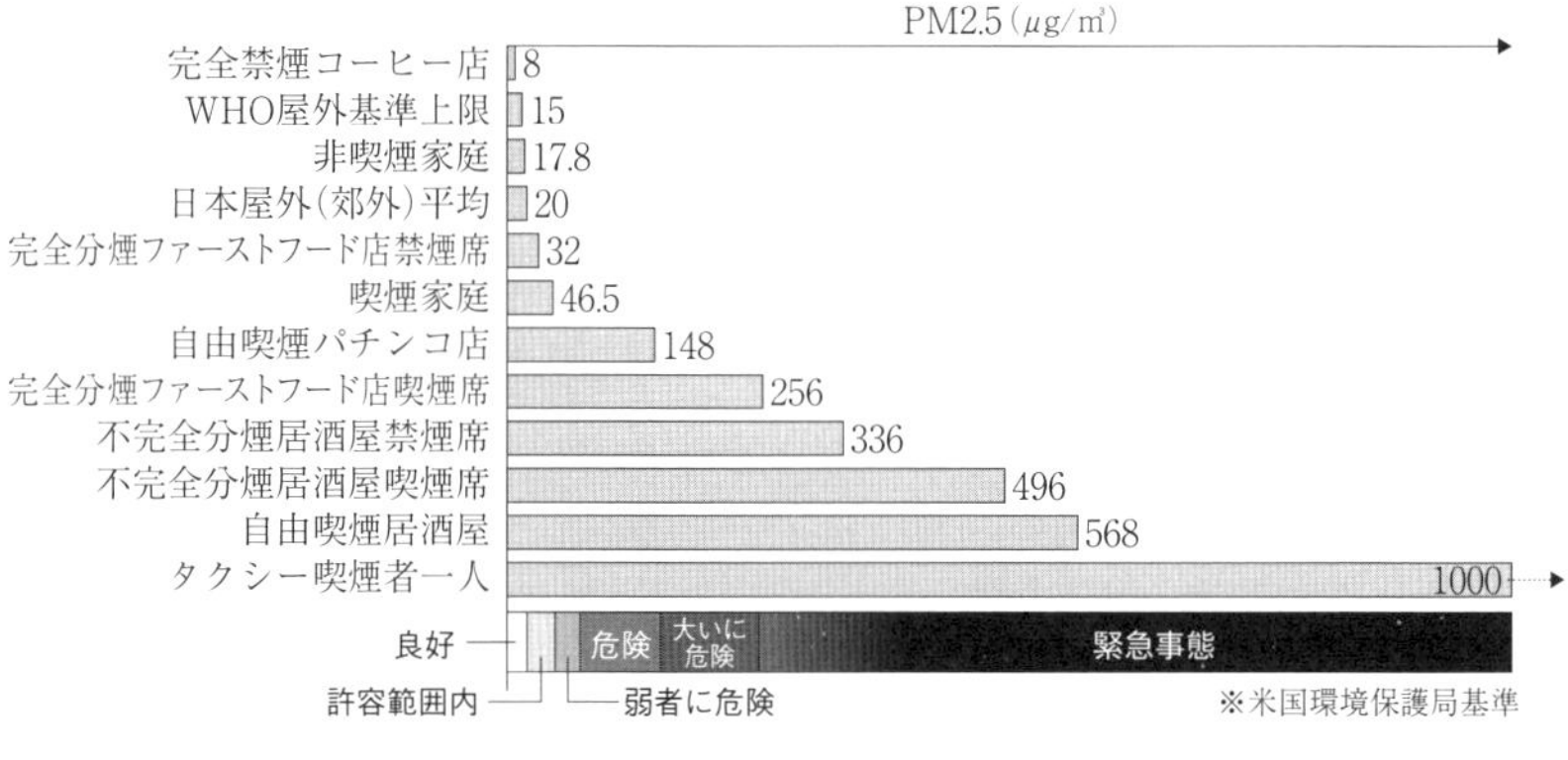

◆良好　空気の質は良好であり健康危険はほとんどない
◆許容範囲内　空気の質は許容範囲内だが、特定の種類の大気汚染物質に特別に敏感なごく少数の人々に若干の健康上の危険をもたらす可能性がある
◆弱者に危険　影響を受けやすい人々（小児·高齢者·病弱者）に健康危険がもたらされる可能性がある。一般の人々には影響がないと思われる
◆危険　すべての人々に健康障害が起きる可能性がある。影響を受けやすい人々にはより重大な健康障害が起きる可能性がある
◆大いに危険　警告！すべての人々により重大な健康障害が起きる恐れがある
◆緊急事態　直ちに対策を取らなければすべての人々に極めて重大な健康障害が起きる恐れがある。

（NPO法人日本禁煙学会「敷地内完全禁煙が必要な理由」2010年12月　http://www.nosmoke55.jp/data/1012secondhand_factsheet.pdf）

【82】 PM2.5による大気汚染

PMの大きさ(人髪や海岸細砂)との比較(概念図)

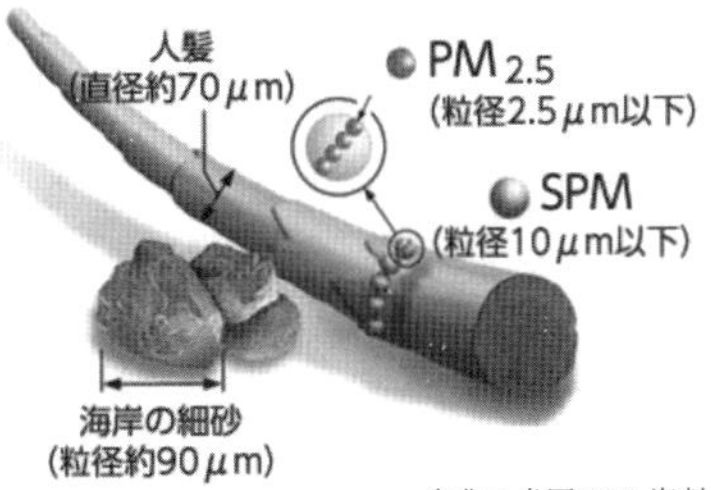

出典：米国EPA資料

ＰM2.5は、直径2.5μｍ(1μｍ(マイクロメートル)＝1ｍｍの1000分の１)以下の非常に小さな粒子。PMは「Particulate Matter(粒子状物質)」の頭文字。PM2.5の成分は、炭素成分、硝酸塩、硫酸塩、アンモニウム塩のほか、ケイ素、ナトリウム、アルミニウムなどの無機元素などが含まれる。

ＰM2.5は、ばい煙、鉱物の粉塵、噴煙、排ガス、喫煙など、物の燃焼などによって直接発生するほか、様々な物質の大気中での化学反応によっても生成される。

人の呼吸器と粒子の沈着領域(概念図)

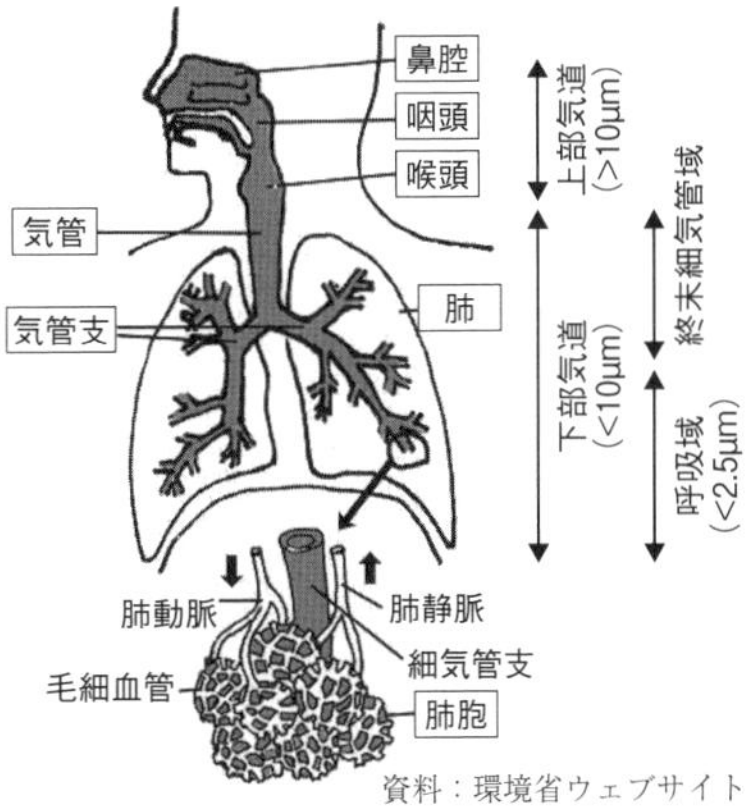

資料：環境省ウェブサイト

ＰM2.5は、肺の奥深くにまで入り込みやすく、ぜんそくや気管支炎などの呼吸器系疾患や循環器系疾患などのリスクを上昇させると考えられる。黄砂も飛来する春先は、特に注意が必要。環境省では、１日平均70μg／㎥を超えると健康影響が生じる可能性が高くなると考え、注意を喚起している。

注意喚起のための暫定的な指針

レベル	暫定的な指針となる値	行動のめやす	注意喚起の判断に用いる値※３	
			午前中の早めの時間帯で判断	午後からの活動に備えた判断
	日平均値(μg／㎥)		5時～７時	5時～12時
			1時間値(μg／㎥)	1時間値(μg／㎥)
Ⅱ	70超	不要不急の外出や屋外での長時間の激しい運動をできるだけ減らす。(高感受性者※2においては、体調に応じて、より慎重に行動することが望まれる。)	85超	80超
Ⅰ	70以下	特に行動を制約する必要はないが、高感受性者は、健康への影響がみられることがあるため、体調の変化に注意する。	85以下	80以下
(環境基準)	35以下※1			

※1　環境基準は環境基本法第16条第1項に基づく人の健康を保護する上で維持されることが望ましい基準
PM2.5に係る環境基準の短期基準は日平均35μg／㎥であり、日平均値の年間98パーセンタイル値で評価
※2　高感受性者は、呼吸器系や循環器系疾患のある者、小児、高齢者等
※3　暫定的な指針となる値である日平均値を超えるか否かについて判断するための値
(環境省HP「微小粒子状物質(PM2.5)に関する情報」 http://www.env.go.jp/air/osen/pm/info.html)

ii　教育を受ける権利

【83】教育基本法

(1)　旧教育基本法（昭和二二年法二五号）

前文

われらは、さきに、日本国憲法を確定し、民主的で文化的な国家を建設して、世界の平和と人類の福祉に貢献しようとする決意を示した。この理想の実現は、根本において教育の力にまつべきものである。

われらは、個人の尊厳を重んじ、真理と平和を希求する人間の育成を期するとともに、普遍的にしてしかも個性ゆたかな文化の創造をめざす教育を普及徹底しなければならない。

ここに、日本国憲法の精神に則り、教育の目的を明示して、新しい日本の教育の基本を確立するため、この法律を制定する。

第一条（教育の目的）　教育は、人格の完成をめざし、平和的な国家及び社会の形成者として、真理と正義を愛し、個人の価値をたつとび、勤労と責任を重んじ、自主的精神に充ちた心身ともに健康な国民の育成を期して行われなければならない。

第二条（教育の方針）　教育の目的は、あらゆる機会に、あらゆる場所において実現されなければならない。この目的を達成するためには、学問の自由を尊重し、実際生活に即し、自発的精神を養い、自他の敬愛と協力によつて、文化の創造と発展に貢献するように努めなければならない。

第三条（教育の機会均等）①　すべて国民は、ひとしく、その能力に応ずる教育を受ける機会を与えられなければならないものであつて、人種、信条、性別、社会的身分、経済的地位又は門地によつて、教育上差別されない。

②　国及び地方公共団体は、能力があるにもかかわらず、経済的理由によつて修学困難な者に対して、奨学の方法を講じなければならない。

第四条（義務教育）①　国民は、その保護する子女に、九年の普通教育を受けさせる義務を負う。

②　国又は地方公共団体の設置する学校における義務教育については、授業料は、これを徴収しない。

第六条（学校教育）①　法律に定める学校は、公の性質をもつものであつて、国又は地方公共団体の外、法律に定める法人のみが、これを設置することができる。

②　法律に定める学校の教員は、全体の奉仕者であつて、自己の使命を自覚し、その職責の遂行に努めなければならない。このためには、教員の身分は、尊重され、その待遇の適正が、期せられなければならない。

第一〇条（教育行政）①　教育は、不当な支配に服することなく、国民全体に対し直接に責任を負って行われるべきものである。

②　教育行政は、この自覚のもとに、教育の目的を遂行するに

必要な諸条件の整備確立を目標として行われなければならない。

(2)　教育基本法（平成一八年法一二〇号）

前文

我々日本国民は、たゆまぬ努力によって築いてきた民主的で文化的な国家を更に発展させるとともに、世界の平和と人類の福祉の向上に貢献することを願うものである。

我々は、この理想を実現するため、個人の尊厳を重んじ、真理と正義を希求し、公共の精神を尊び、豊かな人間性と創造性を備えた人間の育成を期するとともに、伝統を継承し、新しい文化の創造を目指す教育を推進する。

ここに、我々は、日本国憲法の精神にのっとり、我が国の未来を切り拓く教育の基本を確立し、その振興を図るため、この法律を制定する。

第一条（教育の目的）　教育は、人格の完成を目指し、平和で民主的な国家及び社会の形成者として必要な資質を備えた心身ともに健康な国民の育成を期して行われなければならない。

第二条（教育の目標）　教育は、その目的を実現するため、学問の自由を尊重しつつ、次に掲げる目標を達成するよう行われるものとする。

一　幅広い知識と教養を身に付け、真理を求める態度を養い、豊かな情操と道徳心を培うとともに、健やかな身体を養うこと。

二　個人の価値を尊重して、その能力を伸ばし、創造性を培い、自主及び自律の精神を養うとともに、職業及び生活との関連を重視し、勤労を重んずる態度を養うこと。

三　正義と責任、男女の平等、自他の敬愛と協力を重んずるとともに、公共の精神に基づき、主体的に社会の形成に参画し、その発展に寄与する態度を養うこと。

四　生命を尊び、自然を大切にし、環境の保全に寄与する態度を養うこと。

五　伝統と文化を尊重し、それらをはぐくんできた我が国と郷土を愛するとともに、他国を尊重し、国際社会の平和と発展に寄与する態度を養うこと。

第三条（生涯学習の理念）　国民一人一人が、自己の人格を磨き、豊かな人生を送ることができるよう、その生涯にわたって、あらゆる機会に、あらゆる場所において学習することができ、その成果を適切に生かすことのできる社会の実現が図られなければならない。

第四条（教育の機会均等）①　すべて国民は、ひとしく、その能力に応じた教育を受ける機会を与えられなければならず、人種、信条、性別、社会的身分、経済的地位又は門地によって、教育上差別されない。

②　国及び地方公共団体は、障害のある者が、その障害の状態に応じ、十分な教育を受けられるよう、教育上必要な支援を

講じなければならない。

③　国及び地方公共団体は、能力があるにもかかわらず、経済的理由によって修学が困難な者に対して、奨学の措置を講じなければならない。

第五条（義務教育）①　国民は、その保護する子に、別に法律で定めるところにより、普通教育を受けさせる義務を負う。

②　義務教育として行われる普通教育は、各個人の有する能力を伸ばしつつ社会において自立的に生きる基礎を培い、また、国家及び社会の形成者として必要とされる基本的な資質を養うことを目的として行われるものとする。

③　国及び地方公共団体は、義務教育の機会を保障し、その水準を確保するため、適切な役割分担及び相互の協力の下、その実施に責任を負う。

④　国又は地方公共団体の設置する学校における義務教育については、授業料を徴収しない。

第八条（私立学校）　私立学校の有する公の性質及び学校教育において果たす重要な役割にかんがみ、国及び地方公共団体は、その自主性を尊重しつつ、助成その他の適当な方法によって私立学校教育の振興に努めなければならない。

第九条（教員）①　法律に定める学校の教員は、自己の崇高な使命を深く自覚し、絶えず研究と修養に励み、その職責の遂行に努めなければならない。

②　前項の教員については、その使命と職責の重要性にかんがみ、その身分は尊重され、待遇の適正が期せられるとともに、養成と研修の充実が図られなければならない。

第一〇条（家庭教育）①　父母その他の保護者は、子の教育について第一義的責任を有するものであって、生活のために必要な習慣を身に付けさせるとともに、自立心を育成し、心身の調和のとれた発達を図るよう努めるものとする。

②　国及び地方公共団体は、家庭教育の自主性を尊重しつつ、保護者に対する学習の機会及び情報の提供その他の家庭教育を支援するために必要な施策を講ずるよう努めなければならない。

第一六条（教育行政）①　教育は、不当な支配に服することなく、この法律及び他の法律の定めるところにより行われるべきものであり、教育行政は、国と地方公共団体との適切な役割分担及び相互の協力の下、公正かつ適正に行われなければならない。

②　国は、全国的な教育の機会均等と教育水準の維持向上を図るため、教育に関する施策を総合的に策定し、実施しなければならない。

③　地方公共団体は、その地域における教育の振興を図るため、その実情に応じた教育に関する施策を策定し、実施しなければならない。

④　国及び地方公共団体は、教育が円滑かつ継続的に実施されるよう、必要な財政上の措置を講じなければならない。

【84】幼稚園３歳から高等学校３年までの15年間の学習費総額

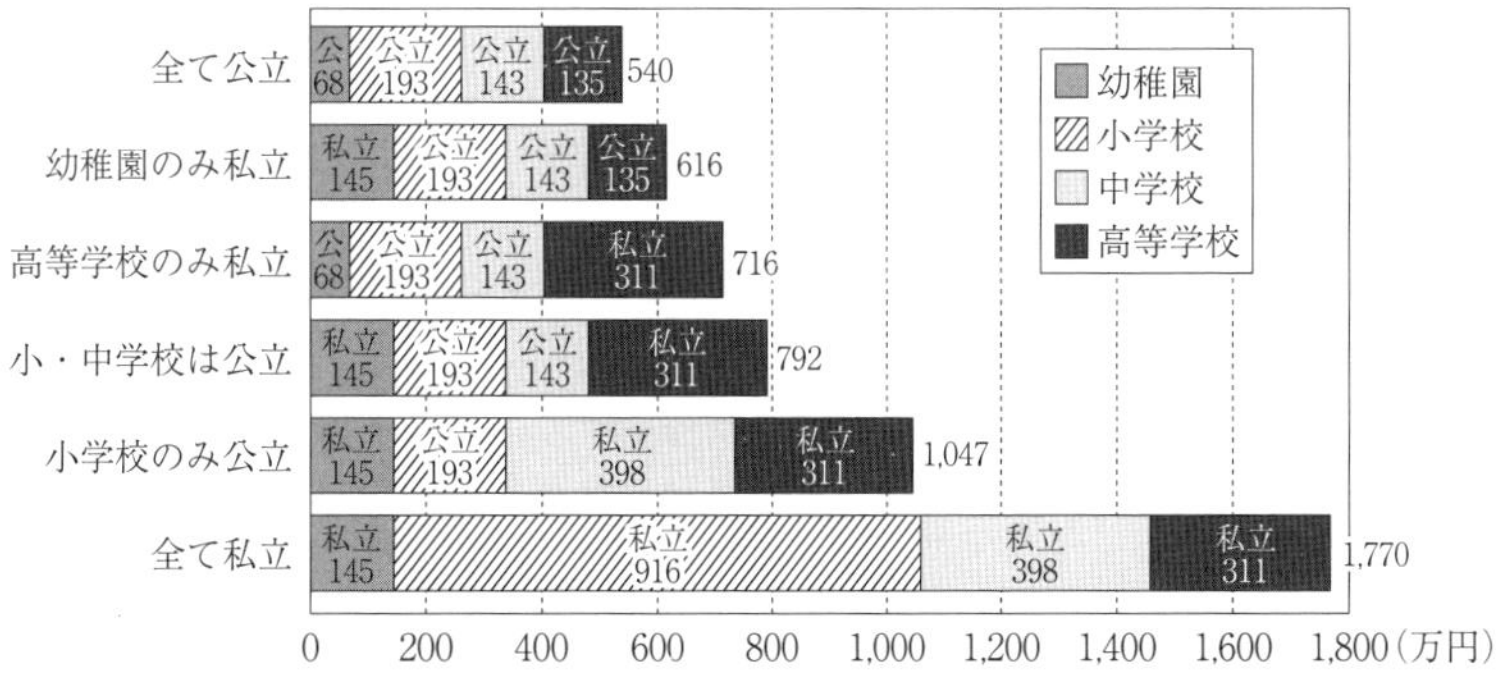

（文部科学省「平成28年度子供の学習費調査の結果について」2017年12月22日、http://www.mext.go.jp/b_menu/toukei/chousa03/gakushuuhi/kekka/k_detail/__icsFiles/afieldfile/2017/12/22/1399308_1_1.pdf）

〈参考〉大学学部（昼間部）の４年間の学費平均

国立：64.77万×４年＝259.08万円

公立：66.63万×４年＝266.52万円

私立：136.16万×４年＝544.64万円

※学費には、授業料、その他の学校納付金、就学費、課外活動費、通学費を含む

（独立行政法人日本学生支援機構「平成26年度学生生活調査結果」2016年３月）

【85】教育機関に対する支出の私費負担割合（2014年）

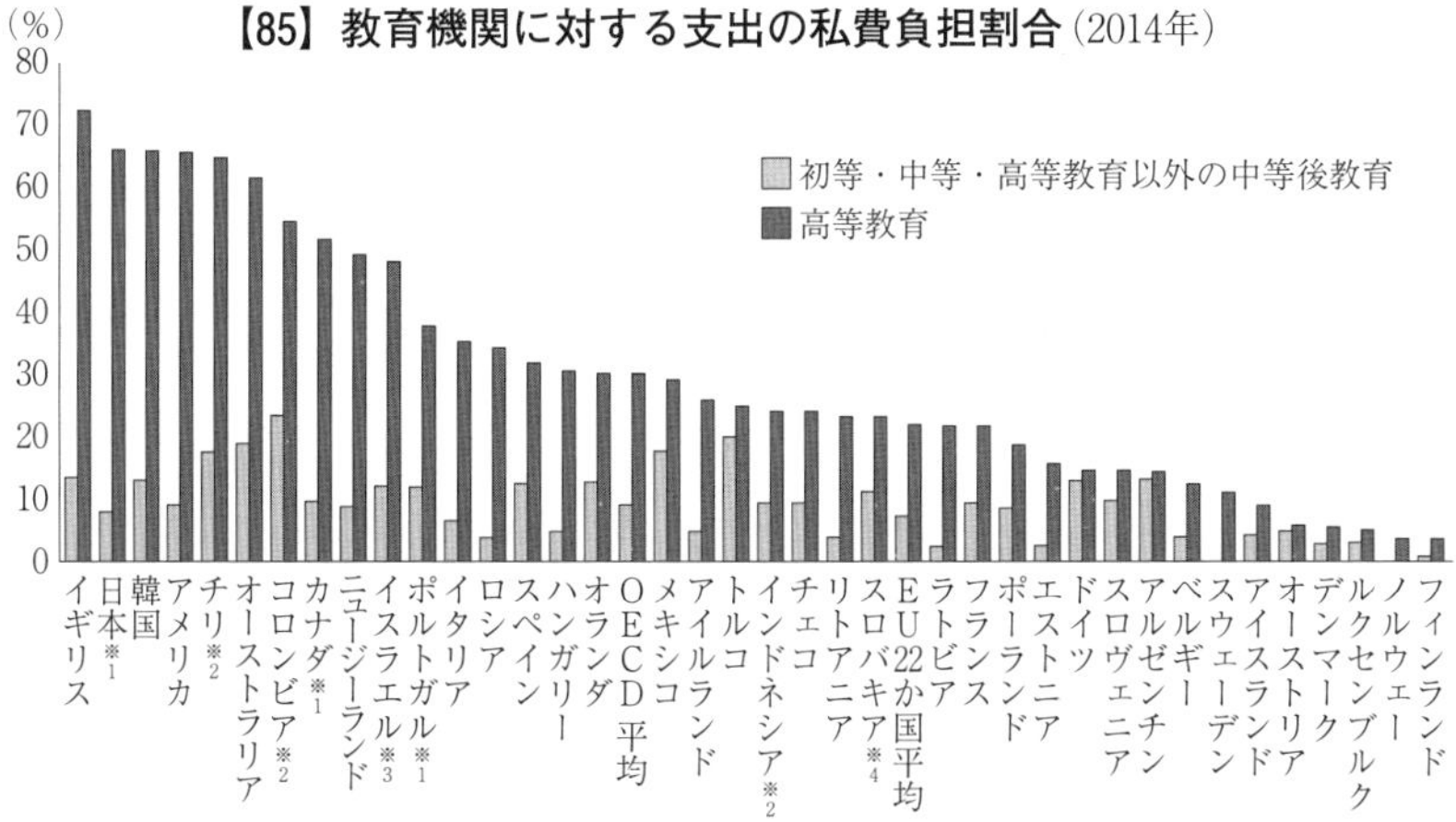

注：私的部門を通じて教育機関へ支払われた公的補助を含む。国際財源からの支出は含まない。貸与補助による授業料支払いは私費負担とみなし、また、未返済に関わる公的費用を計上する調整は行っていない。

※１　一部の教育段階が他の教育段階に含まれる。

※２　調査年は 2015 年。

※３　公営私立教育機関に対する支出の私費負担は国公立教育機関に対するものに含める。

※４　国公立教育機関の学士、修士、博士課程に対する教育支出。

（「図表で見る教育：OECD インディケータ2017年版」「日本－カントリーノート」より http://www.oecd.org/education/skills-beyond-school/EAG2017CN-Japan-Japanese.pdf）

【86】高等学校卒業者の進学率の推移（現役進学率）

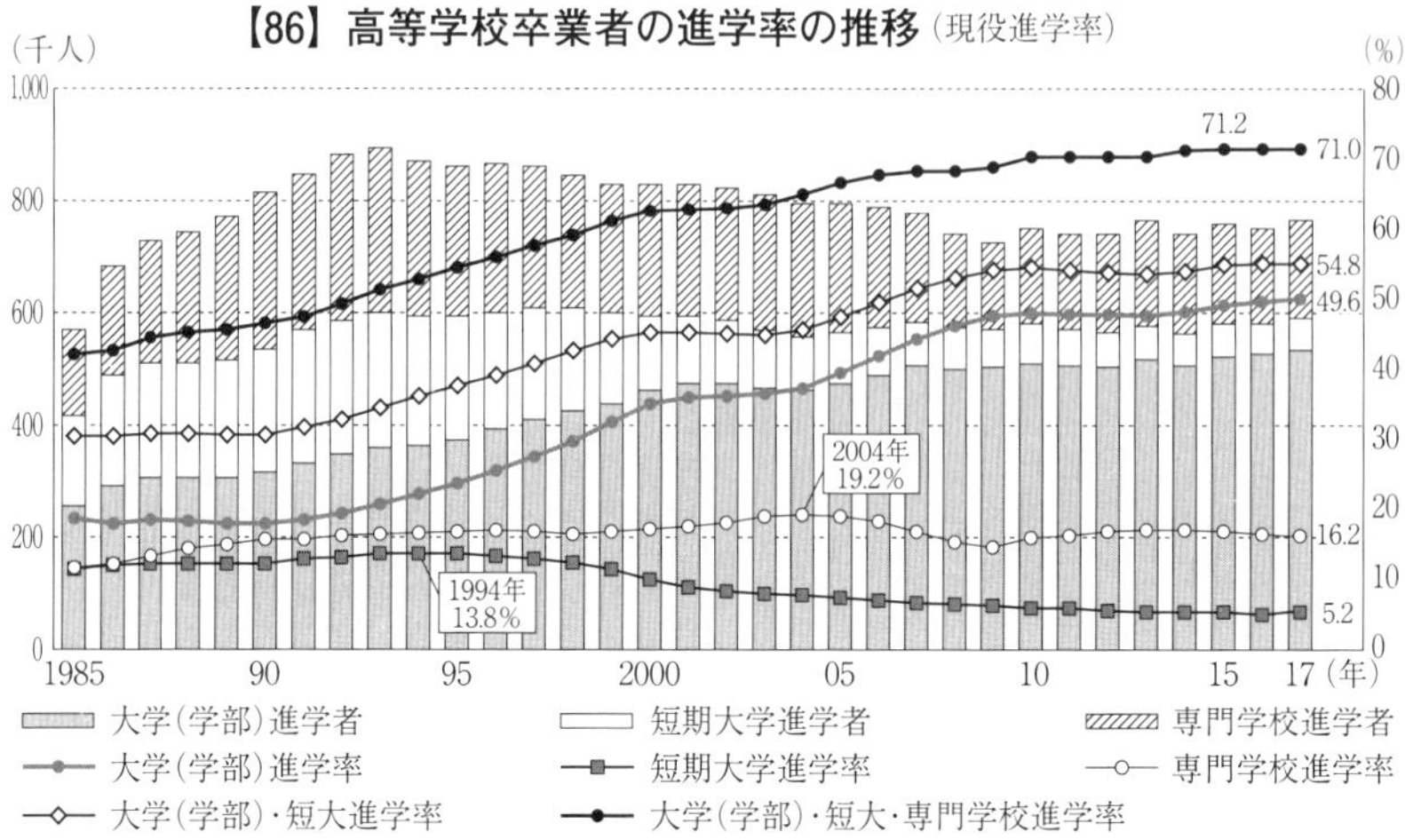

（注）1　図中の枠囲いは，最高値である（以下、同じ）。

2　大学（学部）・短期大学進学率（現役）＝ 大学の学部、短期大学の本科、大学・短期大学の通信教育部、同別科及び高等学校・特別支援学校高等部の専攻科に進学した者 ／ 各年３月の高等学校卒業者及び中等教育学校後期課程卒業者

（文部科学省「平成29年度学校基本調査」2017年12月22日より　http://www.mext.go.jp/component/b_menu/other/__icsFiles/afieldfile/2018/02/05/1388639_1.pdf）

iii　労働基本権

【87】労働基準法（昭和二二年法四九号）

第一条（労働条件の原則）①　労働条件は、労働者が人たるに値する生活を営むための必要を充たすべきものでなければならない。

②　この法律で定める労働条件の基準は最低のものであるから、労働関係の当事者は、この基準を理由として労働条件を低下させてはならないことはもとより、その向上を図るように努めなければならない。

第二条（労働条件の決定）①　労働条件は、労働者と使用者が、対等の立場において決定すべきものである。

②　労働者及び使用者は、労働協約、就業規則及び労働契約を遵守し、誠実に各々その義務を履行しなければならない。

第三条（均等待遇）　使用者は、労働者の国籍、信条又は社会的身分を理由として、賃金、労働時間その他の労働条件について、差別的取扱をしてはならない。

第四条（男女同一賃金の原則）　使用者は、労働者が女性であることを理由として、賃金について、男性と差別的取扱いをしてはならない。

第一三条（この法律違反の契約）　この法律で定める基準に達しない労働条件を定める労働契約は、その部分については無効

とする。この場合において、無効となつた部分は、この法律で定める基準による。

第一四条（契約期間等）① 労働契約は、期間の定めのないものを除き、一定の事業の完了に必要な期間を定めるもののほかは、三年（次の各号のいずれかに該当する労働契約にあつては、五年）を超える期間について締結してはならない。

一　専門的な知識、技術又は経験（以下この号において「専門的知識等」という。）であつて高度のものとして厚生労働大臣が定める基準に該当する専門的知識等を有する労働者（当該高度の専門的知識等を必要とする業務に就く者に限る。）との間に締結される労働契約

二　満六十歳以上の労働者との間に締結される労働契約（前号に掲げる労働契約を除く。）

第一五条（労働条件の明示）① 使用者は、労働契約の締結に際し、労働者に対して賃金、労働時間その他の労働条件を明示しなければならない。この場合において、賃金及び労働時間に関する事項その他の厚生労働省令で定める事項については、厚生労働省令で定める方法により明示しなければならない。

② 前項の規定によつて明示された労働条件が事実と相違する場合においては、労働者は、即時に労働契約を解除することができる。

③ 前項の場合、就業のために住居を変更した労働者が、契約解除の日から十四日以内に帰郷する場合においては、使用者は、必要な旅費を負担しなければならない。

第一六条（賠償予定の禁止） 使用者は、労働契約の不履行について違約金を定め、又は損害賠償額を予定する契約をしてはならない。

第一七条（前借金相殺の禁止） 使用者は、前借金その他労働することを条件とする前貸の債権と賃金を相殺してはならない。

第一九条（解雇制限）① 使用者は、労働者が業務上負傷し、又は疾病にかかり療養のために休業する期間及びその後三十日間並びに産前産後の女性が第六十五条の規定によつて休業する期間及びその後三十日間は、解雇してはならない。ただし、使用者が、第八十一条の規定によつて打切補償を支払う場合又は天災事変その他やむを得ない事由のために事業の継続が不可能となつた場合においては、この限りでない。

② 前項但書後段の場合においては、その事由について行政官庁の認定を受けなければならない。

第二〇条（解雇の予告）① 使用者は、労働者を解雇しようとする場合においては、少くとも三十日前にその予告をしなければならない。三十日前に予告をしない使用者は、三十日分以上の平均賃金を支払わなければならない。但し、天災事変その他やむを得ない事由のために事業の継続が不可能となつた場合又は労働者の責に帰すべき事由に基いて解雇する場合においては、この限りでない。

② 前項の予告の日数は、一日について平均賃金を支払つた場合においては、その日数を短縮することができる。

③ 前条第二項の規定は、第一項但書の場合にこれを準用する。

第二四条（賃金の支払）① 賃金は、通貨で、直接労働者に、その全額を支払わなければならない。ただし、法令若しくは労働協約に別段の定めがある場合又は厚生労働省令で定める賃金について確実な支払の方法で厚生労働省令で定めるものによる場合においては、通貨以外のもので支払い、また、法令に別段の定めがある場合又は当該事業場の労働者の過半数で組織する労働組合があるときはその労働組合、労働者の過半数で組織する労働組合がないときは労働者の過半数を代表する者との書面による協定がある場合においては、賃金の一部を控除して支払うことができる。

第二八条（最低賃金） 賃金の最低基準に関しては、最低賃金法（昭和三十四年法律第百三十七号）の定めるところによる。

第三二条（労働時間）① 使用者は、労働者に、休憩時間を除き一週間について四十時間を超えて、労働させてはならない。

② 使用者は、一週間の各日については、労働者に、休憩時間を除き一日について八時間を超えて、労働させてはならない。

第三六条（時間外及び休日の労働）① 使用者は、当該事業場に、労働者の過半数で組織する労働組合がある場合においてはその労働組合、労働者の過半数で組織する労働組合がない場合においては労働者の過半数を代表する者との書面による協定をし、これを行政官庁に届け出た場合においては、第三十二条から第三十二条の五まで若しくは第四十条の労働時間（以下この条において「労働時間」という。）又は前条の休日（以下この項において「休日」という。）に関する規定にかかわらず、その協定で定めるところによつて労働時間を延長し、又は休日に労働させることができる。ただし、坑内労働その他厚生労働省令で定める健康上特に有害な業務の労働時間の延長は、一日について二時間を超えてはならない。

第三七条（時間外、休日及び深夜の割増賃金）① 使用者が、第三十三条又は前条第一項の規定により労働時間を延長し、又は休日に労働させた場合においては、その時間又はその日の労働については、通常の労働時間又は労働日の賃金の計算額の二割五分以上五割以下の範囲内でそれぞれ政令で定める率以上の率で計算した割増賃金を支払わなければならない。ただし、当該延長して労働させた時間が一箇月について六十時間を超えた場合においては、その超えた時間の労働については、通常の労働時間の賃金の計算額の五割以上の率で計算した割増賃金を支払わなければならない。

第三九条（年次有給休暇）① 使用者は、その雇入れの日から起算して六箇月間継続勤務し全労働日の八割以上出勤した労働者に対して、継続し、又は分割した十労働日の有給休暇を与えなければならない。

第六五条（産前産後）① 使用者は、六週間（多胎妊娠の場合にあっては、十四週間）以内に出産する予定の女性が休業を請求した場合においては、その者を就業させてはならない。
② 使用者は、産後八週間を経過しない女性を就業させてはならない。ただし、産後六週間を経過した女性が請求した場合において、その者について医師が支障がないと認めた業務に就かせることは、差し支えない。
③ 使用者は、妊娠中の女性が請求した場合においては、他の軽易な業務に転換させなければならない。

【88】労働契約法（平成一九年法一二八号）

第一条（目的）　この法律は、労働者及び使用者の自主的な交渉の下で、労働契約が合意により成立し、又は変更されるという合意の原則その他労働契約に関する基本的事項を定めることにより、合理的な労働条件の決定又は変更が円滑に行われるようにすることを通じて、労働者の保護を図りつつ、個別の労働関係の安定に資することを目的とする。

第三条（労働契約の原則）①　労働契約は、労働者及び使用者が対等の立場における合意に基づいて締結し、又は変更すべきものとする。
② 労働契約は、労働者及び使用者が、就業の実態に応じて、均衡を考慮しつつ締結し、又は変更すべきものとする。
③ 労働契約は、労働者及び使用者が仕事と生活の調和にも配慮しつつ締結し、又は変更すべきものとする。
④ 労働者及び使用者は、労働契約を遵守するとともに、信義に従い誠実に、権利を行使し、及び義務を履行しなければならない。
⑤ 労働者及び使用者は、労働契約に基づく権利の行使に当たっては、それを濫用することがあってはならない。

第五条（労働者の安全への配慮）　使用者は、労働契約に伴い、労働者がその生命、身体等の安全を確保しつつ労働することができるよう、必要な配慮をするものとする。

第六条（労働契約の成立）　労働契約は、労働者が使用者に使用されて労働し、使用者がこれに対して賃金を支払うことについて、労働者及び使用者が合意することによって成立する。

第一五条（懲戒）　使用者が労働者を懲戒することができる場合において、当該懲戒が、当該懲戒に係る労働者の行為の性質及び態様その他の事情に照らして、客観的に合理的な理由を欠き、社会通念上相当であると認められない場合は、その権利を濫用したものとして、当該懲戒は、無効とする。

第一六条（解雇）　解雇は、客観的に合理的な理由を欠き、社会通念上相当であると認められない場合は、その権利を濫用したものとして、無効とする。

第一七条（契約期間中の解雇等）①　使用者は、期間の定めのある労働契約（以下この章において「有期労働契約」という。）について、やむを得ない事由がある場合でなければ、その契約期間が満了するまでの間において、労働者を解雇することができない。

② 使用者は、有期労働契約について、その有期労働契約により労働者を使用する目的に照らして、必要以上に短い期間を定めることにより、その有期労働契約を反復して更新することのないよう配慮しなければならない。

第一八条（有期労働契約の期間の定めのない労働契約への転換）① 同一の使用者との間で締結された二以上の有期労働契約（契約期間の始期の到来前のものを除く。以下この条において同じ。）の契約期間を通算した期間（次項において「通算契約期間」という。）が五年を超える労働者が、当該使用者に対し、現に締結している有期労働契約の契約期間が満了する日までの間に、当該満了する日の翌日から労務が提供される期間の定めのない労働契約の締結の申込みをしたときは、使用者は当該申込みを承諾したものとみなす。この場合において、当該申込みに係る期間の定めのない労働契約の内容である労働条件は、現に締結している有期労働契約の内容である労働条件（契約期間を除く。）と同一の労働条件（当該労働条件（契約期間を除く。）について別段の定めがある部分を除く。）とする。

【89】労働組合法（昭和二四年法一七四号）

第一条（目的）　この法律は、労働者が使用者との交渉において対等の立場に立つことを促進することにより労働者の地位を向上させること、労働者がその労働条件について交渉するために自ら代表者を選出することその他の団体行動を行うために自主的に労働組合を組織し、団結することを擁護すること並びに使用者と労働者との関係を規制する労働協約を締結するための団体交渉をすること及びその手続を助成することを目的とする。

第七条（不当労働行為）　使用者は、次の各号に掲げる行為をしてはならない。

一　労働者が労働組合の組合員であること、労働組合に加入し、若しくはこれを結成しようとしたこと若しくは労働組合の正当な行為をしたことの故をもつて、その労働者を解雇し、その他これに対して不利益な取扱いをすること又は労働者が労働組合に加入せず、若しくは労働組合から脱退することを雇用条件とすること。ただし、労働組合が特定の工場事業場に雇用される労働者の過半数を代表する場合において、その労働者がその労働組合の組合員であることを雇用条件とする労働協約を締結することを妨げるものではない。

二　使用者が雇用する労働者の代表者と団体交渉をすることを正当な理由がなくて拒むこと。

三　労働者が労働組合を結成し、若しくは運営することを支配し、若しくはこれに介入すること、又は労働組合の運営のための経費の支払につき経理上の援助を与えること。ただし、労働者が労働時間中に時間又は賃金を失うことなく使用者と協議し、又は交渉することを使用者が許すことを妨げるものではなく、かつ、厚生資金又は経済上の不幸若しくは災厄を防止し、若しくは救済するための支出に実際に用いられる福利その他の基金に対する使用者の寄附及び最小限の広さの事務所の供与を除くものとする。

四　労働者が労働委員会に対し使用者がこの条の規定に違反した旨の申立てをしたこと若しくは中央労働委員会に対し第二十七条の十二第一項の規定による命令に対する再審査の申立てをしたこと又は労働委員会がこれらの申立てに係る調査若しくは審問をし、若しくは当事者に和解を勧め、若しくは労働関係調整法（昭和二十一年法律第二十五号）による労働争議の調整をする場合に労働者が証拠を提示し、若しくは発言をしたことを理由として、その労働者を解雇し、その他これに対して不利益な取扱いをすること。

【90】男女雇用機会均等法（雇用の分野における男女の均等な機会及び待遇の確保等に関する法律）（昭和四七年法一一三号）

第一条（目的）　この法律は、法の下の平等を保障する日本国憲法の理念にのつとり雇用の分野における男女の均等な機会及び待遇の確保を図るとともに、女性労働者の就業に関して妊娠中及び出産後の健康の確保を図る等の措置を推進することを目的とする。

第二条（基本的理念）①　この法律においては、労働者が性別により差別されることなく、また、女性労働者にあつては母性を尊重されつつ、充実した職業生活を営むことができるようにすることをその基本的理念とする。

②　事業主並びに国及び地方公共団体は、前項に規定する基本的理念に従つて、労働者の職業生活の充実が図られるように努めなければならない。

第五条（性別を理由とする差別の禁止）　事業主は、労働者の募集及び採用について、その性別にかかわりなく均等な機会を与えなければならない。

第六条（性別を理由とする差別の禁止）　事業主は、次に掲げる事項について、労働者の性別を理由として、差別的取扱いをしてはならない。

一　労働者の配置（業務の配分及び権限の付与を含む。）、昇進、降格及び教育訓練

二　住宅資金の貸付けその他これに準ずる福利厚生の措置であつて厚生労働省令で定めるもの

三　労働者の職種及び雇用形態の変更

四　退職の勧奨、定年及び解雇並びに労働契約の更新

第八条（女性労働者に係る措置に関する特例）　前三条の規定は、事業主が、雇用の分野における男女の均等な機会及び待遇の確保の支障となつている事情を改善することを目的とし

て女性労働者に関して行う措置を講ずることを妨げるものではない。

第九条（婚姻・妊娠・出産等を理由とする不利益取扱いの禁止等）① 事業主は、女性労働者が婚姻し、妊娠し、又は出産したことを退職理由として予定する定めをしてはならない。

② 事業主は、女性労働者が婚姻したことを理由として、解雇してはならない。

③ 事業主は、その雇用する女性労働者が妊娠したこと、出産したこと、労働基準法（昭和二十二年法律第四十九号）第六十五条第一項の規定による休業を請求し、又は同項若しくは同条第二項の規定による休業をしたことその他の妊娠又は出産に関する事由であつて厚生労働省令で定めるものを理由として、当該女性労働者に対して解雇その他不利益な取扱いをしてはならない。

④ 妊娠中の女性労働者及び出産後一年を経過しない女性労働者に対してなされた解雇は、無効とする。ただし、事業主が当該解雇が前項に規定する事由を理由とする解雇でないことを証明したときは、この限りでない。

第一一条（職場における性的な言動に起因する問題に関する雇用管理上の措置）① 事業主は、職場において行われる性的な言動に対するその雇用する労働者の対応により当該労働者がその労働条件につき不利益を受け、又は当該性的な言動により当該労働者の就業環境が害されることのないよう、当該労働者からの相談に応じ、適切に対応するために必要な体制の整備その他の雇用管理上必要な措置を講じなければならない。

第一一条の二（職場における妊娠、出産等に関する言動に起因する問題に関する雇用管理上の措置）① 事業主は、職場において行われるその雇用する女性労働者に対する当該女性労働者が妊娠したこと、出産したこと、労働基準法第六十五条第一項の規定による休業を請求し、又は同項若しくは同条第二項の規定による休業をしたことその他の妊娠又は出産に関する事由であつて厚生労働省令で定めるものに関する言動により当該女性労働者の就業環境が害されることのないよう、当該女性労働者からの相談に応じ、適切に対応するために必要な体制の整備その他の雇用管理上必要な措置を講じなければならない。

【91】男女共同参画社会基本法（平成一一年法七八号）

前文

我が国においては、日本国憲法に個人の尊重と法の下の平等がうたわれ、男女平等の実現に向けた様々な取組が、国際社会における取組とも連動しつつ、着実に進められてきたが、なお一層の努力が必要とされている。

……

第一条（目的） この法律は、男女の人権が尊重され、かつ、社会経済情勢の変化に対応できる豊かで活力ある社会を実現することの緊要性にかんがみ、男女共同参画社会の形成に関し、基本理念を定め、並びに国、地方公共団体及び国民の責務を明らかにするとともに、男女共同参画社会の形成の促進に関する施策の基本となる事項を定めることにより、男女共同参画社会の形成を総合的かつ計画的に推進することを目的とする。

第二条（定義）　この法律において、次の各号に掲げる用語の意義は、当該各号に定めるところによる。

一　男女共同参画社会の形成　男女が、社会の対等な構成員として、自らの意思によって社会のあらゆる分野における活動に参画する機会が確保され、もって男女が均等に政治的、経済的、社会的及び文化的利益を享受することができ、かつ、共に責任を担うべき社会を形成することをいう。

二　積極的改善措置　前号に規定する機会に係る男女間の格差を改善するため必要な範囲内において、男女のいずれか一方に対し、当該機会を積極的に提供することをいう。

第三条（男女の人権の尊重）　男女共同参画社会の形成は、男女の個人としての尊厳が重んぜられること、男女が性別による差別的取扱いを受けないこと、男女が個人として能力を発揮する機会が確保されることその他の男女の人権が尊重されることを旨として、行われなければならない。

第四条（社会における制度又は慣行についての配慮）　男女共同参画社会の形成に当たっては、社会における制度又は慣行が、性別による固定的な役割分担等を反映して、男女の社会における活動の選択に対して中立でない影響を及ぼすことにより、男女共同参画社会の形成を阻害する要因となるおそれがあることにかんがみ、社会における制度又は慣行が男女の社会における活動の選択に対して及ぼす影響をできる限り中立なものとするように配慮されなければならない。

第六条（家庭生活における活動と他の活動の両立）　男女共同参画社会の形成は、家族を構成する男女が、相互の協力と社会の支援の下に、子の養育、家族の介護その他の家庭生活における活動について家族の一員としての役割を円滑に果たし、かつ、当該活動以外の活動を行うことができるようにすることを旨として、行われなければならない。

第八条（国の責務）　国は、第三条から前条までに定める男女共同参画社会の形成についての基本理念（以下「基本理念」という。）にのっとり、男女共同参画社会の形成の促進に関する施策（積極的改善措置を含む。以下同じ。）を総合的に策定し、及び実施する責務を有する。

【92】育児・介護休業法（育児休業、介護休業等育児又は家族介護を行う労働者の福祉に関する法律）（平成三年法七六号）

第一条（目的）　この法律は、育児休業及び介護休業に関する制度並びに子の看護休暇及び介護休暇に関する制度を設けるとともに、子の養育及び家族の介護を容易にするため所定労働時間等に関し事業主が講ずべき措置を定めるほか、子の養育又は家族の介護を行う労働者等に対する支援措置を講ずること等により、子の養育又は家族の介護を行う労働者等の雇用の継続及び再就職の促進を図り、もってこれらの者の職業生活と家庭生活との両立に寄与することを通じて、これらの者の福祉の増進を図り、あわせて経済及び社会の発展に資することを目的とする。

第二条（定義）　この法律（……）において、次の各号に掲げる用語の意義は、当該各号に定めるところによる。

一　育児休業　労働者（日々雇用される者を除く。……）が、次章に定めるところにより、その子（民法（明治二十九年法律第八十九号）第八百十七条の二第一項の規定により労働者が当該労働者との間における同項に規定する特別養子縁組の成立について家庭裁判所に請求した者（当該請求に係る家事審判事件が裁判所に係属している場合に限る。）であって、当該労働者が現に監護するもの、児童福祉法（昭和二十二年法律第百六十四号）第二十七条第一項第三号の規定により同法第六条の四第二号に規定する養子縁組里親である労働者に委託されている児童及びその他これらに準ずる者として厚生労働省令で定める者に、厚生労働省令で定めるところにより委託されている者を含む。第四号及び第六十一条第三項（同条第六項において準用する場合を含む。）を除き、以下同じ。）を養育するためにする休業をいう。

二　介護休業　労働者が、第三章に定めるところにより、その要介護状態にある対象家族を介護するためにする休業をいう。

三　要介護状態　負傷、疾病又は身体上若しくは精神上の障害により、厚生労働省令で定める期間にわたり常時介護を必要とする状態をいう。

四　対象家族　配偶者（婚姻の届出をしていないが、事実上婚姻関係と同様の事情にある者を含む。以下同じ。）、父母及び子（これらの者に準ずる者として厚生労働省令で定めるものを含む。）並びに配偶者の父母をいう。

五　家族　対象家族その他厚生労働省令で定める親族をいう。

第一〇条（不利益取扱いの禁止）　事業主は、労働者が育児休業申出をし、又は育児休業をしたことを理由として、当該労働者に対して解雇その他不利益な取扱いをしてはならない。

【93】女性活躍推進法（女性の職業生活における活躍の推進に関する法律）（平成二七年法六四号）

第一条（目的）　この法律は、近年、自らの意思によって職業生活を営み、又は営もうとする女性がその個性と能力を十分に発揮して職業生活において活躍すること（以下「女性の職業生活における活躍」という。）が一層重要となっていることに鑑み、男女共同参画社会基本法（平成十一年法律第七十八号）

の基本理念にのっとり、女性の職業生活における活躍の推進について、その基本原則を定め、並びに国、地方公共団体及び事業主の責務を明らかにするとともに、基本方針及び事業主の行動計画の策定、女性の職業生活における活躍を推進するための支援措置等について定めることにより、女性の職業生活における活躍を迅速かつ重点的に推進し、もって男女の人権が尊重され、かつ、急速な少子高齢化の進展、国民の需要の多様化その他の社会経済情勢の変化に対応できる豊かで活力ある社会を実現することを目的とする。

第二条（基本原則）① 女性の職業生活における活躍の推進は、職業生活における活躍に係る男女間の格差の実情を踏まえ、自らの意思によって職業生活を営み、又は営もうとする女性に対する採用、教育訓練、昇進、職種及び雇用形態の変更その他の職業生活に関する機会の積極的な提供及びその活用を通じ、かつ、性別による固定的な役割分担等を反映した職場における慣行が女性の職業生活における活躍に対して及ぼす影響に配慮して、その個性と能力が十分に発揮できるようにすることを旨として、行われなければならない。

② 女性の職業生活における活躍の推進は、職業生活を営む女性が結婚、妊娠、出産、育児、介護その他の家庭生活に関する事由によりやむを得ず退職することが多いことその他の家庭生活に関する事由が職業生活に与える影響を踏まえ、家族を構成する男女が、男女の別を問わず、相互の協力と社会の支援の下に、育児、介護その他の家庭生活における活動について家族の一員としての役割を円滑に果たしつつ職業生活における活動を行うために必要な環境の整備等により、男女の職業生活と家庭生活との円滑かつ継続的な両立が可能となることを旨として、行われなければならない。

③ 女性の職業生活における活躍の推進に当たっては、女性の職業生活と家庭生活との両立に関し、本人の意思が尊重されるべきものであることに留意されなければならない。

【94】 雇用における男女の均等な機会と待遇の確保

- **男女同一賃金の原則**（労基法４条）
- **男女双方に対する差別の禁止**（雇均法５条・６条）――雇用の各ステージ（募集・採用、配置・昇進・降格・教育訓練、福利厚生、職種・雇用形態の変更、退職の勧奨・定年・解雇・労働契約の更新）において、性別を理由とする差別の禁止
- **間接差別の禁止**（雇均法７条）
- **格差是正のための女性優遇措置・取扱いはOK**（雇均法８条）
- **妊娠・出産等を理由とする不利益取扱いの禁止**（雇均法９条）
- **セクシュアル・ハラスメント対策**（雇均法11条）
- **母性健康管理措置**（雇均法12条・13条）
- **ポジティブ・アクション の推進**（雇均法14条）――男女労働者間の格差解消のための企業の積極的な取組み
- **女性労働者に関する就業制限**（労基法64条の２・同条の３）――坑内労働、危険又は有害な業務
- **パートタイム労働対策**（パートタイム労働法６条・８条・９条）――雇用時における労働条件の文書交付・説明義務、均等待遇の確保の促進、通常の労働者への転換の推進
- **妊娠・出産、育児休業、介護休業等を理由とするいやがらせ等**（いわゆるマタハラ・パタハラなど）の防止（育児介護休業法10条ほか、雇均法11条の２）

（『厚生労働白書平成28年版』資料篇171頁より作成）

【95】 年次有給休暇の取得率の推移

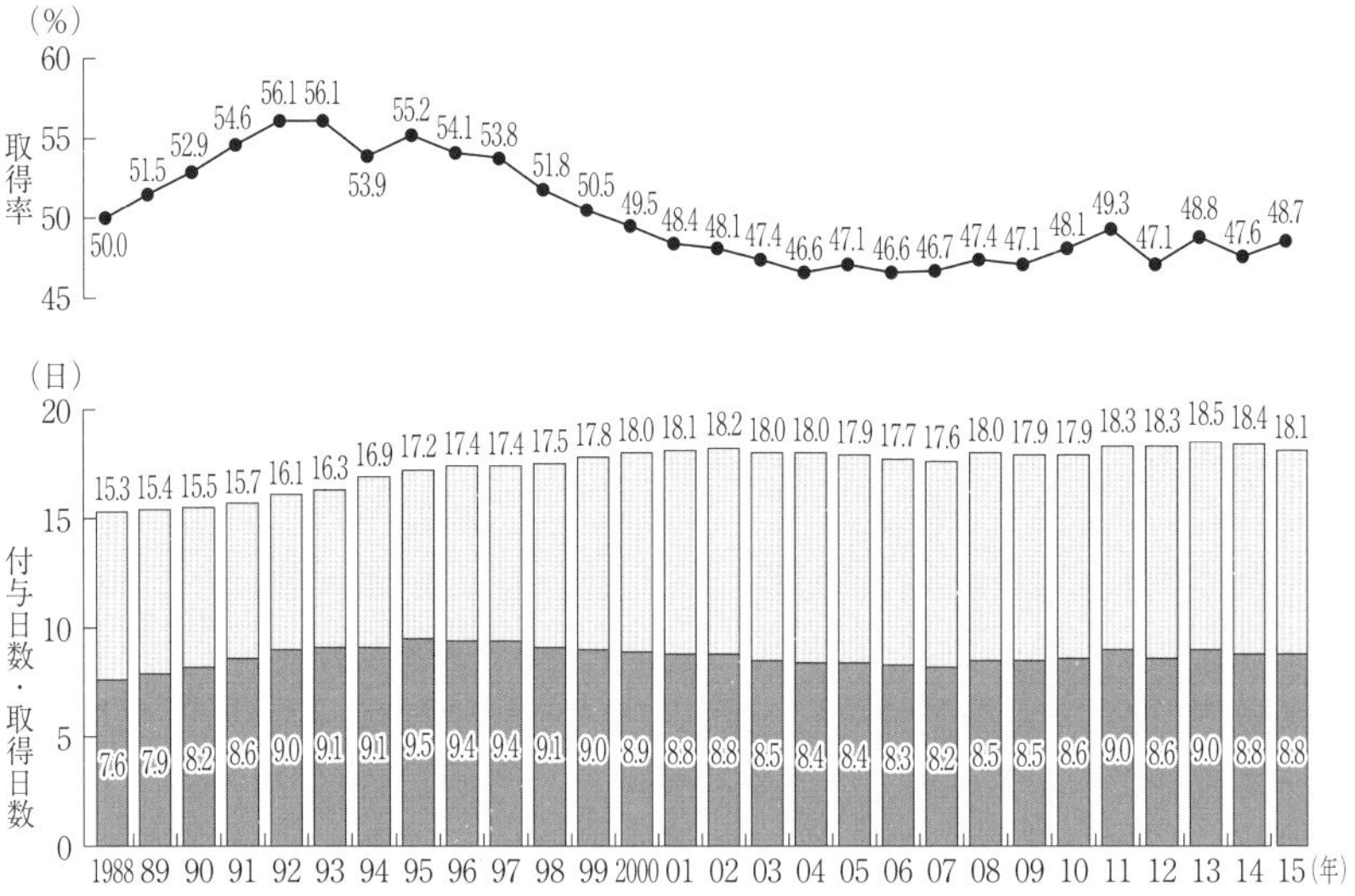

（『過労死等防止対策白書』平成28年版、平成29年版各９頁より作成）

【96】公務員の労働基本権

区分		団結権	団体交渉権	争議権
地方公務員	下記以外の職員	○ 職員団体制度（地公法52条３項、教特法21条の５第１項）ただし、警察職員、消防職員は、団結方が禁止されている（地公法52条５項）	△ 当局と交渉することはできるが、団体協約を締結する権利は有しない（地公法55条１項・２項）ただし、法令、条例等に抵触しない範囲での書面協定は締結できる（地公法55条９項）	× 争議行為等は禁止されている（地公法37条１項）
	公営企業、特定地方独法及び技能労務職員	○ 労働組合制度（地公労法５条１項）技能労務職員は職員団体を結成することもできる（地公労法附則５項）	○ 団体交渉権が保障されている（地公労法７条）ただし、協約の効力には一定の制限がある（地公労法８条～10条）	× 争議行為は禁止されている（地公労法11条１項）
国家公務員等	非現業職員	○ 職員団体制度（国公法108条の２第３項）ただし、警察職員、海上保安庁職員、監獄職員は団結が禁止されている（国公法108条の２第５項）	△ 当局と交渉することはできるが、団体協約を締結する権利は有しない（国公法108条の５第１項・第２項）	× 争議行為等は禁止されている（国公法98条２項）
	現業及び特定独立行政法人職員	○ 労働組合制度（特独労法４条１項）	○ 団体交渉権が保障されている（特独労法８条）ただし、協約の効力には一定の制限がある（特独労法16条）	× 争議行為は禁止されている（特独労法17条１項）

注１：一般職の公務員についてまとめたもの。
注２：地公法は地方公務員法、地公労法は地方公営企業等労働関係法、教特法は教育公務員特例法、国公法は国家公務員法、特独労法は特定独立行政法人等の労働関係に関する法律をそれぞれ指す。
（総務省「公務員の労働基本権」 http://www.soumu.go.jp/main_content/000035137.pdf）

【97】雇用者数、労働組合員数および推定組織率の推移（単一労働組合）

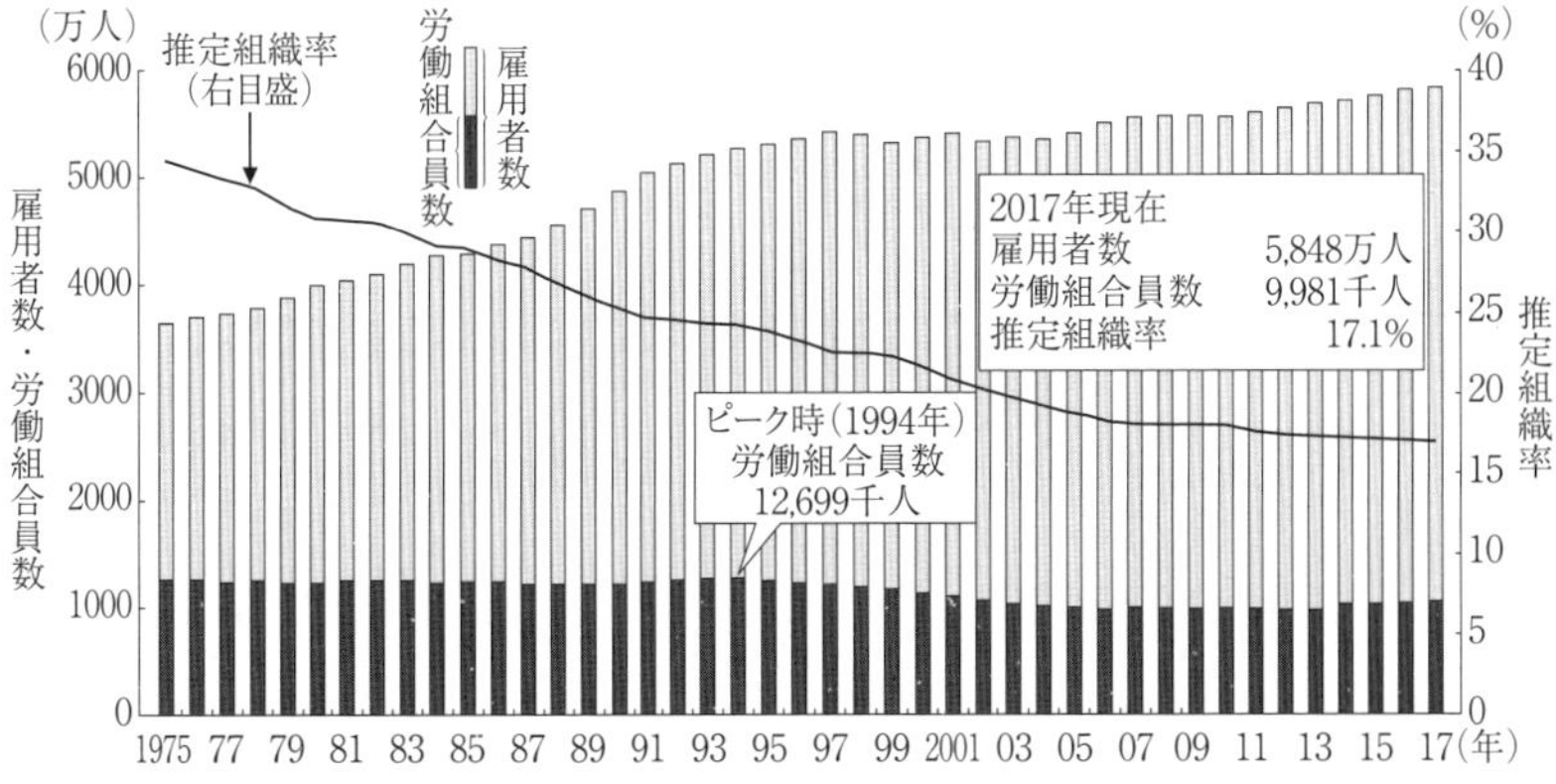

（厚生労働省「労働組合基礎調査」各年版より）

基本判例40　公務員の労働基本権

全農林警職法事件

最大判昭和四八年四月二五日刑集二七巻四号五四七頁

概要　警察官は、警察官職務執行法（「警職法」、昭和二三年法一三六号）により、犯罪の嫌疑がある者への質問、被疑者逮捕に必要な場合の武器使用などが認められている。一九五八年の改正案は、その目的（一条）を「個人の生命、身体及び財産の保護、犯罪の予防」のみならず、公共の安全や秩序維持にまで広げ、警察権限を強化するものであったため、全国的に反対運動が展開されることとなった。農林省（現在の農林水産省）職員から構成される全農林労働組合の役員Xらは、組合員に対し、一九五八年一一月五日に、午前の業務を停止（ストライキ・同盟罷業）するよう指示し、当日出勤してきた職員にも午前の職場大会に参加するよう勧めるなどした。そこで、Xらは、国家公務員法（「国公法」、昭和四〇年法六九号）九八条五項（現在の二項）の争議行為の禁止規定違反の罪に問われた。第一審（東京地判昭和三八年四月一九日）は無罪としたが、第二審（東京高判昭和四三年九月三〇日）は有罪とした。

判旨　公務員は、「自己の労務を提供することにより生活の資を得ているものである点において一般の勤労者と異なるところはないから、憲法二八条の労働基本権の保障は公務員に対しても及ぶ」。「公務員の地位の特殊性と職務の公共性にかんがみるときは、これを根拠として公務員の労働基本権に対し必要やむをえない限度の制限を加えることは、十分合理的な理由がある」。公務員は、「法定の勤務条件を享受し、かつ、法律等による身分保障を受けながらも、特殊の公務員を除き、一般に、その勤務条件の維持改善を図ることを目的として職員団体を結成すること、結成された職員団体に加入し、または加入しないことの自由を保有」する。また、職員は「職員団体の構成員であること、これを結成しようとしたこと、もしくはこれに加入しようとしたことはもとより、その職員団体における正当な行為をしたことのために当局から不利益な取扱いを受けることがな」い。争議行為参加者は「争議行為の遂行を共謀し、そそのかし、もしくはあおり、またはこれらの行為を企てた者についてだけ罰則が設けられている」。法は、公務員に対する「制約、とくに罰則を設けることを、最少限度にとどめようとして」おり、「法は、これらの制約に見合う代償措置として身分、任免、服務、給与その他に関する勤務条件についての周到詳密な規定を設け、さらに中央人事行政機関として準司法機関的性格をもつ人事院を設けている。」「公務員の従事する職務には公共性がある一方、法律によりその主要な勤務条件が定められ、身分が保障されているほか、適切な代償措置が講じられているのであるから、国公法九八条五項がかかる公務員の争議行為およびそのあおり行為等を禁止するのは、勤労者をも含めた国民全体の共同利益の見地からするやむをえない制約というべきであって、憲法二八条に違反するものではない」。

X　受益権

里見佳香

解説

受益権は別名「国務請求権」ともいわれる。国家がなすべき事務を、国民の要求（請求）によりなせば、国民が利益を受ける（受益する）ことができるので、「国務請求権」または「受益権」と呼ぶ。国務請求権または受益権は、人権を確保するための基本権とも呼ばれ、人権保障をより確実なものとするために認められている。本節では伝統的な受益権について概説する。

1　請　願　権

請願とは、国や地方公共団体の機関に対して、それらの職務にかかわる事項について、苦情や希望・要望を申し立てることをいう。この権利は、一六八九年のイギリス権利章典【3】において確認された古い歴史をもつ。かつて請願は、国民が自らの主張を為政者に伝達したり救済を求めたりするための重要な手段であった。現代日本では国民主権の原理のもと、民主政治が発展したことから、請願権の重要性は小さくなっている。しかし、私人が公権力に対し自らの意思主張を伝えることの重要性は薄れてはいない。

国民による請願という制度は明治憲法（三〇条）にもあったが、憲法一六条は、請願は「平穏」にすることを求め、「何人も、かかる請願をしたためにいかなる差別待遇も受けない」と定め、請願者が損害の救済、公務員の罷免、法律、命令または規則の制定、廃止または改正その他の事項に関し平穏に請願した場合、官公署は「これを受理し誠実に処理しなければならない」ことが定められている（請願法五条）。

2　国家賠償請求権

(1)　明治憲法下では、国家無答責の原則に基づき、違法な公権力の行使により損害が生じても、国の賠償責任が認められるための法制度が不十分であった。国家無答責とは、国や地方公共団体の賠償責任を定めた法律がなかったことを理由に、戦時中の国家権力の不法行為から生じた個人の損害について、国は賠償責任を負わないとする考え方をいう。その後一七条では、公務員の不法行為に対して、国または地方公共団体に損害賠償を請求する権利を保障するに至った【98】。加害者が国家公務員であれば国、地方公務員であれば地方公共団体が、その公務員に代わって第三者に損害賠償をする（国家賠償法一条一項）。加害者である公務員個人に損害賠償を請求するとなると、本人が賠償する資力をもたない場合に被害者が救済されないため、加害者が所属する国または地方公共団体が税金によって賠償するものである（国家賠償）。また、国または地方公共団体が賠償責任を負うことにより、公務の萎縮を防ぐ作用もある。なお、加害者公務員に故意または重過失があった場合でも国または地方公共団体は賠償責任を負うが、損害賠償後、国または地方公共団体は加害者公務員に対し求償することができる（国家賠償法一条二項）。なお、被害者は加害者の属する国または地方公共団体から損害賠償を受けた場合は、加害者個人に対し重ねて損害賠償請求をすることができない。

(2)　国家賠償請求権の具体的な内容は、一九四七（昭二二）年の国家賠償法が定める。国家賠償法一条の責任の捉え方には、本来公務員本人が負うべき不法行為責任を国等が代わって負うとする代位責任論と、政府の手足である公務員が行った不法行為の責任は、本来的に政府が負っているとする自己責任論が対立している。判例・学説の基本は代位責任論を採っている。このような国家責任の具体的要件・賠償範囲については、基本的には国会が立法裁量を有しているが、白紙委任されているわけではない。したがって書留郵便などについて、国の賠償責任を免除・制限する旧郵便法の規定を、目的達成の手段の合理性、必要性を考慮して合憲性を判断すべきであるとの見方から、最高裁は本免責・制限規定を部分的に違憲無効とした（最大判平成一四年九月一一日民集五六巻七号一四三九頁）。

(3)　憲法一七条は賠償請求権の主体を「何人も」と規定しているが、国家賠償法は被害者が外国人である場合には「相互の保証があるときに限り」適用されるとして、相手国の法律が日本人にも国家賠償を認めている場合に限る相互保証主義を採用している（国家賠償法六条）。

(4)　違法な公権力の行使によって生じた損害を賠償するための国家賠償と、法律上許されている公権力の行使によって受ける損失を補塡する**損失補償**の、どちらにもうまく当てはまらないケースがある。一九五〇年代から一九七〇年代にかけて予防接種法・結核予防法に基づいて予防接種を受け、副作用で死亡したり後遺症を負った子どもとその親たちが、国を被告として出訴したケースなどがこれにあたる。東京地裁は憲法二九条三項を類推適用して損失補償を認めた（東京地判昭和五九年五月一八日判時一一一八号二八頁）。しかし最高裁は接種をした医師（公務員）の過失を認定して国家賠償で被害者の救済を図った（最判平成三年四月一九日民集四五巻四号三六七頁）。また憲法二九条三項を根拠とする損失補償請求権を否定し、厚生大臣（現・厚生労働大臣）の過失を広く認める方法で被害者の救済を図る判例（東京高判平成四年一二月一八日判時一四四五号三頁）もある。

(5)　国家賠償法一条一項にいう「公務員」、「職務を行うにつき与えた損害」、「公権力の行使」の要件は極めて幅広く解釈される。例えば「公務員」要件については、公務員本人が直接行った行為のみならず、間接的な公務員の関与でも充当する。例えば、行政から委託措置を受けた民間施設における人身事故に対しても国家賠償法の適用がある。また、「職務を行うにつき与えた損害」については、職務上の行為である必要はなく、職務行為の外観（それらしく見えた事実）があれば良いとされている。さらに、「公権力の行使」の要件は、行政の作為のみならず、不作為によっても満たされる。そのため、ハンセン病訴訟では、旧らい予防法に基づく患者等に対する広範な権利侵害を防止する立法等を怠り、水俣病訴訟においては、国および熊本県が規制権限の行使を怠ったことから、それぞれ行政の不作為に基づく国家賠償責任が認められている（最判平成一六年一〇月一五日民集五八巻七号一八〇二頁）。

3　刑事補償請求権

明治憲法には刑事補償請求権に関する規定はなかった。憲法四〇条は、刑事手続において抑留・拘禁された後、無罪の裁判を受けた場合に、国にその補償を求めるために刑事補償請求権を定めている。抑留・拘禁が違法に行われた場合には、憲法一七条によって損害賠償請求をすることができるが、憲法四〇条は、適法に行われた場合でも国は補償責任を負うとし、刑事補償法がその具体的手続を定めている。殺人事件の発生から三四年六か月後、死刑囚に対しては初となる再審無罪判決が言い渡された免田事件においては、この刑事補償法に基づき、死刑確定判決から三一年七か月の拘禁日数一万二五九九日に対し免田氏に九〇七一万二八〇〇円の補償金が支払われた【69】。

4　裁判を受ける権利

憲法三二条は、「何人も、裁判所において裁判を受ける権利を奪はれない」と定める。裁判を受ける権利とは、政治権力から独立した公平な司法機関に対して、すべての個人が平等に権利・自由の救済を求め、かつ司法機関以外の機関によって裁判されることのない権利をさす。これは近代憲法では一般的にみられる規定であり、人びとの間の紛争や権利の争いが、例えば仇討ち《あだう》のような私的制裁など私人間の実力や暴力によって解決されるべきではなく、国の裁判所による裁判によって解決すべしとする原則を指す。したがって裁判所は、適法な手段で提起された事件については拒絶することは許されない。これは民事事件・刑事事件・行政事件、そして憲法訴訟のいずれにも等しく妥当する。

裁判請求権の内容は、民事か刑事かにより異なる。民事事件では何人にも訴権が与えられており、当事者のいずれか一方がともに裁判を求めることができる。刑事事件では、公訴権は国家（検察官）にあるが、被害者は検察官に対して告訴をなす権利を有し（刑事訴訟法二三〇条）、また被害者以外の者であっても検察官に対し告発する権利を有する（同法二三九条一項）。なお憲法三二条は、国民が裁判を受ける権利を奪われないことを保障するものであるから、裁判所以外の機関が前審として審判を行うことを排斥するものではない。このことは、憲法七六条二項が「行政機関は、終審として裁判を行ふことができない」と定めていることにも示されている。増加傾向にある法的紛争の解決を支援するため、総合法律支援法に基づき、二〇〇六年四月、日本司法支援センター（法テラス【99】）が設けられた。

【98】国家賠償と損失補償

国家賠償

違法な公権力の行使によって生じた損害を賠償すること。

例：公務中の公用車に轢かれた個人に対する損害賠償

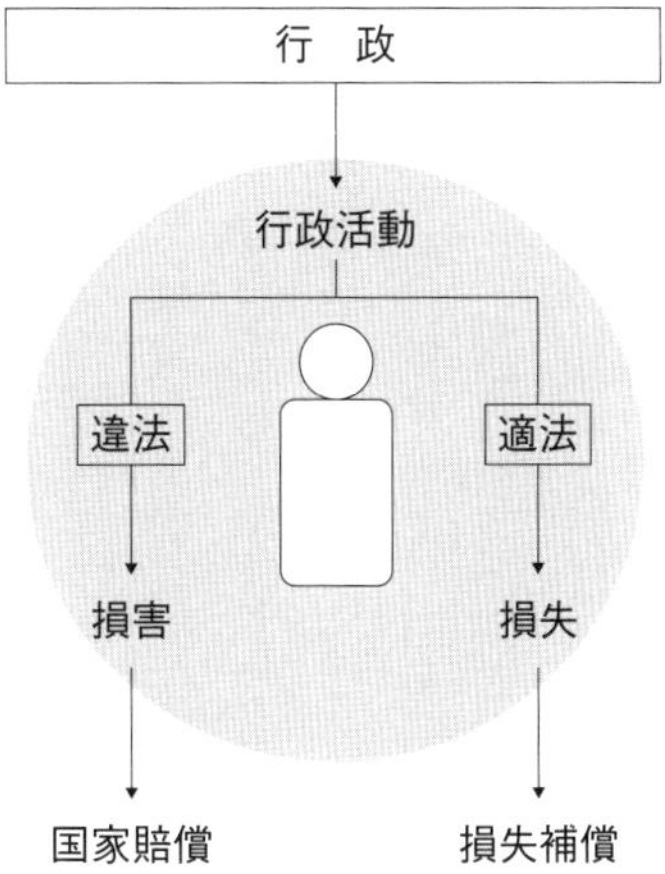

損失補償

適法な公権力の行使によって受けた損失を補塡すること。

例：国道建設に伴う個人の土地収用

【99】日本司法支援センター（法テラス）の業務

①情報提供業務（総合法律支援法30条１項１号）
②民事法律扶助業務（同法30条１項２号）
③司法過疎対策業務（同法30条１項４号）
④犯罪被害者支援業務（同法30条１項５号ほか）
⑤国選弁護等関連業務（同法30条１項３号）
⑥委託業務（同法30条２項）

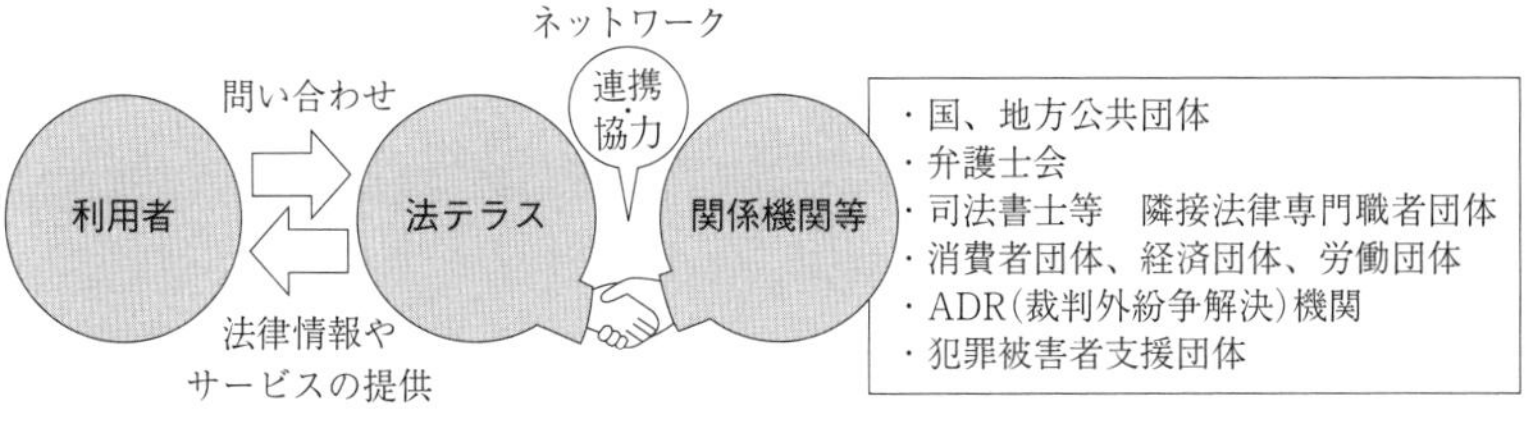

（日本司法支援センター HP　http://www.houterasu.or.jp/houterasu_gaiyou/mokuteki_gyoumu/index.html より作成）

XI 参政権

谷口真由美

解説

1 参政権の意味

参政権とは、文字通り政治に参加する権利のことをいう。この権利は、近代憲法においてはじめて、国民主権の原理と同時に生まれ、民主主義国家において重要なものである。具体的には、公務員の選定・罷免権（一五条一項）、国会議員の選挙権・被選挙権（四三条一項・四四条）、地方公共団地の長・地方議会議員等の選挙権（九三条二項）、最高裁判所裁判官の国民審査（七九条二項）、地方特別法住民投票（九五条）、憲法改正国民投票（九六条）がある。請願権（一六条）も、市民の政治参加の一形態という意味では、参政権といえる。

2 参政権の成立

フランス一九七一年憲法では、封建制を否定し市民革命により「国民主権」を採用したが、おもにブルジョア（市民）階級の白人男性が革命の担い手とされたために、選挙権も財産のない男性は排除されることとなった（一一頁参照）。フランスにおいても、「主権」を市民革命で勝ち取ったとはいえ、納税額に関係なく男性が選挙権を得られることとなる男子普通選挙が採用されるのは一八四八年のことで、女性が選挙権を得たのは一九四五年のことである【100】。

3 選挙に関する基本原則

普通・平等・自由・秘密・直接という選挙の原則は、近代選挙法が定める五原則である。公務員の選挙については、成年者（成年が何歳であるかは、法律にゆだねられている）による普通選挙が保障される（一五条三項）。なお、公職選挙法（以下、「公選法」）は、二〇一五年六月に改正され、日本国民で年齢満一八年以上の者は、衆議院議員および参議院議員の選挙権を有することとなった。また、憲法改正の国民投票法も、二〇一八年六月より同様となる。

(1)　普通選挙とは、財産、性別、教育、門地等によって差別を受けない選挙制度をいう（被選挙権における資格の平等につき、憲法四四条）。日本での男子普通選挙は、明治憲法施行から三五年後の一九二五年で、女性が普通選挙にはじめて参画したのは、第二次世界大戦後一九四六年四月の第一回衆議院総選挙であった【100】。このとき、議員総数四六六名中三九名の女性議員が当選し、その率は八・四％であり、投票率は男性七九％、女性六七％と、女性の投票率は低かったが、二〇一七年一〇月の衆議院選挙をみると、六四歳以下では女性の投票率のほうが高い。なお、一九九三年以降は、有権者全体の投票率も五〇～六〇％台と決して高くない。また、被選挙権行使の実態として女性議員の割合をみると、二〇一八年二月現在衆議院で一〇・一％、参議院で二〇・七％となっており、各国議会でつくる列国議会同盟の調査によると日本の女性議員比率は一九三か国中一五七位で、先進国で最低基準であるだけでなく、アジアの平均値よりも低い状況にある【102】。また、選挙に立候補する際には供託金（公選法九二条）が必要となるが、国際的にみても高額であり、一定の得票率を獲得しなければ返還されずに没収されるため（公選法九三条・九四条）、普通選挙の理念に反し、被選挙権に対する不当な制限とする見解もある【103】。

(2)　平等選挙は、特定の選挙人に複数票の投票を認める複数選挙や、身分や納税額によって投票価値を差別する等級選挙を否定し、一人一票の原則（数的平等の原則、公選法三六条）の選挙制度である。現在では、一人一票の原則だけではなく、ここに投票価値の平等も意味している。この点、議員定数配分の不均衡とそれに伴う投票価値の地域的不平等、いわゆる「一票の格差（較差）」が問題となる【101】。最高裁は、当初は「立法政策の問題」として、門前払いに近い立場をとっていた（最大判昭和三九年二月五日民集一八巻二号二七〇頁）が、その後、選挙人の投票価値の不平等が一般的に合理性を有するものとはとうてい考えられない程度に達しており、かつ合理的期間内に定数配分是正が行われない場合は憲法違反であることを明らかにした（最大判昭和五一年四月一四日民集三〇巻三号二二三頁）。これ以降、最高裁は議員定数不均衡問題に取り組み、衆議院選挙につき、議員一人当たり人口の最大格差が一対三を基準として、それを超えるものを違憲状態とする判断を繰り返してきた。

しかし、最高裁大法廷平成二三年三月二三日判決は、最大格差二・三〇の二〇〇九年選挙を違憲状態と位置づけ、合理的な期間内にできるだけ速やかに一人別枠方式（各都道府県にまず一議席を配分し、残りの議席を人口比に従い都道府県に配分すること）を廃止し、区割り規定を改正するなどの立法的措置を講じる必要があると判示した41。この判断を受けても、国会は区割基準の改定を行わず、次の衆議院解散当日の二〇一二年一一月一六日にようやく、「一人別枠方式」の廃止と「〇増五減」を内容とする改正法が成立した（平成二四年法九五号）。しかし、新たな選挙区割りを定める時間がなかったため、選挙は従来の区割りで行われた。この総選挙に関して起こされた違憲訴訟では、「本来の任期満了時までに、……人口較差を二倍未満に抑える選挙区割りの改定が実現された」ことなどを考慮し、再び違憲状態と判断するにとどめている（最大判平成二五年一一月二〇日民集六七巻八号一五〇三頁）。さらに最大判平成二七年一一月二五日（民集六九巻七号二〇三五頁）も、改正法に基づく選挙区割りを「憲法の投票価値の平等の要求に反する状態にあったものではあるが、憲法上要求される合理的期間内における是正がされなかったとはいえ」ないとして、違憲状態とした。これに対し、学説では、最大格差が一対二に開くことは平等選挙の本質を破壊し、投票価値の平等の要請に反すると考えるのが多数説である。しかし最近では、技術的に可能な限り一対一に近づけることが憲法上要請され、したがって、たとえ一対二以下でも、違憲問題が生じるという見解も有力である。

(3)　自由選挙とは、棄権しても、罰金・公民権停止・指名の公表等の制裁を受けず、またどの候補者・政党に投票するかの自由および選挙運動の自由を保障する（憲法二一条）選挙制度をいう。秘密選挙とは、誰に投票したかを秘密にする選挙制度（憲法一五条四項）をいう。直接選挙とは、選挙人が議員等を直接に選挙する選挙制度のことをいう。

4　参政権をめぐる論点

(1)　在外投票　かつて、外国に住む日本人は日本国内で行われる議員の選挙に際し、投票することができなかったが、最高裁は、国政選挙における在外国民の選挙権行使の制限につき、厳格な審査基準を用い、違憲との判断を示した**42**。現在では、国政選挙の全選挙において、在外投票が保障されている。しかし、最高裁判所裁判官の国民審査の投票は行うことができず、所要の立法措置をとらない不作為の合憲性が争われた事案では、「重大な疑義」があったとしつつも、憲法上要請される合理的期間内に是正されなかったとはいえないとし、違憲状態と判断するにとどめた（東京地判平成二三年四月二六日判時二一三六号一三頁）。

(2)　定住外国人の参政権（選挙権・被選挙権）　憲法解釈論・政策論の両面で議論はされているが、判例は憲法一条の国民主権条項を根拠に、しかも憲法一五条の「国民」を国籍保持者と解して、国政レベルの参政権をともに否定している（最判平成五年二月二六日判時一四五二号三七頁）。しかし、地方自治体レベルの選挙権については、永住外国人に法律によって認めても憲法上禁止されていないとした**43**。

(3)　成年被後見人・障害者　選挙権の欠格者としていた公選法一一条一項一号は、憲法一五条一項および三項に違反しないかが争われた裁判（東京地判平成二五年三月一四日判時二一七八号三頁）において、「成年後見制度と選挙制度はその趣旨目的が全く異なるものであり、後見開始の審判がされたからといって、選挙権を行使するに足る能力が欠けると判断されたことにならない」ことなどから、公選法一一条一項一号に「やむを得ない」事由はないとした。この違憲判決をうけ、国会は二〇一七年五月三一日に、当該規定を削除する法改正を行った。また、成年被後見人の問題だけでなく、障害者の投票権にも課題が多い【104】。障害によって異なるが、情報が得られない、家で投票できない、投票場に行けない、投票場に入れない、自分および候補者の名前が書けないと投票できない、プライバシーが守れない等である。これらの問題を解決するには、バリアフリー化するとともに公選法改正が必要であるが、「不正」＝選挙違反が増えるという見解が多く、なかなか進まない。

【100】日本の選挙権の拡大

総選挙	選挙期日	選挙資格	被選挙資格	有権者数	人口（千人）	有権者の比率	投票率
第1回	1890. 7 . 1（明治 23）	直接国税 15 円以上を納める 25 歳上の男子（明治 22 年法 3）	直接国税 15 円以上を納める 30 歳以上の男子	450,872	39,902	1.13%	93.73%
第7回	1902. 8 .10（明治 35）	直接国税 10 円以上を納める 25 歳以上の男子（明治 33 年法 73）	30 歳以上の男子	982,868	44,964	2.19%	88.39%
第 14 回	1920. 5 .10（大正 9 ）	直接国税 3 円以上を納める 25 歳以上の男子（大正 8 年法 65）	30 歳以上の男子	3,069,148	55,963	5.50%	86.72%
第16回	1928. 2 .20（ 昭和 3 ）	25 歳以上の男子［男子普通選挙］（大正 14 年法 47）	30 歳以上の男子	12,405,056	62,070	19.98%	80.36%
第22回	1946. 4 .10（昭和 21）	20 歳以上の男女［普通選挙］（昭和 20 年法 42）	25 歳以上の男女［参議院は 30 歳以上］	36,878,420	75,750	48.68%	72.08%
第36回	1980. 6 .22（昭和 55）	同上	同上	80,925,034	117,060	69.13%	74.57%
第38回	1986. 7 . 6（昭和 61）	同上	同上	86,426,845	121,660	71.03%	71.40%
第42回	2000. 6 .25（平成 12）	同上	同上	100,769,547	126,919	79.34%	62.50%
第44回	2005. 9 .11（平成 17）	同上	同上	102,985,213	127,768	80.60%	67.51%
第46回	2012.12.16（平成 24）	同上	同上	103,959,866	127,515	81.52%	59.32%
第47回	2014.12.14（平成 26）	同上	同上	104,152,590	127,083	81.95%	52.66%
※第24回参議院通常選挙	2016.7.10（平成 28）	18 歳以上の男女〔普通選挙〕（平成 27 年法 43）	同上	106,202,873	126,963	83.65%	54.69%

（総務省　http//soumu.go.jp/，総務省統計局　http//www.stat.go.jp/）

【101】一票の格差についての最高裁の判断

選挙の年	衆・参	倍数	判決	判決日
一九六二・七（昭和三七）	参議院	四・一〇倍	合憲	一九六四・一〇・一〇（昭和三九）
一九七二・一二（昭和四七）	衆議院	四・九九倍	違憲	一九七六・四・一四（昭和五一）
一九八〇・六（昭和五五）	衆議院	三・九四倍	違憲状態	一九八三・一一・七（昭和五八）
一九八六・七（昭和六一）	参議院	五・八五倍	合憲	一九八八・一〇・二一（昭和六三）
一九九〇・二（平成二）	衆議院	三・一八倍	違憲状態	一九九三・一・二〇（平成五）
一九九二・七（平成四）	参議院	六・五九倍	違憲状態	一九九六・九・一一（平成八）
一九九六・一〇（平成八）	衆議院	二・三〇倍	合憲	一九九九・一一・一〇（平成一一）
一九九八・七（平成一〇）	参議院	四・九八倍	合憲	二〇〇〇・九・六（平成一二）
二〇〇〇・六（平成一二）	衆議院	二・四七倍	合憲	二〇〇一・一二・一八（平成一三）
二〇〇一・七（平成一三）	参議院	五・〇六倍	合憲	二〇〇四・一・一四（平成一六）
二〇〇四・七（平成一六）	参議院	五・一三倍	合憲	二〇〇六・一〇・四（平成一八）
二〇〇五・九（平成一七）	衆議院	二・一七倍	合憲	二〇〇七・六・一三（平成一九）
二〇〇七・七（平成一九）	参議院	四・八六倍	合憲	二〇〇九・九・三〇（平成二一）
二〇〇九・八（平成二一）	衆議院	二・三〇倍	違憲状態	二〇一一・三・二三（平成二三）
二〇一〇・七（平成二二）	参議院	五・〇〇倍	違憲状態	二〇一二・一〇・一七（平成二四）
二〇一二・一二（平成二四）	衆議院	二・四二倍	違憲状態	二〇一三・一一・二〇（平成二五）
二〇一三・七（平成二五）	参議院	四・七七倍	違憲状態	二〇一四・一一・二六（平成二六）
二〇一四・一二（平成二六）	衆議院	二・一二倍	違憲状態	二〇一五・一一・二五（平成二七）

【102】女性議員比率の国際比較

（2018年2月現在）

	順位	国名（女性参政権開始年）	下院女性議員比率（%）
50%以上	1	ルワンダ（2003）	61.3
	2	ボリビア（1952）	53.1
40%以上	3	キューバ（1934）	48.9
	4	ニカラグア（1955）	45.7
	5	スウェーデン（1919）	43.6
	6	メキシコ（1953）	42.6
	7	南アフリカ（白人のみ1930）	42.1
	8	フィンランド（1906）	42.0
	9	セネガル（1956）	41.8
	10	ノルウェー（1913）	41.4
	11	ナミビア（1992）	41.3
30%以上	12	モザンビーク（1990）	39.6
	13	スペイン（1932）	39.1
	14	フランス（1944）	39.0
	16	ニュージーランド（1893）	38.3
	⋮		
	36	東ティモール（2012）	32.3
	⋮		
	46	アンゴラ（1992）	30.5
		スーダン（1964）	30.5
20%以上	48	フィリピン（1937）	29.5
	⋮		
	61	ベトナム（1945）	26.7
	⋮		
	71	中国（1949）	24.2
	⋮		
	75	シンガポール（1959）	23.0
	⋮		
	91	パキスタン（1956）	20.6
	⋮		
	93	バングラデシュ（1972）	20.3
		カンボジア（1956）	20.3
10%以上	98	サウジアラビア（2015）	19.9
	99	インドネシア（1941）	19.8
	100	アメリカ（1920）	19.4
	⋮		
	116	韓国（1948）	17.0
	⋮		
	122	北朝鮮	16.3
	⋮		
	146	インド（1950）	11.8
	⋮		
	155	マレーシア（1957）	10.4
	⋮		
	157	ミャンマー（1932）	10.2
	158	ハンガリー（1945）	10.1
		日本（1946）	10.1※
10%未満	170	ブータン（2008）	8.5
	180	スリランカ（1931）	5.8
	182	タイ（1932）	4.8

※日本は衆議院
（列国議会同盟HP　http://www.ipu.org/ より筆者作成）

【103】日本の選挙における供託金

選　挙	金額	供託金没収点
衆議院小選挙区	300万円	有効投票総数÷10
衆議院比例代表	600万円*	当選者の2倍を超える人数分
参議院選挙区	300万円	有効投票総数÷議会定数÷8
参議院比例代表	600万円	当選者の2倍を超える人数分
都道府県知事	300万円	有効投票総数÷10
都道府県議会議員	60万円	有効投票総数÷議員定数÷10
指定都市の長	240万円	有効投票総数÷10
指定都市市議会議員	50万円	有効投票総数÷議員定数÷10
指定都市以外の市長	100万円	有効投票総数÷10
指定都市以外の市議会議員	30万円	有効投票総数÷議員定数÷10
町村長	50万円	有効投票総数÷10
町村議会議員	なし	

＊比例、小選挙区重複立候補の場合は300万円
（小沢隆一ほか『ここがヘンだよ日本の選挙』学習の友社、2007年）

【104】障害者の投票権の課題

知的障害男性 投票できず

岐阜・各務原市長選

選管が不手際謝罪

四月に投開票された岐阜県各務原市長選で、重度の知的障害がある男性(二〇)が期日前投票をしようとした際、受付で市職員に「本人確認ができない」と判断され、投票を断念していたことが分かった。市選挙管理委員会は九日、対応が不適切だったと認め、男性側に謝罪した。

市選管などによると、男性は四月二十一日、市内の期日前投票所を母親と訪問。受付で市職員から本人確認のために氏名を尋ねられた。母親によると男性は氏名を答えたが、市選管は「職員は聞き取れなかった」としている。母親が代わりに伝えようとしたところ、職員に制止された。

男性は読み書きができず、発する言葉は周囲には聞き取りにくいが、指で意思表示はできるという。母親は受付で知的障害があることを伝えていたが、市職員は氏名などが確認できる療育手帳の提示を求めなかった。母親は、口頭での本人確認は難しいと考え、男性と帰宅した。

男性は十八歳選挙権が導入された昨年七月の参院選では投票できたという。

市選管は、職員が口頭以外での本人確認の手段を取らなかったことなどが適切でなかったと認め、母親に陳謝。担当者は「障害者団体と協議しながら改善を考えたい」と述べた。

総務省選挙部管理課の担当者は「本人確認ができず障害者が投票できなかったという事例は、聞いたことがない」と話している。

（二〇一七年六月一〇日　東京新聞）

基本判例41　投票価値の平等

衆議院議員定数配分規定違憲訴訟

最大判平成二三年三月二三日民集六五巻二号七五五頁

概要　二〇〇九年施行の衆議院議員総選挙について、東京都内選挙区の選挙人である原告Xらは、衆議院小選挙区選出議員の選挙の選挙区割りおよび選挙運動に関する公職選挙法等の規定は憲法一四条一項に違反し無効であるから、これに基づき施行された本件選挙のXらの各選挙区における選挙も無効であると主張して、公職選挙法二〇四条に基づき東京都選挙管理委員会を被告とし、東京高裁に選挙無効訴訟を提起した。高裁は、請求棄却。上告は棄却された。

判旨　昭和二五年制定の公職選挙法は、衆議院議員の選挙制度につき中選挙区単記投票制を採用していたが、都市部への急速な人口集中があり、同四七年施行の総選挙時における選挙区間の投票価値の較差は、最大四・九九倍にまで拡大し、最大判昭和五一年四月一四日は議員定数配分規定を違憲だと判断するに至った。その後、平成六年改正法により小選挙区比例代表並立制に改められた。同時に成立した衆議院議員選挙区画審議会設置法三条二項によれば、「各都道府県の区域内の選挙区の数は、各都道府県にあらかじめ一を配当した上で（以下、このことを『一人別枠方式』という。）、これに、小選挙区選出議員の定数に相当する数から都道府県の数を控除した数を人口に比例して各都道府県に配当した数を加えた数とするとされている」。

「本件選挙時において、本件区割基準規定の定める本件区割基準のうち一人別枠方式に係る部分は、憲法の投票価値の平等の要求に反するに至っており、同基準に従って改定された本件区割規定の定める本件選挙区割りも、憲法の投票価値の平等の要求に反するに至っていたものではあるが、いずれも憲法上要求される合理的期間内における是正がされなかったとはいえず、本件区割基準規定及び本件区割規定が憲法一四条一項等の憲法の規定に違反するものということはできない。」

「一人別枠方式は、衆議院議員の選挙制度に関して戦後初めての抜本的改正を行うという経緯の下に、一定の限られた時間の中でその合理性が認められるものであり、その経緯を離れてこれを見るときは、投票価値の平等という憲法の要求するところとは相容れないものといわざるを得ない。衆議院は、……選挙における投票価値の平等についてもより厳格な要請があるものといわなければならない。したがって、事柄の性質上必要とされる是正のための合理的期間内に、できるだけ速やかに本件区割基準中の一人別枠方式を廃止し、区画審設置法三条一項の趣旨に沿って本件区割規定を改正するなど、投票価値の平等の要請にかなう立法的措置を講ずる必要があるところである。」

「小選挙区選挙の選挙運動に関する公職選挙法の規定が憲法一四条一項等の憲法の規定に違反するとはいえない。」

基本判例42

選挙権行使の制限の違憲性

在外日本国民の選挙権訴訟

最大判平成一七年九月一四日民集五九巻七号二〇八七頁

概要　国外に居住していて国内の市町村の区域内に住所を有していない日本国民いわゆる在外国民である原告Xらは、被告Y（国）に対し、在外国民であることを理由として選挙権行使の機会を保障しないことは憲法等に違反すると主張して、主位的に、一九九八年改正前および（在外選挙制度が創設された）改正後の公職選挙法が国政選挙における選挙権行使の全部または一部を認めていない点の違法確認、予備的に、改正後の同法が認めていない衆議院小選挙区選出議員の選挙および参議院選挙区選出議員の選挙において原告Xらが選挙権を行使する権利を有することの確認と、国会が在外国民が国政選挙において選挙権を行使できるように公職選挙法を改正することを怠ったために、Xらが一九九六年実施の衆議院議員総選挙において投票することができなかったことの損害賠償とを求めて出訴した。第一審、原審とも確認請求却下、賠償請求棄却。上告は、主位的確認請求却下、予備的確認請求認容、賠償請求一部認容された。

判旨　「憲法は、国民主権の原理に基づき、両議院の議員の選挙において投票をすることによって国の政治に参加することができる権利を国民に対して固有の権利として保障しており、その趣旨を確たるものとするため、国民に対して投票をする機会を平等に保障しているものと解するのが相当である。」

「国民の選挙権又はその行使を制限することは原則として許されず、国民の選挙権又はその行使を制限するためには、そのような制限をすることがやむを得ないと認められる事由がなければならないというべきである。」

「遅くとも、本判決言渡し後に初めて行われる衆議院議員の総選挙又は参議院議員の通常選挙の時点においては、衆議院小選挙区選出議員の選挙及び参議院選挙区選出議員の選挙について在外国民に投票をすることを認めないことについて、やむを得ない事由があるということはできず、公職選挙法附則八項の規定のうち、在外選挙制度の対象となる選挙を当分の間両議院の比例代表選出議員の選挙に限定する部分は、憲法一五条一項及び三項、四三条一項並びに四四条ただし書に違反するものといわざるを得ない。」

「立法の内容又は立法不作為が国民に憲法上保障されている権利を違法に侵害するものであることが明白な場合や、国民に憲法上保障されている権利行使の機会を確保するために所要の立法措置を執ることが必要不可欠であり、それが明白であるにもかかわらず、国会が正当な理由なく長期にわたってこれを怠る場合などには、例外的に、国会議員の立法行為又は立法不作為は、国家賠償法一条一項の規定の適用上、違法の評価を受けるものというべきである。」

Xらの損害賠償請求は一定限度で認容する。

基本判例43　外国人参政権
定住外国人地方選挙権訴訟

最判平成七年二月二八日民集四九巻二号六三九頁

概要　原告Xらは、韓国籍を有するが、日本に永住資格を有する定住外国人である。一九九〇年九月、大阪市内に居住しているにもかかわらず選挙人名簿に登録されていなかったので、被告大阪市北区選挙管理委員会に対し、登録するよう異議の申出をしたが、却下されたため、右却下決定の取消しを求めて出訴した。一審は、請求を棄却したため、公職選挙法二五条三項に基づき上告したが、棄却された。

判旨　「憲法一五条一項の規定は、権利の性質上日本国民のみをその対象とし、右規定による権利の保障は、我が国に在留する外国人には及ばないものと解するのが相当である。そして、地方自治について定める憲法第八章は、九三条二項において、地方公共団体の長、その議会の議員及び法律の定めるその他の吏員は、その地方公共団体の住民が直接これを選挙するものと規定しているのであるが、前記の国民主権の原理及びこれに基づく憲法一五条一項の規定の趣旨に鑑み、地方公共団体が我が国の統治機構の不可欠の要素を成すものであることをも併せ考えると、憲法九三条二項にいう『住民』とは、地方公共団体の区域内に住所を有する日本国民を意味するものと解するのが相当であり、右規定は、我が国に在留する外国人に対して、地方公共団体の長、その議会の議員等の選挙の権利を保障したものということはできない。」

「憲法第八章の地方自治に関する規定は、民主主義社会における地方自治の重要性に鑑み、住民の日常生活に密接な関連を有する公共的事務は、その地方の住民の意思に基づきその区域の地方公共団体が処理するという政治形態を憲法上の制度として保障しようとする趣旨に出たものと解されるから、我が国に在留する外国人のうちでも永住者等であってその居住する区域の地方公共団体と特段に緊密な関係を持つに至ったと認められるものについて、その意思を日常生活に密接な関連を有する地方公共団体の公共的事務の処理に反映させるべく、法律をもって、地方公共団体の長、その議会の議員等に対する選挙権を付与する措置を講ずることは、憲法上禁止されているものではないと解するのが相当である。しかしながら、右のような措置を講ずるか否かは、専ら国の立法政策にかかわる事柄であって、このような措置を講じないからといって違憲の問題を生ずるものではない。」

「地方公共団体の長及びその議会の議員の選挙の権利を日本国民たる住民に限るものとした地方自治法一一条、一八条、公職選挙法九条二項の各規定が憲法一五条一項、九三条二項に違反するものということはでき」ない。

第四章　国　会

谷口真由美

解説

1　権力分立

近代憲法は人権宣言と権力分立に基づく統治機構を定めたものである。権力分立は、国家権力が単一の国家機関に集中すると、権力が濫用され、国民の権利・自由が侵されるおそれがあるので、立法権（憲法第四章国会）・行政権（憲法第五章内閣）・司法権（憲法第六章司法）の三権に分立し、相互に抑制と均衡を保っている（序章参照）。

統治機構は、各国により違いはあるが、おおむね立法権と行政権が厳格に分離されたアメリカの大統領制と、立法権と行政権が密接な関係にあるイギリスの議院内閣制に分けられ、日本は議院内閣制を採用している【108】。

2　国会の地位

国会とは、主権者たる国民によって選任される代表機関（四三条一項）、国権の最高機関（四一条）、国の唯一の立法機関（四一条）としての地位を有する。

⑴　国民の代表機関　　国会は「全国民を代表する選挙された議員」で組織される。憲法は、主権者としての国民が自ら直接統治を行う直接民主制ではなく、国民から国政を託された代表者が国家権力を行使する代表民主制を採用している（前文一段、第二部前文参照）。

また、「全国民を代表する」とは、どのような意味をもつのだろうか。国民の意見を政治の場に反映することを指すとされるが、代表者と選挙民、国会と国民、統治者と被治者の意見は必ずしもいつも同じわけではないので、これをどう考えるのかが問題となる。まず、①政治的代表で、議員は全国民を代表することから、特定の地域、階級、そして選挙区の有権者の意思を代表するものではなく、そのため選挙区の有権者と違う意見を表明しても良いとされる考え方。選挙母体（かつての貴族院のような身分議会）の命令に拘束される命令委任（強制委任）は禁止されている。次に、②社会的代表であるが、社会が複雑化し、国民の価値観も多様になった昨今では、議員の地位は民意を尊重し、主権者の縮図を議会で形成すべきであるとする考え方で、議員は選挙区の有権者の命令委任を主張する立場と、これを否定する立場がある。この折衷説が、半代表制といわれるもので、特定の選挙区から選出される議員にとっては、その選挙人の意思をまったく無視できるものではないが、法的意味で選挙人の意思に拘束されるわけではなく、あくまで事実上の拘束力にとどまるとする説である。

3　国権の最高機関

「国権の最高機関」の意味についても、いくつかの説があるが、権力分立の観点からすれば、行政権（内閣）や司法権（裁判所）と対等であるとみなされるため、政治的な意味しかなく法的意味はないとされる政治的美称説が通説である。しかし、実務（内閣法五条）をみると、内閣にも法律案の国会への提出権を認めており【105】、内閣法の成立数のほうが議員立法より多いため、官僚機構を抱え予算案を策定する内閣（第二部第五章参照）が実際には国会よりも優位な現象が起きている。

4　国の唯一の立法機関

明治憲法の下では、帝国議会が天皇の立法権を協賛する地位にとどまったのに対して、日本国憲法下の国会は立法権を独占することを意味する。

「唯一の」とは、第一に国の行う立法は、憲法に特別の定めがある場合を除いて、常に国会を通さなければならないこと（国会中心立法の原則）、第二に国会による立法は、国会以外の機関の関与がなくても国会の議決のみで成立すること（国会単独立法の原則）を意味する。国会中心立法の原則に関しては、行政法において議論される行政による規範定立（いわゆる行政立法）の許容性、いわゆる委任立法についての委任の程度に関することが問題となる（例えば、政治的行為の禁止に関して、国家公務員法から人事院規則への委任が白紙委任ではないのかという問題）。また、国会単独立法の原則に関しては、内閣の法案提出権が問題となる。立法府に属さない内閣が法律案を提案できるのかということに関して、通説は肯定説が有力である。これは、内閣は法律案を提出するにとどまり、審議は国会でなされることや、内閣の構成員の過半数が国会議員により構成されることなどが理由となっている。なお、国会議員においても、議案提出権については国会法において議員数による一定の制限が設けられており（国会法五六条）、この制限の合憲性が問題となるが、あまり少数の提案による議案は可決に至る可能性が低いことから、国会運営の観点からはいたし方ない制限と考えられている。地方特別自治法（九五条）に関しては、憲法に特別の定めがある例外として、住民投票に表される住民の意思に法律の成否を委ねている特例制度とされる。

立法権とは、立法つまり法律をつくる権限であるが、その内容により形式的意味、実質的意味に区別される。前者は、一般的・抽象的な法規範（ルール）が、内容を問わず国会の議決により成立したものとされる。後者は、国民の権利義務に影響を与えるような法律を作るには、必ず国民の代表者によって構成される国会での議決を経て成立したものとされる。

5　二　院　制

国会は、衆議院と参議院で構成される（二院制・両院制）（四二条）【105】。両議院は、それぞれが独立して審議・議決を行う（五四条二項）。両議院の意思が一致したとき国会の意思が成立する（五九条一項）。二院制については、国会への民意の多元的反映と、国会での慎重な審議を可能とすることがその意義とされるが、必要性についても議論がある。それは、そもそも両院の違いは、選挙区制度や任期の違い以外は存在せず、衆議院と参議院の意見が異なる「ねじれ」が起こること自体がほとんど無いからである。両院の多数派が異なる「ねじれ」は憲法が政治的に許容していると解されるので異常なわけではないが、両者の対立もほとんど無いことから、このような議論が発生する。

6　衆議院の優越

憲法は、内閣不信任決議権（六九条）や、予算先議権（六〇条一項）などを衆議院に認めている。また、法律・予算の議決（五九条・六〇条）や条約の承認（六一条）、内閣総理大臣の指名（六七条）で両院の意見が対立し、両院協議会（法律案の場合、開催は任意）（五九条三項・六〇条二項・六一条・六七条二項、国会法八四条〜九八条）を開いても意見が一致しないときなどは、衆議院が優越する。これは、衆議院の任期が短く、国民の意見をよく反映するためだとされている【106】。

7　国会の権能

国会の権能として、①憲法改正の発議（九六条）、②法律案の議決（五九条）、③財政の監督（六〇条・八三条〜九一条・八八条）、④条約の承認（六一条・七三条三号）、⑤内閣総理大臣の指名（六七条）、⑥弾劾裁判所の設置（六四条）等がある。国会議員は全国民を代表して様々な活動を行うことを考慮して、不逮捕特権（五〇条）、発言・表決の免責特権（五一条）、歳費請求権（四九条）等がある。

8　議院の権能

議院の権能として、①議員の役員の選任、議員規則の制定、議員の懲罰（五八条）、②議員の資格争訟の裁判（五五条）、③国政調査権（六二条）等がある。特に③の国政調査権につき、各議院は議院の権能を行使する助けとして行使する。議院は、証人を出頭させて証言させ、記録を提出させることができる。これには、各院が政府による権力濫用が起こらないように抑制し、公務員の政治責任を追及し、また、国政に関わる国民の関心事項について調べて国民に情報提供する効果もある。国政調査権の行使には限界があり、司法権の独立を害するような調査はできない。また、検察権との並行調査は原則的に許されるが、検察権の行使に不当な影響を及ぼすような調査は許されない（日商岩井事件・東京地判昭和五五年七月二四日判時九八二号三頁）。

【106】衆議院の優越

対象となる案件	衆議院の優越の対象となる場合	優越による結果
予算の議決、条約締結の承認	・参議院が衆議院と異なる議決をし、両院協議会を開いても意見が一致しないとき ・参議院が衆議院の議決を受け取った後30日以内に議決しないとき	衆議院の議決がそのまま国会の議決となる
内閣総理大臣の指名	・衆議院と参議院で異なった人を指名し、両院協議会を開いても意見が一致しないとき ・参議院が、衆議院の指名を議決後10日以内に指名しないとき	衆議院の議決がそのまま国会の議決となり、衆議院で指名された人が内閣総理大臣になる
法律案	・衆議院で可決した法律案を参議院が否決または修正議決したとき ・参議院が衆議院で可決された法律案を受け取ってから60日以内に議決しない場合に、衆議院で参議院が否決したとみなす議決をしたとき	衆議院がもとの案を出席議員の３分の２以上の賛成で再び可決したとき、法律となる ただし、両院協議会を求めることもできる

（参議院HP　http://www.sangiin.go.jp/japanese/kids/html/shikumi/kankei.html）

【105】立法過程略図

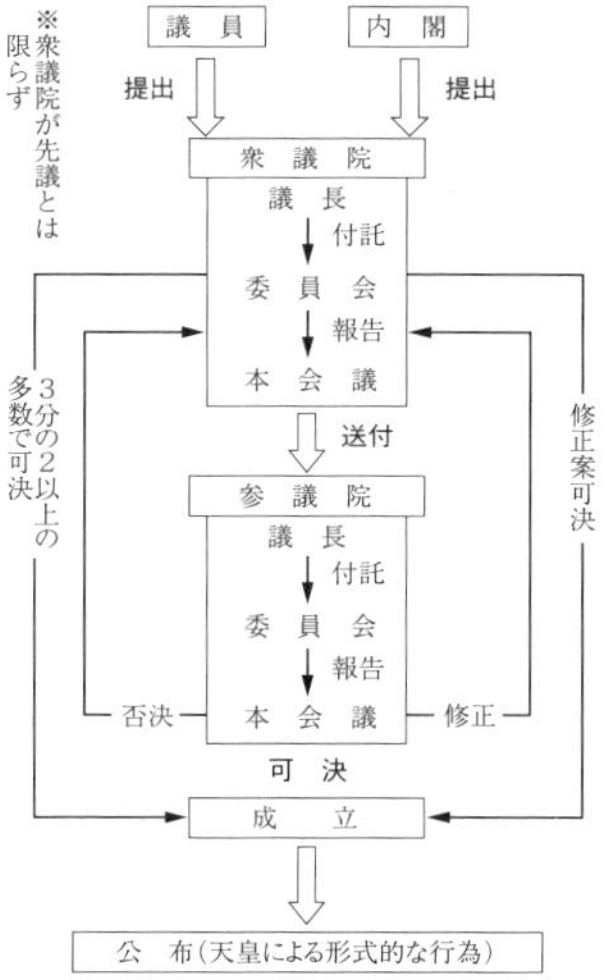

（播磨信義ほか編著『新・どうなっている⁉ 日本国憲法〔第３版〕』法律文化社、2016年、84頁）

【107】両院の構成

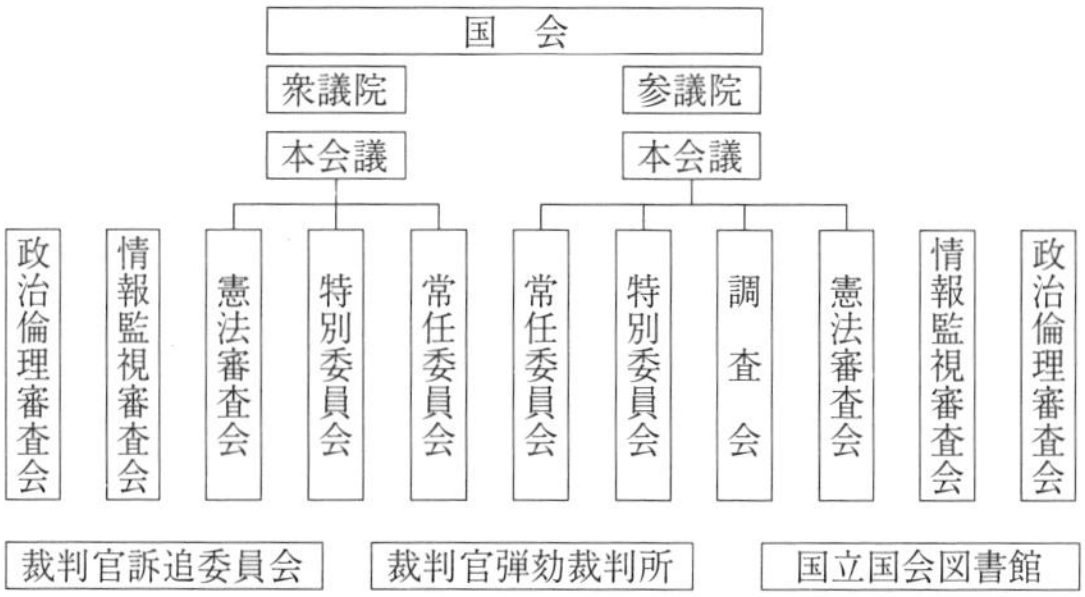

衆議院と参議院の議員定数等の比較

衆議院		参議院
465名	定数	242名
４年 解散すれば地位を失う	任期	６年 ３年ごとに半数改選
18歳以上	選挙権	18歳以上
25歳以上	被選挙権	30歳以上
小選挙区289名 比例代表176名※1	選挙区	選挙区146名※2 比例代表96名※3
有	解散	無

※１　全国を11ブロック
※２　原則都道府県単位45区（鳥取県・島根県、徳島県・高知県はそれぞれ２県で１選挙区）
※３　全国を１選挙区

（衆議院HP　http://www.shugiin.go.jp/internet/itdb_annai.nsf/html/statics/kokkai/kokkai_kousei.htm）

第五章 内 閣

谷口真由美

解説

1 内閣の地位

憲法において、内閣は憲法上の機関となり、行政権の主体としての地位を与えられた（六五条）。内閣は、国の行政権を担当する機関であり、首長である内閣総理大臣とその他の国務大臣で組織される合議体である（六六条）。また、国家作用のうち、最も大きな組織と人員を配置して、国民生活に密着した多様な活動を行うのが行政作用である【111】。会期制で活動期間が限られている国会とは異なり、常に国政に関する活動を行っている国家機関で、政府とも呼ばれる。

2 行政権の意味

内閣が担当する「行政権」とは、すべての国家作用のうちから、立法作用と司法作用を除いた残りの作用である、とするのが通説（控除説または消極説）である。他に、行政権とは国会が制定した法律を執行するという法律執行説や、国政に関する方針等を策定し、行政各部を指揮監督する執政権説等もある。内閣は、このような行政権の主体として、行政各部を指揮監督し、行政全体を総合調整し統括する。

行政権の内閣への帰属に関する憲法上の原則の例外規定として、天皇の国事行為（六条・七条）、国会の内閣総理大臣指名（六七条）、議員に対する議院の懲罰（五八条）、裁判官に対する裁判所の懲戒処分（七八条）がある。

3 独立行政委員会

行政権は内閣に属するが、あらゆる行政を内閣が自ら行うということではない。そこで現在は、国家行政組織法に基づく五つの委員会（公害等調整委員会、公安審査委員会、中央労働委員会、運輸安全委員会、原子力規制委員会）、内閣府設置法に基づく二つの委員会（国家公安委員会、公正取引委員会）、国家公務員法に基づく人事院のように、内閣の統轄の下に置かれない行政機関があり、これを独立行政委員会という【111】。独立行政委員会は、一定の行政任務を遂行するため、内閣の指揮監督から独立して設置される合議制の組織である。独立行政委員会が内閣から一定程度の独立を保障されるのは、政治的影響を受けない必要があることや、職務遂行に専門的な知識が必要とされるからである。

内閣の指揮監督から独立したこのような委員会が、「行政権は、内閣に属する」という憲法六五条の規定と矛盾しないかが問題となる。この点、内閣が行政全般に統括権をもっていても、すべての行政について直接に指揮監督権をもつことまで要求するものではなく、特に政治的中立性を要求される行政については、例外的に内閣の指揮監督から独立している機関が担当することは、最終的にそれに対して国会のコントロールが及ぶのであれば憲法に違反しないと考えられる。

4　議院内閣制

立法権（議会）と行政権（内閣）の関係につき、大統領制、議院内閣制などの制度がある【108】。日本国憲法は国の制度に関して（地方の制度については第八章参照）、内閣の国会に対する連帯責任（六六条三項）、国会（衆議院）の内閣不信任決議（六九条）、内閣総理大臣を国会が指名（六七条一項）、内閣総理大臣および他の国務大臣の過半数は国会議員でなければならない（六八条一項）ことを定める。そして国会は、議院の国政調査権（六二条）の行使、国務大臣に答弁または説明を求めること（六三条）などを通じて内閣をチェックする。また、これらの条文のほかに内閣総理大臣の職務（七二条）や財政状況の報告（九一条）などが関係する。

5　内閣の組織

内閣は、首長としての内閣総理大臣およびその他の国務大臣で組織するところの合議体である（六六条一項、国務大臣の数については、内閣法二条二項参照【109】）。「国務大臣」という言葉は多義的に使われており、例えば憲法七条五号における国務大臣は内閣総理大臣以外の大臣を示し、憲法九九条の国務大臣は内閣総理大臣を含むすべての大臣を指す。内閣総理大臣は国会の指名に基づき天皇によって任命され（六条一項）、国務大臣は内閣総理大臣により任命される（六八条一項）。

憲法六六条二項は、内閣総理大臣およびその他の国務大臣が「文民」であることを資格要件としている。「文民」の意味については、①職業軍人でない者、②これまで職業軍人であったことがない者（職業軍人の経歴を有し、かつ軍国主義思想に深く染まった者以外の者）、③現在職業軍人でなく、かつこれまでに職業軍人ではなかった者という考え方がある。なお、自衛隊の成長とともに、自衛官も文民でないとする③説が有力となっている。憲法六六条二項は、軍人に対して文民が指揮官をもち統制し、軍の暴走を抑止する文民統制の原則の趣旨であり、明治憲法下では、陸軍大臣、海軍大臣は軍人でなければならないと定めており、軍の政治支配を容易にしていた。

内閣が十分に機能するためには、内閣を補佐する機構が必要となる。内閣法は、内閣に官房を置き（一二条一項）、内閣の事務を助ける「必要な機関」（例えば、内閣法制局）を置くこととする（同条四項）。内閣府設置法は、内閣に「内閣の重要政策に関する内閣の事務を助けることを任務」（三条一項）とし、内閣府を置くこととしている（二条）。

6　内閣総理大臣

内閣総理大臣は、内閣の首長であり（六六条一項）、内閣府の長である（内閣府設置法六条一項）。首長たる地位が認められているのは、内閣の一体性・統一性を確保することにより、内閣の国会に対する連帯責任の強化をはかることにある。国会議員（衆議院議員または参議院議員）でなくてはならない。内閣総理大臣の権能としては、①国務大臣の任命および罷免権（六八条）、②内閣を代表して議案を国会に提出し、一般国務および外交関係について国会に報告し、ならびに行政各部を指揮監督する（七二条）、③法律・政令の署名（七四条）、④国務大臣の訴追に対する同意（七五条）がある。また、憲法以外にも、各省大臣の任命権（行政組織法五条三項）や、内閣総理大臣臨時代理指定権（内閣法九条）

等の規定がある。その他にも、内閣総理大臣には、危機管理に関する権限が各法律によって認められている【112】。

7　内閣の権能

内閣は、閣議によって（内閣法四条一項）、①憲法七三条に掲げる事務、②憲法七三条でいう「他の一般行政事務」、③憲法七三条以外の諸規定に定められている事務（三条・七条・六条二項・五三条・五四条二項・同条三項・六九条・七九条一項・八〇条一項・八七条・九〇条一項・九一条）を行う。内閣は、これら憲法上の職権を「国民主権の理念にのっとり」行われなければならない（内閣法一条一項）。内閣は、行政権の行使について、「全国民を代表する選挙された議員」（四三条一項）からなる国会に対して、連帯して責任を負わなければならない（六六条三項、内閣法一条二項）。

8　衆議院の解散

解散は、任期満了前に議員の資格を失わせる行為である。憲法には、内閣の解散権について明示した規定はない。七条三号は、天皇の国事行為の一つとして衆議院の解散をあげているが、天皇が実質的に決定するわけではない。六九条の定める内閣不信任決議に基づく解散も、解散権を正面から規定したものではない。現在では、七条によって内閣に実質的な解散権があるという慣行が成立しているが【110】、それにしても解散は国民に対して内閣が信を問う制度であるから、それにふさわしい理由が存在しなければならない。このため、衆議院解散は憲法六九条の場合を除けば、①衆議院で内閣の重要案件（法律案・予算案）が否決され、また、審議未了の場合（内閣と衆議院との意思が衝突した場合）、②政界再編等により、内閣の性格が基本的に変わった場合、③総選挙の争点でなかった新しい重大な政治的課題（立法、条約締結など）に対処する場合、④内閣が基本政策を根本的に変更する場合、⑤議員の任期満了時期が接近している場合などに限られると考えられており、内閣の一方的な都合や党利党略で行われる解散は不当である。

【108】内閣のしくみと各国の統治機構

内閣のしくみ

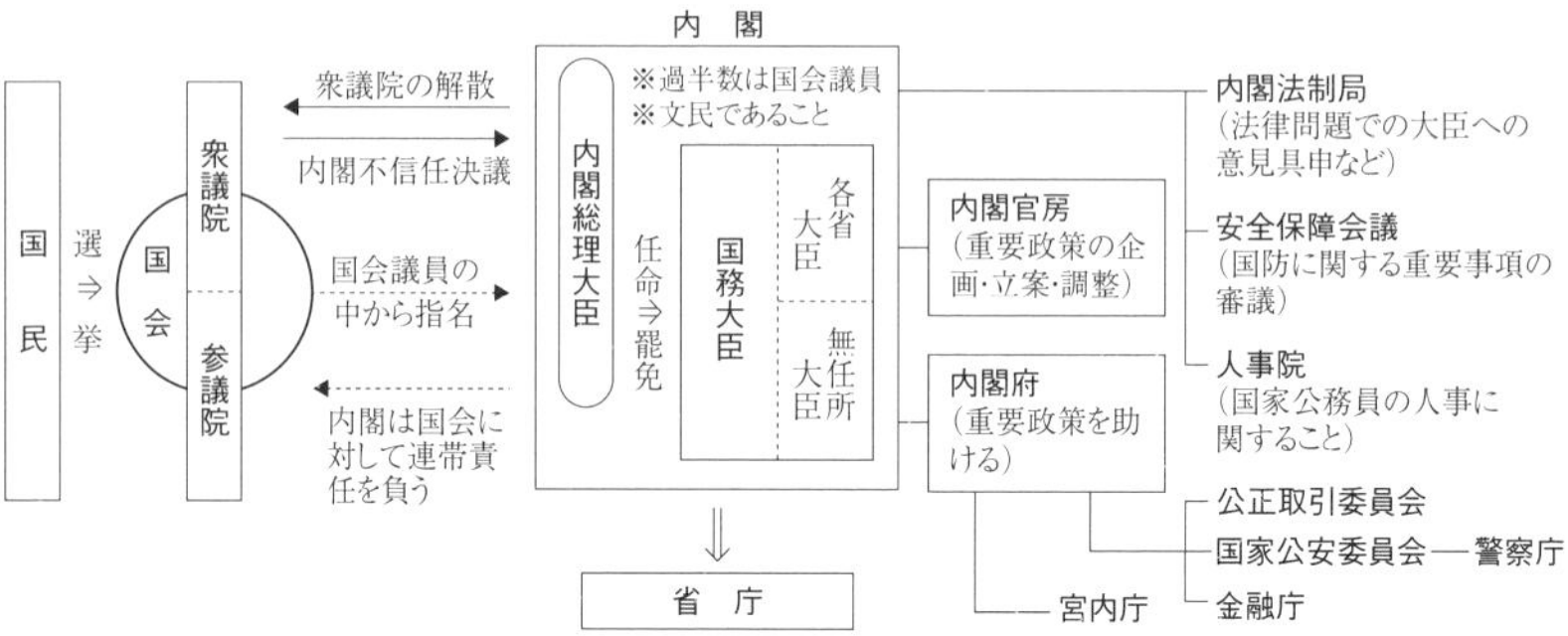

各国の統治機構の略図

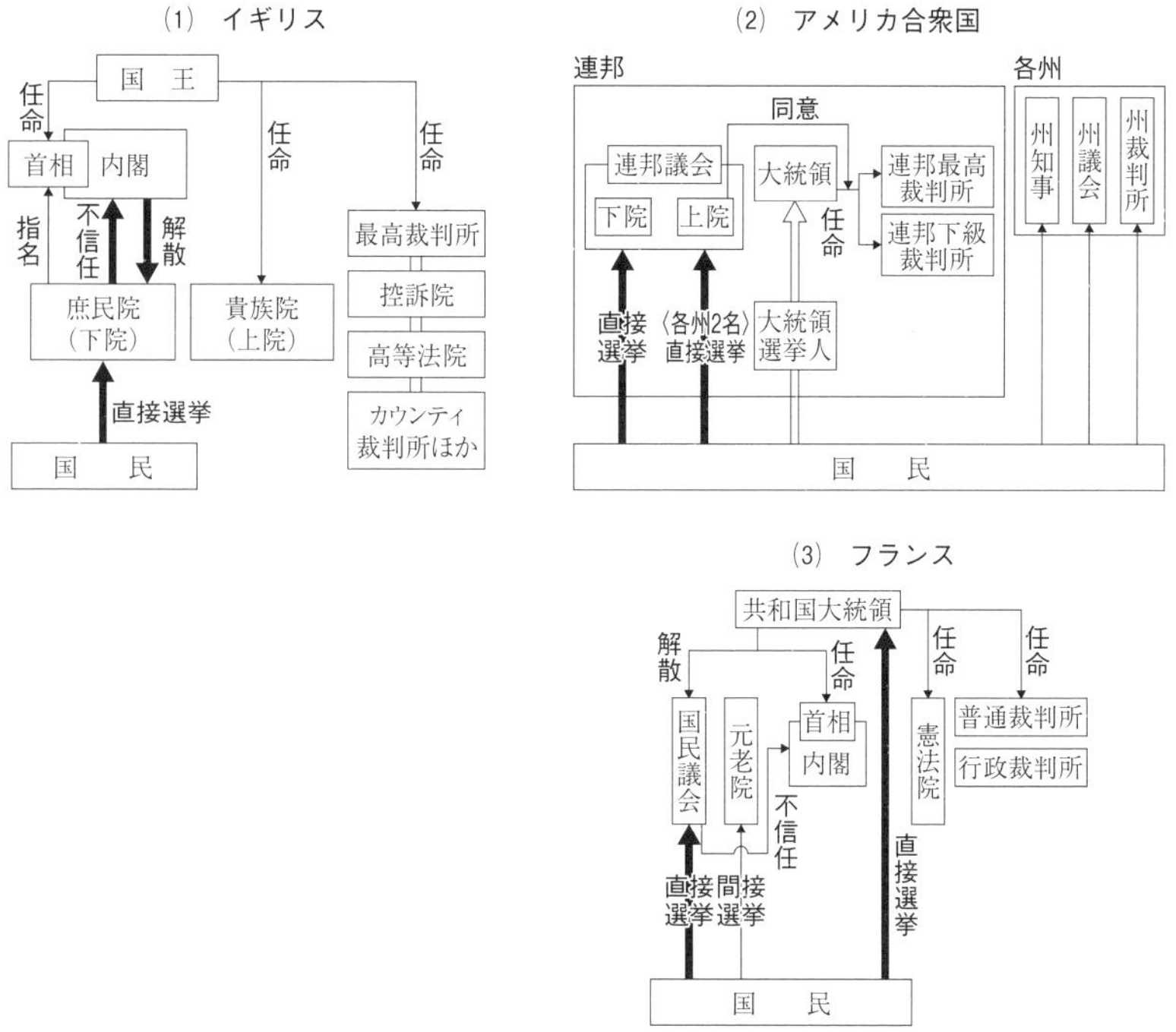

（播磨信義ほか編著『新·どうなっている!? 日本国憲法〔第3版〕』〔木下智史〕法律文化社、2016年、86～87頁）

【109】内閣構成メンバーの推移

年	人数	備考
1885.12.22	10人	内閣総理大臣を含む。宮内大臣は内閣の組織外
1947. 5 . 3	16人以内	内閣法施行、内閣総理大臣を除く
1965. 5 .19	17人以内	内閣法改正、総理府総務長官は国務大臣となる
1966. 6 .28	18人以内	内閣法改正、内閣官房長官は国務大臣となる
1971. 7 . 9	19人以内	内閣法改正、環境庁長官を追加
1974. 6 .24	20人以内	内閣法改正、国土庁長官を追加
2001. 1 . 6	14人以内（ただし、特別に必要がある場合においては、3人を限度にその数を増加し、17人以内とすることができる。）	内閣法改正、中央省庁等改革
2012. 2 .20	復興庁が廃止されるまでの間、15人以内（ただし、特別に必要がある場合においては、3人を限度にその数を増加し、18人以内とすることができる。）	復興庁設置法附則による内閣法改正
2015. 6 .25	東京オリンピック競技大会・東京パラリンピック競技大会推進本部が置かれている間は16人以内（ただし、特別に必要がある場合においては、3人を限度にその数を増加し19人以内とすることができる。）	2020年東京オリンピック競技大会・東京パラリンピック競技大会特別措置法の附則による内閣法改正

（首相官邸HP　https://www.kantei.go.jp/jp/rekidai/1-2-1.htmlより作成）

【110】戦後の衆議院解散

日本国憲法施行後の解散	明治時代以来の選挙回数	解散の年月日	解散時の内閣	解散の根拠	主な通称
	第22回	1945年12月18日	幣原内閣		終戦解散、GHQ解散
	第23回	1947年3月31日	第1次吉田内閣		新憲法解散、第2次GHQ解散
1	第24回	1948年12月23日	第2次吉田内閣	不信任決議→69条	馴れ合い解散
2	第25回	1952年8月28日	第3次吉田内閣	7条	抜き打ち解散
3	第26回	1953年3月14日	第4次吉田内閣	不信任決議→69条	バカヤロー解散
4	第27回	1955年1月24日	第1次鳩山内閣	7条	天の声解散
5	第28回	1958年4月25日	第1次岸内閣	7条	話し合い解散
6	第29回	1960年10月24日	第1次池田内閣	7条	安保解散
7	第30回	1963年10月23日	第2次池田内閣	7条	所得倍増解散、予告解散
8	第31回	1966年12月27日	第1次佐藤内閣	7条	黒い霧解散
9	第32回	1969年12月2日	第2次佐藤内閣	7条	沖縄解散
10	第33回	1972年11月13日	第1次田中内閣	7条	日中解散
—	第34回	（1976年12月9日※唯一の任期満了）	三木内閣	任期満了	ロッキード解散、ロッキード選挙
11	第35回	1979年9月7日	第1次大平内閣	7条	増税解散、一般消費税解散
12	第36回	1980年5月19日	第2次大平内閣	内閣不信任→69条	ハプニング解散
13	第37回	1983年11月28日	第1次中曽根内閣	7条	田中判決解散
14	第38回	1986年6月2日	第2次中曽根内閣	7条	死んだふり解散
15	第39回	1990年1月24日	第1次海部内閣	7条	消費税解散
16	第40回	1993年6月18日	宮澤内閣	内閣不信任→69条	嘘つき解散、政治改革解散
17	第41回	1996年9月27日	第1次橋本内閣	7条	小選挙区解散、新選挙制度解散
18	第42回	2000年6月2日	第1次森内閣	7条	神の国解散、ミレニアム解散
19	第43回	2003年10月10日	第1次小泉内閣	7条	マニフェスト解散、構造改革解散
20	第44回	2005年8月8日	第2次小泉内閣	7条	郵政解散
21	第45回	2009年7月21日	麻生内閣	7条	政権選択解散
22	第46回	2012年11月16日	野田内閣	7条	近いうち解散
23	第47回	2014年11月21日	第2次安倍内閣	7条	アベノミクス解散
24	第48回	2017年9月28日	第3次安倍内閣	7条	国難突破解散

（衆議院HP　www.shugiin.go.jp/internet/itdb_annai.nsf/html/statics/shiryo/senkyolist.htmより作成。2018年2月現在）

【111】日本の統治機構

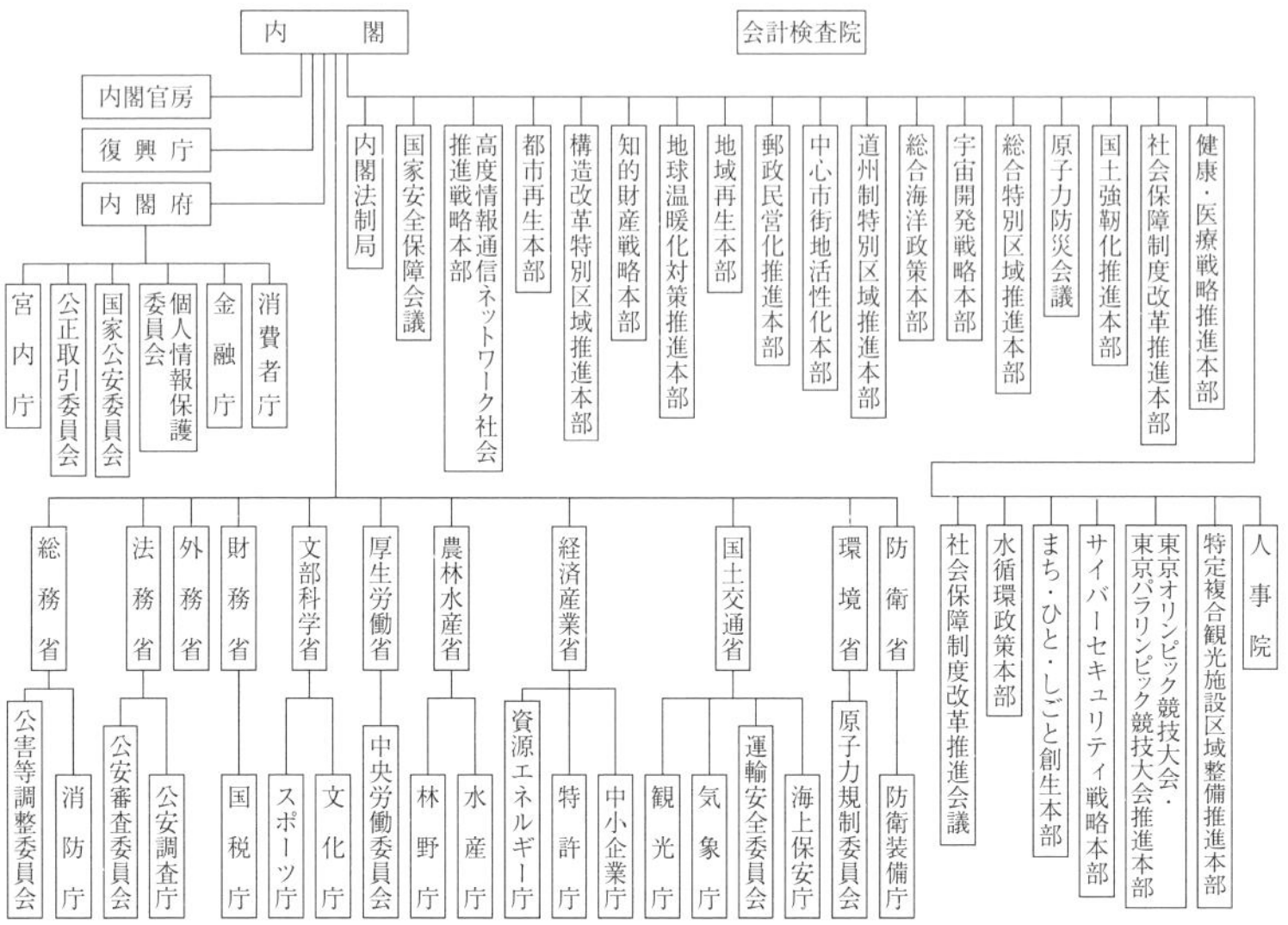

（内閣官房 HP http://www.cas.go.jp/jp/gaiyou/jimu/jinjikyoku/files/satei_01_05_3.pdf より作成。2017年10月現在）

【112】憲法に明示的に定められた以外の内閣総理大臣の権限

(1) **警察法**（昭和二九年法一六二号）

第六章　緊急事態の特別措置

第七一条（布告）① 内閣総理大臣は、大規模な災害又は騒乱その他の緊急事態に際して、治安の維持のために特に必要があると認めるときは、国家公安委員会の勧告に基き、全国又は一部の区域について緊急事態の布告を発することができる。

② 前項の布告には、その区域、事態の概要及び布告の効力を発する日時を記載しなければならない。

第七二条（内閣総理大臣の統制）　内閣総理大臣は、前条に規定する緊急事態の布告が発せられたときは、本章の定めるところに従い、一時的に警察を統制する。この場合においては、内閣総理大臣は、その緊急事態を収拾するため必要な限度において、長官を直接に指揮監督するものとする。

(2) **自衛隊法**（昭和二九年法一六五号）

第七八条（命令による治安出動）① 内閣総理大臣は、間接侵略その他の緊急事態に際して、一般の警察力をもつては、治安を維持することができないと認められる場合には、自衛隊の全部又は一部の出動を命ずることができる。

② 内閣総理大臣は、前項の規定による出動を命じた場合には、出動を命じた日から二十日以内に国会に付議して、その

承認を求めなければならない。ただし、国会が閉会中の場合又は衆議院が解散されている場合には、その後最初に召集される国会において、すみやかに、その承認を求めなければならない。

③　内閣総理大臣は、前項の場合において不承認の議決があつたとき、又は出動の必要がなくなつたときは、すみやかに、自衛隊の撤収を命じなければならない。

第七九条（治安出動待機命令）①　防衛大臣は、事態が緊迫し、前条第一項の規定による治安出動命令が発せられることが予測される場合において、これに対処するため必要があると認めるときは、内閣総理大臣の承認を得て、自衛隊の全部又は一部に対し出動待機命令を発することができる。

②　前項の場合においては、防衛大臣は、国家公安委員会と緊密な連絡を保つものとする。

第七九条の二（治安出動下令前に行う情報収集）　防衛大臣は、事態が緊迫し第七十八条第一項の規定による治安出動命令が発せられること及び小銃、機関銃（機関けん銃を含む。）、砲、化学兵器、生物兵器その他その殺傷力がこれらに類する武器を所持した者による不法行為が行われることが予測される場合において、当該事態の状況の把握に資する情報の収集を行うため特別の必要があると認めるときは、国家公安委員会と協議の上、内閣総理大臣の承認を得て、武器を携行する自衛隊の部隊に当該者が所在すると見込まれる場所及びその近傍において当該情報の収集を行うことを命ずることができる。

第八〇条（海上保安庁の統制）①　内閣総理大臣は、第七十六条第一項（第一号に係る部分に限る。）又は第七十八条第一項の規定による自衛隊の全部又は一部に対する出動命令があつた場合において、特別の必要があると認めるときは、海上保安庁の全部又は一部を防衛大臣の統制下に入れることができる。

②　内閣総理大臣は、前項の規定により海上保安庁の全部又は一部を防衛大臣の統制下に入れた場合には、政令で定めるところにより、防衛大臣にこれを指揮させるものとする。

③　内閣総理大臣は、第一項の規定による統制につき、その必要がなくなつたと認める場合には、すみやかに、これを解除しなければならない。

(3)　労働関係調整法（昭和二一年法二五号）

第三五条の二①　内閣総理大臣は、事件が公益事業に関するものであるため、又はその規模が大きいため若しくは特別の性質の事業に関するものであるために、争議行為により当該業務が停止されるときは国民経済の運行を著しく阻害し、又は国民の日常生活を著しく危うくする虞があると認める事件について、その虞が現実に存するときに限り、緊急調整の決定をすることができる。

②　内閣総理大臣は、前項の決定をしようとするときは、あら

かじめ中央労働委員会の意見を聴かなければならない。

③　内閣総理大臣は、緊急調整の決定をしたときは、直ちに、理由を附してその旨を公表するとともに、中央労働委員会及び関係当事者に通知しなければならない。

(4)　**大規模地震対策特別措置法**（昭和五三年法七三号）

第九条（警戒宣言等）①　内閣総理大臣は、気象庁長官から地震予知情報の報告を受けた場合において、地震防災応急対策を実施する緊急の必要があると認めるときは、閣議にかけて、地震災害に関する警戒宣言を発するとともに、次に掲げる措置を執らなければならない。

一　強化地域内の居住者、滞在者その他の者及び公私の団体（以下「居住者等」という。）に対して、警戒態勢を執るべき旨を公示すること。

二　強化地域に係る指定公共機関及び都道府県知事に対して、法令又は地震防災強化計画の定めるところにより、地震防災応急対策に係る措置を執るべき旨を通知すること。

②　内閣総理大臣は、警戒宣言を発したときは、直ちに、当該地震予知情報の内容について国民に対し周知させる措置を執らなければならない。この場合において、内閣総理大臣は、気象庁長官をして当該地震予知情報に係る技術的事項について説明を行わせるものとする。

③　内閣総理大臣は、警戒宣言を発した後気象庁長官から地震予知情報の報告を受けた場合において、当該地震の発生のおそれがなくなつたと認めるときは、閣議にかけて、地震災害に関する警戒解除宣言を発するとともに、第一項第一号に規定する者に対し警戒態勢を解くべき旨を公示し、及び同項第二号に規定する者に対し同号に掲げる措置を中止すべき旨を通知するものとする。

第六章　司　法

谷口洋幸

解説

1　司法権の意味

司法とは「具体的な争訟について、法を適用し、宣言することによって、これを裁定する国家の作用」と定義される。司法作用の権能は、通常、独立の国家機関である裁判所に帰属する。憲法七六条一項は「すべて司法権は、最高裁判所及び法律に定めるところにより設置する下級裁判所に属する」と規定している。同条二項では、軍法会議などの特別裁判所の設置が否定され、後段では行政機関が終審として裁判を行うことも否定している。明治憲法では、ヨーロッパ大陸諸国にならって司法権を民事事件と刑事事件に限定していたが、現在の憲法下では「法の支配」を強化し、英米諸国のように行政事件も通常裁判所に係属させる制度へと移行した【114】。

行政権などの他の国家権力との関係において、司法権の独立性の確保は不可欠である。裁判官もその身分を保障された上で、独立して職務を遂行しなければならない。憲法七六条三項には、「すべて裁判官は、その良心に従ひ独立してその職権を行ひ、この憲法及び法律にのみ拘束される」と規定されている。ところが、公安条例の違憲判断や公務員の争議権を認める判決が相次いだ一九六〇年代には、保守政党によるネガティブキャンペーンを経て、裁判官の任官拒否や再任拒否が行われた。長沼ナイキ基地訴訟において、当時の裁判所長が担当裁判官に対して自衛隊の違憲審査を控えるよう書簡が送られる事件も生じた【113】。その後も、市民集会への参加を理由に判事補が懲戒処分をうけた事例など【44】、裁判官の独立を脅かす事例は後を絶たない。

2　司法権の範囲

裁判所は、「一切の法律上の争訟を裁判」する権限をもつ（裁判所法三条）。当事者間の具体的な権利義務や法律関係に関する紛争で、法律を適用すれば終局的に解決できるものがそれにあたる。ただし、権力分立に基づく憲法上の例外や判例・学説などで議論されている限界もある。

憲法上の例外としては、立法権との関係において、議員の懲罰や議事手続など、国会の内部事項については司法権が及ばない（五五条）。行政権との関係では、内閣総理大臣による国務大臣の任免（六八条）や国務大臣の訴追に対する同意（七五条）が司法権の対象とはならない。また裁判官の罷免は国会に設けられた弾劾裁判所によって行われるため（六四条）、司法権から外されている。

その他の限界として、統治行為論がある。国家の統治の基本に関連するような高度な政治性をもつ事柄は、法律判断が可能であっても回避すべきとの立場である。日米安全保障条約に基づく駐留米軍の違憲性が問われた砂川事件**1**や、第三次吉田茂内閣による衆議院解散の有効性が争われた苫米地事件**45**などがある。また、部分社会論に基づく除外もある。各種の団体が自律的に判断した事柄については司法審査を控えるべきとの立場である。地方議会の議員懲罰や国立大学の単位認定**46**、宗教団体や労働組合の内部紛争などが対象と考えられるが、法治主義の原則からは限界を明確化することも望まれている。

3　裁判所の組織

日本の裁判所は、一つの最高裁判所、八つの高等裁判所、五〇の地方裁判所と家庭裁判所、四三八の簡易裁判所で構成される。知的財産高等裁判所は東京高等裁判所の特別な支部にあたる。事件は通常、地方裁判所、高等裁判所（控訴審）、最高裁判所（上告審）の順に上訴され、同一事件につき三回の審理をうけることができる（三審制）。家庭裁判所は、家庭事件や少年事件を扱っており、地方裁判所と同等の位置にある。簡易裁判所は、少額軽微な事件などを扱う第一審裁判所である【114】。なお、最高裁への上告は、高等裁判所の判決について、憲法違反または憲法解釈の誤りがある場合（刑訴四〇五条一号、民訴三一二条一項）、既存の判例と相反する判断がなされた場合（刑訴四〇五条二号・三号）、裁判所の構成等の違法、口頭弁論の公開規定への違反、判決理由の不備等がある場合（民訴四〇五条二項）に限られている。

最高裁は、一人の長官と一四人の裁判官で構成され、長官は内閣の指名に基づいて天皇が任命し、裁判官は内閣が任命する（憲法七九条一項）。このため、内閣の意向のみによって最高裁裁判官の構成が左右されないよう、民主的コントロールのひとつとして国民審査が行われる（同条二項）。国民審査は、任命後に初めて行われる衆議院議員総選挙の際に受け、その後は一〇年を経過した後に同様に実施されるため、実際には一度しか審査を受けない裁判官が多い。また、罷免を可、すなわち、辞めさせたいと思う裁判官に×印をつける投票方式にも問題がある。事実、罷免を可とする投票は常に一割以下で固定しており【115】、国民審査は実質的な機能不全に陥っている。

4　違憲審査

権力分立のもと、国家機関たる裁判所が担う重要な役割のひとつとして違憲審査がある。立法を含めた国家の行為が憲法に違反しないかどうかを判断する制度であり、憲法の最高法規性（憲法九八条一項）を担保している。国家権力の暴走が相次いだ第二次世界大戦の反省を踏まえて、世界各国に広まった。

憲法八一条に規定される違憲審査は、通常の裁判所が具体的事件を解決するのに必要な限りで、適用される法令の合憲性を判断する制度である（付随的違憲審査）47。具体的事件とは関係なく法令そのものの合憲性を判断する仕組み（抽象的違憲審査）ではない。このため、最高裁が法令を違憲無効としても、それは当該事件に関する限りの効力であって、違憲とされた法律そのものを無効化したり改廃するものではなく、命令や規則そのものを廃止する効力までもつものではない。

違憲審査の終審裁判所である最高裁は、これまで一〇の事件において法令違憲の判決を下している【116】。権力分立においては違憲の判断をできるだけ控えるべき（司法消極主義）との立場であるが、他国と比べて違憲判断の数が極端に少なく、「憲法の番人」または「人権の砦」としての役割に疑問が向けられている。

5　司法制度改革

二〇〇一年に、司法制度改革審議会から「二一世紀の日本を支える司法制度」と題する意見書が提出された。以後、様々な抜本的改革が実行されている。

代表的なのが裁判員制度である。二〇〇九年から、死刑・無期懲役などが科せられる重大な刑事事件に限って、国民から選ばれた裁判員が第一審の裁判に関与する制度が導入された【117】。裁判員は、裁判官とともに審議し、有罪か無罪かの判断だけでなく、量刑まで決定する役割が与えられている。これに伴い、公判前整理手続などの充実・迅速化も行われた。また、性犯罪の重罰化や、薬物事案における保護観察付きの執行猶予判決の増加など、量刑に統計的な変化もあらわれている。ただし、残忍な事件に関与した裁判員がＰＴＳＤを発症するなど、制度や運用方法については議論も残されている。

また、十分な質量を備えた法曹養成のための制度として、二〇〇四年には法科大学院（ロースクール）制度が開始された。しかし、二〇一七年現在、開校した七四校のうち三五校が募集停止となり、修了者の七割以上を予定していた司法試験の合格率も二割強にとどまる。同制度についての根本的な見直しが望まれている。

【113】平賀書簡

長沼ナイキ基地事件担当福島重雄裁判官に対する平賀健太札幌地裁長官の書簡（一九六九〔昭四四〕年八月一四日）

前文御免下さい。長途の出張御苦労に存じます。さて例の事件について私が考へてゐることを別紙の通り走り書きしてみました。貴兄の一先輩のアドバイスとしてこのやうな考へ方も有り得るといふ程度で結構ですから、一応御覧の上、もし参考になるやうでしたら大兄の判断の一助にして下さい。明早朝から土曜日にかけてまた出張に出ますので取り敢ず書面を以て貴意を得たく乱筆御免下さい。

八月十四日午後三時四十分

平賀健太

福島重雄様

侍史

追って、このやうな意見を裁判前に担当の裁判長である大兄に申上げることは些か越権の沙汰とも考へますが事件の重大性もさることながら、あくまでも大兄の人柄を信頼した上での老婆心ですから、何卒小生の意のあるところを率直に汲み取って下さるやうにお願いいたします。

一、本件の保安林の指定解除後行はるべき立木の伐採等保安林の現況の変更によって「回復の困難な損害」を生ずると謂ひ得るか。日光太郎杉の事件においては老杉の大木はいはばかけ替えのないものであって杉の立木の存在そのものが問題であり、これを伐採すれば風致破壊による損害の回復は不可能である。これに反し本件係争保安林にあってはこれを現況のまま存置することそのことが問題なのではなく、立木の伐採その他山林の現況の変更によって生ずるかも知れない水源の涸渇や洪水等の危険が問題なのであって、この危険は社会通念上引水、潅漑の施設や洪水予防の施設等の代替工事を行ふことによって十分に防止することができる性質のものと考へられる。してみれば保安林の指定解除後行はれることあるべき山林伐採等によって回復の困難な損害が生ずるとは謂ふことができない。若しさうでなく山林伐採等によって生ずることあるべき危険又は損害が性質上不可避なものであって、およそいかなる代替工事を以てしても防止することができない性質のものであるといふのであるならばそのことの疎明の責任は申立人側にありと謂ふべきであろう。

（末川博・浅井清信共編『裁判の独立―司法反動を告発する』法律文化社、一九七一年）

【114】刑事・民事・行政訴訟の図

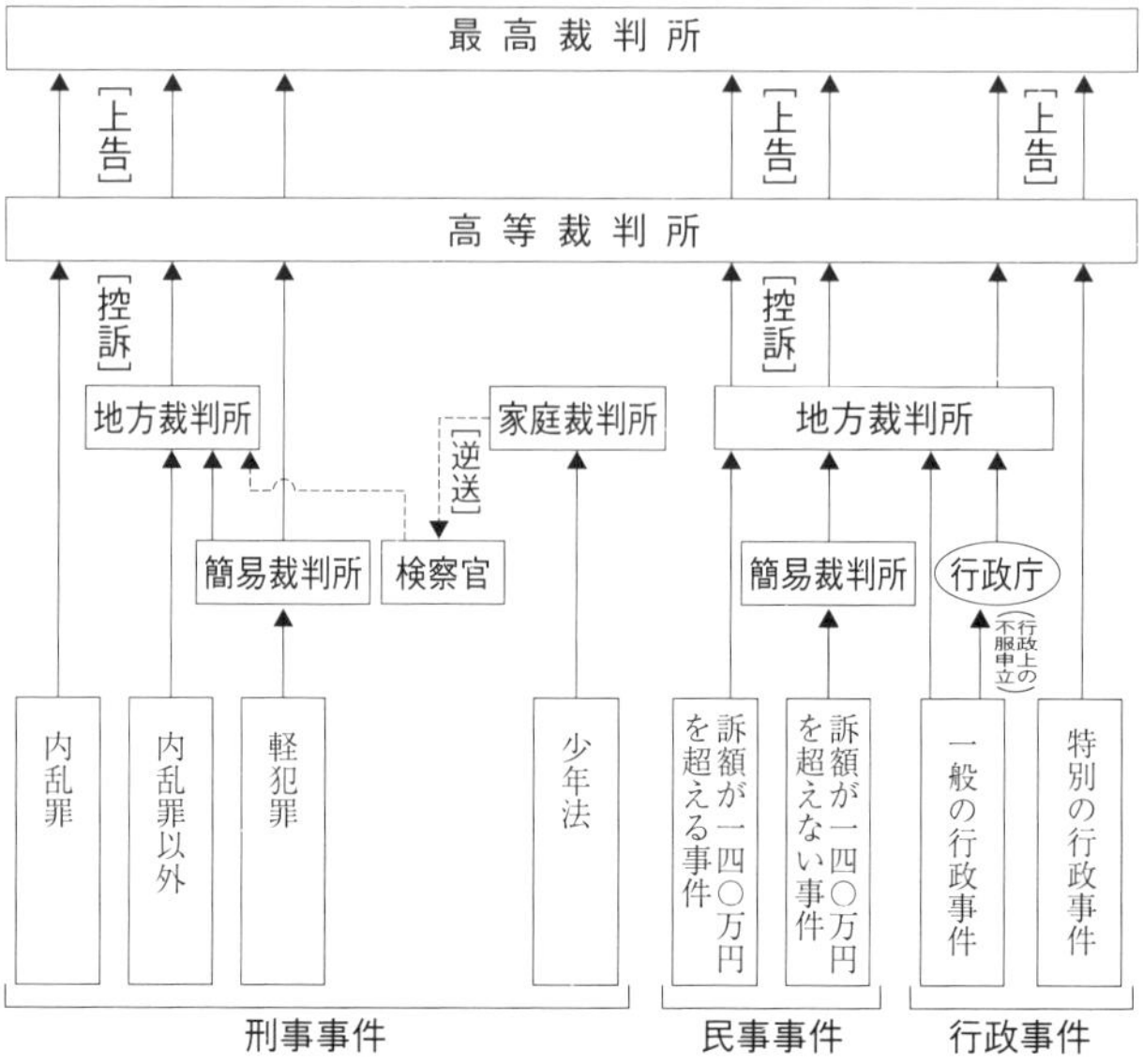

【115】最高裁裁判官の国民審査

各裁判官の票数（敬称略。告示順）　2014年12月14日施行

	罷免すべきだ（×印）	罷免すべきでない（無印）	罷免を求める率（%）
鬼丸かおる	467万8069	4613万9275	9.2
木内道祥	486万2019	4595万5320	9.6
池上政幸	485万5670	4596万1675	9.6
山本庸幸	428万327	4653万7027	8.4
山﨑敏充	478万6202	4603万1161	9.4

2017年10月22日施行

小池　裕	470万1848	5011万7752	8.6
戸倉三郎	431万6361	5050万3269	7.9
山口　厚	436万1391	5045万8241	8.0
菅野博之	440万7669	5041万1968	8.0
大谷直人	437万741	5044万8887	8.0
木澤克之	440万7902	5041万1709	8.0
林　景一	410万1605	5071万8038	7.5

（総務省HP「最高裁判所裁判官国民審査の結果」より作成）

【116】最高裁判所による違憲判決

年月日	対象法令	理　由
1973. 4 . 4	刑法200条	尊属殺重罰規定は憲法14条１項に違反する
1975. 4 .30	薬事法６条２～4項	薬局開設許可にあたっての距離制限は憲法22条１項に違反する
1976. 4 .14	公職選挙法別表	１対4.99の議員定数の不均衡は憲法14条等に違反する
1985. 7 .17	公職選挙法別表	１対4.40の議員定数不均衡は憲法14条等に違反する
1987. 4 .22	森林法186条	持分二分の一以下の共有者からの森林分割請求を認めないのは憲法29条に違反する
2002. 9 .11	郵便法68条・73条	特別送達・書留郵便に関する損害賠償の範囲の限定は憲法17条に違反する
2005. 9 .14	公職選挙法	国外居住者に衆議院小選挙区、参議院選挙区での投票を認めていないことは憲法15条に違反する
2008. 6 . 4	国籍法３条１項	日本人父と外国人母の間に生まれた非嫡出子の国籍取得を、父母の婚姻により嫡出子の身分を取得した場合に限定するのは憲法14条１項に違反する
2013. 9 . 4	民法900条４号ただし書	非嫡出子の法定相続分を嫡出子の２分の１と定めることは不合理な差別として憲法14条１項に違反する
2015.12.16	民法733条１項	女子のみに100日を超える再婚禁止期間を課すことは憲法14条１項に違反する

（播磨信義ほか編著『新・どうなっている⁉日本国憲法〔第３版〕』〔木下智史〕法律文化社、2016年、94頁）

【117】裁判員の選任手続の流れ

名簿の作成　【前年の秋ころ】
・地方裁判所ごとに、管内の市町村の選挙管理委員会がくじで選んで作成した名簿に基づき、翌年の裁判員候補者名簿を作成

↓

候補者への通知・調査票の送付　【前年の11月ころ】
・裁判員候補者名簿に記載されたことの通知
・就職禁止事由や客観的な辞退事由に該当しているかどうかなどを尋ねる調査票を送付

↓

事件ごとに名簿の中からくじによる選定
・事件ごとに、裁判員候補者名簿の中から、くじにより裁判員候補者を選定

↓

選任手続期日のお知らせ・質問票の送付　【（原則として）６週間前まで】
・くじで選ばれた裁判員候補者に選任手続期日のお知らせを送付
・辞退事由の有無などを確認するための質問票を送付

↓

選任手続　【当日】
・選任手続の当日、裁判長から裁判員候補者に対し、辞退希望の有無・理由、不公平な裁判をするおそれの有無などについて質問

↓

６人の裁判員を選任
・最終的に事件ごとに裁判員６人を選任（必要な場合は補充裁判員も選任）

（「裁判員制度ナビゲーション〔改訂版〕」最高裁判所、2017年10月 http://www.saibanin.courts.go.jp/vcms_lf/H29navigation4-1.pdf）

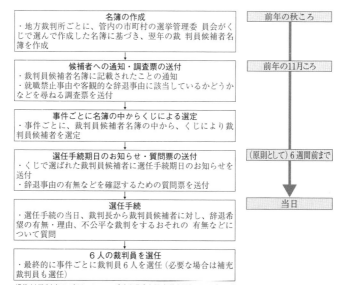

基本判例44　裁判官の市民集会参加と懲戒処分
寺西判事補事件

最大決平成一〇年一二月一日民集五二巻九号一七六一頁

概要　仙台地裁判事補であるYは、組織的犯罪対策法制定に関連して「信頼できない盗聴令状審査」という新聞投書を行った。同法制定に反対する団体からの一九九八年四月開催集会への参加依頼に、Yは一旦承諾したが、後にパネリストとしての参加を取りやめた。しかし、その集会に参加し一般席から、右の経緯を述べたうえで「自分としては、仮に法案に反対の立場で発言しても、裁判所法に定める積極的な政治運動に当たるとは考えないが、パネリストとしての発言は辞退する」旨の発言をした。これらの言動に対し、裁判官分限法に基づき仙台高裁が戒告の裁判を行ったため、Yは最高裁に即時抗告した。抗告は棄却された。

決定要旨　「裁判所法五二条一号が裁判官に対し『積極的に政治運動をすること』を禁止しているのは、裁判官の独立及び中立・公正を確保し、裁判に対する国民の信頼を維持するとともに、三権分立主義の下における司法と立法、行政とのあるべき関係を規律することにその目的があるものと解される。」「『積極的に政治運動をすること』とは、組織的、計画的又は継続的な政治上の活動を能動的に行う行為であって、裁判官の独立及び中立・公正を害するおそれがあるものが、これに該当すると解され、具体的行為の該当性を判断するに当たっては、その行為の内容、その行為の行われるに至った経緯、行われた場所等の客観的な事情のほか、その行為をした裁判官の意図等の主観的な事情をも総合的に考慮して決するのが相当である。」「裁判官に対し『積極的に政治運動をすること』を禁止することは、必然的に裁判官の表現の自由を一定範囲で制約することにはなるが、右制約が合理的で必要やむを得ない限度にとどまるものである限り、」憲法二一条一項に違反するものではない。

「本件言動は、本件法案を廃案に追い込むことを目的として共同して行動している諸団体の組織的、計画的、継続的な反対運動を拡大、発展させ、右目的を達成させることを積極的に支援しこれを推進するものであり、裁判官の職にある者として厳に避けなければならない行為というべきであって、裁判所法五二条一号が禁止している『積極的に政治運動をすること』に該当するものといわざるを得ない。」

「積極的に政治運動をしてはならないという義務は、職務遂行中と否とを問わず裁判官の職にある限り遵守すべき義務であるから、」裁判所法四九条の「『職務上の義務』に当たる。したがって、抗告人には同条所定の懲戒事由である職務上の義務違反があったということができる。」

基本判例45 衆議院解散の合憲性

苫米地事件

最大判昭和三五年六月八日民集一四巻七号一二〇六頁

概要　一九五二年八月二八日に吉田内閣が憲法七条に基づき行った衆議院の「抜打ち解散」は、憲法に違反し無効であるとの主張のもとに、当時衆議院議員であった原告苫米地義三氏は、右解散によっては衆議院議員の身分を失わないとして、被告国を相手に議員資格確認と、任期満了までの歳費請求の訴えを提起した。上告は棄却された。

判旨「本件解散無効に関する主要の争点は、本件解散は憲法六九条に該当する場合でないのに単に憲法七条に依拠して行われたが故に無効であるかどうか、本件解散に関しては憲法七条所定の内閣の助言と承認が適法に為されたかどうかの点にあることはあきらかである。

しかし、現実に行われた衆議院の解散が、その依拠する憲法の条章について適用を誤つたが故に、法律上無効であるかどうか、これを行うにつき憲法上必要とせられる内閣の助言と承認に瑕疵があつたが故に無効であるかどうかのごときことは裁判所の審査権に服しないものと解すべきである。」

「わが憲法の三権分立の制度の下においても、司法権の行使についておのずからある限度の制約は免れないのであつて、あらゆる国家行為が無制限に司法審査の対象となるものと即断すべきでない。直接国家統治の基本に関する高度の政治性のある国家行為のごときはたとえそれが法律上の争訟となり、これに対する有効無効の判断が法律上可能である場合であつても、かかる国家行為は裁判所の審査権の外にあり、その判断は主権者たる国民に対して政治的責任を負うところの政府、国会等の政治部門の判断に委され、最終的には国民の政治判断に委ねられているものと解すべきである。この司法権に対する制約は、結局、三権分立の原理に由来し、当該国家行為の高度の政治性、裁判所の司法機関としての性格、裁判に必然的に随伴する手続上の制約等にかんがみ、特定の明文による規定はないけれども、司法権の憲法上の本質に内在する制約と理解すべきものである。」

「衆議院の解散は、極めて政治性の高い国家統治の基本に関する行為であつて、かくのごとき行為について、その法律上の有効無効を審査することは司法裁判所の権限の外にありと解すべきことは既に前段説示するところによつてあきらかである。そして、この理は、本件のごとく、当該衆議院の解散が訴訟の前提問題として主張されている場合においても同様であつて、ひとしく裁判所の審査権の外にありといわなければならない。」

基本判例46　国立大学の単位認定
国立富山大学事件

最判昭和五二年三月一五日民集三一巻二号二三四頁

概要　国立富山大学経済学部の学生であった原告X_1ら六名と同学部専攻科の学生X_2は、一九六六年度、同学部A教授担当の経済原論等を履修するため、授業に出席し、試験を受け、A教授から合格の判定を受けた。しかし、大学側は、A教授は被告Y_1経済学部長から授業担当の停止を命じられていたのに、これに従わずに授業の続行、試験の実施を行ったのであるから、その授業と試験は正式のものと認められない、とした。このため、$X_1$$X_2$らは、$Y_1$または富山大学学長$Y_2$に対し、単位授与・不授与未決定違法確認の訴えを、また、X_2は、Y_2に対し、専攻科修了・未修了未決定違法確認の訴えを提起した。上告は棄却された。

判旨　「一般市民社会の中にあってこれとは別個に自律的な法規範を有する特殊な部分社会における法律上の係争のごときは、それが一般市民法秩序と直接の関係を有しない内部的な問題にとどまる限り、その自主的、自律的な解決に委ねるのを適当とし、裁判所の司法審査の対象にはならない」。

大学は、「設置目的を達成するために必要な諸事項については、法令に格別の規定がない場合でも、学則等によりこれを規定し、実施することのできる自律的、包括的な権能を有し、一般市民社会とは異なる特殊な部分社会を形成しているのであるから、このような特殊な部分社会である大学における法律上の係争のすべてが当然に裁判所の司法審査の対象になるものではなく、一般市民法秩序と直接の関係を有しない内部的な問題は右司法審査の対象から除かれる」。

「単位授与（認定）行為は、他にそれが一般市民法秩序と直接の関係を有するものであることを肯認するに足りる特段の事情のない限り、純然たる大学内部の問題として大学の自主的、自律的な判断に委ねられるべきものであって、裁判所の司法審査の対象にはならないものと解するのが、相当である。」

「学生が専攻科修了の要件を充足したにもかかわらず大学が専攻科修了の認定をしないときは、学生は専攻科を修了することができず、専攻科入学の目的を達することができないのであるから、国公立の大学において右のように大学が専攻科修了の認定をしないことは、実質的にみて、一般市民としての学生の国公立大学の利用を拒否することにほかならないものというべく、その意味において、学生が一般市民として有する公の施設を利用する権利を侵害するものであると解するのが、相当である。されば、本件専攻科修了の認定、不認定に関する争いは司法審査の対象になるものというべく、これと結論を同じくする原審の判断は、正当として是認することができる。」

基本判例47 抽象的違憲審査の可能性
警察予備隊事件

最大判昭和二七年一〇月八日民集六巻九号七八三頁

概要　原告鈴木茂三郎は、日本社会党を代表して、一九五一年四月一日以降被告国が行った、自衛隊の前身である警察予備隊の設置並びに維持に関する一切の行為（行政行為はもちろん事実行為私法上の行為の外予備隊の設置維持に関する法令規則の一切を含む）の無効の確認を求めて直接最高裁に提訴した。最高裁は訴えを却下した。

判旨「原告は、最高裁判所が一方司法裁判所の性格を有するとともに、地方具体的な争訟事件に関する判断を離れて抽象的に又一審にして終審として法律、命令、規則又は処分が憲法に適合するや否やを判断する権限を有する点において、司法権以外のそして立法権及び行政権のいずれの範疇にも属しない特殊の権限を行う性格を兼有するものと主張する。」

「諸外国の制度を見るに、司法裁判所に違憲審査権を行使せしめるもの以外に、司法裁判所にこの権限を行使せしめないでそのために特別の機関を設け、具体的争訟事件と関係なく法律命令等の合憲性に関しての一般的抽象的な宣言をなし、それ等を破棄し以てその効力を失はしめる権限を行わしめるものがないではない。しかしながらわが裁判所が現行の制度上与えられているのは司法権を行う権限であり、そして司法権が発動するためには具体的な争訟事件が提起されることを必要とする。我が裁判所は具体的な争訟事件が提起されないのに将来を予想して憲法及びその他の法律命令等の解釈に対し存在する疑義論争に関し抽象的な判断を下すごとき権限を行い得るものではない。けだし最高裁判所は法律命令等に関し違憲審査権を有するが、この権限は司法権の範囲内において行使されるものであり、この点においては最高裁判所と下級裁判所との間に異るところはないのである（憲法七六条一項参照）。原告は憲法八一条を以て主張の根拠とするが、同条は最高裁判所が憲法に関する事件について終審的性格を有することを規定したものであり、従つて最高裁判所が固有の権限として抽象的な意味の違憲審査権を有すること並びにそれがこの種の事件について排他的なすわち第一審にして終審としての裁判権を有するものと推論することを得ない。」

「わが現行の制度の下においては、特定の者の具体的な法律関係につき紛争の存する場合においてのみ裁判所にその判断を求めることができるのであり、裁判所がかような具体的事件を離れて抽象的に法律命令等の合憲性を判断する権限を有するとの見解には、憲法上及び法令上何等の根拠も存しない。そして弁論の趣旨よりすれば、原告の請求は右に述べたような具体的な法律関係についての紛争に関するものでないことは明白である。従つて本訴訟は不適法であ」る。

基本判例48 裁判員制度の合憲性
覚せい剤取締法・関税法違反事件

最大判平成二三年一一月一六日刑集六五巻八号一二八五頁

概要　覚せい剤取締法および関税法違反で起訴された被告人は、第一審の裁判員裁判において懲役九年罰金四〇〇万円の実刑となり、第二審でも判決はくつがえらなかった。そこで裁判員法そのものが憲法違反であることを理由に上告したものの、最高裁は上告を棄却した。

判旨「刑事裁判に国民が参加して民主的基盤の強化を図ることと、憲法の定める人権の保障を全うしつつ、証拠に基づいて事実を明らかにし、個人の権利と社会の秩序を確保するという刑事裁判の使命を果たすこととは、決して相容れないものではなく、このことは、陪審制又は参審制を有する欧米諸国の経験に照らしても、基本的に了解し得るところである。

……憲法上国民の司法参加がおよそ禁じられていると解すべき理由はなく、国民の司法参加に係る制度の合憲性は、具体的に設けられた制度が、適正な刑事裁判を実現するための諸原則に抵触するか否かによって決せられるべきものである。」

「裁判員制度の仕組みを考慮すれば、公平な『裁判所』における法と証拠に基づく適正な裁判が行われること（憲法三一条、三二条、三七条一項）は制度的に十分保障されている上、裁判官は刑事裁判の基本的な担い手とされているものと認められ、憲法が定める刑事裁判の諸原則を確保する上での支障はない」。

「裁判員制度による裁判体は、地方裁判所に属するものであり、その第一審判決に対しては、高等裁判所への控訴及び最高裁判所への上告が認められており、裁判官と裁判員によって構成された裁判体が特別裁判所に当たらないことは明らかである。」

「裁判員の職務等は、司法権の行使に対する国民の参加という点で参政権と同様の権限を国民に付与するものであり、これを『苦役』ということは必ずしも適切ではない。また、裁判員法一六条は、国民の負担を過重にしないという観点から、裁判員となることを辞退できる者を類型的に規定し、さらに同条八号及び同号に基づく政令においては、個々人の事情を踏まえて、裁判員の職務等を行うことにより自己又は第三者に身体上、精神上又は経済上の重大な不利益が生ずると認めるに足りる相当な理由がある場合には辞退を認めるなど、辞退に関し柔軟な制度を設けている。加えて、出頭した裁判員又は裁判員候補者に対する旅費、日当等の支給により負担を軽減するための経済的措置が講じられている（一一条、二九条二項）。

これらの事情を考慮すれば、裁判員の職務等は、憲法一八条後段が禁ずる『苦役』に当たらないことは明らかであり、また、裁判員又は裁判員候補者のその他の基本的人権を侵害するところも見当たらないというべきである。」

第七章　財　政

松村歌子

解説

1　財政の基本原則

近代憲法における財政制度は、「代表なければ課税なし」の原理の下、国王の課税に対する国民の抵抗を通して発展し、財政議会主義が確立されてきた。

憲法は、この流れを汲み、「国の財政を処理する権限は、国会の議決に基づいて、これを行使しなければならない」(八三条・財政議会主義)と定め、財政民主主義の一般原則を徹底させ、「あらたに租税を課し、又は現行の租税を変更するには、法律又は法律の定める条件によることを必要とする」(八四条)として、租税法律主義の原則を規定している。そして、国民は、法律の定めるところにより、納税の義務を負い(三〇条)、内閣は、国会および国民に対し、定期に、少なくとも毎年一回、国の財政状況について報告する義務がある(九一条)。

国家財政の基本原則

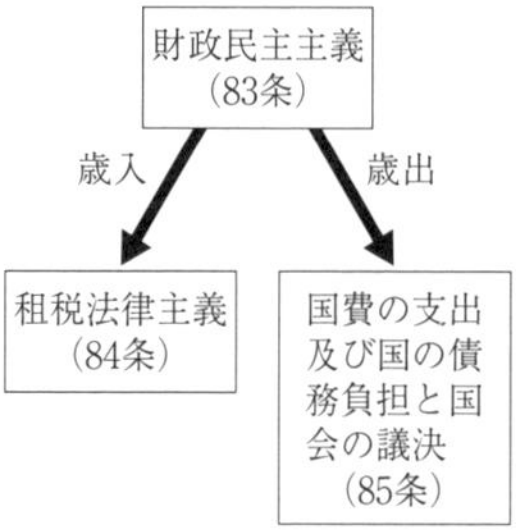

つまり、憲法では、租税の創設・改廃はもとより、納税義務者・課税物件・課税標準・税率などの課税要件と、税の賦課・徴収の手続は全て法律に基づいて定められなければならないと同時に、法律の定める条件によるとされ、租税に関する事項の細目をすべて法律で定める必要がなく、法律によって個別具体的に命令に委任することもできる。

地方公共団体の課税権、すなわち条例による地方税の賦課徴収については、地方自治のためには、財政的裏付けも不可欠であり、必要な財源を自ら調達する権能(租税の賦課・徴収権)も財政自治権として地方自治の本旨により保障されていると解されている。ただし、国と地方公共団体の間や地方公共団体間で財源の調和的な適正配分が必要であり、それを定める法律（地方税法など）に服する必要がある。地方税法は、道府県税（道府県民税・事業税等）と市町村税（市町村民税・固定資産税等）を定めている。しかし、こうした地方税により財政需要を完全に賄うことのできる地方公共団体は実際上ほとんどなく、大部分の地方公共団体が国からの地方交付税や補助金などにより不足を賄い、地方公共団体間の自主財源格差の調整がなされている。

租税法律主義の原則が争われた裁判として、通達課税について争われたパチンコ球遊器課税事件**49**と、国民健康保険料に憲法八四条を直接適用できるかが争われた旭川市国民健康保険条例事件**50**がある。

2　税金の分類の仕方、税の三原則

税金の分類の仕方については、誰が課税主体かによる分類〈国税と地方税〉、誰が税金を負担し（実質負担者）、誰が税金を納める（納税義務者）かによる分類〈直接税と間接税〉、何に税負担を求めるかによる分類〈所得課税、消費課税、資産課税等〉などの分類方法がある【119】。税制の役割として、財源調達機能・再配分機能・経済安定化機能があり、人口減少・高齢化、グローバル化の急速な進展、格差の問題、資源の制約、環境問題を踏まえて、人々にとって公平で、中立で、簡素な税制が必要とされている【118】。

3　公金支出の制限

国または地方公共団体の所有する公金その他の公の財産は、国民の負担と密接にかかわるので、それが適正に管理され、民主的にコントロールされることが必要である。その趣旨の表れとして、例えば、地方自治法は、普通地方公共団体の長・委員長・委員・職員（公務員）について、違法・不当な公金の支出、財産の所得、管理・処分、契約の締結・履行などがある場合、住民による監査請求および訴訟を認めている（地方自治法二四二条）。

憲法は、八九条前段で、宗教上の組織・団体に対する国などからの財政的援助を否定し、八九条後段で、公の支配に属しない慈善・教育・博愛事業に対する国などからの財政的援助を否定する。前段は、「政教分離原則」（第二部第三章参照）を財政面から保障することを目的とするものであるとされるが、後段の趣旨・目的は必ずしも明確ではなく、「公の支配」をどう解釈するかによって立場が異なる。すなわち、①慈善・教育・博愛事業に不当な公権力の支配が及ぶことを防止し、自主性を確保するための規定と解する立場（「公私分離の原則」）と、②公財産の濫費を防止し、慈善事業等の営利的傾向ないし公権力に対する依存性を排除するための規定と解する立場がある。①の立場では、「公の支配に属する」について、事業予算の策定、執行の監督、人事への関与など、その事業の根本的方向に重大な影響を及ぼすことのできる権力を有することと、厳格かつ狭義に解するので、監督官庁が報告を徴したり勧告をしたりする権限を有するだけでは、「公の支配に属する」とは言えず、その事業に対する助成は違憲の疑いがあることになる。しかしこの立場を貫くことは、必ずしもわが国の現状に適合しないので、憲法一四条・二三条・二五条・二六条などの条文、つまり、教育のもつ「公の性質」や教育の機会均等の原則なども総合考慮して、「公の支配に属する」の意味を、「国又は地方公共団体の一定の監督が及んでいることをもって足りる」と緩やかにかつ広義に解し、業務や会計の状況に関し報告を徴したり、予算について必要な変更をすべき旨を勧告する程度の監督権を持っていれば、国などの助成を認めるのが多数説である。

実際に、二〇〇六年改正教育基本法八条においても、「私立学校の有する公の性質及び学校教育において果たす重要な役割にかんがみ、国及び地方公共団体は、その自主性を尊重しつつ、助成その他の適当な方法によって私立学校教育の振興に努めなければならない」とし、②の立場が採用されている【83】。

【118】税の三原則「公平・中立・簡素」

公平の原則…「水平的公平」（経済力が同等の人に等しい負担を求める）と「垂直的公平」（経済力のある人に、より大きな負担を求める）。近年では、「世代間の公平」（異なる世代を比較して負担の公平が保たれているか、それぞれの世代の受益と負担のバランスが保たれているか）が一層重要となっている。

中立の原則…税制が個人や企業の経済活動における選択を歪めないようにする。

簡素の原則…税制の仕組みをできるだけ簡素にし、理解しやすいものにする。

人口減少・高齢化、グローバル化の急速な進展、格差の問題、資源の制約、環境問題を踏まえて、適した税制が必要。

【119】税金の分類

何に税負担を求めるかによる分類 ＼ 課税主体は誰か	国　税	地方税
所得課税	所得税／法人税／地方法人特別税／復興特別所得税／地方法人税	住民税／事業税
資産課税等	相続税・贈与税／登録免許税／印紙税	不動産取得税／固定資産税／事業所税／都市計画税／水利地益税／共同施設税／宅地開発税／特別土地保有税／法定外普通税／法定外目的税／国民健康保険税
消費課税	消費税／酒税／たばこ税／たばこ特別税／揮発油税／地方揮発油税／石油ガス税／自動車重量税／航空機燃料税／石油石炭税／電源開発促進税／関税／とん税／特別とん税	地方消費税／地方たばこ税／ゴルフ場利用税／自動車取得税／軽油引取税／自動車税／軽自動車税／鉱区税／狩猟税／鉱産税／入湯税

（財務省「税に関する18の質問」2016年11月　http://www.mof.go.jp/tax_policy/publication/brochure/zeisei2811/all.pdf より作成）

【120】一般会計の概要（歳出と歳入）（2018年度、単位：億円）

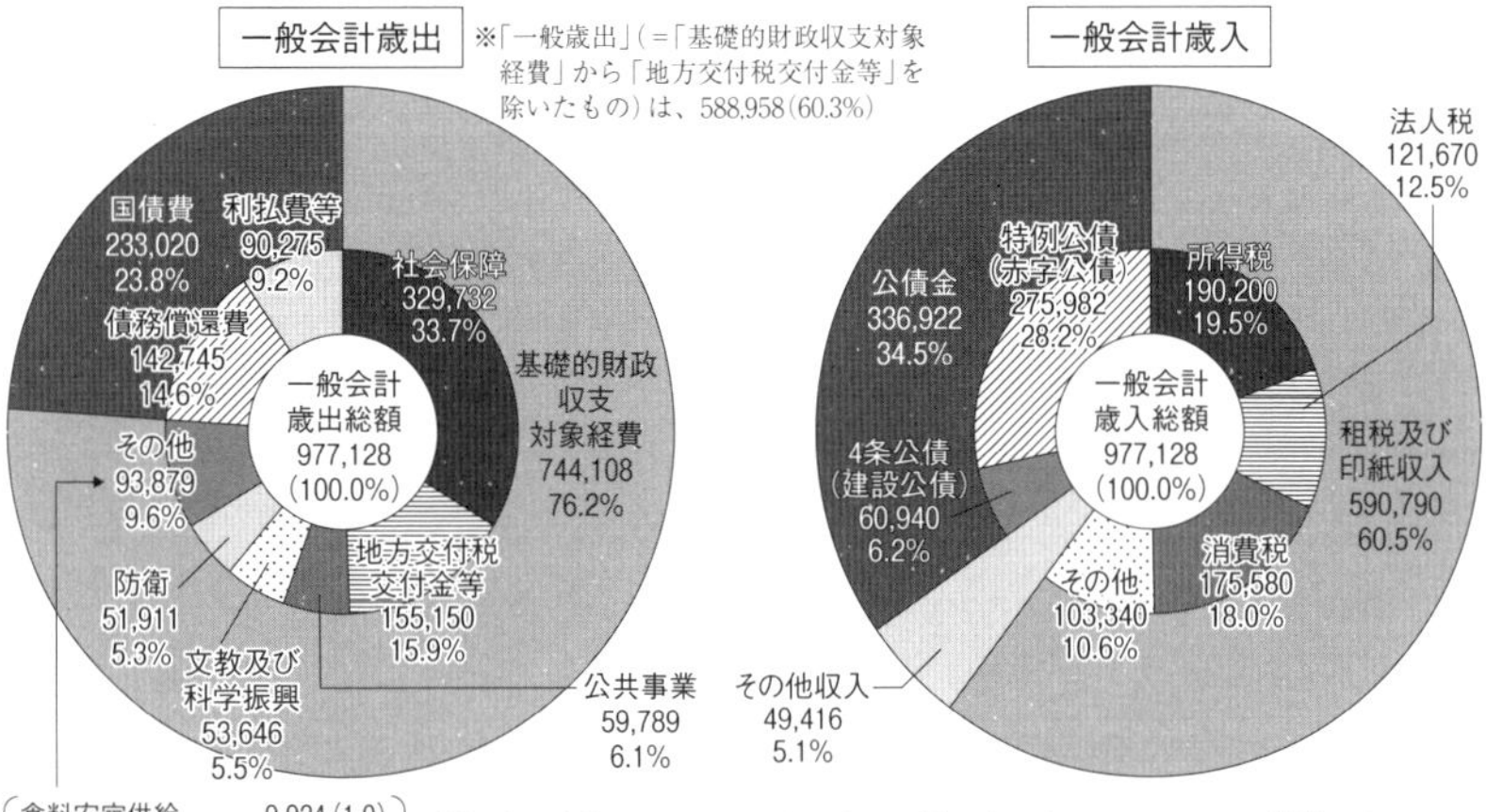

食料安定供給	9,924（1.0）
エネルギー対策	9,186（0.9）
経済協力	5,089（0.5）
恩給	2,504（0.3）
中小企業対策	1,771（0.2）
その他の事項経費	61,904（6.3）
予備費	3,500（0.4）

（注1）計数については、それぞれ四捨五入によっているので、端数において合計とは合致しないものがある。

（注2）一般歳出※における社会保障関係費の割合は56.0%。

（財務省「平成30年度予算政府案—平成30年度予算のポイント」http://www.mof.go.jp/budget/budger_workflow/budget/fy2018/seifuan30/01.pdf）

基本判例49

通達課税と租税法律主義
パチンコ球遊器課税事件

最判昭和三三年三月二八日民集一二巻四号六二四頁

概要　租税は、財・サービスの消費に対しても課税される（消費課税）。消費税、酒税などがこれに含まれ、消費税の前進として、物品税法（昭和一五年法一五号に改正）により、「物品税」が徴収されていた（同法は、一九八九年四月の消費税法（昭和六三年法一〇八号）適用に伴い、廃止）。物品税は、生活必需品の購入には課税を差し控え、ぜいたく品の購入には重く課税するものであり、物品税法の課税物件には、課税対象の品目が予め列挙され、例えばレコードでは、童謡は非課税、流行歌は課税、自動車では、乗用車は課税、商用車は非課税などの区別があった。商品の多様化や時代の需要の変化、生活の質の向上により、生活必需品かぜいたく品かの判定自体が困難なもの、類似品でも扱いが異なるものもあり、対象となる物品の範囲、指定のタイミングや税率に批判もあった。物品税法は、旧法施行当初（一九二九年）は消費税として出発したが、その後、現行法の制定当時（一九四〇年）には、一部の生活必需品その他資本的消費財も課税品目に加えられ、一九四一年には「遊戯具」が加えられるなど課税品目は追加されていった。当初は課税対象ではなかったパチンコ球遊器は、一九四九年頃から一般に流行し始めたことから、一九五一年、東京国税局長より出された「パチンコ球遊器は遊戯具であるから物品税を課税せよ」という趣旨の通達を契機に、国税庁長官も同様の通達を発し、課税されることとなった。そこで、パチンコ球遊器の製造業者Xらは、課税処分の無効確認等を求め、訴えを提起した。

ところで、租税は法律に基づく必要があり（租税法律主義）、納税義務者・課税物件・税率等の課税要件と、税徴収方法が法定されていること（課税要件法定主義）、課税要件が明確に法定されていること（課税要件明確主義）が必要となる。一方、通達とは、上級行政庁が法令の解釈や行政の運用方針などについて、下級行政庁に対してなす命令をいい、行政組織内部では拘束力を有するが、国民に対して法的拘束力をもつものではない。本件では、物品税法上の遊戯具にパチンコ球遊器は含まれるか、通達を機縁とする課税（通達課税）は、租税法律主義に反しないかが争われた。第一審（東京地判昭和二八年二月一八日）は、課税漏れだとし、第二審（東京高判昭和三〇年六月二三日）は、パチンコ球遊器は物品税法上の遊戯具であるとした。

判旨　「パチンコ球遊器も自家用消費財としての性格をまったく持っていないとはいい得ない」、「社会観念上普通に遊戯具とされているパチンコ球遊器が物品税法上の『遊戯具』のうちに含まれないと解することは困難」であること等に鑑みれば、物品税法の解釈として「『遊戯具』中にパチンコ球遊器が含まれる」。本件課税処分は、たまたま「通達を機縁として行われたものであっても、通達の内容が法の正しい解釈に合致するものである以上」、法の根拠に基づく処分といえ、違憲ではない。

基本判例50　国民健康保険と租税法律主義

旭川市国民健康保険条例事件

最大判平成一八年三月一日民集六〇巻二号五八七頁

概要　わが国では、国民全員が公的医療保険制度に加入し（国民皆保険）、被雇用者を対象とする健康保険制度（被用者保険）や、主に自営業者等を対象とする国民健康保険制度などの制度がある。国民健康保険制度は、国民健康保険法（昭和三三年法一九二号）に基づき、健康保険制度等に未加入で、市町村に住所を有する者を対象として、被保険者の疾病・負傷・出産・死亡に関して必要な保険給付を行っている。運営主体（保険者）である市町村（制度改正により、二〇一八年度からは、市町村・特別区単位でなく、都道府県単位となる）は、①保険料、②国民健康保険税のいずれかの方式で、必要な事業費を世帯主から徴収する（七六条）。旭川市は、保険料制度を採用し、国民健康保険法と旭川市国民健康保険条例（昭和三四年旭川市条例五号）に基づき、保険料を徴収していた。本件条例は、保険事業運営に必要な額（賦課総額）を算出し、被保険者数、世帯数、所得金額、固定資産税額によって、保険料を割り当てるもので、具体的な保険料率は、市長が定める告示に委任されていた。

Xは、市から、一九九四年～一九九六年分の保険料賦課処分を受け、保険料減免を申請したが、市長から、各年度とも減免非該当の通知を受けた。Xは、国民健康保険料は、強制加入・強制徴収の点で租税と同じであり、租税であるならば憲法八四条の定めに従い、保険料率等を定率・定額で条例に明示しておくべきであるのに、本件条例は、賦課総額の算定基準が不明確であり、保険料率を定めずに告示に委任するものであるから、憲法八四条に反するとして、保険料賦課処分の取消等を求めた。第一審（旭川地判平成一〇年四月二一日）は、Xの主張を認めたが、第二審（札幌高判平成一一年一二月二一日）は、Xの主張を斥けた。

判旨　租税とは、国または地方公共団体が、課税権に基づき、その経費に充てるための資金調達目的で、「一定の要件に該当するすべての者に対して課する金銭給付」をいう。保険料は、「被保険者において保険給付を受け得ることに対する反対給付として徴収される」ので、憲法八四条は直接適用されないが、国民健康保険は、保険料徴収方式であっても、強制加入・強制徴収の点で、「賦課徴収の強制の度合い等の点において租税に類似する性質を有する」場合に当たり、その趣旨が及ぶ。もっとも保険料は、その使途を国民健康保険事業に限定されており、条例が、法八一条に基づき、賦課要件をどの程度明確に定めるべきかは、「賦課徴収の強制の度合い」、「国民健康保険の目的、特質等をも総合考慮して判断する必要がある。」「本件条例は、保険料率算定の基礎となる賦課総額の算定基準を明確に規定した上」で、その算定に必要な事項を、市長の合理的な選択に委ねたものであり、賦課総額の算定基準および保険料率の算定方法は、本件条例によって賦課期日までに明らかにされているから、法八一条にも、憲法八四条の趣旨にも反しない。

第八章　地方自治

松村歌子

解説

1　地方自治制度の創設

地方公共団体とは、国の領土の一定の区域内において、国から独立して、その区域内の住民の意思に基づいて、事務を処理する統治主体のことをいう。明治憲法には、地方自治に関する規定はなかったが、日本国憲法では、第八章に「地方自治」という独立の章を置き、九二条で「地方公共団体の組織及び運営に関する事項は、地方自治の本旨に基いて、法律でこれを定める」とした。これを受けて、一九四七年に地方自治法が制定された【121】。

地方自治法には、国と地方公共団体の役割分担の原則、地方公共団体に関する法令の立法、解釈・運用の原則、地方公共団体の種類と性格、事務・権能、名称、区域等、住民および住民の権利・義務、条例および規則、議会、執行機関の構成と事務・権能等、財務、国等の関与等のあり方および係争処理等について定めがある。地方自治法以外の基本的一般的事項を定める法律としては、公職選挙法、地方公務員法、地方財政法、地方税法、地方交付税法、住民基本台帳法等があり、特定の行政分野に関する法律としては、地方公営企業法、地方教育行政の組織及び運営に関する法律、警察法、消防組織法、農業委員会等に関する法律等がある。

2　地方自治の本旨

地方自治法一条にこの法律の目的（本旨）を定めている。地方自治の本旨とは、団体自治と住民自治が保障されることと解されている。団体自治とは、地方公共団体が独立した法人格を持ち、自己の事務を自己の機関により、自己の責任において処理を行うこと、すなわち、団体には、自治立法権、自治財産権、自治行政権があり、自前の機関（議会、長以下の執行機関）を持つことが保障される（九三条・九四条）。国家（中央政府）に対する地方の独立性を意味し、地方の領域に対する中央政府の介入を排除することを通じて、住民の自由を保障するという側面（自由主義的側面）がある。

住民自治とは、住民が、地域的な行政需要を自己の意思に基づき、自己の責任において充足することができることを意味し、住民は、議会の議員や団体の長の直接公選のほか、条例の制定・改廃請求、監査請求、議会の解散請求、地方議員や首長の解職請求（リコール）ができるなど、住民による直接民主主義が制度化されている。地方政治・地方行政に対する直接の住民参加を重視するという側面（民主主義的側面）がある。

地方公共団体の権限として、財産の管理、事務の処理、行政を執行し、法律の範囲内で条例を制定することができる（九四条）。憲法上、地方自治が保障されているにもかかわらず、現実には、戦前からの中央集権構造の中で、中央からの行政指導や、幹部派遣人事、地域指定、許認可、補助金による統制など、地方の権限や財源は極めて弱い立場にあり、弱い地方自治を表す言葉として「三割自治」と言われてきた。

そこで、地方分権改革が進められ、一九九五年には地方分権推進法、一九九九年に地方分権一括法、二〇〇六年に地方分権改革推進法が制定され、機関委任事務制度が廃止されるなど、中央と地方のあり方を、従来の「上下・主従」の関係から、「対等・協力」の関係へ転換し、地方公共団体の自主性・自立性の拡大を進める改革がなされた。

3　地方公共団体の事務

地方公共団体の事務は、法定受託事務と自治事務に分けられる。法定受託事務とは、本来は国の事務だが、住民の便宜のために地方公共団体の窓口が業務の一部を行うものであり、戸籍や外国人登録、国会議員選挙の管理、失業対策事業などに関する仕事がある。自治事務とは、法定受託事務以外の一切の仕事をいい、主に住民の生活に密着した仕事で、公立学校の運営、図書館・公民館・体育館の運営、住宅の供給、保育所の運営、保健所の活動、バス・上下水道の経営、道路・橋の建設、警察・消防の仕事などがある。

4　条例の制定と法令との関係

条例の制定は、憲法九四条で認められた地方公共団体の立法作用であり、普通地方公共団体は、「地域における事務」をはじめとする自らの事務について、法令に違反しない限りで条例を制定することができ（地方自治法一四条一項）、義務を課し、権利を制限するには、法令による場合を除いて、条例を定めなければならない（同二項）。条例の効力は、その区域内に限定されるが、区域内であれば住民以外の全ての人にも適用可能である。違反者に対して、行政刑罰や秩序罰（五万円以下の過料）を科すことを定めることもできる（同三項）。しかし、ある事項について、法令中にこれを規律する明文の規定がない場合に、条例を制定することができるか（いわゆる横出し条例）、法令と条例が併存する場合に、法令の定める規制基準よりも厳しい基準の条例を制定することができるか（いわゆる上乗せ条例）、また、憲法二九条二項（財産権の制限）、三一条（罪刑法定主義）、三〇条・八四条（租税法律主義）など、「法律で定めること」が憲法上規定されている項目（法律留保事項）につき、条例で定めることができるのか、という問題がある。

条例制定権の範囲については、徳島市公安条例事件**51**において、法令の定める規制基準より厳しい基準を条例で定めることができるのか、刑罰法規として曖昧不明確な条例の罰則規定は憲法三一条に違反しないかが争われ、目的効果基準が示された。この判断枠組みは、神奈川県臨時特例企業税事件**52**においても採用され、地方公共団体の条例課税権を肯定しつつ、当該条例が法律の趣旨・目的に反するか、法律の範囲内といえるかが争われた。また、大阪市売春取締条例事件**53**において、条例で刑罰を制定する際の法律の委任の程度について争われた。

【121】地方自治法（昭和二二年法六七号）

第一条（目的）　この法律は、地方自治の本旨に基いて、地方公共団体の区分並びに地方公共団体の組織及び運営に関する事項の大綱を定め、併せて国と地方公共団体との間の基本的関係を確立することにより、地方公共団体における民主的にして能率的な行政の確保を図るとともに、地方公共団体の健全な発達を保障することを目的とする。

第一条の二（地方公共団体の役割、国の地方公共団体の役割分担の原則等）①　地方公共団体は、住民の福祉の増進を図ることを基本として、地域における行政を自主的かつ総合的に実施する役割を広く担うものとする。

②　国は、前項の規定の趣旨を達成するため、国においては国際社会における国家としての存立にかかわる事務、全国的に統一して定めることが望ましい国民の諸活動若しくは地方自治に関する基本的な準則に関する事務又は全国的な規模で若しくは全国的な視点に立つて行わなければならない施策及び事業の実施その他の国が本来果たすべき役割を重点的に担い、住民に身近な行政はできる限り地方公共団体にゆだねることを基本として、地方公共団体との間で適切に役割を分担するとともに、地方公共団体に関する制度の策定及び施策の実施に当たつて、地方公共団体の自主性及び自立性が十分に発揮されるようにしなければならない。

第二条（地方公共団体の事務、地方自治行政の基本原則）①　地方公共団体は、法人とする。

⑧　この法律において「自治事務」とは、地方公共団体が処理する事務のうち、法定受託事務以外のものをいう。

⑨　この法律において「法定受託事務」とは、次に掲げる事務をいう。

一　法律又はこれに基づく政令により都道府県、市町村又は特別区が処理することとされる事務のうち、国が本来果たすべき役割に係るものであつて、国においてその適正な処理を特に確保する必要があるものとして法律又はこれに基づく政令に特に定めるもの（以下「第一号法定受託事務」という。）

二　法律又はこれに基づく政令により市町村又は特別区が処理することとされる事務のうち、都道府県が本来果たすべき役割に係るものであつて、都道府県においてその適正な処理を特に確保する必要があるものとして法律又はこれに基づく政令に特に定めるもの（以下「第二号法定受託事務」という。）

⑯　地方公共団体は、法令に違反してその事務を処理してはならない。なお、市町村及び特別区は、当該都道府県の条例に違反してその事務を処理してはならない。

⑰　前項の規定に違反して行つた地方公共団体の行為は、これを無効とする。

第一二条（条例の制定改廃請求権、事務の監査請求権）① 日本国民たる普通地方公共団体の住民は、この法律の定めるところにより、その属する普通地方公共団体の条例（地方税の賦課徴収並びに分担金、使用料及び手数料の徴収に関するものを除く。）の制定又は改廃を請求する権利を有する。

② 日本国民たる普通地方公共団体の住民は、この法律の定めるところにより、その属する普通地方公共団体の事務の監査を請求する権利を有する。

第一三条（議会の解散請求権、解職請求権）① 日本国民たる普通地方公共団体の住民は、この法律の定めるところにより、その属する普通地方公共団体の議会の解散を請求する権利を有する。

② 日本国民たる普通地方公共団体の住民は、この法律の定めるところにより、その属する普通地方公共団体の議会の議員、長、副知事若しくは副市町村長、第二百五十二条の十九第一項に規定する指定都市の総合区長、選挙管理委員若しくは監査委員又は公安委員会の委員の解職を請求する権利を有する。

③ 日本国民たる普通地方公共団体の住民は、法律の定めるところにより、その属する普通地方公共団体の教育委員会の教育長又は委員の解職を請求する権利を有する。

第一四条（条例、罰則の委任）① 普通地方公共団体は、法令に違反しない限りにおいて第二条第二項の事務に関し、条例を制定することができる。

② 普通地方公共団体は、義務を課し、又は権利を制限するには、法令に特別の定めがある場合を除くほか、条例によらなければならない。

③ 普通地方公共団体は、法令に特別の定めがあるものを除くほか、その条例中に、条例に違反した者に対し、二年以下の懲役若しくは禁錮、百万円以下の罰金、拘留、科料若しくは没収の刑又は五万円以下の過料を科する旨の規定を設けることができる。

第一五条（規則）① 普通地方公共団体の長は、法令に違反しない限りにおいて、その権限に属する事務に関し、規則を制定することができる。

② 普通地方公共団体の長は、法令に特別の定めがあるものを除くほか、普通地方公共団体の規則中に、規則に違反した者に対し、五万円以下の過料を科する旨の規定を設けることができる。

第七四条（条例の制定又は改廃の請求）① 普通地方公共団体の議会の議員及び長の選挙権を有する者（以下本編において「選挙権を有する者」という。）は、政令の定めるところにより、その総数の五十分の一以上の者の連署をもつて、その代表者から、普通地方公共団体の長に対し、条例（地方税の賦課徴収並びに分担金、使用料及び手数料の徴収に関するものを除く。）の制定又は改廃の請求をすることができる。

第二四二条の二（住民訴訟）① 普通地方公共団体の住民は、前条第一項の規定による請求をした場合において、同条第四項の規定による監査委員の監査の結果若しくは勧告若しくは同条第九項の規定による普通地方公共団体の議会、長その他の執行機関若しくは職員の措置に不服があるとき、又は監査委員が同条第四項の規定による監査若しくは勧告を同条第五項の期間内に行わないとき、若しくは議会、長その他の執行機関若しくは職員が同条第九項の規定による措置を講じないときは、裁判所に対し、同条第一項の請求に係る違法な行為又は怠る事実につき、訴えをもつて次に掲げる請求をすることができる。

一　当該執行機関又は職員に対する当該行為の全部又は一部の差止めの請求

二　行政処分たる当該行為の取消し又は無効確認の請求

三　当該執行機関又は職員に対する当該怠る事実の違法確認の請求

四　当該職員又は当該行為若しくは怠る事実に係る相手方に損害賠償又は不当利得返還の請求をすることを当該普通地方公共団体の執行機関又は職員に対して求める請求。ただし、当該職員又は当該行為若しくは怠る事実に係る相手方が第二百四十三条の二第三項の規定による賠償の命令の対象となる者である場合にあつては、当該賠償の命令をすることを求める請求

条例の制定と法令との関係

①ある事項について、法令中にこれを規律する明文の規定がない場合〔いわゆる横出し条例〕

⇐

当該事項についていかなる規制をも施すことなく放置すべきものとする趣旨であると解されるときは、これについて条例で規律を設けることはできない。

②特定事項について、これを規律する法令と条例が併存する場合〔いわゆる上乗せ条例〕

(ア)法令と異なる目的に基づく規律を意図する条例を制定する場合

⇐

法令の規定の意図する目的と効果をなんら阻害することがないときは、条例で制定できる。

(イ)法令と同一の目的のもとに、法令の定める規制基準より厳しい基準の条例を制定する場合

⇐

法令がその地方の実情に応じて地方公共団体による更なる規制を容認する趣旨と解されるか、全国的に一律に同一内容の規制を施す趣旨かで結論が分かれる。

【122】地方公共団体の種類（地方自治法１条の３・８条ほか）

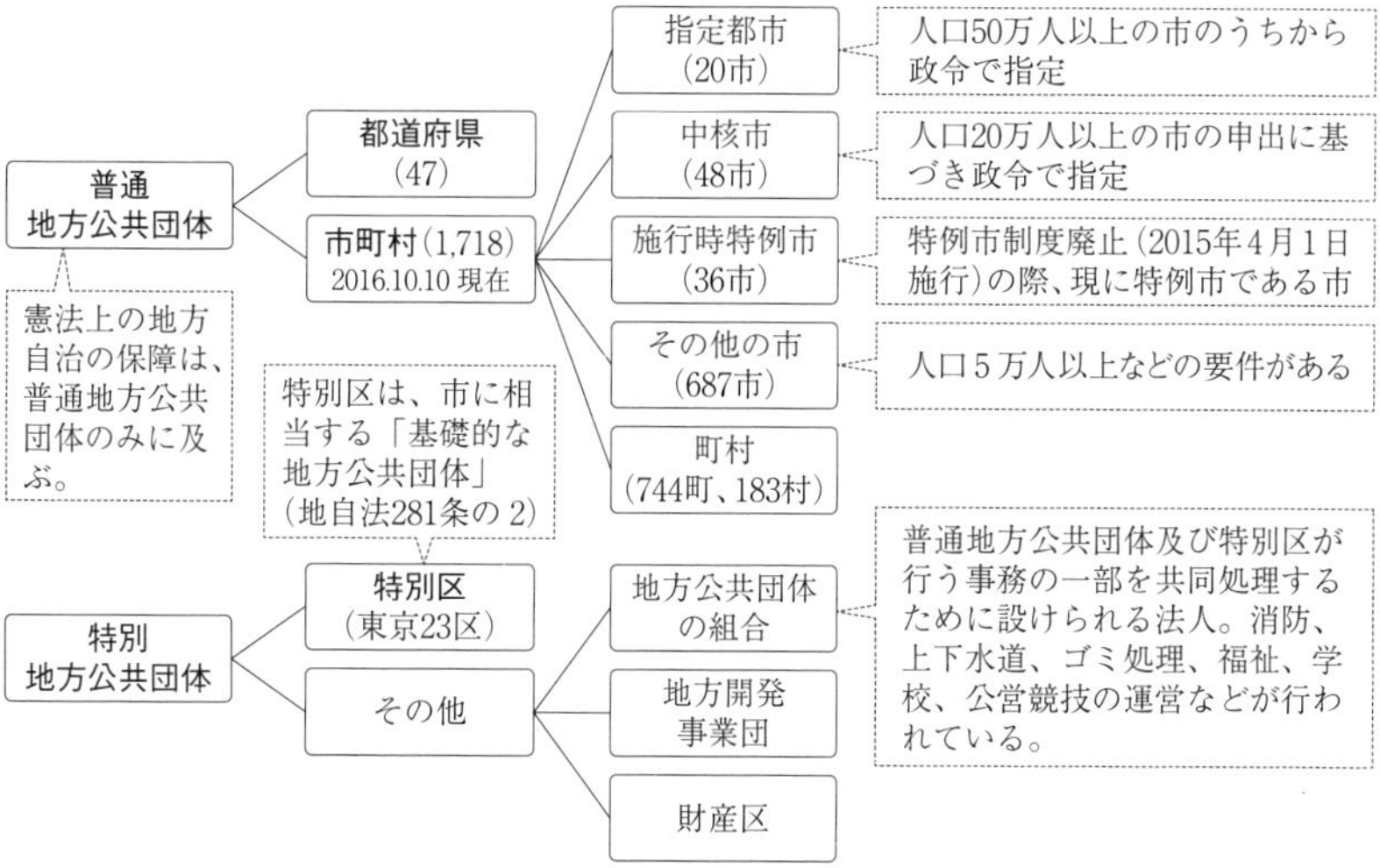

（総務省「地方自治制度　地方公共団体の区分」 http://www.soumu.go.jp/main_sosiki/jichi_gyousei/bunken/chihou-koukyoudantai_kubun.html）

【123】国の政治と地方の政治の違い

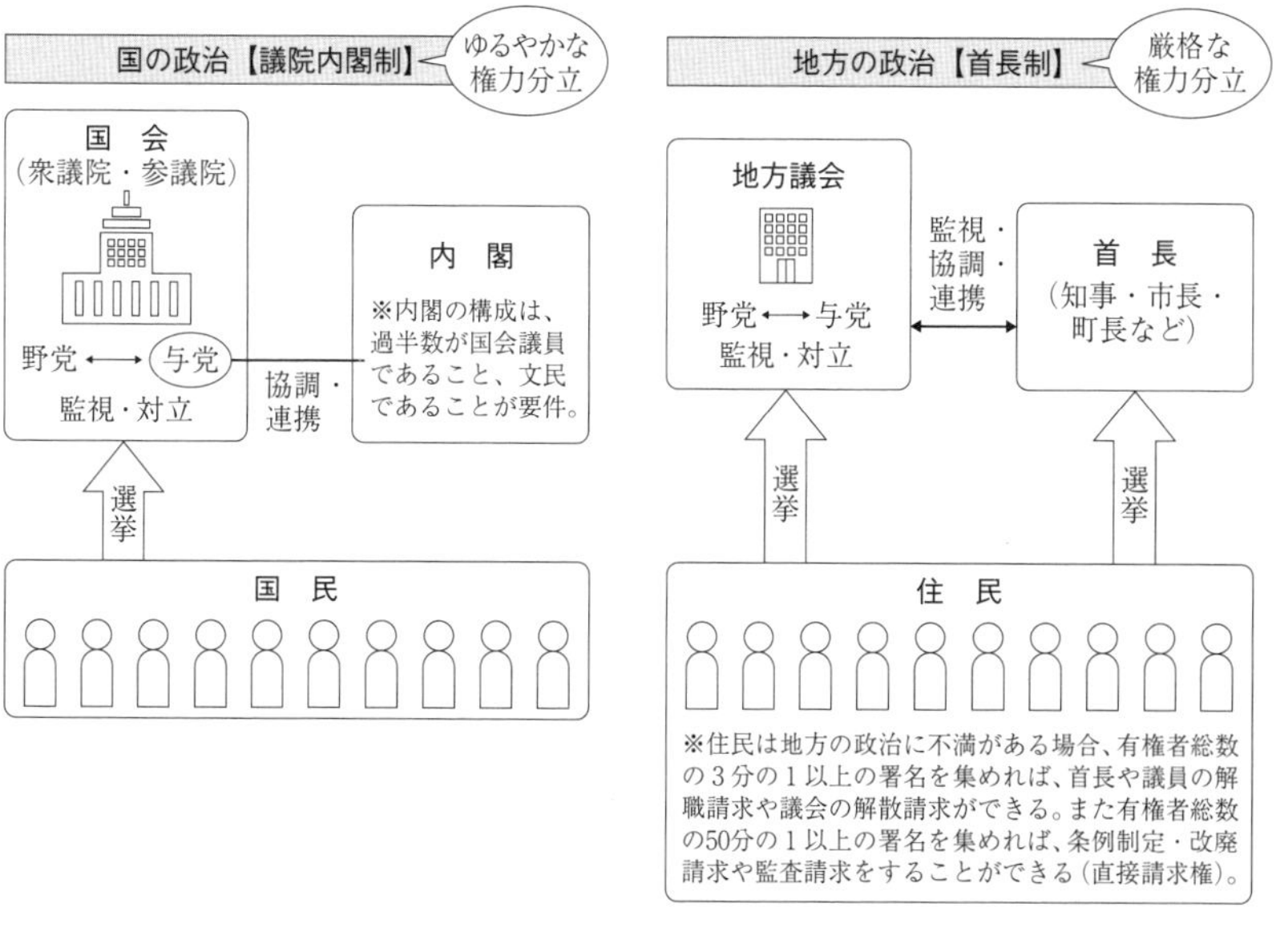

基本判例51 条例の制定と法令との関係、明確性の原則

徳島市公安条例事件

最大判昭和五〇年九月一〇日刑集二九巻八号四八九頁

概要　一般に、集団示威行進（デモ行進）をしようとするときは、その主催者は、その行進をする場所を管轄する警察署長や公安委員会などに対し、法令に従い、許可を受けるか届け出をする必要がある。本件では、徳島県反戦青年委員会が主催する集団示威行進に際し、Xが、警察署長の付した道路使用許可条件（蛇行進、渦巻き行進、ことさらな駆け足行進、おそ足行進、停滞、座り込み等、交通秩序を乱す恐れのある行為をしないこと）に違反して蛇行進を行うとともに、集団行進者が交通秩序の維持に反するように煽った（笛を吹く、両手を挙げ、前後に振って、他者を誘導するなどした）ため、道路交通法七七条三項に基づく道路使用条件違反、徳島市公安条例（昭和二七年徳島市条例三号）三条三号の遵守事項違反により起訴された。

本件では、①道路交通法七七条と徳島市公安条例三条三号との関係、すなわち、普通地方公共団体は、法律の定める規制基準よりも厳しい基準を定める条例（いわゆる上乗せ条例）を制定できるか、②本条例三条三号の意義と、その犯罪構成要件の明確性が争われた。

第一審（徳島地判昭和四七年四月二〇日）は、道路交通法違反（蛇行進）については有罪としたが、公安条例違反（煽動行為）については、公安条例三条三号が、刑罰法規としてあいまい不明確であり、憲法三一条に反するとして、被告人を無罪と判断した。第二審（高松高判昭和四八年二月一九日）も、本条例の規定が、一般的抽象的な文言で遵守事項を定め、そのまま犯罪の構成要件になるというのは全く不当であり、同規定が刑罰法規の内容となるに足る明白性を欠き、罪刑法定主義の原則に反し、憲法三一条に違反するとした原審の判断に誤認はないとした。

判旨　①条例と国の法令との関係について

地方自治法一四条一項によれば、「普通地方公共団体の制定する条例が国の法令に違反する場合には効力を有しないことは明らかであるが、条例が国の法令に違反するかどうかは、両者の対象事項と規定文言を対比するのみでなく、それぞれの趣旨、目的、内容及び効果を比較し、両者の間に矛盾牴触があるかどうか」で判断する。「例えば、ある事項について国の法令中にこれを規律する明文の規定がない場合でも、当該法令全体からみて、右規定の欠如が特に当該事項についていかなる規制をも施すことなく放置すべきものとする趣旨であると解されるときは、これについて規律を設ける条例の規定は国の法令に違反することとなりうるし、逆に、特定事項についてこれを規律する国の法令と条例とが併存する場合でも、後者が前者とは別の目的に基づく規律を意図するものであり、その適用によって前者の規定の意図する目的と効果をなんら阻害することがないときや、両者が同一の目的に出たものであっても、国の法令が必ずしもその規定によって全国的に一律に同一内容の規制を施

す趣旨ではなく、それぞれの普通地方公共団体において、その地方の実情に応じて、別段の規制を施すことを容認する趣旨であると解されるときは、国の法令と条例との間にはなんらの矛盾抵触はなく、条例が国の法令に違反する問題は生じえない」。

「道路交通法は道路交通秩序の維持を目的とするのに対し、本条例は道路交通秩序の維持にとどまらず、地方公共の安寧と秩序の維持という、より広はん、かつ、総合的な目的を有する」から、両者の規制の目的は全く同じとはいえない。そうすると、「道路における集団行進等に対する道路交通秩序維持のための具体的規制が、道路交通法七七条及びこれに基づく公安委員会規則と条例の双方において重複して施されている場合においても、両者の内容に矛盾抵触するところがなく、条例における重複規制がそれ自体としての特別の意義と効果を有し、かつ、その合理性が肯定される場合には、道路交通法による規制は、このような条例による規制を否定、排除する趣旨ではなく、条例の規制の及ばない範囲においてのみ適用される趣旨のものと解するのが相当であり」、本条例は道路交通法に違反しない。

②本条例三条三号は犯罪構成要件の内容を明確になすものか。

本規定は、「単に抽象的に交通秩序を維持すべきことを命じているだけで、いかなる作為、不作為を命じているのかその義務内容が具体的に明らかにされていない」。全国の公安条例の多くは、「集団行進等に対して許可制をとり、その許可にあたって交通秩序維持に関する事項についての条件の中で遵守すべき義務内容を具体的に特定する方法がとられており、また、本条例のように条例自体の中で遵守義務を定めている場合でも、交通秩序を侵害するおそれのある行為の典型的なものをできるかぎり列挙例示することによってその義務内容の明確化を図ることが十分可能である」。本条例はその点について何らの考慮も払っておらず、「立法措置として著しく妥当を欠く」。しかし、「およそ、刑罰法規の定める犯罪構成要件があいまい不明確のゆえに憲法三一条に違反し無効であるとされるのは、その規定が通常の判断能力を有する一般人に対して、禁止される行為とそうでない行為とを識別するための基準を示すところがなく、そのため、その適用を受ける国民に対して刑罰の対象となる行為をあらかじめ告知する機能を果たさず、また、その運用がこれを適用する国又は地方公共団体の機関の主観的判断にゆだねられて恣意に流れる等、重大な弊害を生ずるから」であるが、一般に法規は、「その性質上多かれ少なかれ抽象性を有し、刑罰法規もその例外」ではない。「ある刑罰法規があいまい不明確のゆえに憲法三一条に違反する」か否かは、「通常の判断能力を有する一般人の理解において、具体的場合に当該行為がその適用を受けるものかどうかの判断を可能ならしめるような基準が読みとれるかどうか」による。本規定は、集団行進等における道路交通の秩序遵守についての基準を読みとることが可能であるから、憲法三一条に違反しない。

基本判例52 自治体の課税権の範囲
神奈川県臨時特例企業税条例事件

最判平成二五年三月二一日民集六七巻三号四三八頁

概要　税法上、一定の条件（青色申告書の提出等）を満たした法人に繰越欠損金の損金計上が認められている。要するに、過去五年間の事業年度における赤字をもって、当期の黒字を相殺する制度である。二〇〇四年の改正で全産業を対象に七年間に、さらに二〇一六年の改正で、二〇一八年四月以後に開始する事業年度において生ずる欠損金額の繰越期間が一〇年間に延長された。

神奈川県臨時特例企業税条例（平成一三年神奈川県条例第三七号）は、地方税法四条三項の規定に基づく道府県法定外普通税として、資本の金額又は出資金額が五億円以上で、県内に事務所又は事業所を有する法人の事業活動に対し、法人事業税の課税標準である所得の金額の計算上「繰越控除欠損金額」を損金の額に算入しないものとして計算した場合における当該各課税事業年度の所得の金額に相当する金額を課税標準とし、税率を百分の三ないし百分の二とする臨時特例企業税を課していた。

X社は、東京都に本店を有し、神奈川県に工場の一つを有する自動車メーカーであり、二〇〇三・二〇〇四年度分の法人事業税の課税標準である所得の計算上、繰越控除欠損金額を生じていた。X社は、二年分の企業税について各々申告・納付した上で、県税事務所長に対し、本条例が地方税法違反であるとして、企業税の全額減額を求める旨の更正の請求をしたが、更正すべき理由がない旨の通知を受け、さらに県知事に対し、本件通知についての審査請求をしたが、棄却された。そこで、X社は、同所長がした本件通知の取消等を求め、訴訟を提起した。本件では、繰越欠損金について、県が別途条例で課税することは、地方税法の趣旨、目的に反するか、条例が法令の範囲内といえるかが争われた。

第一審（横浜地判平成二〇年三月一九日）は、本件処分を取消し、請求を認容したが、第二審（東京高判平成二二年二月二五日）は、課税は適法有効であるとして、請求を棄却した。

判旨　普通地方公共団体は、「租税の税目、課税客体、課税標準、税率その他の事項」につき、憲法上、租税法律主義（八四条）の原則の下、法律の範囲内で課税権を行使することができる。「特例企業税を定める本件条例の規定は、地方税法の定める欠損金の繰越控除の適用を一部遮断することをその趣旨、目的とするもので、特例企業税の課税によって各事業年度の所得の金額の計算につき欠損金の繰越控除を実質的に一部排除する効果を生ずる内容のものであり、各事業年度間の所得の金額と欠損金額の平準化を図り法人の税負担をできるだけ均等化して公平な課税を行うという趣旨、目的から欠損金の繰越控除の必要的な適用を定める同法の規定との関係において、その趣旨、目的に反し、その効果を阻害」し、法人事業税に関する同法の強行規定と矛盾抵触し、無効である。

基本判例53　条例による罰則制定権と憲法三一条
大阪市売春取締条例事件

最大判昭和三七年五月三〇日刑集一六巻五号五七七頁

概要　Xは、一九五六年二月二〇日、路上通行中の男性を売春目的で誘い、大阪市売春取締条例（昭和二五年大阪市条例六八号）二条一項（売春の目的で、街路その他公の場所において、他人の身辺につきまとったり又は誘ったりした者は、五千円以下の罰金又は拘留に処する）に該当するとして、起訴された。本件条例は、地方自治法一四条（当時）に基づいて制定され、同条は、地方公共団体に条例制定権を与えるとともに、罰則の制定も認めていた。Xは、本件条例二条一項の違法性（地方自治法一四条五項違反）、地方自治法一四条五項の違憲性（憲法三一条違反）を理由に、無罪を主張したが、第一審（大阪簡判昭和三一年三月一五日）は、罰金五千円を言渡し、第二審（大阪高判昭和三一年一〇月一八日）も控訴を棄却した。

明治政府は、公娼制度の廃止を試みるも、結局、娼妓取締規則による一定の規制にとどまり、非公認の売淫のみが取締対象であった。政府は、GHQの求めに応じ、一九四六年に同規則を廃止し、「婦女に売淫をさせた者等の処罰に関する勅令」（昭和二二年勅令九号）により、公娼制度を廃止した。しかし、赤線地帯が残るなど、公娼制度は事実上存続したため、大阪市など一部の地方公共団体は、売春それ自体を処罰する売春取締条例を制定した。国会では、一九四八年の売春等処罰法案の廃案後、売春防止法案が繰返し提出され、ついに一九五六年五月二一日に制定、翌四月一日に施行された（売春防止法・昭和三一年法一一八号、刑事処分は一九五八年四月一日から適用）。なお、売春とは、「対償を受け、又は受ける約束で、不特定の相手方と性交すること」（二条）をいい、売春行為者には刑事罰よりも福祉的支援の必要との観点から制定されたため、売春やその相手方となることが禁止（三条）されるのみで、売春行為だけでは逮捕・処罰されない。同法の施行に伴い、各地方公共団体の売春取締条例は失効したが、失効前になされた違反行為の処罰については、別段の定めがなければ、本件条例二条一項の適用を受ける。

判旨　「本件行為当時本件条例二条一項所定の事項に関し法令に特別の定がなかつたことは明らか」で、「憲法三一条はかならずしも刑罰がすべて法律そのもので定められなければならないとするものでなく、法律の授権によつてそれ以下の法令によつて定めることもでき」、「このことは憲法七三条六号但書によつても明らか」で、「法律の授権が不特定な一般的の白紙委任的なものであつてはならない」。自治立法としての条例は、「むしろ国民の公選した議員をもつて組織する国会の議決を経て制定される法律に類するもの」で、「行政府の制定する命令等とは性質を異に」する。条例への委任の具体性の基準は、相当な程度の具体性及び限定性で足りる。本件条例は相当に具体的な内容を有し、罰則の範囲も限定されており、合憲である。

第九章　改　正

清末愛砂

解説

1　硬性憲法と軟性憲法

成文憲法を改正する場合、通常はあらかじめ決められた改正手続に従って、現行条文の修正や新たな条文の導入を行うことになる。その改正手続の性質によって、憲法は硬性憲法と軟性憲法にわけることができる。硬性憲法とは、立法機関である議会を通してなされる通常の立法手続と比べ、憲法改正により複雑な手続を課している憲法を指す。これに対し軟性憲法とは、憲法改正手続に通常の立法手続と同様の方法を課している憲法を意味する。日本を含む多くの国々の憲法は硬性憲法である。その理由は、憲法には最高法規（序章参照）としての安定性が求められる一方、状況に応じ改正が必要とされることがあるためである。したがって、手続を定めることで改正を可能にしながらも、より厳格な要件を定めて容易な改正が行われないようにしているのである。

2　憲法改正の限界

改正手続にさえ従えば、憲法は無条件に改正できるものなのであろうか。この点は、改正無限界説と改正限界説にわかれる。改正無限界説とは、所定の手続に従ってなされるのであれば、いかなる規定の改正も可能とする考え方である。通説である改正限界説は、現行憲法の理念や基本原理との同一性と継続性の観点から、改正には一定の限界があるとする考え方である。

日本国憲法は改正限界説を前提としている。その主な根拠は、①基本原理（国民主権、基本的人権の尊重、平和主義）に反する「一切の憲法、法令および詔勅を排除する」（前文第一段）ことが明記されていること（第一部「前文」および第二部第一〇章参照）、および②国務大臣、国会議員、裁判官を含む公務員には、憲法尊重擁護義務（九九条）が課せられており、現行憲法の基本原理や規定に反する言動は立憲主義（第一部第一章参照）の観点から認められないことにある。また、基本的人権の尊重は最も重要な原理であり、基本的人権は「侵すことのできない永久の権利」（一一条・九七条）と規定されている。この点からも、人権規定の改正においては、現行規定の拡充のみが認められるとする改正の限界を見出すことができる。

3　憲法の改正手続

憲法上その改正手続は、①立法府である国会による発議と国民への提案（各議院の総議員の三分の二以上の賛成）〔第一段階〕、および②国民の承認（特別の国民投票または国会の定める選挙の際に実施される投票での過半数の賛成）〔第二段階〕を経ることが必要とされる（九六条一項【125】）。第一段階の国会での改正手続は、国会議員（衆議院では一〇〇人以上の議員、参議院では五〇人以上の議員による賛成）が憲法改正原案を国会に提出（発議）することから始まる（国会法六八条の二）。なお、衆参両議院に設置されている憲法審査会（解説4参照）が憲法改正原案を提出することも認められている（同一〇二条の七）。提出された憲法改正原案は、①両議院の憲法審査会での審査を経て、②両議院本会議で出席議員の三分の二以上の賛成により可決されると、国会による憲法改正の発議および国民への提案がなされたとされる（同六八条の五第一項）。

第二段階の国民の承認は国民投票によってなされる。国民投票については、二〇〇七年に「国民投票法」（日本国憲法の改正手続に関する法律）が制定されている（二〇一〇年五月施行）。国民投票は国会による憲法改正の発議の日から六〇日以後一八〇日以内に実施される（国民投票法二条一項）。国民投票の結果、投票総数のうち賛成が過半数を超すと、国民の承認がなされたとされる（同一二六条一項）。国民投票の投票権は、満一八歳以上の国民に与えられている（同三条）。ただし、二〇一八年六月二〇日までに実施される国民投票については、満二〇歳以上の国民に投票権を認めるとする経過措置が設けられている。

国民投票法の問題の一つは、最低投票率が規定されていない点にある。すなわち、投票率が低い場合でも、その中の賛成票が過半数を超せば国民が承認したとみなされる。そのため、国民の意思が十分に反映されることなく、憲法改正が成立する状況が生じかねない。

4　憲法審査会

国民投票法の制定および国会法の改正により、二〇〇七年に衆参両議院に憲法審査会（二〇〇〇年に両議員内に設置された憲法調査会の後身機関）が設置された。同審査会の役割は、憲法や憲法に関連する基本法制を調査し、憲法改正原案、憲法に係る改正の発議または国民投票に関する法律案等を審査することにある（国会法一〇二条の六）。また、同審査会には、憲法改正原案および憲法に係る改正の発議または国民投票に関する法律案を提出することが認められている（同一〇二条の七）。

【124】先進主要国の憲法改正手続

<table>
<tr><td rowspan="2">国名</td><td colspan="3">憲法改正手続き</td><td rowspan="2">改憲禁止など</td></tr>
<tr><td>発　議</td><td colspan="2">承　認</td></tr>
<tr><td rowspan="2">アメリカ</td><td>連邦議会の上下両議院の3分の2以上。</td><td colspan="2">全州の4分の3の州議会</td><td rowspan="2">州の（同意なしの）上院における平等の投票権</td></tr>
<tr><td>全州の3分の2の議会の要求により招集された憲法会議</td><td colspan="2">全州の4分の3憲法会議</td></tr>
<tr><td>ドイツ</td><td colspan="3">連邦議会議員の3分の2および連邦参議院の表決数の3分の2の賛成</td><td>連邦制による州編成、人間の尊厳、国家秩序の基礎、抵抗権</td></tr>
<tr><td rowspan="3">フランス</td><td>上下両議院の過半数の賛成</td><td colspan="2">国民投票</td><td rowspan="3">共和政体</td></tr>
<tr><td>大統領による政府案の両院合同会議への付託</td><td colspan="2">有効投票の5分の3の賛成</td></tr>
<tr><td>政府による改正案の提出</td><td colspan="2">国民投票</td></tr>
<tr><td rowspan="2">イタリア</td><td>各議院の議員の1回目の表決。一議院の議員の5分の1、50万人の選挙権者または5つの州議会の要求。</td><td colspan="2">国民投票で有効投票の多数</td><td rowspan="2">共和制</td></tr>
<tr><td>各議院の議員の1回目の表決。</td><td colspan="2">2回目の表決で各議院の議員の3分の2の多数</td></tr>
<tr><td rowspan="5">スペイン</td><td colspan="3">両院議員の各5分の3以上の賛成</td><td rowspan="5">戦時または非常時の憲法改正の発議の禁止</td></tr>
<tr><td colspan="3">上院議員の絶対多数、下院の3分の2の賛成</td></tr>
<tr><td>両院議員の各5分の3以上の賛成</td><td rowspan="2">両議院のいずれかの議員の10分の1以上の要求</td><td rowspan="3">国民投票</td></tr>
<tr><td>院議員の絶対多数、下院の3分の2の賛成</td></tr>
<tr><td>【憲法の全面改正などの場合】両議院の議員の各3分の2以上の多数。国会を解散。</td><td>新たに選出された両議院議員の各3分の2以上の多数</td></tr>
</table>

（播磨信義ほか編著『新・どうなっている⁉ 日本国憲法〔第3版〕』〔上脇博之〕法律文化社、2016年、106頁）

【125】憲法改正の手続

第一段階（要件①）

憲法改正原案の発議

国会議員（ただし衆議院100人以上、参議院50人以上の賛成が必要）または憲法審査会が発議

↓

国会による憲法改正の発議

各院本会議にて「総議員の3分の2以上の賛成」で可決

第二段階（要件②）

↓

国民投票の期日の決定・告示

憲法改正の発議をした日から起算して60日以後180日以内において、国会の議決した期日

↓

広報・周知

国民投票広報協議会（各議院の議員から委員を10人ずつ選任）が設置され、国民投票公報の原稿、憲法改正案要旨の作成、テレビ、ラジオ、新聞広告を行う

↓

国民投票運動

ただし、投票期日14日前からは、国民投票広報協議会が行う広報のための放送を除き、テレビやラジオの広告放送は制限される

↓

国民投票

憲法改正案ごとに一人一票。賛成するときは賛成の文字を囲んで○の記号を書き、反対するときは反対の文字を囲んで○の記号を書く。期日前投票（投票期日前14日から）や不在者投票、在外投票などあり

↓

開　票

賛成の投票の数が投票総数（賛成の投票の数および反対の投票の数を合計した数）の2分の1を超えた場合は、「国民の承認」あり

↓

国民投票の結果を官報で告示

内閣総理大臣に通知 → **天皇が憲法改正を公布**

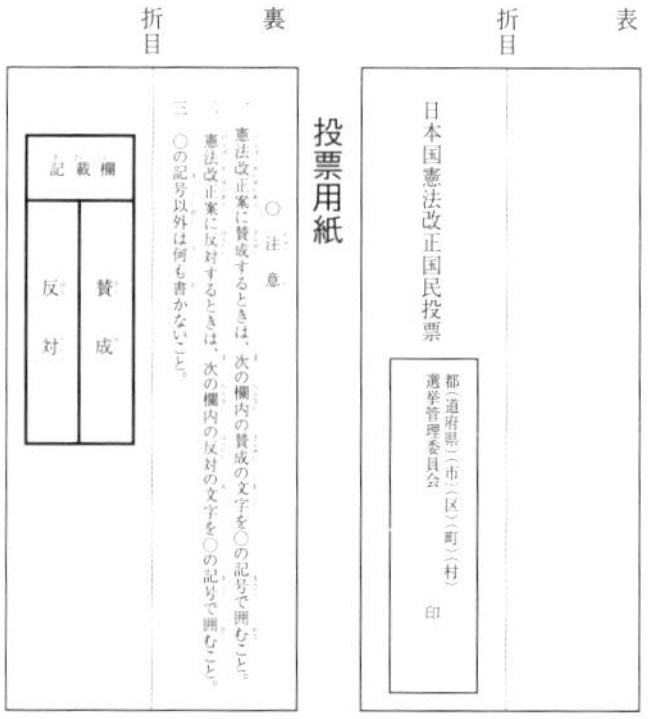

（播磨信義ほか編著『新・どうなっている!? 日本国憲法〔第３版〕』［上脇博之］107頁より一部修正）

【126】国会法（昭和二二年法七九号）

第六章の二　日本国憲法の改正の発議

＊平成一九年の改正により追加

第六八条の二　議員が日本国憲法の改正案（以下「憲法改正案」という。）の原案（以下「憲法改正原案」という。）を発議するには、第五十六条第一項の規定にかかわらず、衆議院においては議員百人以上、参議院においては議員五十人以上の賛成を要する。

第六八条の三　前条の憲法改正原案の発議に当たつては、内容において関連する事項ごとに区分して行うものとする。

第六八条の四　憲法改正原案につき議院の会議で修正の動議を議題とするには、第五十七条の規定にかかわらず、衆議院においては議員百人以上、参議院においては議員五十人以上の賛成を要する。

第六八条の五①　憲法改正原案について国会において最後の可決があつた場合には、その可決をもつて、国会が日本国憲法第九十六条第一項に定める日本国憲法の改正（以下「憲法改正」という。）の発議をし、国民に提案したものとする。この場合において、両議院の議長は、憲法改正の発議をした旨及

び発議に係る憲法改正案を官報に公示する。

②　憲法改正原案について前項の最後の可決があつた場合には、第六十五条第一項の規定にかかわらず、その院の議長から、内閣に対し、その旨を通知するとともに、これを送付する。

第六八条の六　憲法改正の発議に係る国民投票の期日は、当該発議後速やかに、国会の議決でこれを定める。

第一一章の二　憲法審査会

＊平成七年改正により追加、平成一九年章名改正および条文追加

第一〇二条の六　日本国憲法及び日本国憲法に密接に関連する基本法制について広範かつ総合的に調査を行い、憲法改正原案、日本国憲法に係る改正の発議又は国民投票に関する法律案等を審査するため、各議院に憲法審査会を設ける。

第一〇二条の七①　憲法審査会は、憲法改正原案及び日本国憲法に係る改正の発議又は国民投票に関する法律案を提出することができる。この場合における憲法改正原案の提出については、第六十八条の三の規定を準用する。

②　前項の憲法改正原案及び日本国憲法に係る改正の発議又は国民投票に関する法律案については、憲法審査会の会長をもつて提出者とする。

第一〇二条の八①　各議院の憲法審査会は、憲法改正原案に関し、他の議院の憲法審査会と協議して合同審査会を開くことができる。

②　前項の合同審査会は、憲法改正原案に関し、各議院の憲法審査会に勧告することができる。

③　前二項に定めるもののほか、第一項の合同審査会に関する事項は、両議院の議決によりこれを定める。

第一〇二条の九①　第五十三条、第五十四条、第五十六条第二項本文、第六十条及び第八十条の規定は憲法審査会について、第四十七条（第三項を除く。）、第五十六条第三項から第五項まで、第五十七条の三及び第七章の規定は日本国憲法に係る改正の発議又は国民投票に関する法律案に係る憲法審査会について準用する。

②　憲法審査会に付託された案件についての第六十八条の規定の適用については、同条ただし書中「第四十七条第二項の規定により閉会中審査した議案」とあるのは、「憲法改正原案、第四十七条第二項の規定により閉会中審査した議案」とする。

第一〇二条の一〇　第百二条の六から前条までに定めるもののほか、憲法審査会に関する事項は、各議院の議決によりこれを定める。

第一一章の三　国民投票広報協議会

＊平成一九年改正より追加

第一〇二条の一一①　憲法改正の発議があつたときは、当該発議に係る憲法改正案の国民に対する広報に関する事務を行う

ため、国会に、各議院においてその議員の中から選任された同数の委員で組織する国民投票広報協議会を設ける。
② 国民投票広報協議会は、前項の発議に係る国民投票に関する手続が終了するまでの間存続する。
③ 国民投票広報協議会の会長は、その委員がこれを互選する。

【127】国民投票法（日本国憲法の改正手続に関する法律）（平成一九年法五一号、平成二六年改正）

第一条（趣旨）　この法律は、日本国憲法第九十六条に定める日本国憲法の改正（以下「憲法改正」という。）について、国民の承認に係る投票（以下「国民投票」という。）に関する手続を定めるとともに、あわせて憲法改正の発議に係る手続の整備を行うものとする。

第二条（国民投票の期日）①　国民投票は、国会が憲法改正を発議した日（国会法（昭和二十二年法律第七十九号）第六十八条の五第一項の規定により国会が日本国憲法第九十六条第一項に定める日本国憲法の改正の発議をし、国民に提案したものとされる日をいう。第百条の二において同じ。）から起算して六十日以後百八十日以内において、国会の議決した期日に行う。
②　内閣は、国会法第六十五条第一項の規定により国民投票の期日に係る議案の送付を受けたときは、速やかに、総務大臣を経由して、当該国民投票の期日を中央選挙管理会に通知しなければならない。
③　中央選挙管理会は、前項の通知があったときは、速やかに、国民投票の期日を官報で告示しなければならない。

第三条（投票権）　日本国民で年齢満十八年以上の者は、国民投票の投票権を有する。

第六条（国民投票を行う区域）　国民投票は、全都道府県の区域を通じて行う。

第一一条（協議会）　国民投票広報協議会（以下この節において「協議会」という。）については、国会法に定めるもののほか、この節の定めるところによる。

第一二条（協議会の組織）①　協議会の委員（以下この節において「委員」という。）は、協議会が存続する間、その任にあるものとする。
②　委員の員数は、憲法改正の発議がされた際衆議院議員であった者及び当該発議がされた際参議院議員であった者各十人とし、その予備員の員数は、当該発議がされた際衆議院議員であった者及び当該発議がされた際参議院議員であった者各十人とする。
③　委員は、各議院における各会派の所属議員数の比率により、各会派に割り当て選任する。ただし、各会派の所属議員数の比率により各会派に割り当て選任した場合には憲法改正の発議に係る議決において反対の表決を行った議員の所属する会派から委員が選任されないこととなるときは、各議院において、当該会派にも委員を割り当て選任するようできる限

り配慮するものとする。

④　前項の規定は、予備員の選任について準用する。

⑤　委員に事故のある場合又は委員が欠けた場合は、憲法改正の発議がされた際にその者の属していた議院の議員であった予備員のうちから協議会の会長が指名する者が、その委員の職務を行う。

第四七条（一人一票）　投票は、国民投票に係る憲法改正案ごとに、一人一票に限る。

第一〇〇条（適用上の注意）　この節及び次節の規定の適用に当たっては、表現の自由、学問の自由及び政治活動の自由その他の日本国憲法の保障する国民の自由と権利を不当に侵害しないように留意しなければならない。

第一〇〇条の二（公務員の政治的行為の制限に関する特例）　公務員（日本銀行の役員（日本銀行法（平成九年法律第八十九号）第二十六条第一項に規定する役員をいう。）を含み、第百二条各号に掲げる者を除く。以下この条において同じ。）は、公務員の政治的目的をもって行われる政治的行為又は積極的な政治運動若しくは政治活動その他の行為（以下この条において単に「政治的行為」という。）を禁止する他の法令の規定（以下この条において「政治的行為禁止規定」という。）にかかわらず、国会が憲法改正を発議した日から国民投票の期日までの間、国民投票運動（憲法改正案に対し賛成又は反対の投票をし又はしないよう勧誘する行為をいう。以下同じ。）及び憲法改正に関する意見の表明をすることができる。ただし、政治的行為禁止規定により禁止されている他の政治的行為を伴う場合は、この限りでない。

第一〇一条（投票事務関係者の国民投票運動の禁止）①　投票管理者、開票管理者、国民投票分会長及び国民投票長は、在職中、その関係区域内において、国民投票運動をすることができない。

②　第六十一条の規定による投票に関し、不在者投票管理者は、その者の業務上の地位を利用して国民投票運動をすることができない。

第一〇二条（特定公務員の国民投票運動の禁止）　次に掲げる者は、在職中、国民投票運動をすることができない。

一　中央選挙管理会の委員及び中央選挙管理会の庶務に従事する総務省の職員並びに選挙管理委員会の委員及び職員

二　国民投票広報協議会事務局の職員

三　裁判官

四　検察官

五　国家公安委員会又は都道府県公安委員会若しくは方面公安委員会の委員

六　警察官

第一〇三条（公務員等及び教育者の地位利用による国民投票運動の禁止）①　国若しくは地方公共団体の公務員若しくは行政執行法人（独立行政法人通則法（平成十一年法律第百三号）第二

条第四項に規定する行政執行法人をいう。第百十一条において同じ。）若しくは特定地方独立行政法人（地方独立行政法人法（平成十五年法律第百十八号）第二条第二項に規定する特定地方独立行政法人をいう。第百十一条において同じ。）の役員若しくは職員又は公職選挙法第百三十六条の二第一項第二号に規定する公庫の役職員は、その地位にあるために特に国民投票運動を効果的に行い得る影響力又は便益を利用して、国民投票運動をすることができない。

② 教育者（学校教育法（昭和二十二年法律第二十六号）に規定する学校及び就学前の子どもに関する教育、保育等の総合的な提供の推進に関する法律（平成十八年法律第七十七号）に規定する幼保連携型認定こども園の長及び教員をいう。）は、学校の児童、生徒及び学生に対する教育上の地位にあるために特に国民投票運動を効果的に行い得る影響力又は便益を利用して、国民投票運動をすることができない。

第一〇五条（投票日前の国民投票運動のための広告放送の制限）何人も、国民投票の期日前十四日に当たる日から国民投票の期日までの間においては、次条の規定による場合を除くほか、放送事業者の放送設備を使用して、国民投票運動のための広告放送をし、又はさせることができない。

第一〇六条（国民投票広報協議会及び政党等による放送）① 国民投票広報協議会は、両議院の議長が協議して定めるところにより、日本放送協会及び基幹放送事業者（放送法第二条第二十三号に規定する基幹放送事業者をいい、日本放送協会及び放送大学学園を除く。第四項及び第八項において同じ。）のラジオ放送又はテレビジョン放送（同条第十六号に規定する中波放送又は同条第十八号に規定するテレビジョン放送をいう。）の放送設備により、憲法改正案の広報のための放送をするものとする。

第一〇九条（組織的多数人買収及び利害誘導罪） 国民投票に関し、次に掲げる行為をした者は、三年以下の懲役若しくは禁錮又は五十万円以下の罰金に処する。

一 組織により、多数の投票人に対し、憲法改正案に対する賛成又は反対の投票をし又はしないようその旨を明示して勧誘して、その投票をし又はしないことの報酬として、金銭若しくは憲法改正案に対する賛成若しくは反対の投票をし若しくはしないことに影響を与えるに足りる物品その他の財産上の利益（多数の者に対する意見の表明の手段として通常用いられないものに限る。）若しくは公私の職務の供与をし、若しくはその供与の申込み若しくは約束をし、又は憲法改正案に対する賛成若しくは反対の投票をし若しくはしないことに影響を与えるに足りる供応接待をし、若しくはその申込み若しくは約束をしたとき。

二 組織により、多数の投票人に対し、憲法改正案に対する賛成又は反対の投票をし又はしないようその旨を明示して勧誘して、その投票をし又はしないことの報酬として、その者又はその者と関係のある社寺、学校、会社、組合、市町村等に対する用水、小作、債権、寄附その他特殊の直接利害関係を利用して憲法改正案に対する賛成又は反対の投票をし又はしないことに影響を与えるに足りる誘導をしたとき。

三　前二号に掲げる行為をさせる目的をもって国民投票運動をする者に対し金銭若しくは物品の交付をし、若しくはその交付の申込み若しくは約束をし、又は国民投票運動をする者がその交付を受け、その交付を要求し若しくはその申込みを承諾したとき。

第一一〇条（組織的多数人買収及び利害誘導罪の場合の没収）　前条の場合において収受し、又は交付を受けた利益は、没収する。その全部又は一部を没収することができないときは、その価額を追徴する。

第一一三条（投票干渉罪）①　投票所又は開票所において、正当な理由がなくて、投票人の投票に干渉し、又は投票の内容を認知する方法を行った者は、一年以下の禁錮又は三十万円以下の罰金に処する。

②　法令の規定によらないで、投票箱を開き、又は投票箱の投票を取り出した者は、三年以下の懲役若しくは禁錮又は五十万円以下の罰金に処する。

【128】 日本国憲法改正の動向

1947. 5	日本国憲法施行
49. 4	公法研究会が「憲法改正意見」を発表
50. 1 8	マッカーサー元師、憲法９条が自衛権を否定しないと明言 朝鮮戦争起こる／警察予備隊発足
51. 9	サンフランシスコ講和条約、旧安保条約調印
52. 1	保安隊発足
54. 1 7 11	憲法擁護国民連合発足 自衛隊発足 自由党憲法調査会「日本国憲法改正案要綱」発表
55. 1	鳩山内閣、「改憲」を公約に掲げる
60. 1	新安保条約調印
64. 7	政府の憲法調査会が報告書を内閣と国会に提出
67.12	佐藤首相、参議院予算委員会で非核三原則の方針を答弁
76.11	三木内閣、防衛費をGNPの１％内とする方針を閣議決定
80. 8	徴兵制違憲の政府統一見解を閣議決定
83. 1	中曽根首相、「浮沈空母」論展開
86.12	防衛費がGNPの１％を突破
91. 1	湾岸戦争が起こる
92. 8	PKO協力法施行
94. 7 9 11	村山首相、衆議院本会議で自衛隊は合憲と答弁 臨時社会党大会、自衛隊合憲論承認 読売新聞社「憲法改正試案」発表
95. 5	読売新聞「総合安全保障政策大綱」を提言
2000. 1	憲法調査会設置・初会合、５年をめどに報告書作成
04. 6	自民党政務調査会・憲法調査会憲法改正プロジェクトチーム「論点整理」発表
05.11	自民党立党50周年党大会。「新憲法草案」発表
07. 5 8	国民投票法成立 憲法審査会設置
10. 3	自民党・憲法改正推進本部（保利耕輔本部長）が「憲法改正論点の整理」発表
12. 2 12	自民党・憲法改正推進本部が「日本国憲法改正草案」発表 第２次安倍内閣成立
13.12	特定秘密保護法成立
14. 6 12	改正国民投票法成立 第３次安倍内閣成立
15. 9	安全保障関連法成立
16. 7	第24回参議院選挙により衆参両院で改憲勢力が３分の２を超える
17. 5 6 10 11	安倍晋三首相が自民党総裁として、憲法改正４項目を発表 改正組織的犯罪処罰法（共謀罪）成立 第48回衆議院選挙により選挙前同様、衆参両議院で改憲勢力が３分の２を超える 第４次安倍内閣成立

第一〇章　最高法規

谷口真由美

解説

第一〇章は、憲法の実質的な終章であり、「最高法規」と題される。憲法が最高法規であることは自明の理であって、それは憲法が国法体系の中で最高位にあり最強の形式的効力をもつこと、国法の中で最も基本的で重要な法規範的内容を有すること、等を意味する【129】。本章は、この旨の定めを置いており（九八条一項）、それ以外の規定も設けており、それらは憲法の性格を明らかにするうえで、重要な意味を有している。

1　基本的人権の本質

憲法九七条は、憲法の鍵をなす規定であると考えられ、憲法の保障する基本的人権の性質について定めると同時に、憲法が基本的人権を保障するために定立されたことも表明していると解される。そして、憲法前文と九七条からは、権利問題として、基本的人権の保障を目的とする社会契約の成果を憲法として確立したとする思想が読み取れる。そして、このような性質をもつものとして憲法に採用された基本的人権は、これを受けた憲法第三章「国民の権利及び義務」において、不可侵・永久の人権として保障されたのである（一一条）。

2　憲法の最高法規性

憲法九八条は、このような基本的人権の保障を目的とする社会契約の成果を確定したものとしての憲法が、論理必然的に最高法規と位置付けられるとする（九八条一項）。そして、これを担保するために違憲審査制（八一条）を保障し、裁判所の判断による違憲性の判断を可能としている。これは憲法の成立により、憲法上の制度として認められたものである。

また、九八条は、この第一項だけにとどまらず、第二項を置いている。憲法が平和の確保をその目的として掲げている（前文）ことからすれば、国際社会の法化の進展を通して、平和の確保をはかるために条約・国際法規を誠実に遵守すべしとする第二項の原則は、最高法規に属するといえよう。なお、国内法としての憲法と国際法としての条約は次元を異にするが、日本においては、条約が公布されて国内法としても妥当する場合は、憲法の下位で法律の上位に位置付けられる【129】。また、国内法と国際法が矛盾する場合、国際法においては、国内法を援用して国際法上の義務を免れないという原則が確立している。一方、国際法が国内法上いかなる効力が与えられるのか、また国際法に国内的効力が認められる場合に、その効力が国内法秩序のいずれの段階に位置付けられるのかは、各国の国内法、特に憲法の定めによる。

憲法の最高法規性の確保は確立しているといえるが、近時、憲法改正によらずに解釈の変更により（解釈改憲）、実務の変更をはかろうとする動向については問題がある。

3　憲法尊重擁護義務

憲法九九条は、国家機関および機関を構成する公務員が、最高法規である憲法を尊重し擁護する義務を定めたものである。具体的には「天皇又は摂政及び国務大臣、国会議員、裁判官その他の公務員」が「この憲法を尊重し擁護する義務を負ふ」というものである。これは実質的法治主義（人権保障を目的とし、そのために、立法の憲法秩序への羈束、行政と司法の憲法を頂点とする法への羈束を求める原則）を、機関構成員の憲法尊重擁護義務の形で表明したものということができ、憲法の最高法規性を担保する手段の要素をなすものといえよう。

【129】日本の法体系

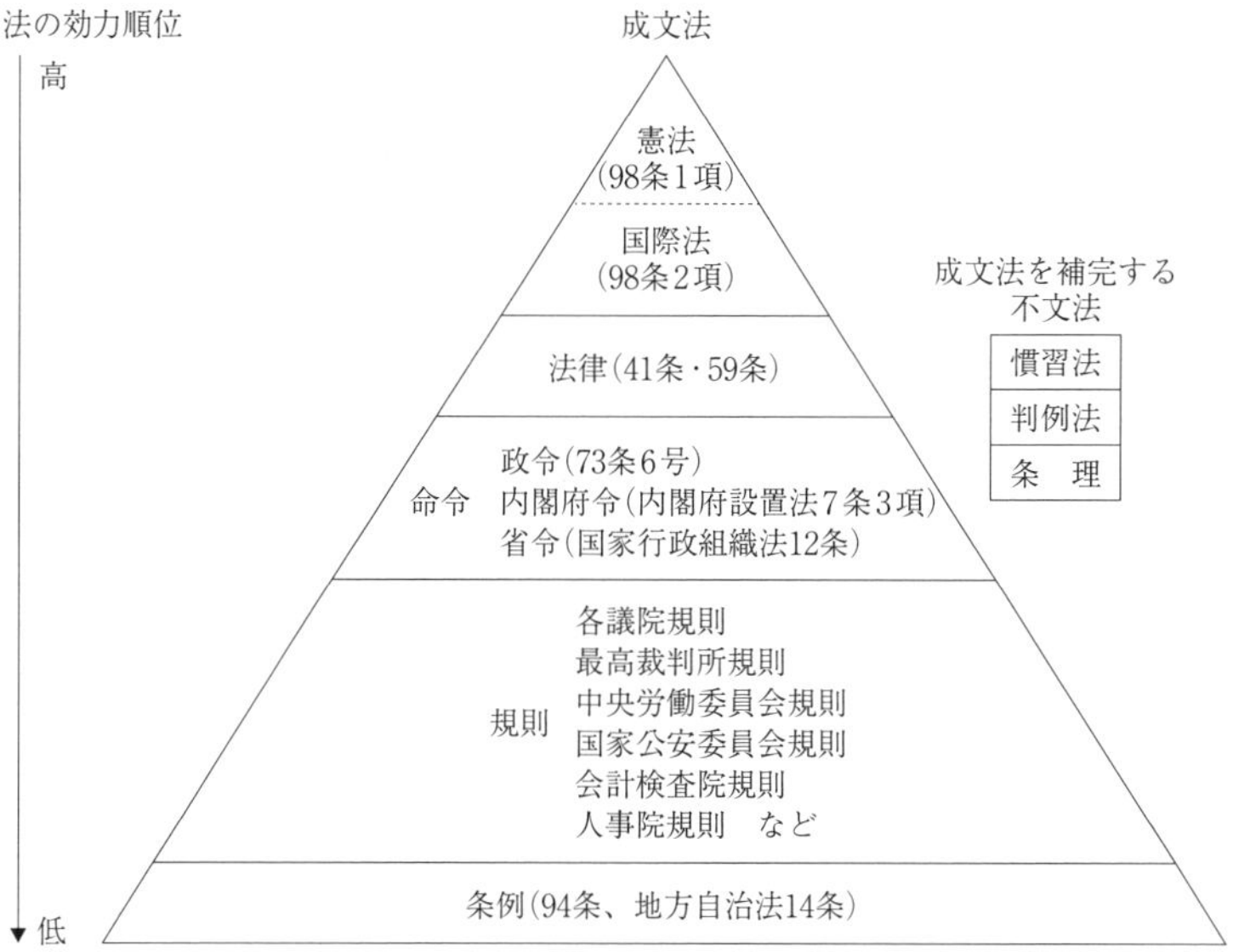

【130】各国における国際法と国内法

1．変形方式または一般的受容方式

(1)変形方式	イギリス、カナダ、スカンジナビア諸国など
(2)一般的受容方式	日本、アメリカ、ドイツ、オランダ、フランスなど

2．国内法秩序における国際法の地位に関する憲法の規定

日本	アメリカ	オランダ	フランス
憲法 国際法 法律 命令	連邦憲法 連邦法　条約 州憲法 州法	条約＊ 憲法 法律 制令	憲法 条約 法律 制令
日本国憲法98条2項の解釈	合衆国憲法6条2 慣習国際法について明文なし	オランダ憲法91・94条 ＊憲法に抵触する条約の議会承認には、投票総数の2/3以上の賛成必要	フランス憲法54・55条 （相互主義の留保） 慣習国際法について明文なし

（佐道明広ほか共編著『資料で学ぶ国際関係〔第2版〕』〔小坂田裕子〕法律文化社、2015年、45頁）

〔資料〕

一 日本国憲法

朕は、日本国民の総意に基いて、新日本建設の礎が、定まるに至つたことを、深くよろこび、枢密顧問の諮詢及び帝国憲法第七十三条による帝国議会の議決を経た帝国憲法の改正を裁可し、ここにこれを公布せしめる。

御名御璽

昭和二十一年十一月三日

内閣総理大臣兼
外務大臣 吉田 茂
国務大臣 男爵 幣原喜重郎
司法大臣 木村篤太郎
内務大臣 大村 清一
文部大臣 田中耕太郎
農林大臣 和田 博雄
国務大臣 斎藤 隆夫
逓信大臣 一松 定吉
商工大臣 星島 二郎
厚生大臣 河合 良成
国務大臣 植原悦二郎
運輸大臣 平塚常次郎
大蔵大臣 石橋 湛山
国務大臣 金森徳次郎
国務大臣 膳 桂之助

日本国憲法

日本国民は、正当に選挙された国会における代表者を通じて行動し、われらとわれらの子孫のために、諸国民との協和による成果と、わが国全土にわたつて自由のもたらす恵沢を確保し、政府の行為によつて再び戦争の惨禍が起ることのないやうにすることを決意し、ここに主権が国民に存することを宣言し、この憲法を確定する。そもそも国政は、国民の厳粛な信託によるものであつて、その権威は国民に由来し、その権力は国民の代表者がこれを行使し、その福利は国民がこれを享受する。これは人類普遍の原理であり、この憲法は、かかる原理に基くものである。われらは、これに反する一切の憲法、法令及び詔勅を排除する。

日本国民は、恒久の平和を念願し、人間相互の関係を支配する崇高な理想を深く自覚するのであつて、平和を愛する諸国民の公正と信義に信頼して、われらの安全と生存を保持しようと決意した。われらは、平和を維持し、専制と隷従、圧迫と偏狭を地上から永遠に除去しようと努めてゐる国際社会において、名誉ある地位を占めたいと思ふ。われらは、全世界の国民が、ひとしく恐怖と欠乏から免かれ、平和のうちに生存する権利を有することを確認する。

われらは、いづれの国家も、自国のことのみに専念して他国を無視してはならないのであつて、政治道徳の法則は、普遍的なものであり、この法則に従ふことは、自国の主権を維持し、他国と対等関係に立たうとする各国の責務であると信ずる。

日本国民は、国家の名誉にかけ、全力をあげてこの崇高な理想と目的を達成することを誓ふ。

第一章 天皇

第一条〔天皇の地位、国民主権〕天皇は、日本国の象徴であり日本国民統合の象徴であつて、この地位は、主権の存する日本国民の総意に基く。

第二条〔皇位の継承〕皇位は、世襲のものであつて、国会の議決した皇室典範の定めるところにより、これを継承する。

第三条〔天皇の国事行為に対する内閣の助言と承認〕天皇の国事に関するすべての行為には、内閣の助言と承認を必要とし、内閣が、その責任を負ふ。

第四条〔天皇の権能の限界・天皇の国事行為の委任〕① 天皇は、この憲法の定める国事に関する行為のみを行ひ、国政に関する権能を有しない。

② 天皇は、法律の定めるところにより、その国事に関する行為を委任することができる。

第五条〔摂政〕皇室典範の定めるところにより摂政を置くときは、摂政は、天皇の名でその国事に関する行為を行ふ。この場合には、前条第一項の規定を準用する。

第六条〔天皇の任命権〕① 天皇は、国会の指名に基いて、内閣総理大臣を任命する。

② 天皇は、内閣の指名に基いて、最高裁判所の長たる裁判官を任命する。

第七条〔天皇の国事行為〕天皇は、内閣の助言と承認により、国民のために、左の国事に関する行為を行ふ。

一　憲法改正、法律、政令及び条約を公布すること。
二　国会を召集すること。
三　衆議院を解散すること。
四　国会議員の総選挙の施行を公示すること。
五　国務大臣及び法律の定めるその他の官吏の任免並びに全権委任状及び大使及び公使の信任状を認証すること。
六　大赦、特赦、減刑、刑の執行の免除及び復権を認証すること。
七　栄典を授与すること。
八　批准書及び法律の定めるその他の外交文書を認証すること。
九　外国の大使及び公使を接受すること。
十　儀式を行ふこと。

第八条〔皇室の財産授受〕皇室に財産を譲り渡し、又は皇室が、財産を譲り受け、若しくは賜与することは、国会の議決に基かなければならない。

第二章　戦争の放棄

第九条〔戦争の放棄、軍備及び交戦権の否認〕①　日本国民は、正義と秩序を基調とする国際平和を誠実に希求し、国権の発動たる戦争と、武力による威嚇又は武力の行使は、国際紛争を解決する手段としては、永久にこれを放棄する。
②　前項の目的を達するため、陸海空軍その他の戦力は、これを保持しない。国の交戦権は、これを認めない。

第三章　国民の権利及び義務

第一〇条〔国民の要件〕日本国民たる要件は、法律でこれを定める。

第一一条〔基本的人権の享有〕国民は、すべての基本的人権の享有を妨げられない。この憲法が国民に保障する基本的人権は、侵すことのできない永久の権利として、現在及び将来の国民に与へられる。

第一二条〔自由・権利の保持の責任とその濫用の禁止〕この憲法が国民に保障する自由及び権利は、国民の不断の努力によつて、これを保持しなければならない。又、国民は、これを濫用してはならないのであつて、常に公共の福祉のためにこれを利用する責任を負ふ。

第一三条〔個人の尊重、生命・自由・幸福追求の権利の尊重〕すべて国民は、個人として尊重される。生命、自由及び幸福追求に対する国民の権利については、公共の福祉に反しない限り、立法その他の国政の上で、最大の尊重を必要とする。

第一四条〔法の下の平等、貴族制度の否認、栄典〕①　すべて国民は、法の下に平等であつて、人種、信条、性別、社会的身分又は門地により、政治的、経済的又は社会的関係において、差別されない。
②　華族その他の貴族の制度は、これを認めない。
③　栄誉、勲章その他の栄典の授与は、いかなる特権も伴はない。栄典の授与は、現にこれを有し、又は将来これを受ける者の一代に限り、その効力を有する。

第一五条〔公務員の選定及び罷免権、公務員の本質、普通選挙・秘密投票の保障〕①　公務員を選定し、及びこれを罷免することは、国民固有の権利である。
②　すべて公務員は、全体の奉仕者であつて、一部の奉仕者ではない。
③　公務員の選挙については、成年者による普通選挙を保障する。
④　すべて選挙における投票の秘密は、これを侵してはならない。選挙人は、その選択に関し公的にも私的にも責任を問はれない。

第一六条〔請願権〕何人も、損害の救済、公務員の罷免、法律、命令又は規則の制定、廃止又は改正その他の事項に関し、平穏に請願する権利を有し、何人も、かかる請願をしたためにいかなる差別待遇も受けない。

第一七条〔国及び公共団体の賠償責任〕何人も、公務員の不法行為により、損害を受けたときは、法律の定めるところにより、国又は公共団体に、その賠償を求めることができる。

第一八条〔奴隷的拘束及び苦役からの自由〕何人も、いかなる奴隷的拘束も受けない。又、犯罪に因る処罰の場合を除いては、その意に反する苦役に服させられない。

第一九条〔思想及び良心の自由〕思想及び良心の自由は、これを侵してはならない。

第二〇条〔信教の自由、国の宗教活動の禁止〕①　信教の自由は、何人に対してもこれを保障する。いかなる宗教団体も、国から特権を受け、又は政治上の権力を行使してはならない。

② 何人も、宗教上の行為、祝典、儀式又は行事に参加することを強制されない。
③ 国及びその機関は、宗教教育その他いかなる宗教的活動もしてはならない。
第二一条〔集会・結社・表現の自由、検閲の禁止、通信の秘密〕① 集会、結社及び言論、出版その他一切の表現の自由は、これを保障する。
② 検閲は、これをしてはならない。通信の秘密は、これを侵してはならない。
第二二条〔居住・移転及び職業選択の自由、外国移住・国籍離脱の自由〕① 何人も、公共の福祉に反しない限り、居住、移転及び職業選択の自由を有する。
② 何人も、外国に移住し、又は国籍を離脱する自由を侵されない。
第二三条〔学問の自由〕学問の自由は、これを保障する。
第二四条〔家庭生活における個人の尊厳と両性の平等〕① 婚姻は、両性の合意のみに基いて成立し、夫婦が同等の権利を有することを基本として、相互の協力により、維持されなければならない。
② 配偶者の選択、財産権、相続、住居の選定、離婚並びに婚姻及び家族に関するその他の事項に関しては、法律は、個人の尊厳と両性の本質的平等に立脚して、制定されなければならない。
第二五条〔生存権、国の社会的使命〕① すべて国民は、健康で文化的な最低限度の生活を営む権利を有する。
② 国は、すべての生活部面について、社会福祉、社会保障及び公衆衛生の向上及び増進に努めなければならない。
第二六条〔教育を受ける権利、教育を受けさせる義務、義務教育の無償〕① すべて国民は、法律の定めるところにより、その能力に応じて、ひとしく教育を受ける権利を有する。
② すべて国民は、法律の定めるところにより、その保護する子女に普通教育を受けさせる義務を負ふ。義務教育は、これを無償とする。
第二七条〔勤労の権利及び義務、勤労条件の基準、児童酷使の禁止〕① すべて国民は、勤労の権利を有し、義務を負ふ。
② 賃金、就業時間、休息その他の勤労条件に関する基準は、法律でこれを定める。
③ 児童は、これを酷使してはならない。
第二八条〔勤労者の団結権・団体交渉権その他の団体行動権〕勤労者の団結する権利及び団体交渉その他の団体行動をする権利は、これを保障する。
第二九条〔財産権〕① 財産権は、これを侵してはならない。
② 財産権の内容は、公共の福祉に適合するやうに、法律でこれを定める。
③ 私有財産は、正当な補償の下に、これを公共のために用ひることができる。
第三〇条〔納税の義務〕国民は、法律の定めるところにより、納税の義務を負ふ。
第三一条〔法定手続の保障〕何人も、法律の定める手続によらなければ、その生命若しくは自由を奪はれ、又はその他の刑罰を科せられない。
第三二条〔裁判を受ける権利〕何人も、裁判所において裁判を受ける権利を奪はれない。
第三三条〔逮捕の要件〕何人も、現行犯として逮捕される場合を除いては、権限を有する司法官憲が発し、且つ理由となつてゐる犯罪を明示する令状によらなければ、逮捕されない。
第三四条〔抑留、拘禁の要件、不法拘禁に対する保障〕何人も、理由を直ちに告げられ、且つ、直ちに弁護人に依頼する権利を与へられなければ、抑留又は拘禁されない。又、何人も、正当な理由がなければ、拘禁されず、要求があれば、その理由は、直ちに本人及びその弁護人の出席する公開の法廷で示されなければならない。
第三五条〔住居侵入・捜索・押収に対する保障〕① 何人も、その住居、書類及び所持品について、侵入、捜索及び押収を受けることのない権利は、第三十三条の場合を除いては、正当な理由に基いて発せられ、且つ捜索する場所及び押収する物を明示する令状がなければ、侵されない。
② 捜索又は押収は、権限を有する司法官憲が発する各別の令状により、これを行ふ。
第三六条〔拷問及び残虐刑の禁止〕公務員による拷問及び残虐な刑罰は、絶対にこれを禁ずる。
第三七条〔刑事被告人の権利〕① すべて刑事事件においては、被告人は、公平な裁判所の迅速な公開裁判を受ける権利を有する。
② 刑事被告人は、すべての証人に対して審問する機会を充分に与へられ、又、公費で自己

のために強制的手続により証人を求める権利を有する。

③　刑事被告人は、いかなる場合にも、資格を有する弁護人を依頼することができる。被告人が自らこれを依頼することができないときは、国でこれを附する。

第三八条〔自己に不利益な供述の強要禁止、自白の証拠能力〕①　何人も、自己に不利益な供述を強要されない。

②　強制、拷問若しくは脅迫による自白又は不当に長く抑留若しくは拘禁された後の自白は、これを証拠とすることができない。

③　何人も、自己に不利益な唯一の証拠が本人の自白である場合には、有罪とされ、又は刑罰を科せられない。

第三九条〔遡及処罰の禁止、一事不再理〕何人も、実行の時に適法であつた行為又は既に無罪とされた行為については、刑事上の責任を問はれない。又、同一の犯罪について、重ねて刑事上の責任を問はれない。

第四〇条〔刑事補償〕何人も、抑留又は拘禁された後、無罪の裁判を受けたときは、法律の定めるところにより、国にその補償を求めることができる。

第四章　国　会

第四一条〔国会の地位、立法権〕国会は、国権の最高機関であつて、国の唯一の立法機関である。

第四二条〔両院制〕国会は、衆議院及び参議院の両議院でこれを構成する。

第四三条〔両議院の組織〕①　両議院は、全国民を代表する選挙された議員でこれを組織する。

②　両議院の議員の定数は、法律でこれを定める。

第四四条〔議員及び選挙人の資格〕両議院の議員及びその選挙人の資格は、法律でこれを定める。但し、人種、信条、性別、社会的身分、門地、教育、財産又は収入によつて差別してはならない。

第四五条〔衆議院議員の任期〕衆議院議員の任期は、四年とする。但し、衆議院解散の場合には、その期間満了前に終了する。

第四六条〔参議院議員の任期〕参議院議員の任期は、六年とし、三年ごとに議員の半数を改選する。

第四七条〔選挙に関する事項の法定〕選挙区、投票の方法その他両議院の議員の選挙に関する事項は、法律でこれを定める。

第四八条〔両院議員兼職の禁止〕何人も、同時に両議院の議員たることはできない。

第四九条〔議員の歳費〕両議院の議員は、法律の定めるところにより、国庫から相当額の歳費を受ける。

第五〇条〔議員の不逮捕特権〕両議院の議員は、法律の定める場合を除いては、国会の会期中逮捕されず、会期前に逮捕された議員は、その議院の要求があれば、会期中これを釈放しなければならない。

第五一条〔議員の発言・表決の無責任〕両議院の議員は、議院で行つた演説、討論又は表決について、院外で責任を問はれない。

第五二条〔常会〕国会の常会は、毎年一回これを召集する。

第五三条〔臨時会〕内閣は、国会の臨時会の召集を決定することができる。いづれかの議院の総議員の四分の一以上の要求があれば、内閣は、その召集を決定しなければならない。

第五四条〔衆議院の解散、特別会、参議院の緊急集会〕①　衆議院が解散されたときは、解散の日から四十日以内に、衆議院議員の総選挙を行ひ、その選挙の日から三十日以内に、国会を召集しなければならない。

②　衆議院が解散されたときは、参議院は、同時に閉会となる。但し、内閣は、国に緊急の必要があるときは、参議院の緊急集会を求めることができる。

③　前項但書の緊急集会において採られた措置は、臨時のものであつて、次の国会開会の後十日以内に、衆議院の同意がない場合には、その効力を失ふ。

第五五条〔議員の資格争訟〕両議院は、各〻その議員の資格に関する争訟を裁判する。但し、議員の議席を失はせるには、出席議員の三分の二以上の多数による議決を必要とする。

第五六条〔議事議決の定足数・表決〕①　両議院は、各〻その総議員の三分の一以上の出席がなければ、議事を開き議決することができない。

②　両議院の議事は、この憲法に特別の定のある場合を除いては、出席議員の過半数でこれを決し、可否同数のときは、議長の決すると

ころによる。

第五七条〔会議の公開・会議の記録・表決の会議録への記載〕① 両議院の会議は、公開とする。但し、出席議員の三分の二以上の多数で議決したときは、秘密会を開くことができる。

② 両議院は、各〻その会議の記録を保存し、秘密会の記録の中で特に秘密を要すると認められるもの以外は、これを公表し、且つ一般に頒布しなければならない。

③ 出席議員の五分の一以上の要求があれば、各議員の表決は、これを会議録に記載しなければならない。

第五八条〔議長等の選任・議院の自律権〕

① 両議院は、各〻その議長その他の役員を選任する。

② 両議院は、各〻その会議その他の手続及び内部の規律に関する規則を定め、又、院内の秩序をみだした議員を懲罰することができる。但し、議員を除名するには、出席議員の三分の二以上の多数による議決を必要とする。

第五九条〔法律案の議決・衆議院の優越〕

① 法律案は、この憲法に特別の定のある場合を除いては、両議院で可決したとき法律となる。

② 衆議院で可決し、参議院でこれと異なつた議決をした法律案は、衆議院で出席議員の三分の二以上の多数で再び可決したときは、法律となる。

③ 前項の規定は、法律の定めるところにより、衆議院が、両議院の協議会を開くことを求めることを妨げない。

④ 参議院が、衆議院の可決した法律案を受け取つた後、国会休会中の期間を除いて六十日以内に、議決しないときは、衆議院は、参議院がその法律案を否決したものとみなすことができる。

第六〇条〔衆議院の予算先議・予算議決に関する衆議院の優越〕① 予算は、さきに衆議院に提出しなければならない。

② 予算について、参議院で衆議院と異なつた議決をした場合に、法律の定めるところにより、両議院の協議会を開いても意見が一致しないとき、又は参議院が、衆議院の可決した予算を受け取つた後、国会休会中の期間を除いて三十日以内に、議決しないときは、衆議院の議決を国会の議決とする。

第六一条〔条約の国会承認・衆議院の優越〕条約の締結に必要な国会の承認については、前条第二項の規定を準用する。

第六二条〔議院の国政調査権〕両議院は、各〻国政に関する調査を行ひ、これに関して、証人の出頭及び証言並びに記録の提出を要求することができる。

第六三条〔国務大臣の議院出席の権利と義務〕内閣総理大臣その他の国務大臣は、両議院の一に議席を有すると有しないとにかかはらず、何時でも議案について発言するため議院に出席することができる。又、答弁又は説明のため出席を求められたときは、出席しなければならない。

第六四条〔弾劾裁判所〕① 国会は、罷免の訴追を受けた裁判官を裁判するため、両議院の議員で組織する弾劾裁判所を設ける。

② 弾劾に関する事項は、法律でこれを定める。

第五章　内　閣

第六五条〔行政権〕行政権は、内閣に属する。

第六六条〔内閣の組織・国会に対する連帯責任〕

① 内閣は、法律の定めるところにより、その首長たる内閣総理大臣及びその他の国務大臣でこれを組織する。

② 内閣総理大臣その他の国務大臣は、文民でなければならない。

③ 内閣は、行政権の行使について、国会に対し連帯して責任を負ふ。

第六七条〔内閣総理大臣の指名・衆議院の優越〕

① 内閣総理大臣は、国会議員の中から国会の議決で、これを指名する。この指名は、他のすべての案件に先だつて、これを行ふ。

② 衆議院と参議院とが異なつた指名の議決をした場合に、法律の定めるところにより、両議院の協議会を開いても意見が一致しないとき、又は衆議院が指名の議決をした後、国会休会中の期間を除いて十日以内に、参議院が、指名の議決をしないときは、衆議院の議決を国会の議決とする。

第六八条〔国務大臣の任命及び罷免〕① 内閣総理大臣は、国務大臣を任命する。但し、その過半数は、国会議員の中から選ばれなければならない。

② 内閣総理大臣は、任意に国務大臣を罷免することができる。

第六九条〔衆議院の内閣不信任〕内閣は、衆議院で不信任の決議案を可決し、又は信任の決議案を否決したときは、十日以内に衆議院が解散されない限り、総辞職をしなければならない。

第七〇条〔内閣総理大臣の欠缺・総選挙後の総辞職〕内閣総理大臣が欠けたとき、又は衆議院議員総選挙の後に初めて国会の召集があつたときは、内閣は、総辞職をしなければならない。

第七一条〔総辞職後の内閣の職務〕前二条の場合には、内閣は、あらたに内閣総理大臣が任命されるまで引き続きその職務を行ふ。

第七二条〔内閣総理大臣の職権〕内閣総理大臣は、内閣を代表して議案を国会に提出し、一般国務及び外交関係について国会に報告し、並びに行政各部を指揮監督する。

第七三条〔内閣の職権〕内閣は、他の一般行政事務の外、左の事務を行ふ。

一　法律を誠実に執行し、国務を総理すること。

二　外交関係を処理すること。

三　条約を締結すること。但し、事前に、時宜によつては事後に、国会の承認を経ることを必要とする。

四　法律の定める基準に従ひ、官吏に関する事務を掌理すること。

五　予算を作成して国会に提出すること。

六　この憲法及び法律の規定を実施するために、政令を制定すること。但し、政令には、特にその法律の委任がある場合を除いては、罰則を設けることができない。

七　大赦、特赦、減刑、刑の執行の免除及び復権を決定すること。

第七四条〔法律・政令の署名〕法律及び政令には、すべて主任の国務大臣が署名し、内閣総理大臣が連署することを必要とする。

第七五条〔国務大臣の訴追〕国務大臣は、その在任中、内閣総理大臣の同意がなければ、訴追されない。但し、これがため、訴追の権利は、害されない。

第六章　司　法

第七六条〔司法権、特別裁判所の禁止、裁判官の職務の独立〕①　すべて司法権は、最高裁判所及び法律の定めるところにより設置する下級裁判所に属する。

②　特別裁判所は、これを設置することができない。行政機関は、終審として裁判を行ふことができない。

③　すべて裁判官は、その良心に従ひ独立してその職権を行ひ、この憲法及び法律にのみ拘束される。

第七七条〔最高裁判所の規則制定権〕①　最高裁判所は、訴訟に関する手続、弁護士、裁判所の内部規律及び司法事務処理に関する事項について、規則を定める権限を有する。

②　検察官は、最高裁判所の定める規則に従はなければならない。

③　最高裁判所は、下級裁判所に関する規則を定める権限を、下級裁判所に委任することができる。

第七八条〔裁判官の身分の保障〕裁判官は、裁判により、心身の故障のために職務を執ることができないと決定された場合を除いては、公の弾劾によらなければ罷免されない。裁判官の懲戒処分は、行政機関がこれを行ふことはできない。

第七九条〔最高裁判所の裁判官・国民審査〕

①　最高裁判所は、その長たる裁判官及び法律の定める員数のその他の裁判官でこれを構成し、その長たる裁判官以外の裁判官は、内閣でこれを任命する。

②　最高裁判所の裁判官の任命は、その任命後初めて行はれる衆議院議員総選挙の際国民の審査に付し、その後十年を経過した後初めて行はれる衆議院議員総選挙の際更に審査に付し、その後も同様とする。

③　前項の場合において、投票者の多数が裁判官の罷免を可とするときは、その裁判官は、罷免される。

④　審査に関する事項は、法律でこれを定める。

⑤　最高裁判所の裁判官は、法律の定める年齢に達した時に退官する。

⑥　最高裁判所の裁判官は、すべて定期に相当額の報酬を受ける。この報酬は、在任中、これを減額することができない。

第八〇条〔下級裁判所の裁判官〕①　下級裁判所の裁判官は、最高裁判所の指名した者の名簿によつて、内閣でこれを任命する。その裁判官は、任期を十年とし、再任されることができる。但し、法律の定める年齢に達した時には退官する。

② 下級裁判所の裁判官は、すべて定期に相当額の報酬を受ける。この報酬は、在任中、これを減額することができない。

第八一条〔最高裁判所の法令等審査権〕最高裁判所は、一切の法律、命令、規則又は処分が憲法に適合するかしないかを決定する権限を有する終審裁判所である。

第八二条〔裁判の公開〕① 裁判の対審及び判決は、公開法廷でこれを行ふ。

② 裁判所が、裁判官の全員一致で、公の秩序又は善良の風俗を害する虞があると決した場合には、対審は、公開しないでこれを行ふことができる。但し、政治犯罪、出版に関する犯罪又はこの憲法第三章で保障する国民の権利が問題となつてゐる事件の対審は、常にこれを公開しなければならない。

第七章　財　政

第八三条〔財政処理の基本原則〕国の財政を処理する権限は、国会の議決に基いて、これを行使しなければならない。

第八四条〔課税の要件〕あらたに租税を課し、又は現行の租税を変更するには、法律又は法律の定める条件によることを必要とする。

第八五条〔国費の支出及び債務負担〕国費を支出し、又は国が債務を負担するには、国会の議決に基くことを必要とする。

第八六条〔予算〕内閣は、毎会計年度の予算を作成し、国会に提出して、その審議を受け議決を経なければならない。

第八七条〔予備費〕① 予見し難い予算の不足に充てるため、国会の議決に基いて予備費を設け、内閣の責任でこれを支出することができる。

② すべて予備費の支出については、内閣は、事後に国会の承諾を得なければならない。

第八八条〔皇室財産、皇室の費用〕すべて皇室財産は、国に属する。すべて皇室の費用は、予算に計上して国会の議決を経なければならない。

第八九条〔公の財産の支出又は利用の制限〕公金その他の公の財産は、宗教上の組織若しくは団体の使用、便益若しくは維持のため、又は公の支配に属しない慈善、教育若しくは博愛の事業に対し、これを支出し、又はその利用に供してはならない。

第九〇条〔決算審査・会計検査院〕① 国の収入支出の決算は、すべて毎年会計検査院がこれを検査し、内閣は、次の年度に、その検査報告とともに、これを国会に提出しなければならない。

② 会計検査院の組織及び権限は、法律でこれを定める。

第九一条〔財政状況の報告〕内閣は、国会及び国民に対し、定期に、少くとも毎年一回、国の財政状況について報告しなければならない。

第八章　地方自治

第九二条〔地方自治の基本原則〕地方公共団体の組織及び運営に関する事項は、地方自治の本旨に基いて、法律でこれを定める。

第九三条〔地方公共団体の機関とその直接選挙〕① 地方公共団体には、法律の定めるところにより、その議事機関として議会を設置する。

② 地方公共団体の長、その議会の議員及び法律の定めるその他の吏員は、その地方公共団体の住民が、直接これを選挙する。

第九四条〔地方公共団体の権能〕地方公共団体は、その財産を管理し、事務を処理し、及び行政を執行する権能を有し、法律の範囲内で条例を制定することができる。

第九五条〔一の地方公共団体のみに適用される特別法〕一の地方公共団体のみに適用される特別法は、法律の定めるところにより、その地方公共団体の住民の投票においてその過半数の同意を得なければ、国会は、これを制定することができない。

第九章　改　正

第九六条〔憲法改正の手続・憲法改正の公布〕① この憲法の改正は、各議院の総議員の三分の二以上の賛成で、国会が、これを発議し、国民に提案してその承認を経なければならない。この承認には、特別の国民投票又は国会の定める選挙の際行はれる投票において、その過半数の賛成を必要とする。

② 憲法改正について前項の承認を経たときは、天皇は、国民の名で、この憲法と一体を成すものとして、直ちにこれを公布する。

第十章　最高法規

第九七条〔基本的人権の本質〕この憲法が日本国民に保障する基本的人権は、人類の多年にわたる自由獲得の努力の成果であつて、これらの権利は、過去幾多の試錬に堪へ、現在及び将来の国民に対し、侵すことのできない永久の権利として信託されたものである。

第九八条〔憲法の最高法規性、条約・国際法規の遵守〕① この憲法は、国の最高法規であつて、その条規に反する法律、命令、詔勅及び国務に関するその他の行為の全部又は一部は、その効力を有しない。

② 日本国が締結した条約及び確立された国際法規は、これを誠実に遵守することを必要とする。

第九九条〔憲法尊重擁護の義務〕天皇又は摂政及び国務大臣、国会議員、裁判官その他の公務員は、この憲法を尊重し擁護する義務を負ふ。

第十一章　補　則

第一〇〇条〔憲法の施行期日・準備手続〕

① この憲法は、公布の日から起算して六箇月を経過した日から、これを施行する。

② この憲法を施行するために必要な法律の制定、参議院議員の選挙及び国会召集の手続並びにこの憲法を施行するために必要な準備手続は、前項の期日よりも前に、これを行ふことができる。

第一〇一条〔経過規定〕この憲法施行の際、参議院がまだ成立してゐないときは、その成立するまでの間、衆議院は、国会としての権限を行ふ。

第一〇二条〔同前〕この憲法による第一期の参議院議員のうち、その半数の者の任期は、これを三年とする。その議員は、法律の定めるところにより、これを定める。

第一〇三条〔同前〕この憲法施行の際現に在職する国務大臣、衆議院議員及び裁判官並びにその他の公務員で、その地位に相応する地位がこの憲法で認められてゐる者は、法律で特別の定をした場合を除いては、この憲法施行のため、当然にはその地位を失ふことはない。但し、この憲法によつて、後任者が選挙又は任命されたときは、当然その地位を失ふ。

二　大日本帝国憲法

告　文

皇朕レ謹ミ畏ミ
皇祖
皇宗ノ神霊ニ誥ケ白サク皇朕レ天壌無窮ノ宏謨ニ循ヒ惟神ノ宝祚ヲ承継シ旧図ヲ保持シテ敢テ失墜スルコト無シ顧ミルニ世局ノ進運ニ膺リ人文ノ発達ニ随ヒ宜ク
皇祖
皇宗ノ遺訓ヲ明徴ニシ典憲ヲ成立シ条章ヲ昭示シ内ハ以テ子孫ノ率由スル所ト為シ外ハ以テ臣民翼賛ノ道ヲ広メ永遠ニ遵行セシメ益〻国家ノ丕基ヲ鞏固ニシ八洲民生ノ慶福ヲ増進スヘシ茲ニ皇室典範及憲法ヲ制定ス惟フニ此レ皆
皇祖
皇宗ノ後裔ニ貽シタマヘル統治ノ洪範ヲ紹述スルニ外ナラス而シテ朕カ躬ニ逮テ時ト倶ニ挙行スルコトヲ得ルハ洵ニ
皇祖
皇宗及我カ
皇考ノ威霊ニ倚藉スルニ由ラサルハ無シ皇朕レ仰テ
皇祖
皇宗及
皇考ノ神祐ヲ禱リ併セテ朕カ現在及将来ニ臣民ニ率先シ此ノ憲章ヲ履行シテ愆ラサラムコトヲ誓フ庶幾クハ
神霊此レヲ鑒ミタマヘ

憲法発布勅語

朕国家ノ隆昌ト臣民ノ慶福トヲ以テ中心ノ欣栄トシ朕カ祖宗ニ承クルノ大権ニ依リ現在及将来ノ臣民ニ対シ此ノ不磨ノ大典ヲ宣布ス

惟フニ我カ祖我カ宗ハ我カ臣民祖先ノ協力輔翼ニ倚リ我カ帝国ヲ肇造シ以テ無窮ニ垂レタリ此レ我カ神聖ナル祖宗ノ威徳ト並ニ臣民ノ忠実勇武ニシテ国ヲ愛シ公ニ殉ヒ以テ此ノ光輝アル国史ノ成跡ヲ貽シタルナリ朕我カ臣民ハ即チ祖宗ノ忠良ナル臣民ノ子孫ナルヲ回想シ其ノ朕カ意ヲ奉体シ朕カ事ヲ奨順シ相与ニ和衷協同シ益〻我カ帝国ノ光栄ヲ中外ニ宣揚シ祖宗ノ遺業ヲ永久ニ鞏固ナラシムルノ希望ヲ同クシ此ノ負担ヲ分ツニ堪フルコトヲ疑ハサルナリ

朕祖宗ノ遺烈ヲ承ケ万世一系ノ帝位ヲ践ミ朕カ

親愛スル所ノ臣民ハ即チ朕カ祖宗ノ恵撫慈養シタマヒシ所ノ臣民ナルヲ念ヒ其ノ康福ヲ増進シ其ノ懿徳良能ヲ発達セシメムコトヲ願ヒ又其ノ翼賛ニ依リ与ニ倶ニ国家ノ進運ヲ扶持セムコトヲ望ミ乃チ明治十四年十月十二日ノ詔命ヲ履践シ茲ニ大憲ヲ制定シ朕カ率由スル所ヲ示シ朕カ後嗣及臣民及臣民ノ子孫タル者ヲシテ永遠ニ循行スル所ヲ知ラシム

国家統治ノ大権ハ朕カ之ヲ祖宗ニ承ケテ之ヲ子孫ニ伝フル所ナリ朕及朕カ子孫ハ将来此ノ憲法ノ条章ニ循ヒ之ヲ行フコトヲ愆ラサルヘシ

朕ハ我カ臣民ノ権利及財産ノ安全ヲ貴重シ及之ヲ保護シ此ノ憲法及法律ノ範囲内ニ於テ其ノ享有ヲ完全ナラシムヘキコトヲ宣言ス

帝国議会ハ明治二十三年ヲ以テ之ヲ召集シ議会開会ノ時（明治二三・一一・二九）ヲ以テ此ノ憲法ヲシテ有効ナラシムルノ期トスヘシ

将来若此ノ憲法ノ或ル条章ヲ改定スルノ必要ナル時宜ヲ見ルニ至ラハ朕及朕カ継統ノ子孫ハ発議ノ権ヲ執リ之ヲ議会ニ付シ議会ハ此ノ憲法ニ定メタル要件ニ依リ之ヲ議決スルノ外朕カ子孫及臣民ハ敢テ之カ紛更ヲ試ミルコトヲ得サルヘシ

朕カ在廷ノ大臣ハ朕カ為ニ此ノ憲法ヲ施行スルノ責ニ任スヘク朕カ現在及将来ノ臣民ハ此ノ憲法ニ対シ永遠ニ従順ノ義務ヲ負フヘシ

御名御璽

明治二十二年二月十一日

内閣総理大臣 伯爵 黒田 清隆
枢密院議長 伯爵 伊藤 博文
外務大臣 伯爵 大隈 重信
海軍大臣 伯爵 西郷 従道
農商務大臣 伯爵 井上 馨
司法大臣 伯爵 山田 顕義
大蔵大臣 兼内務大臣 伯爵 松方 正義
陸軍大臣 伯爵 大山 巌
文部大臣 子爵 森 有礼
逓信大臣 子爵 榎本 武揚

大日本帝国憲法

第一章 天皇

第一条 大日本帝国ハ万世一系ノ天皇之ヲ統治ス

第二条 皇位ハ皇室典範ノ定ムル所ニ依リ皇男子孫之ヲ継承ス

第三条 天皇ハ神聖ニシテ侵スヘカラス

第四条 天皇ハ国ノ元首ニシテ統治権ヲ総攬シ此ノ憲法ノ条規ニ依リ之ヲ行フ

第五条 天皇ハ帝国議会ノ協賛ヲ以テ立法権ヲ行フ

第六条 天皇ハ法律ヲ裁可シ其ノ公布及執行ヲ命ス

第七条 天皇ハ帝国議会ヲ召集シ其ノ開会閉会停会及衆議院ノ解散ヲ命ス

第八条① 天皇ハ公共ノ安全ヲ保持シ又ハ其ノ災厄ヲ避クル為緊急ノ必要ニ由リ帝国議会閉会ノ場合ニ於テ法律ニ代ルヘキ勅令ヲ発ス

② 此ノ勅令ハ次ノ会期ニ於テ帝国議会ニ提出スヘシ若議会ニ於テ承諾セサルトキハ政府ハ将来ニ向テ其ノ効力ヲ失フコトヲ公布スヘシ

第九条 天皇ハ法律ヲ執行スル為ニ又ハ公共ノ安寧秩序ヲ保持シ及臣民ノ幸福ヲ増進スル為ニ必要ナル命令ヲ発シ又ハ発セシム但シ命令ヲ以テ法律ヲ変更スルコトヲ得ス

第一〇条 天皇ハ行政各部ノ官制及文武官ノ俸給ヲ定メ及文武官ヲ任免ス但シ此ノ憲法又ハ他ノ法律ニ特例ヲ掲ケタルモノハ各〻其ノ条項ニ依ル

第一一条 天皇ハ陸海軍ヲ統帥ス

第一二条 天皇ハ陸海軍ノ編制及常備兵額ヲ定ム

第一三条 天皇ハ戦ヲ宣シ和ヲ講シ及諸般ノ条約ヲ締結ス

第一四条① 天皇ハ戒厳ヲ宣告ス

② 戒厳ノ要件及効力ハ法律ヲ以テ之ヲ定ム

第一五条 天皇ハ爵位勲章及其ノ他ノ栄典ヲ授与ス

第一六条 天皇ハ大赦特赦減刑及復権ヲ命ス

第一七条① 摂政ヲ置クハ皇室典範ノ定ムル所ニ依ル

② 摂政ハ天皇ノ名ニ於テ大権ヲ行フ

第二章 臣民権利義務

第一八条 日本臣民タルノ要件ハ法律ノ定ムル所ニ依ル

第一九条 日本臣民ハ法律命令ノ定ムル所ノ資格ニ応シ均ク文武官ニ任セラレ及其ノ他ノ公務ニ就クコトヲ得

第二〇条 日本臣民ハ法律ノ定ムル所ニ従ヒ兵役ノ義務ヲ有ス

第二一条 日本臣民ハ法律ノ定ムル所ニ従ヒ納

税ノ義務ヲ有ス
第二二条　日本臣民ハ法律ノ範囲内ニ於テ居住及移転ノ自由ヲ有ス
第二三条　日本臣民ハ法律ニ依ルニ非スシテ逮捕監禁審問処罰ヲ受クルコトナシ
第二四条　日本臣民ハ法律ニ定メタル裁判官ノ裁判ヲ受クルノ権ヲ奪ハルヽコトナシ
第二五条　日本臣民ハ法律ニ定メタル場合ヲ除ク外其ノ許諾ナクシテ住所ニ侵入セラレ及捜索セラルヽコトナシ
第二六条　日本臣民ハ法律ニ定メタル場合ヲ除ク外信書ノ秘密ヲ侵サルヽコトナシ
第二七条①　日本臣民ハ其ノ所有権ヲ侵サルヽコトナシ
②　公益ノ為必要ナル処分ハ法律ノ定ムル所ニ依ル
第二八条　日本臣民ハ安寧秩序ヲ妨ケス及臣民タルノ義務ニ背カサル限ニ於テ信教ノ自由ヲ有ス
第二九条　日本臣民ハ法律ノ範囲内ニ於テ言論著作印行集会及結社ノ自由ヲ有ス
第三〇条　日本臣民ハ相当ノ敬礼ヲ守リ別ニ定ムル所ノ規程ニ従ヒ請願ヲ為スコトヲ得
第三一条　本章ニ掲ケタル条規ハ戦時又ハ国家事変ノ場合ニ於テ天皇大権ノ施行ヲ妨クルコトナシ
第三二条　本章ニ掲ケタル条規ハ陸海軍ノ法令又ハ紀律ニ牴触セサルモノニ限リ軍人ニ準行ス

第三章　帝国議会

第三三条　帝国議会ハ貴族院衆議院ノ両院ヲ以テ成立ス
第三四条　貴族院ハ貴族院令ノ定ムル所ニ依リ皇族華族及勅任セラレタル議員ヲ以テ組織ス
第三五条　衆議院ハ選挙法ノ定ムル所ニ依リ公選セラレタル議員ヲ以テ組織ス
第三六条　何人モ同時ニ両議院ノ議員タルコトヲ得ス
第三七条　凡テ法律ハ帝国議会ノ協賛ヲ経ルヲ要ス
第三八条　両議院ハ政府ノ提出スル法律案ヲ議決シ及各〻法律案ヲ提出スルコトヲ得
第三九条　両議院ノ一ニ於テ否決シタル法律案ハ同会期中ニ於テ再ヒ提出スルコトヲ得ス
第四〇条　両議院ハ法律又ハ其ノ他ノ事件ニ付各〻其ノ意見ヲ政府ニ建議スルコトヲ得但シ其ノ採納ヲ得サルモノハ同会期中ニ於テ再ヒ建議スルコトヲ得ス
第四一条　帝国議会ハ毎年之ヲ召集ス
第四二条　帝国議会ハ三箇月ヲ以テ会期トス必要アル場合ニ於テハ勅命ヲ以テ之ヲ延長スルコトアルヘシ
第四三条①　臨時緊急ノ必要アル場合ニ於テ常会ノ外臨時会ヲ召集スヘシ
②　臨時会ノ会期ヲ定ムルハ勅命ニ依ル
第四四条①　帝国議会ノ開会閉会会期ノ延長及停会ハ両院同時ニ之ヲ行フヘシ
②　衆議院解散ヲ命セラレタルトキハ貴族院ハ同時ニ停会セラルヘシ
第四五条　衆議院解散ヲ命セラレタルトキハ勅命ヲ以テ新ニ議員ヲ選挙セシメ解散ノ日ヨリ五箇月以内ニ之ヲ召集スヘシ
第四六条　両議院ハ各〻其ノ総議員三分ノ一以上出席スルニ非サレハ議事ヲ開キ議決ヲ為スコトヲ得ス
第四七条　両議院ノ議事ハ過半数ヲ以テ決ス可否同数ナルトキハ議長ノ決スル所ニ依ル
第四八条　両議院ノ会議ハ公開ス但シ政府ノ要求又ハ其ノ院ノ決議ニ依リ秘密会ト為スコトヲ得
第四九条　両議院ハ各〻天皇ニ上奏スルコトヲ得
第五〇条　両議院ハ臣民ヨリ呈出スル請願書ヲ受クルコトヲ得
第五一条　両議院ハ此ノ憲法及議院法ニ掲クルモノヽ外内部ノ整理ニ必要ナル諸規則ヲ定ムルコトヲ得
第五二条　両議院ノ議員ハ議院ニ於テ発言シタル意見及表決ニ付院外ニ於テ責ヲ負フコトナシ但シ議員自ラ其ノ言論ヲ演説刊行筆記又ハ其ノ他ノ方法ヲ以テ公布シタルトキハ一般ノ法律ニ依リ処分セラルヘシ
第五三条　両議院ノ議員ハ現行犯罪又ハ内乱外患ニ関ル罪ヲ除ク外会期中其ノ院ノ許諾ナクシテ逮捕セラルヽコトナシ
第五四条　国務大臣及政府委員ハ何時タリトモ各議院ニ出席シ及発言スルコトヲ得

第四章　国務大臣及枢密顧問

第五五条①　国務各大臣ハ天皇ヲ輔弼シ其ノ責ニ任ス
②　凡テ法律勅令其ノ他国務ニ関ル詔勅ハ国務

大臣ノ副署ヲ要ス

第五六条　枢密顧問ハ枢密院官制ノ定ムル所ニ依リ天皇ノ諮詢ニ応ヘ重要ノ国務ヲ審議ス

第五章　司　法

第五七条① 司法権ハ天皇ノ名ニ於テ法律ニ依リ裁判所之ヲ行フ

② 裁判所ノ構成ハ法律ヲ以テ之ヲ定ム

第五八条① 裁判官ハ法律ニ定メタル資格ヲ具フル者ヲ以テ之ニ任ス

② 裁判官ハ刑法ノ宣告又ハ懲戒ノ処分ニ由ルノ外其ノ職ヲ免セラルヽコトナシ

③ 懲戒ノ条規ハ法律ヲ以テ之ヲ定ム

第五九条　裁判ノ対審判決ハ之ヲ公開ス但シ安寧秩序又ハ風俗ヲ害スルノ虞アルトキハ法律ニ依リ又ハ裁判所ノ決議ヲ以テ対審ノ公開ヲ停ムルコトヲ得

第六〇条　特別裁判所ノ管轄ニ属スヘキモノハ別ニ法律ヲ以テ之ヲ定ム

第六一条　行政官庁ノ違法処分ニ由リ権利ヲ傷害セラレタリトスルノ訴訟ニシテ別ニ法律ヲ以テ定メタル行政裁判所ノ裁判ニ属スヘキモノハ司法裁判所ニ於テ受理スルノ限ニ在ラス

第六章　会　計

第六二条① 新ニ租税ヲ課シ及税率ヲ変更スルハ法律ヲ以テ之ヲ定ムヘシ

② 但シ報償ニ属スル行政上ノ手数料及其ノ他ノ収納金ハ前項ノ限ニ在ラス

③ 国債ヲ起シ及予算ニ定メタルモノヲ除ク外国庫ノ負担トナルヘキ契約ヲ為スハ帝国議会ノ協賛ヲ経ヘシ

第六三条　現行ノ租税ハ更ニ法律ヲ以テ之ヲ改メサル限ハ旧ニ依リ之ヲ徴収ス

第六四条① 国家ノ歳出歳入ハ毎年予算ヲ以テ帝国議会ノ協賛ヲ経ヘシ

② 予算ノ款項ニ超過シ又ハ予算ノ外ニ生シタル支出アルトキハ後日帝国議会ノ承諾ヲ求ムルヲ要ス

第六五条　予算ハ前ニ衆議院ニ提出スヘシ

第六六条　皇室経費ハ現在ノ定額ニ依リ毎年国庫ヨリ之ヲ支出シ将来増額ヲ要スル場合ヲ除ク外帝国議会ノ協賛ヲ要セス

第六七条　憲法上ノ大権ニ基ツケル既定ノ歳出及法律ノ結果ニ由リ又ハ法律上政府ノ義務ニ属スル歳出ハ政府ノ同意ナクシテ帝国議会之ヲ廃除シ又ハ削減スルコトヲ得ス

第六八条　特別ノ須要ニ因リ政府ハ予メ年限ヲ定メ継続費トシテ帝国議会ノ協賛ヲ求ムルコトヲ得

第六九条　避クヘカラサル予算ノ不足ヲ補フ為ニ又ハ予算ノ外ニ生シタル必要ノ費用ニ充ツル為ニ予備費ヲ設クヘシ

第七〇条① 公共ノ安全ヲ保持スル為緊急ノ需用アル場合ニ於テ内外ノ情形ニ因リ政府ハ帝国議会ヲ召集スルコト能ハサルトキハ勅令ニ依リ財政上必要ノ処分ヲ為スコトヲ得

② 前項ノ場合ニ於テハ次ノ会期ニ於テ帝国議会ニ提出シ其ノ承諾ヲ求ムルヲ要ス

第七一条　帝国議会ニ於テ予算ヲ議定セス又ハ予算成立ニ至ラサルトキハ政府ハ前年度ノ予算ヲ施行スヘシ

第七二条① 国家ノ歳出歳入ノ決算ハ会計検査院之ヲ検査確定シ政府ハ其ノ検査報告ト倶ニ之ヲ帝国議会ニ提出スヘシ

② 会計検査院ノ組織及職権ハ法律ヲ以テ之ヲ定ム

第七章　補　則

第七三条① 将来此ノ憲法ノ条項ヲ改正スルノ必要アルトキハ勅命ヲ以テ議案ヲ帝国議会ノ議ニ付スヘシ

② 此ノ場合ニ於テ両議院ハ各〻其ノ総員三分ノ二以上出席スルニ非サレハ議事ヲ開クコトヲ得ス出席議員三分ノ二以上ノ多数ヲ得ルニ非サレハ改正ノ議決ヲ為スコトヲ得ス

第七四条① 皇室典範ノ改正ハ帝国議会ノ議ヲ経ルヲ要セス

② 皇室典範ヲ以テ此ノ憲法ノ条規ヲ変更スルコトヲ得ス

第七五条　憲法及皇室典範ハ摂政ヲ置クノ間之ヲ変更スルコトヲ得ス

第七六条① 法律規則命令又ハ何等ノ名称ヲ用ヰタルニ拘ラス此ノ憲法ニ矛盾セサル現行ノ法令ハ総テ遵由ノ効力ヲ有ス

② 歳出上政府ノ義務ニ係ル現在ノ契約又ハ命令ハ総テ第六十七条ノ例ニ依ル

大阪高判昭和44年11月28日刑集26巻9号610頁 ……169
高松高判昭和48年2月19日刑集29巻8号570頁 ……258
大阪高判昭和50年11月10日民集36巻7号1452頁 ……183
大阪高判昭和50年11月27日民集35巻10号1881頁／大阪国際（伊丹）空港公害訴訟 ……175
東京高判昭和59年4月25日民集41巻3号469頁 ……171
東京高判平成4年12月18日判時1445号3頁 ……207
東京高判平成9年9月16日判タ986号206頁／16府中青年の家事件 ……113, 121
札幌高判平成11年12月21日民集60巻2号713頁 ……250
東京高判平成17年3月25日民集61巻6号2463頁 ……184
名古屋高判平成20年4月17日判時2056号74頁／4自衛隊イラク派遣差止訴訟 ……58, 87
東京高判平成22年2月25日民集67巻3号758頁 ……260
東京高判平成26年3月28日民集69巻8号2741頁 ……129
大阪高判平成27年1月21日判例集未登載／ダンス営業規制事件 ……166

地方裁判所

東京地判昭和28年2月18日民集12巻4号636頁 ……249
大阪簡判昭和31年3月15日刑集16巻5号601頁 ……261
東京地判昭和34年3月30日刑集13巻13号3305頁／1砂川事件（第一審） ……59, 83
東京地判昭和35年10月19日民集21巻5号1348頁 ……182
東京地判昭和38年4月19日刑集27巻4号1047頁 ……204
東京地判昭和39年9月28日下民集15巻9号2317頁／9「宴のあと」事件 ……101, 107
札幌地判昭和42年3月29日判時476号25頁／2恵庭事件 ……85
広島地判昭和42年4月17日民集29巻4号629頁 ……170
東大阪簡判昭和43年9月30日刑集26巻9号603頁 ……169
東京地判昭和45年7月17日民集36巻4号616頁／29家永教科書検定第2次訴訟 ……134, 152
徳島地判昭和47年4月20日刑集29巻8号552頁 ……258
神戸地判昭和47年9月20日民集36巻7号1444頁 ……183
札幌地判昭和48年9月7日民集36巻9号1791頁／3長沼訴訟 ……58, 86
静岡地判昭和53年10月31日民集41巻3号444頁 ……171
東京地判昭和55年7月24日判時982号3頁／日商岩井事件 ……222
東京地判昭和59年5月18日判時1118号28頁 ……207
東京地判平成3年6月21日判時1388号3頁／12修徳学園高校パーマ事件 ……102, 110
神戸地判平成4年3月13日判時1414号26頁／市立尼崎高校事件 ……177
旭川地判平成10年4月21日民集60巻2号672頁 ……250
東京地判平成16年3月24日民集61巻6号2389頁 ……184
横浜地判平成20年3月19日民集67巻3号631頁 ……260
東京地判平成23年4月26日判時2136号13頁 ……213
東京地判平成25年3月14日判時2178号3頁 ……213
東京地判平成25年5月29日民集69巻8号2708頁 ……129
京都地判平成25年10月7日判時2208号74頁／22街宣宣伝差止め等請求事件 ……131, 142

高等裁判所

判例索引

※基本判例の頁は太字で示した。

最高裁判所

最大判昭和23年7月29日刑集2巻9号1012頁／
31 食糧管理法違反被告事件 …… **160**
最大判昭和27年10月8日民集6巻9号783頁／
47 警察予備隊事件 …… 235, **243**
最大判昭和28年12月23日民集7巻13号1523頁／
農地改革事件 …… 163
最大判昭和29年11月24日刑集8巻11号1866頁／
18 新潟県公安条例事件 …… 97, 131, **138**
最大判昭和30年1月26日刑集9巻1号89頁／
公衆浴場距離制限事件 …… 166
最大判昭和32年3月13日刑集11巻3号997頁／
20 チャタレイ事件 …… 131, **140**
最判昭和33年3月28日民集12巻4号624頁／
49 パチンコ球遊器課税事件 …… 246, **249**
最大判昭和33年5月28日刑集12巻8号1718頁／
32 印藤巡査殺し事件 …… **161**
最大判昭和34年12月16日刑集13巻13号3225頁／
1 砂川事件（上告審）…… **83**, 234
最大判昭和35年6月8日民集14巻7号1206頁／
45 苫米地事件 …… 234, **241**
最大判昭和37年5月30日刑集16巻5号577頁／
53 大阪市売春取締条例事件 …… 253, **261**
最大判昭和38年5月15日刑集17巻4号302頁 …… 132
最大判昭和38年5月22日刑集17巻4号370頁／
28 東大ポポロ事件 …… 133, **151**
最大判昭和39年2月5日民集18巻2号270頁 …… 211
最大判昭和39年2月26日民集18巻2号343頁／
教科書費国庫負担請求事件 …… 175
最大判昭和41年10月26日刑集20巻8号901頁／
全逓東京中郵事件 …… 177
最大判昭和42年5月24日民集21巻5号1043頁／
37 朝日訴訟 …… 172, **182**
最大判昭和43年12月4日刑集22巻13号1425頁／
三井美唄労組事件 …… 177
最大判昭和44年4月2日刑集23巻5号305頁／
東京都教組事件 …… 177
最大判昭和44年12月24日刑集23巻12号1625頁／
8 京都府学連事件 …… 100, **106**
最大判昭和47年11月22日刑集26巻9号586頁／
34 小売市場距離制限事件 …… 164, **169**
最大判昭和47年12月20日刑集26巻10号631頁／
33 高田事件 …… **162**
最大判昭和48年4月4日刑集27巻3号265頁／
14 尊属殺事件 …… 113, **119**
最大判昭和48年4月25日刑集27巻4号547頁／
40 全農林警職法事件 …… 177, **204**
最判昭和48年10月18日民集27巻9号1210頁 …… 164
最大判昭和48年12月12日民集27巻11号1536頁／
6 三菱樹脂事件 …… 97, **98**, 130, 167
最大判昭和49年11月6日刑集28巻9号393頁／
21 猿払事件 …… 131, **141**
最大判昭和50年4月30日民集29巻4号572頁／
35 薬局距離制限事件 …… 165, **170**
最大判昭和50年9月10日刑集29巻8号489頁／
51 徳島市公安条例事件 …… 155, 253, **258**
最大判昭和51年4月14日民集30巻3号223頁
…… 211, 216
最大判昭和51年5月21日刑集30巻5号615頁／
30 旭川学力テスト事件 …… 134, **153**, 176
最判昭和52年3月15日民集31巻2号234頁／
46 国立富山大学事件 …… 234, **242**
最大判昭和52年7月13日民集31巻4号533頁／
24 津地鎮祭訴訟 …… 133, **145**
最大判昭和53年10月4日民集第32巻7号1223頁／
5 マクリーン事件 …… 90, **95**, 173
最判昭和56年3月24日民集35巻2号300頁／
7 日産自動車事件 …… 97, **99**
最大判昭和56年12月16日民集35巻10号1369頁大

■著者紹介（＊は編著者、執筆箇所については目次を参照）

＊谷口真由美（たにぐち まゆみ）　大阪国際大学准教授
谷口　洋幸（たにぐち ひろゆき）　金沢大学准教授
清末　愛砂（きよすえ あいさ）　室蘭工業大学大学院准教授
松村　歌子（まつむら うたこ）　関西福祉科学大学准教授
藤本　晃嗣（ふじもと こうじ）　敬和学園大学准教授
里見　佳香（さとみ よしか）　新潟青陵大学助教
小野　博司（おの ひろし）　神戸大学大学院准教授

Horitsu Bunka Sha

資料で考える憲法

2018年5月3日　初版第1刷発行

編著者　谷 口 真 由 美

発行者　田 靡 純 子

発行所　株式会社 法律文化社

〒603-8053
京都市北区上賀茂岩ヶ垣内町71
電話 075(791)7131　FAX 075(721)8400
http://www.hou-bun.com/

＊乱丁など不良本がありましたら、ご連絡ください。
送料小社負担にてお取り替えいたします。

印刷：西濃印刷㈱／製本：㈱藤沢製本
装幀：白沢　正

ISBN978-4-589-03910-1